문화공생의 **도시**디자인

The Intercultural City
by Phil Wood and Charles Landry

Original copyright © Phil Wood and Charles Landry, 2008
All rights reserved.

Korean translation copyright © 2008 by Misewoom Publishing Co.
Published by arrangement with Earthscan

이 책의 한국어판 저작권은 Earthscan과의 독점계약으로 **미세움**이 소유합니다.
저작권법에 의하여 한국 내에서 보호를 받는 저작물이므로
무단 전재와 무단 복제를 금합니다.

다양성의 장점을 계획하라

문화공생의 도시디자인

필 우드·찰스 랜드리 공역
이석현·주대원·조치웅·유완종 공역

들어가는 글

창조적 혁신의 근원인 다양성의 도시

우리 도시의 사람들이 인종적으로, 계층적으로, 문화적으로 다양해지는 것을 당신은 진심으로 환영하는가? 그 다양성으로 인해 갈등이 생기고 안전성에 대한 우려가 커지는 등, 하나의 공동체라고 생각했던 당신의 마을에 혼란의 우려가 생겨도 그것을 장기적인 발전의 과정이라고 여기며 희망의 끈을 놓지 않을 자신이 있는가?

이런 질문에 쉽게 "예"라고 대답할 수 있는 사람은 많지 않을 것이다. 나 역시도, 그리도 당신도. 심지어 최근 국내에서는 외국인이 우리의 직업을 가져간다고 하여 외국인 이주를 반대하는 인터넷 모임도 강력한 지지를 받고 있는 상황이며, 이주민이 국회위원으로 출마하는 것에 대한 빈정거리는 목소리도 적지 않은 상황이다. 따라서 우리는 과연 목소리를 높여 그들을 환대하고 자신들의 영역을 온화하게 나눌 수 있는가와 같은 다문화에 대한 고민을 하지 않을 수 없다. 실제로 2011년 통계조사에서는 국내에 등록된 외국인이 60만을 넘었고 우리 주변뿐 아니라 국내의 많은 공업도시에서 외국인을 쉽게 마주칠 수 있는 상황이지만, 그들을 우리와는 다른 낯선 이방인으로 여기고 단일민족의 신화에 무한 지지를 보내고 있는 것이 우리의 일상 모습이기 때문이다.

이 책의 저자들은 다양성이 모험과 갈등을 수반하지만 우리 인류 역사에서 지속적으로 있어 왔던 현상이며, 그 혁신성이 발전에 더 긍정적인 원동력이 된다고 주장한다. 그것에 동의하든 동의하지 않든 우리의 도시는 이미 다문화로 접어들었고, 그것은 가속화되면 되었지 물리적인 규제와 제한으로 감소시킬 수 있는 문제는 아니다. 우리 경제와 도시환경이 발달될수록, 지구 교통과 통신이 발달될수록 세계 단위의 이주와 여행은 더 활발해지고 그런 곳으로 사람이 모이는 것은 자연스러운 현상이 된 시대이기 때문이다. 그리고 그 2세들이 성장했을 때, 그들이 이주민의 자녀인지, 우리의 동포인지를 고민하면서 새로운 너와 나를 나누는 구분이 생기기 전에 그 문제를 보다 적극적인 담론으로 이끌어내고 부딪쳐 나가야 하는 상황이 우리 사회에 온 것이다. 이것은 현실이다. 물론 이것은 국적과 인종의 다양성만을 의미하는 것은 아니다. 우리 내부의 계층 간, 연령 간, 남녀 간, 종교 간, 지역 간 다양한 차별과 편견으로 인해 생겨나는 도시의 균열이 사회의 통합과 발전에 얼마나 저해가 되는가도 마찬가지 문제다. 실제로 자신들의 권리와 평온한 환경이 불필요하게 혼란스러워지는 것을 원하지 않는 것은 누구나 마찬가지다. 그것은 다양성은 곧 혼란스러움이라는 강한 인식이 우리 의식 속에 자리잡고 있기 때문이며, 저자들의 말처럼 사람들의 본성일 수도 있다. 우리나라의 많은 사람들이 외국에 이주하여 그곳에서 뿌리를 내리며 겪은 차별은 부당하게 여기면서도 우리를 찾아온 많은 이주민을 결코 한 울타리 안으로 받아들이려고 하지 않고 있다는 아이러니를 다 알고 있으면서도 말이다. 그러나 그 자체가 별로 이상할 것은 없다. 사람은 어차피 이기적인 동물이기 때문이다. 그러나 한편으로 그것을 극복하는 지혜를 가진 존재이기도 하다.

  다문화, 세계화는 이제 세계의 자연스러운 흐름이다. 긴 일류의 역사 속에서 국가와 민족과 인종으로 나누었던 세계의 구분방식이, 이제는 문화와 경제라는 큰 틀 안에서 새롭게 재편되고 있는 상황이 전개되고 있는 것이다. 지금의 구분방법은 인류의 역사에서 본다면 아주 짧은 찰라에 일어난 현상일 뿐이고 향후 다가올 긴 인류의 미래에서는 다른 구분방식이 적용되는데, 우리가 그 전조기를 맞고 있는 것일 수도 있다. 보다 새로운 관점으로, 아니 이전의 우리 인류문화가 교류했었던 방식으로 우리가 다양한 문화공생의 도시를 준비하지 않으면 우리의 도시는 서서히 쇠퇴해갈 것이고, 그것은 우리가 원하든 우리가 원하지 않든 우리 옆에 성큼 다가와 서 있는 것이다.

비단 우리 주변에서도 자신들만의 울타리를 쳐놓고 외부를 배타하는 집단과 포용과 혼합의 가치를 존중하는 집단의 잠재력이 다르다는 것을 느낄 수 있다. 일시적으로는 자신들만의 강한 정체성으로 결집된 집단은 문제해결능력과 발전가능성이 크다고 느끼겠지만, 장기적으로는 다양성을 가진 집단의 자기 발전능력과 경쟁력이 더 커지게 된다. 이것이 다양성의 이유일 수는 없지만, 무조건적인 배타에 대해서는 충분한 대답으로서의 가치를 가진다. 그렇다고 문화공생의 다양성문제를 단지 광고나 정책홍보 등의 감정적 또는 국가 정책적인 문제로만 해결하고자 하는 것도 바람직하지 않다. 정책과 문화의 기반이 되는 사람들의 인식의 틀을 서서히 움직일 수 있는 다양한 장치를 도시의 내부로 가져오는 장기적인 접근방식이 요구되는 것이다. 이것은 인류구원이나 어려운 사람에 대한 동정의 문제가 아니라 우리의 삶을 풍요롭게 만들고 현대사회에서 보다 든든한 동반자를 얻기 위한 새로운 관점이다. 그리고 그들이 울타리에 갇히지 않도록, 그리고 우리 자신이 자신들이 만든 의식과 순수성의 울타리에 갇히지 않도록 벽을 허물고, 피부와 눈의 색깔로 사람을 구분하는 방식에서 문화를 나누는 방식으로 사회 분위기를 전환할 필요가 있다.

한편으로 다양성이 정체성을 약화시킬 것으로 우려하는 시선도 있을 수 있다. 도시의 매력은 바로 그 지역이 가지고 있는 문화와 경관의 자산이 되는 코드의 정체성이라는 점은 부인할 수 없는 사실이다. 그러한 고민은 우리의 정체성이라는 구분방식의 틀이 문제이지 새로운 구성원들과 같이 호흡하는 그 자체는 전혀 위협이 될 것이 없으며, 그 새로운 구성원을 포용하는 방식으로 틀을 변화시키는 것이 더 적절할 것이다. 그리고 실제로 사회의 변화는 그렇게 흘러가도록 우리를 조금씩 압박해 올 것이다.

그것을 적극적으로 대응하며 폭넓은 도시공간의 디자인으로 반영시켜 공생하는 도시를 만들 것인가, 아니면 고립된 우리만의 세계에 대한 믿음을 끊임없이 유지해 나갈 것인가의 문제만이 우리 앞에 남게 될 것이다. 그렇다면 당신은 무엇을 선택할 것인가?

이 책은 아주 어려운 책이다. 번역을 하고 교정을 하면서도 끊임없이 이해하기 어려운 문장서술 방식과 함께, 새로운 사고의 접근과 관점을 던지고 있다. 다른 책과 마찬가지로 백색의 여백 위에 흑색의 폰트가 지속적으로 나열되고 있을 뿐인데, 던지는 그 메시지와 사고의 깊이, 간간히 보이는 문화적 색채들의 변화 등이 한 번 읽고는 정리하기 어려운 내용들의 연속이다. 또한 그 연구의 깊이와 철학 또한 책을 덮는 순간까지 감지하기 힘들 정도다. 이렇게 문화공생에 대한 깊은 수준의 책을 대할 수 있었다는 점에 무한한 영광으로 여기며 이 책에서 던지고 있는 많은 과제와 고민들이 우리 도시가 처한 문화와 계층, 지역 등 사람들이 만들어온 구분과 차별 등의 약한 벽을 조금이라도 허무는 데 적지 않은 기여를 하게 될 것으로 생각된다.

이 책의 번역은 국내의 경관디자인과 커뮤니티 디자인 현장에서 많은 경험과 식견을 가진 최고의 전문가분들과 작업한 것이다. 남양주시를 비롯하여 주민들이 중심이 된 마을만들기를 지속적으로 추진하고 계신 삼육대학교의 조치웅 교수님과 우리나라 경관계획의 선구자 역할을 하면서 수원시 거북시장 등에서 주민참여의 거리만들기를 진행하고 있는 ㈜준원경관연구센터의 센터장인 유완종 박사님, 그리고 환경디자인의 가장 혁신적인 실험과 연구를 진행하며 도시디자인의 발전을 이끌고 있는 서울시립대학교 산업디자인학과의 주대원 교수님이 그분들이다. 또한 전체적인 교정과 정리에 도움을 준 서울대학교 환경대학원의 유희준 씨의 도움이 없었더라면 더 힘든 작업이 되었을 것이다. 본 번역서의 오랜 작업을 지원해 온 미세움 출판사의 강찬석 사장님과 전체 출판과 교정을 맡아주신 임혜정 편집부장님께도 감사의 말을 전하고 싶다.

깊고 방대한 연구자료를 번역하는 과정에서 발생되는 오류는 다 본인의 능력부족이라고 생각하며, 보다 깊고 자세한 정보를 원한다면 원서 또는 참고자료에 제공된 사이트와 저서를 참고하길 바란다.

현장과 연구분야에서 도시경관의 가치와 다양성의 문화를 실천하고 있는 많은 분들에게 이 책이 큰 거름이 되길 바라며, 다양한 사람들의 꿈과 가치가 융화될 수 있는 그릇으로서의 문화공생의 도시만들기에 기여할 수 있는 소중한 지침서가 되길 기대한다. 그들은 이방인이나 동정의 대상이 아니라 우리가 같이 살아나가야 할 동반자다.

2013. 5.
집필진을 대표하여
중앙대학교 교수 이 석 현

문화공생의 도시디자인

차 례

들어가는 글 5
진실한 생태학 14

도입: 배경 설정 15
우리는 누구인가 15
왜 소통해야 하는가 19
갈등의 인정 20
계약의 법칙 22
다양성의 결여에서 다양성의 이점까지 26
감사 29

01 규정과 유형화, 범주화를 위한 욕구 31
차이의 세계 31
분류화와 범주화 33
가치와 체계 36
단순성과 복잡성 38
통일된 규범깨기 39
다양성: 시대의 중심 딜레마 40

02 다양성의 맥락 43
움직이는 사람들 43
이종교합(cross pollination)에 대한 억누를 수 없는 충동 48
다양한 경관의 탐구 53

03 구분된 삶: 분리 87

분리의 역사 88
고전적인 빈민 90
빈민가, 소수 민족 거주지, 피난처 91
동화 정책주의자의 도시 93
최하층계급 97
국제적인 변화들 98
좋은 차별? 나쁜 차별? 99
차별유형의 출현 101

04 과거의 공생: 도시 접점의 짧은 역사 117

역사 속의 문화공생 도시 117
페르세폴리스(Persepolis) 119
로마 120
중국의 당 제국 122
우메이아 코르도바(Umayyid Córdoba) 123
콘스탄티노플(Constantinople) 125
네덜란드의 황금기 127
결론 129

05 현재의 공생: 접점의 현대적 구역 131

왜 상호작용인가 131
접점의 구역 140
요약 243

06 다양성의 이점: 다문화 간의 상호작용에 따른 이익 249

혁신 주체자로서의 혼종성 249
미국에서의 상호작용 혁신자 252
영국에서의 혼종성 혁신자 257
다양성 이익의 전제조건 266

07 문화공존 시각으로 본 도시 275

문화 지식 276
문화공존 렌즈를 통해 세상을 바라보는 것 281

08 새로운 문화공존 시민성 299

위기의 체제 300
위협 아래서 개방된 사회 302
지역에서의 문화공생적 시민성 구축 304
갈등을 통한 조화 309
연결과 조화: 문화공생적 도시의 리더십 315

09 개방성과 이종문화성의 지시 323

사과와 배를 함께? 다양성을 향한 국제도시들의 접근 비교 324
새로운 지표를 위해 필요한 것 328
개방성을 위한 지표 329
문화공생주의의 지표 334
질문과 답변 334

10 결론: 신도시의 생태환경 345

문화공생 도시로의 여행 345
문화공생 도시의 5가지 원칙 350
문화공생의 도시정책을 위한 10가지 단계 353

참고문헌 357
찾아보기 382

진실한 생태학

집은 어디에 있을까? 집은 이웃도 아니고, 공동체도 아니다. 집은 낯선 사람에게서 느낄 수 있는 뜻밖의 환영이다. 집은 우연한 만남 안에 깃들어 있는 자비로움이다.

집은 당신이 친절함을 보일 때 당신의 도시에서 만들 수 있는 곳이다. 집은 당신이 돌아갈 수 있는 사람들의 모임, 커피숍, 그리고 길거리의 모퉁이일 수도 있다(이러한 장소에서 당신은 사람의 성애(eros)를 느낄 수 있다.). 공중전화에서, 카운디에시, 진시장에서, 주차장에서, 그리고 전혀 터무니없는 장소에서 느껴지는 것이다. 도시는 생각지도 못한 보이지 않는 곳(가로수에서, 길에서, 광장에서, 강에서거나, 사람마다 각자 찾던, 경외의 도시를 만드는 사람의 움직임(안무)에서 존재한다. 도시는 건축학으로 관심이 쏠린 이래로 즉흥적으로 만들어져 왔다. 도시의 뿌리 역시 논리적이고 신중하게만 디자인된 것이 아니라, 세련미의 미스터리였으며 각 개인의 욕구를 대변해왔다. 또한 세상에 관습이라는 것이 생기기 이전 사람들의 호기심이 감칠맛나게 표현된 것이기도 하다. 그것은 사람들의 꿈인 발할라(Valhalla: 북유럽 신화에 나오는 화려한 궁전-역자 주)와 같은 도시의 일면이다. 도시의 구조는 친절함과 사람들의 배려 그 이상의 의미를 가진다. 따라서 우리는 서로에게서 삶의 이유를 발견하기 전까지 생동감 있는 도시를 갖지 못할 수도 있다.

도입: 배경 설정

이 책은 다소 심각한 내용임에도 불구하고 몇 가지 색다른 관점으로 주요한 문제에 접근하고 있으며, 종종 진지함으로 무거워진 주제를 신선한 방법으로 풀고 있다. 그로 인해 내용이 매우 도전적이고 때로는 논쟁의 소지가 있고 난해하기도 하지만, 실제 사례를 바탕으로 흥미롭고 심도 있게 연구되었다. 궁극적으로 저자들이 원하는 것은 이 책이 독자의 영감에 조금이라도 도움이 되는 것이며, 그들의 삶과 일에서 실용적이고 긍정적인 역할을 하는 것이다.

또한 이 책은 우리가 삶의 경험으로부터 뽑아낸 집약서이기도 하다. 이러한 경험은 책의 어조와 결론에 잘 나타나 있다. 따라서 우리의 매우 다른 삶으로부터 이루어진 역사와 우리가 부단히 고군분투해 온 몇 가지로부터 이 책을 시작하고자 한다.

우리는 누구인가

우리는 비교문화에 관심을 갖고 있는 두 백인 남성이다.

필(Phil)

나는 영국 북쪽, 예전 산업의 중심지였던 허더즈필드(Huddersfield)에 살고 있다. 내 침실 창문으로 밖을 보면, 아파트로 개조되길 기다리고 있는, 여전히 주옥같이 예쁜 빈 직물공장 사이로 내가 태어난 집의 부지 옆에 있는 조부모님의 집을 볼 수 있다. 최근 〈옵서버(Observer)〉지에 실린 기사에 따르면 영국에 있는 성(姓)들의 기원을 보면 꽤 많은 사람들이 wood라고 불리지만, 이곳의 대다수 사람들은 마을의 이름을 본 딴 허더즈필드라고 불린다.

나의 아버지는 직물공장 기술자의 아들이었고 엄마는 광부의 딸이었다. 그런데 신기하게도 두 분은 서로 가게 점원으로 만났다. 두 분은 우리 모두가 배경에 관계 없이 동등하며 그것이 중요한 문제라고 하셨다. 두 분은 나의 가족이 감히 받지 못했던 학교교육을 나에게 받을 수 있게 했고, 심지어 집을 떠나 대학까지 갈 수 있는 귀중한 기회를 주었다. 그러나 아마도 두 분이 나에게 준 더 귀중한 것은 책을 통해 나의 지적 호기심을 끊임없이 자극해 나갈 수 있도록 함과 동시에 외국여행을 할 수 있게 해준 것이었다. 내가 알고 있는 대부분의 사람들이 스카버러(Scarborough)나 블랙풀(Blackpool)이라는 도시에 갈 때, 두 분은 나를 이집트, 노르웨이, 구 소련 그리고 카스피 해와 같은 낯설지만 멋진 곳으로 보냈다. 이러한 두 분의 교육은 나에게 날개를 달아주었고 나의 뿌리에 대한 무한한 자부심을 갖게 했다.

대학에 들어가 세계를 여행하고 경험한 후에, 나는 나의 뿌리인 고향으로 돌아와서 내가 떠난 그 도시를 재발견하게 되었다. 나는 알려지지 않거나 내 시야에 들어오지 못했던 사회를 알게 되었고, 지금은 이것이 나에게 새로운 관점을 주는 친구가 되었다. 나는 지방정부에서 공동체 발전을 위한 직업을 얻었고, 마치 제분소 굴뚝과 경쟁하는 듯한 돔을 얹은 마법적인 시크교 사원(Guruwara)을 지은 시크교도(sikhs)들을 만났다. 그곳에는 나와 내 아내를 따뜻하게 맞이해준 열린 사고방식의 카슈미르인(Kashmiris) 대가족이 있었다. 그 가족은 내 딸 루비(Ruby)가 행복한 어린 시절을 보낼 수 있도록 해주었다. 그들 대다수는 카리브 해의 여러 섬 중에 통풍이 잘 되는 북쪽 마을에 자리잡고 살았고, 엄격한 청교도들 사이에서 커다란 폭발음을 내뿜는 차를 몰았다. 나는 급속도로 이러한 분위기에 매료되어 결국에는

HTTL(Huddersfield Trinidad and Tobago Ladies Association masquerade camp)의 구성원이 되었으며, 매년 열리는 카니발에서 가장 적극적인 멤버로 뛰어다녔다.

이러한 경험은 나를 노스 스타 스틸 오케스트라(North Stars Steel Orchestra)로 이끌었고, 그곳에서 많은 시간을 보내게 되었다. 결국 그들은 나를 영국인 동료로 받아들였다. 이러한 모든 것들이 오랫동안 트리니다드 섬(아프리카와 아시아, 유럽과 라틴아메리카의 멋스럽고 유난스럽고 때로는 야한 다양한 문화가 만나는)과 사랑에 빠지도록 이끌었다. 결국 나는 그 섬에서 'deb white Trini'로 불리게 되었다. 그 이름은 무례한 요크셔스러움(Bluff Yorkshireness, 영국의 주)과 트리니다드 섬의 멍청한 움직임의 불손함, 선천적인 내성적 기질이란 뜻이 이상하게 조합된 이름이다. 최근 그것은 내가 나의 문화공생주의의 개인적 특징으로 정의한 노르웨이의 유전적 고향이란 점에서 나를 매료시켰으며, 나와 내 가족에게는 다양성이라는 이익을 가져다주었다.

찰스(Charles)

몇 가지 측면에서 필과 나의 배경에 큰 차이점은 없다고 할 수 있다. 랜드리(Landry)이라는 이름은 화학자였다가 오페라 가수가 된 할아버지 이름에서 물려받았다. 할아버지의 이름은 슈미트(Schmidt)였다. 슈미트라는 이름은 독일에서 아주 평범한 이름이었고, 예술분야인 오페라 무대에 설 만큼 특색 있지도 않았다. 그래서 그는 그의 외가 쪽 윗대의 프랑스식 이름을 사용했다. 나의 여권에는 찰스 렌 슈미트 랜드리(Charles Rene Schmidt Landry)라고 기묘하게 조합되어 있어 발음하기조차 힘들다. 내가 아는 한 나의 피는 80%가 독일, 15%가 폴란드, 그리고 5%가 프랑스이며 영국의 피는 전혀 섞여 있지 않다. 나의 독일 여권이 점점 희미해져 가고 있을지라도 나의 국적은 영국이다.

나의 부모님은 나치 체제의 독일에서 탈출하셨다. 두 분은 유대인은 아니었지만 유대인 출판사에서 일하고 있었고 그곳이 정치적으로 연관되어 있었기에 독일을 떠나야만 했다. 피난민 신분으로 영국 런던으로 온 후로는 포로수용소에 있었고, 늘 독일식 억양이 섞인 어투를 썼다. 아버지는 주로 철학적인 글을 쓰는 기자였고, 어머니는 작은 장난감 사업을 하는 동시에 글을 썼다. 두 분은 전통적인 영국의 감각을 따르지 못하셨다. 얼굴도 영국인과 닮지 않았다. 이러한 사실이 지금도 나를 슬프게 한다. 그러나 두 분은 보헤미안의 지성인으로써, 우리 집 주위를 맴돌던 괴짜들에게 흥미를 불러일으켰다.

나는 만화 〈톰과 제리〉의 제리처럼 학교에서 조금 별난 아이였다. 나는 스포츠를 잘하고 매력 있게 행동하여 아이들과 어울리고 환심을 사려고 노력했음에도 순수한 영국인이 될 수는 없었다. 우리 모두는 편견을 알아차리고 있었으나, 피부가 까만 사람들이 겪는 것에 비할 바는 아니었다. 그 후, 11살 때 독일로 이사하여 독일인도 영국인도 아닌 채 9년을 살았다. 영국 팝이 왕이라고 할 정도로 많은 영국 팝을 알고 있었던 것은 다소 도움이 되었지만 여전히 아웃사이더로 남아 있었고 내가 다소 이국적이라는 것은 사실 당연한 것이었다. 나는 내 또래의 독일 아이들에 비해 너무 보헤미안적이었다. 그 후 가족은 다시 이탈리아로 이사했지만 나는 영국과 볼로냐에서 공부하였고, 브뤼셀에 있는 유럽연합(EU)에서 일한 뒤, 1978년 코메디아(Comedia)에 자리를 잡았다.

세 가지의 문화와 언어, 그리고 세 가지의 피를 가진 나는 소위 '다른 눈으로 세상을 본다'는 것에 익숙하였고, 우리 스스로를 다른 것과 나누기보다는 함께 공유하는 것에 초점을 맞췄다. 아, 그리고 사춘기 이후에 별난 점이 생겼는데, 내가 진짜 중국인이 되어 중국인의 삶을 사는 꿈을 되풀이하여 꾸었다.

왜 소통해야 하는가

사람은 사회적 동물이다. 생존을 위해 서로 소통하여야 하며, 그러한 '생존'의 의미는 수천 년의 시간을 거치며 변해왔다. 그것은 짝을 찾고자하는 생물학적인 욕구로 이어졌으며, 무리를 지어 다니며 보다 쉽게 안전을 확보할 수 있는 많은 방법을 찾아내었고 동료를 만들고자 하는 사회적 욕구로 이어졌다. 이는 생존의 효율성이라는 측면에서도 중요하다. 두 명이 모이면 보다 편하게 일할 수 있고, 문제를 해결해 나가는 방법을 더 빨리 찾게 되며, 그들 스스로 해결방법을 모색할 수도 있다.

그러나 지금 불행하게도 우리는 문화의 소통(상호작용)을 저해하는 몇 가지 위협에 처해 있다. 위험회피형 문화는 공간을 바라보고 느끼고 일하고 움직이는 행위를 통해 형성된 우리 삶 주변의 공공영역을 '문화 공백'의 상태로 만들었다. 도시의 표지판은 '들어오지 마시오', '오리에게 모이를 주지 마시오', '개조심' 등과 같이 우리가 해서는 안 될 것을 각성하게 한다. 물리적인 규정에 의해 우리는 가지 말아야 할 많은 곳을 생각하게 된다.

자동차가 지배하는 문화는 고속도로를 만들었다. 도시를 나누어 분리된 집단을 만들고, 심지어는 보행활동에 위협을 가하기도 한다. 우리는 우리 스스로 금속상자 안으로 들어가서 서로와 격리되어 생활하고 있다. 결과적으로, 많은 사람들은 빗장도시(집값·학력이 높아 새로 이주해 들어오기 어려운 도시)와 빈민가로부터 벗어나 스스로를 보호하고자 한다. 기술은 소통을 강화하는 것만큼 줄이는 데도 한몫 한다. 많은 사람들이 인터넷을 통해 소통하고 있다. 쇼핑을 하고, 도서관에 가고, 수술을 하는 등, 컴퓨터상의 가상세계로 이주해 가는 사람들은 늘어만 간다. 구성원이 적어도 600만 명이 넘는 인터넷 집단은 '두 번째 삶'을 만들어내었고, 이는 가상세계에서 상상하고 가상공간에서의 삶을 살도록 하여 사람 간의 접촉을 저해하고 있다. 과연 이러한 내적인 세계가 빈민을 배재하는 것보다도 낫다고 할 수 있을까?

'문화공생의 도시(The Intercultural City)'는 우리가 서로의 곁에 살고 있기 때문에 더 소통해야 한다고 주장한다. 또 그렇게 소통하여야만 서로에 대해 배워가는 공감의 환경을 조성할 수 있을 것이라 강조하고 있으며, 사람들 사이의 불신도 줄여갈 수 있다고 한다. 이 방법을 통해 우리는 서로 크게 다르지 않다는 자세로 일상에서 생활할 수 있다. 우리 도시를 구성하는 과운동증후군(hyper-mobility)의 세계는 매일 다양해지고 있으며, 새롭고 다른 유형의 '교류'는 개인과 집단이 함께 행동하기 위한 방법을 요구하고 있다. 그러나 도시 붕괴의 위협이 너무 강해 사람들은 결코 이 길로 갈 수가 없다.

문화와 사람을 뛰어넘는 의사소통은 자연스럽게 오는 것은 아니다. 그들 스스로 다른 면이 있는 사람 사이에서 생기는 자극을 즐길 수 있는 사람은 얼마 되지 않는다. 또한 어떤 집단은 다른 집단과 교류를 꺼려하고 그들만의 순수함을 지키려고도 한다. 대다수 사람들은 그 중간에 속해 있으며, 우리가 아는 것과 예상할 수 있는 안전지대에 사는 것을 즐긴다. 이러한 중간집단은 변화할 수 있다는 용기를 가지고 설득하고 권유하면 어떻게 소통하는 것이 미래를 향한 가장 좋은 방법인가를 터득하게 될 것이다.

갈등의 인정

차이를 뛰어넘는 의사소통은 쉽지 않으며, 문화적인 거리가 멀면 멀수록 그 차이는 더 커진다. 의사소통에는 오해와 불이해의 소지가 너무 많다. 그에 비해 사람들이 가지고 있는 가치와 문화가 어떻게 다른지에 대한 지식은 턱없이 부족하다. 문화적 이해력은 아직 밝혀지지 않은 분야다. 따라서 완벽한 화음은 실제 목표가 될 수 없으며, 가능한 목표도 아니다. 차이를 중재하고 협상할 수 있는 능력이 가장 중요한 역할이다.

차이를 보여주고 서로 간의 다름에 대해 논쟁하는 것은 스스로를 살아 있다고 느끼게 한다. 이 장애물을 뛰어넘고 타인을 이해하려고 하는 과정은 관점을 넓혀주고 다른 시점을 부여하며, 우리를 새로운 화합(Hybrid invention)으로 이끈다. 또한 특별한 문화공생의 창조력도 만들어낼 수 있다. 이러한 방법적 논쟁을 자연에 대한 생물다양성의 문화적 견해라 할 수 있다. 생물다양성이 없는 종은 도태되어 죽게 된다. 인간도 마찬가지로 문화의 다양성 없이는 발전할 수 없다. 인류 역사 속에서 특정 문화집단을 골라 그들의 발전과 외부와의 차이점을 살펴보면 그 사실을 알 수 있다. 문화도 자연의 일부인 것과 마찬가지로 그 환경진화에 대해서도 해답이 필요하다.

정치적으로 명백히 인지되는 갈등은 바람직하지만, 정치적으로 세상에 대한 관점의 상실은 바람직하지 않다. 그 중에는 인구변화나 감정의 붕괴, 불신, 한 문화 안에서 서로를 향한 증오 등의 문제를 바라보는 기관의 관성적인 태도도 있다. 그렇다고 해서 차이에 관한 자극을 다루는 상당수의 집단을 부인하는 것은 아니다.

우리는 그 효과를 희미하게 느끼고 '단단한 상자' 속으로 들어가버리는 그들에게 무엇인가 필요하다는 것을 알고 있다. 대다수의 정치인들은 사람들이 서로를 기피한다는 사실을 덮어버리거나 무시하려는 경향이 있다. 일부 인종차별주의자들이 직설적이고 명쾌하게 사실 가까이 다가선다고 하지만, 그들은 '포함'이나 '화합'이라는 애매한 단어를 사용한다. 하지만 문화적 뉘앙스를 이해하지 못한 채 다양성을 다루는 것은 길을 벗어나 지뢰밭에 들어가는 것일 수도 있다. 인종과 관련된 문제에 실적을 쌓는 것은 정치인으로서의 확고한 성공과 인정받을 수 있는 방법임에도 그들은 그다지 관심을 보이지 않는다. 보다 폭넓은 관점에서 문제를 다루는 계획가나 기술자와 같은 지역관리의 경우는 이러한 접근이 가능하며, '인종 관련 산업'의 전문가로 남을 수도 있다. 영국에 7.7폭탄테러와 같은 위기가 닥쳤을 때, 마치 우리 모두 그 분야의 전문가가 되는 것과 같은 것이다.

도전은 두려움과 편견을 가진 사람들이 다양성으로 인해 발생되는 문제

유형을 이해하고 그 저항을 사전에 관리하는 데 있으며, 그후에는 그러한 논쟁이 재발되지 않도록 직접적인 방법을 찾는 것이다. 갈등과 차이는 잘 관리될 수 있다. 그러나 슬프게도 그것을 가능하게 하는 능숙함과 기술적 능력을 하루아침에 배우기는 어렵다.

계약의 법칙

다양한 연령을 대중이라는 범위로 나눌 수 있는 기준은 무엇인가? 공공영역 또는 공공생활에서 성향이나 배경과 관계된 개인의 권리와 책임감은 무엇인가? 누구나 그들의 삶에 있어 국가 전체의 공공목적에 의무감을 가지고 참여해야만 하는가?

지구상의 모든 사회는 국민이란 무엇이고, 국가란 무엇인가에 대한 개념 정립의 과정에서 생겨나는 도시풍경의 다양성에 대해 논쟁하고 있다. 사람들은 거의 보편적으로 차별로 인해 또는 사회적·경제적 불이익으로 고통 받고 있다. 일부 국가들은 다른 국가보다 이 문제를 잘 극복해 나가고 있지만, 북유럽 국가들과 캐나다를 좋은 모델로 받아들이기에는 적합하지 않다. 슈투트가르트나 암스테르담과 같은 몇몇 도시들은 정책을 잘 실행하고 있는 좋은 사례다. 많은 사람들이 영국이나 독일, 네덜란드와 같은 국가들의 정책을 비판할지도 모르지만, 이러한 국가들은 불완전하더라도 최소한 이러한 문제에 직접 부딪치고 있다. 세계 곳곳에는 다양성의 배제를 선택한 곳도 많으며, 심지어 이를 이용하여 국가 간의 적대심을 불러일으키는 곳들도 많다. 실제로 이 책이 주로 서구 도시를 다루는 동안, 다른 책에서는 새롭게 떠오르는 경제대국이 균형잡힌 성장과 민주주의, 다양성의 요구에 어떻게 직면하고 있는가를 다룰 수도 있다.

모든 사회는 계약의 법칙이 있는데 아무도 이 계약에서 자유로울 수는 없다. 다양성이 살아 있는 문화공생의 도시는 한 사람의 세계관으로 만들어진 장소와는 다르다. 개별적인 삶과 대조적으로 공적인 면만을 중시하는 경우는 원리주의(fudarmentalism)로 비난받는다. 그들은 완벽주의나 특정한 종교의 교리, 그리고 문자 그대로 절대적인 종교적 권위에 대한 해석을 믿는 움직임이나 태도이며 법적인 집행을 요구한다. 그들은 삶의 모든 부분에 대해 문자 그대로 기본원리에 입각한 엄격한 접근을 강조한다. 이러한 원리주의의 다양성은 광범위하고 오랜 역사를 가지고 있다. 오래 전에는 기독교의 십자군 전쟁과 종교재판이 있었고, 최근에는 미국의 일반적인 복음주의가 있다. 무슬림 원리주의는 이슬람법과 이슬람 국가관을 요구한다. 공공생활 또는 사적인 면을 무슬림 원리주의로 통제하기 위한 합법적인 틀이다. 그 안에서 정치, 경제, 은행업무, 성적 취향, 사회적 문제 등 일상생활의 모든 면을 다루고 있다. 유대교는 다른 형식을 가지고 있다. 힌두교도 마찬가지다. 힌두교는 힌두트바(Hindutva: 힌두 정체성 개념) 전 인도의 당(BJP-Bharatiya Janata Party)과 같은 힌두 민족주의를 지지하는 경향이 강하다. 이들은 완전히 폐쇄되어 있어 바깥 세계에서는 들어갈 수 없는 완충의 세계다.

사실 원리주의는 점점 확대되고 있으며, '자유경제 원리주의(Goerge Soros가 만듦)'와 같은 운동도 이에 포함된다. 자유경제 원리주의에서는 자유경제가 항상 사회에 이익을 준다는 철학을 제시하고 있다.

당연하게도 원리주의는 기본적으로 경쟁의 욕구를 허용하는 민주주의 국가의 개념과 대립을 이루고 있다. 세속주의를 둘러싼 두 번째 갈등은 대다수 원리주의자들이 모든 세상의 문제점을 세속주의가 원인이라고 믿는 것이다. 세속주의는 두 가지면에서 중요한 의미를 갖는다. 첫번째, 정부로부터 종교의 자유나 사람에 대한 믿음을 주장한다. 국가는 믿음의 문제에 중립을 지키고, 종교단체에 보조금이나 특권을 주지 않는다. 두 번째는 활동과 결정, 특히 종교적인 활동과 결정은 종교적 영향이 없는 논리와 증거에 기초하고 있다.

문화공생의 도시와 사회는 종교와 연관지어 정의할 수 없다. 우리는 공공영역에서 개개인의 사적인 믿음이나 욕구, 기호를 어느 정도 포기해야 하지만, 이러한 공공에 대한 경계는 계속적인 대중토론을 통해 협의되어야 한다. 어디에서든 역동적이고 도전적인 종교 간 토론회가 가능해야 하고, 교실에서는 세상의 믿음에 대한 진실된 가르침이 허용되어야 한다. 그러나 우리는 그러한 믿음에 기반한 학교가 사라지는 것을 무심하게 보고 있다.

모든 사회가 그러하듯이 문화공생의 사회에서도 사람들 사이의 관계에 대한 믿음이 중요한 위치를 차지하나, 원리주의의 이념 아래에서는 그것이 인정되지 않는다. 그러한 믿음은 본질적으로 권한의 향상과 자신감, 시민권리와 같은 시민가치의 특권이다. 또한 사람들을 성장하고 창조할 수 있게 하며, 그들의 삶 속에서 사회를 재창조할 수 있게 한다. 이는 종교나 다른 믿음의 자양분을 매도하지 않는다. 즉, 사람의 윤리적 가치와 함께 어떻게 살아가야 하는가에 초점을 두는 것이다. 따라서 높은 권력을 위한 언급보다는 논리와 대화에 논쟁의 방향을 둔다. 삶이란 윤리와 우리의 일반적 관점과 행동을 이끄는 실용적인 기준에 다다르기 위한 시도 안에서 가장 윤택해지며, 갈등해소에도 도움이 된다. 또한 서로의 관점을 공유하게 하고 상호존중의 필요성에 대한 틀을 제공한다.

일반적인 대중적 인문주의자의 관점은 자신감을 없애거나 지치게 하고 결과적으로 명백한 관점이 없는 '확고하지 못함' 또는 '아무것도 하지 않음'으로 받아들여질 수도 있다. 원리주의자들은 그 명백한 '희미함'이 문제의 원인이라고 주장하고 있으나, 이것은 진실과 거리가 멀다. 문화공생의 계획은 신뢰회복을 위한 과정의 일환으로서 중요하게 다루어져야 한다.

확신에 찬 세속적 인문주의자는 시민가치의 설정과 계약의 규칙을 제안한다. 그 안에는 차이와 문화, 갈등을 넘어서기 위한 지속적인 장소의 제공, 공통으로 동의한 믿음과 신념의 강력한 표현, 갈등의 '자연스러움'을 이해하고 차이를 해소하기 위한 수단과 중재장치의 설립이 포함되어 있다.

우리는 함께 살아가야 하며 삶과 인지의 장소에서 다른 부분과 공생할 수 있는 통합된 방법을 모색해야 한다. 이것은 '타인'의 이해를 바탕으로 차이와 유사성에 대한 탐험과 발견을 위한 구조화된 배움의 기회를 갖게 하고, 권력의 이양이 포함된 분산되고 부수적인 원리에 대한 의사결정까지 기대할 수 있게 한다. 중앙정부는 보다 세부적인 규칙을 만들고 도시단위의 힘을 극적으로 증가시키며 지역단위의 참여와 연결을 강화한다. 그것이 흥미와 연대, 관계와 책임감을 증가시킨다. 이것은 '문화공생의 시민'이 생각할 수 있는 틀 안에 있다.

어떤 사람들은 이러한 관점이 권위적이고 문화적으로 얽매여 있으며, 때로는 서양적인 방식이라고 주장한다. 그러나 뒤돌아 보면, 고대 페르시아와 중국, 이슬람, 스페인의 역사 속에서도 언제나 차이를 넘어 협상하고 이익을 얻기 위해 시도한 사회들이 있었다. 서양은 계몽으로 시작하여 자유세속주의에 대한 존중으로 바뀌는 역설에 직면했고, 그 스스로 원리주의를 키워냈다. 우리가 정치적 공공영역과 개방성이 위축되는 것을 대수롭지 않게 여겨 허용한다면 당연히 종교를 바꾸는 것도 문제가 될 수 있다.

그렇게 되면 이성은 공적 판단을 맡은 관료와 변호사, 종교지도자나 신부의 영역이 된다. 건전한 사회는 이성의 장소보다 열정의 장소이며, 역동적인 공공영역에서 그러한 열정이 정치적이고 창조적으로 발휘될 수 있는 사회다. 그러나 슬프게도 이러한 곳들은 이미 우리의 공공장소에서 많이 사라져버렸다.

또한, 이 책의 주제는 아니지만, 우리는 민족성이 우리의 사회를 나이, 성, 부(富), 생활방식 등으로 나누고 있다는 것을 간과해서는 안 된다. 사실 부라는 것은 그들이 일이나 활동, 휴일, 일상에서 다른 소득층과의 접촉을 피하면서 줄어들게 되며, 참여 대신에 상대적으로 자유를 가지게 된다. 전통적인 계급장벽의 붕괴와 함께 선호하는 생활방식에 기반한 새로운 형태의 빈부차이가 형성되었고, 시장활동의 규칙은 더 강화되었다. 이전에도 이러한 경향이 있었지만 최근 몇 년 간의 변화에서는 공감이 사라지고 계급의 구분으로 흐르게 되었다. 오늘날의 고상한 중간계급이 '파키(Paki; 파키스탄인을 낮추어 부르는 말)'나 '니그로(Nigger; 일명 깜둥이)'라는 용어를 사용하는 것은 꿈도 꿀 수 없지만 그럼에도 '차브(chav)'라고 노동계급을 조롱하는 것은 쉽게 생각한다. 아마도 그 법칙은 과거 겪었던 최악의 상황을 지금 예방하고 싶은 것도 있지만, 그러한 사회적 방법이 온순한 사람들의 기대에 어긋났을 때는 어디에서 그것을 해결해나갈지 걱정해야 할 것이다.

다양성의 결여에서 다양성의 이점까지

우리는 쉽지는 않지만 다양성의 결여보다는 이웃과 도시, 국가를 위한 '다양성의 이점'에 시선을 누고 다양성이란 삶을 정직하게 이해하고자 노력했다. 그 해법은 당신이 문제를 어떻게 고심하고 알아나가는가에 달려 있다. 만일 문제해결을 위해 열린 마음과 상상력으로 모든 것을 바라본다면, 문제라기보다는 오히려 기회로 보일 것이다. 상대방의 관점을 통해 창의성이 커지는 것이다. 이 책의 기본적인 신념은 먼저 우리가 손대지 못한 거대한 자원인 이질성과 부조화의 창의적 힘이 가진 유용성을 우리 사회가 결코 포기해서는 안 된다는 것이다.

두 번째 신념은 혁신을 확산시킬 수 있는 상호교류의 장려가 '이문화 간 교류'에 긍정적인 자극이 된다는 것이다. 그러나 이러한 열린 방식은 그렇게 간단하지도, 아직 명확하지도 않다. 정치인이나 전문가부터 일반인에 이르기까지 새로운 관점, 기술, 자세를 갖출 필요가 있다. 특히 가장 중요한 것은 문화의 '해석능력'과 '성숙함'이다.

우리가 다양성에 대해 구축해 온 서술방식에도 변화를 줄 필요가 있다. 지난 50년 이상 대다수 유럽의 대화방식은 다소 방어적이었다. 그것은 "내

삶의 방식에 영향을 주지 않는 한은 좋아"와 같이 어쩔 수 없이 수용하고 마지못해 적응하는 듯한 느낌이었다. 기존의 각종 매체에서도 이민이 공공 서비스를 유지하고 공장이 돌아가는 데 도움을 준다고 서술하였다. 어색하고 동화되기 어려운 '다름'을 생활양식의 중심으로 다루기보다 이국적인 체험의 울타리 안에 두는 것이다.

이것은 미국, 캐나다, 호주와 같은 국제적 정체성의 심장인 이민사회에서 나타나는 다양성과는 다르다. 이러한 나라에서의 다양성은 잠재적인 자원으로서의 이점을 가지고 있으며, 사적인 부분은 '사업부분에서의 다양성'이 중심을 이룬다. 그 장점으로는, 첫째, 다양한 단체에게 확장된 사업 제안의 기술과 자세를 전수해 주고, 그들은 진일보된 경쟁력으로 새로운 절차와 생산의 혁신을 가져올 수 있다. 둘째, 사업전망의 다양성은 '공급자의 다양성'을 통해 국내외에서 새로운 시장을 접할 수 있으며, 더 나은 가격과 흥미로운 제품을 만날 수 있게 한다. 이러한 사고는 국제화의 거센 물결과 변화 속에서 동족 국가보다는 잘 준비된 다인종 국가의 개념이 국제적 규모로 전환된 것이다. 다소 논란이 있지만, 더 '잡종인' G8 회원국보다 일본과 독일의 경제적 활력이 떨어졌다. 마지막으로 리처드 플로리다(Richard Florida)는 저서 《창조계급의 출현(The Rise of the Creative Class)》에서, 도시의 경쟁력은 개방성의 제공능력과 인내심, 유동자산의 창조자들을 끌어들이고 유지하기 위한 능력의 영향을 받는다는 점을 언급했다. 그러나 그는 이것이 어떻게 이루어지는지에 대해서는 말하지 않았다.

사업의 순환 및 국가와 지방정부 차원에서 이러한 사고와 논쟁은 중국, 인도, 러시아, 일본은 말할 필요도 없이, 심지어 유럽조차도 진보적이지 않다. 우리의 목적은 그들의 문화적 다양성이 골칫거리가 아닌 중요한 자산이라는 점과, 초점과 사고방식을 경제적·사회적·문화적·정치적 이점을 찾기 위한 사고의 시작으로서 초점과 사고방식을 끌어올리는 것이다.

2000년도 무렵, 우리는 주드 브룸필드(Jude Bloomfield)와 프랑코 비안치니

(Franco Bianchini) 등 의미 있는 동료들과 처음으로 모여 문화공생의 도시와 다양성의 이익이 무엇을 의미하는지, 그리고 우리의 다민족 도시에서의 삶과 일의 경험으로부터 나온 분노를 그려냈다. 우리는 문화적 다양성을 무시한 정책의 무기력함과 자기만족에 화가 나 있었다. 사람들은 잘못된 것에 대해 지적하고 행동하는 것을 두려워하거나, '전문가'의 자세로 그것을 바라보며 시급하다고 여기지 않으면 그 문제를 내버려둔다. 그들은 도시에서 살아가는 사람들을 위해 다양성을 고민하는 것에 대해서도 '단지 내 일을 더 힘들게 만드는 복잡한 문제'라며 지친 표정으로 어깨를 으쓱거릴 뿐이었다. 이에 우리는 기능적·장소적으로 좋은 장소를 만들기 위해 왁자지껄 하기보다는, 사회·문화·경제적 요소를 냉철하게 평가하여 얻은 다양성은 위협이 아닌 기회라는 것을 중심 패러다임으로 내세우기 시작했다. 그러는 사이에 문화적 차이는 차츰 이슈가 되었지만, 슬프게도 극단주의와 폭동, 폭력과 같은 부정적인 이미지로 정치인과 대중 속에 확고하게 굳어져 갔다. 그리고 그것은 공포, 의심, 안전조치와 같은 반응을 불러일으킬 것이고 차츰 문제점으로 자리잡게 될 것이다.

    도시는 민족적 교류와 협력에 맹목적인 사고를 가진 책임있는 사람들이 생겨나고 있거나 없더라도 곧 생겨날 것이다. 우리는 지금 그 대가를 치루고 있는 것이다. 지방과 국가 정책 입안자들은 실제로 일어날 그러한 문제를 명확히 염두에 두고 있다.

    이 책은 두려움보다는 다른 좋은 방법이 있다는 것을 우리에게 상기시켜준다. 또한 유사한 위협과 기회에 직면한 더 넓은 세계의 리더십이 있으며 해결을 위한 다수의 경험과 통찰력을 제공하고 있음을 여러 단체들에게 상기시켜준다. 특히, 우리는 영역과 야망의 편협하고 한정된 관점보다는 새로운 사고와 활동을 풍부히 만들어내는 영국인의 흥미로운 '공동체 협력'의 빠른 성장에 대해 논의하고 있다.

감사

이 책은 조셉 라운트리 파운데이션(Joseph Rowntree Foundation)이 펴낸 《영국의 문화적 다양성: 교류문화의 협력을 위한 도구(Wood et al., 2006)》라고 불린 코메디아(Comedia)의 연구성과에 기반을 두고 있다. 이 프로젝트에서 우리는 호주, 뉴질랜드, 노르웨이, 미국을 대상으로 연구를 진행하고 유럽의 도시경관에 대해서도 조사를 했다. 또한 부차적으로 분리와 혼합, 문화적 만남의 심리적 충격에 초점을 맞추고 연구범위를 넓혀 나갔다.

연구에 도움을 준 많은 기관들에 감사를 드리고, 특히 우리의 첫 프로젝트에 믿음을 준 리차드 베스트(Richard Best)와 테레사 맥도너(Theresa McDonagh)에게 감사를 드린다. 노스이스트의 브리스톨 시의회와 브리스톨 문화발전재단과 재정적 지원을 해준 the London Borough of Lewisham, the London Borough of Tower Hamlets와 the Arts Council of England에게 감사를 바치고 싶다. 외국의 협력자들의 도움도 컸다. 특히 호주의 리차드 브레크녹(Richard Brecknock)과 노르웨이의 베네딕트 브레거(Benedicte Broegger), 피터 위베르그(Petter Wiberg), 미국의 그레그 재커리(Gregg Zachary)에게도 감사드린다. 연구를 도와준 작가와 이 프로젝트를 위해 열정적으로 도와주고 가치 있는 배경지식을 제공한 개방된 팀들 - 아담 모너멘트(Adam Mornement), 리서 비스발레(Lise Bisballe), 모리스 콜스(Maurice Coles), 로버트 빈센트(Robert Vincent), 프랑코 비앙키니(Franco Bianchini), 리아 길라디(Lia Ghilardi), 앤디 하웰(Andy Howell), 톰 플레밍(Tom Fleming), 맨딥 칸돌라(Mandeep Kandola), 피터 켄웨이(Peter Kenway), 나심 칸(Naseem Khan), 아니타 모리스(Anita Morris) - 에게도 진심으로 감사를 드린다.

최초의 프로젝트는 자문집단의 일원인 와콰르 아마드(Waqar Ahmad) 교수, 루먼 아마드(Rumman Ahmed), 아쉬 아민(Ash Amin) 교수, 크리스토퍼 크립스(Christopher Cripps), 피터 홀(Peter Hall) 교수, 데이비드 재너 클라우스너(David Janner-klausner) 박사, 란지트 손디(Ranjit Sondhi), 함자 비야니(Hamza Viyani)와 조이 워

밍턴(Joy Warmington)에게 자문을 받았다. 또한 레오니 샌더콕(Leonie Sandercock) 교수의 열정에 진심으로 감사드린다. 에드 비어봄(Ed Beerbohm)은 예리한 눈으로 코멘트를 달아주었고, 용기와 지원을 아끼지 않은 우리의 아내 데런(Deryn)과 수지(Susie)에게도 감사드린다.

첫번째 연구의 주된 주장은 우리 도시생활의 번영과 질을 높이고 사회·경제적 혁신을 가져오는 민족문화 사이에서 확장된 상호작용에 관한 것이었다. 이를 위해 '다양성의 직업'을 넘어 소수 안에 보존되고 정형화된 패턴 속에 닫힌 문화적 다양성에 관해 오래도록 토론해왔다. 우리는 더 많은 사람들이 다양성의 의미를 능동적으로 찾지 않는다면 그들 스스로 미래의 커뮤니티가 가질 문제점을 쌓아두게 될 것으로 생각한다.

시작단계에서의 초점은 실용적으로 모든 나라들이 그들의 깊은 뿌리로 들어가서 늘 있어왔던 이질감과 상호작용을 경험해야 한다는 것이었다. 예를 들어, 영국의 경우에는 북아프리카인플의 하드리아누스 성벽(Hadrian's wall)을 향한 행진, 중세의 침략자와 정착자들의 계속되는 물결과 켈트족 사람들의 상호작용, 깊게 자리잡은 유대인 커뮤니티와 위그노교도 혈통, 아프리카계 카리브 해의 사람들과 인디언, 파키스탄인, 방글라데시인과 중국인 등의 식민지에서 독립한 국가의 이민자들뿐만 아니라 독일인과 이탈리아인, 포루투갈인에서 스칸디나비아인과 폴란드인, 러시아인까지의 유럽인, 그리고 오스트랄라시아인, 아랍인, 나이지리아인, 남아프리카인, 모르코인, 소말리아와 남북 아프리카인까지 다루었다.

정책분야에서, 우리는 영국과 다른 국가에서 다년 간 지표모델로서 다문화주의의 가치를 확인했으며, 그러한 성과를 헤치지 않는 보다 새로운 사고가 요구된다고 믿고 있다. 물론, 이는 최종적인 결론이 아니라, 우리 사회가 다양성에 응답하고 생각하는 방법에 대해 새로운 창을 여는 희망이다. 이러한 창조적인 도전은 차이점이 흩어져 있는 다문화도시에서 최상의 다양성을 만드는 창조적 문화공생의 도시로 나아가게 할 것이다.

01 규정과 유형화, 범주화를 위한 욕구

차이의 세계

우리의 초점은 인간의 다양성에 있으며, 우리가 도시 안에서 차이를 넘어 함께 살아갈 수 있는가다. 우리는 이문화 간의 교류가 더 촉진되기를 희망하고 있다. 그러나 그러한 변화를 기대하기에는 시작부터 현실적으로 수많은 벽이 존재하고 있다는 것을 인정하지 않을 수 없다. 문화교류에 대한 그 경계의 벽은 규정과 구분, 유형화, 범주화, 분류화 및 기호화를 위한 인간의 욕구로 깊이 자리잡고 있다.

우리는 우리가 누구이고 우리가 아닌 것은 무엇인가를 정의하기 위해 '차이의 세계'를 만들었다. 우리는 지적인 건축물을 지을 수 있으며, 사람들의 결정과 명시에 도움이 되는 범주와 개념을 정할 수 있다. 나는 누구인가, 내가 아닌 것은 누구인가, 누가 '인사이더'고, 누가 '아웃사이더'인가, 안과 밖은 무엇인가, 사소함과 중요함을 구분하는 특징과 의미는 무엇인가, 무엇이 옳고 그름과 좋고 나쁨으로 여겨지는가, '상류층'과 '하류층'은 어디에 있는가 등이다. 특히 우리는 비교를 통해 스스로를 정의하는데, '자신'과 '다른 사람'을 어떻게 나눌 것인가? 결국, 이런 물음들은 형성된 자신의 정체성을 둘러싼 것들이다.

차이의 설정은 명확한 인지와 이해, 지식뿐만 아니라 무엇이 옳고 그른지 판단하기 위한 질문에서 창조와 철학을 파악하는 근본적인 방법이다.

그것은 구별과 차이에 있어 두 가지 혹은 그 이상의 인식을 포함하고 있으며, 이러한 차이를 둘러싼 구조와 양적 시스템을 통해서 만들어진다. 모든 문화에 뚜렷이 새겨져 있는 이러한 과정은 한 문화와 다른 문화를 구별하는 데 도움을 준다. 가치에 기인하지 않고 차이를 인정하는 것은 매우 어려울 것이다.

구분이 늘 나쁜 것만은 아니다. 표식화와 단순화, 일반화, 추상화는 세상을 이해하는 중심이며, 모든 조율을 가능하도록 한다. 우리는 어떻게 날 것과 요리된 것을 구별하고, 깨끗하고 더러운 것을 구별하고, 안전하고 위험한 것을 구별하고, 좋은 것과 나쁜 것을 구별하는가? 언어는 구분과 차이의 시스템이다. 최상의 언어에서, 구분은 정보의 혼란스러움을 줄이고 일반적 특성을 볼 수 있게 한다. 또한 일반적인 특징의 정리에 도움을 주고 테마와 주제를 발전시키며 일반적인 원리와 보편적 원리를 식별하게 한다. 그러나 지나치게 구분에 초점을 맞추면 차별과 편견을 낳을 수 있으며, 역사 속에서는 불일치와 갈등, 전쟁의 원인이 되었다.

우리는 변화의 과정에서 차이를 인정하게 될 수도 있다. 단적으로 잘못된 메커니즘으로 인해 과도한 증오와 도를 넘은 혐오가 생기기도 하지만, 고통과 무관심, 공존과 인내, 상호활동과 협력을 거쳐 종국에는 보다 긍정적인 상호창조의 길로 나아가게 될 것이다. 우리는 이 책을 통해 도시가 '혐오'와 '무관심'의 영역에서 선택과 무시를 통해 스스로를 발견할 수 있는가를 논쟁할 것이다. 그리고 결국, '혐오'와 '무관심'은 '활발한 상호작용'의 구역에서 적극적으로 스스로를 찾고자 하는 노력에 의해 삶의 경쟁과 질적인 면에서 밀려날 것이다.

분류화와 범주화

이러한 분류와 범주화는 정의를 내림과 동시에 생겨나고, 지리적 조건과 '혈통'에 대한 가치와 이해에 의해 모양이 갖추어진다. 장소에서는 지리적 및 지형적 조건, 근린관계, 거리, 도시, 국가가 우리에게 어떻게 영향을 미치는가를 상기시키는 데 초점을 맞춘다. 우리는 '혈통'과 '가족'을 가족, 씨족집단, 부족, 인종, 민족집단, 문화, 국가와 같이 근본적으로 문명화된 영역으로서 조직적으로 배열한다. 그러한 집단화의 확대는 국가와 영토, 역사와 정부를 제외하고 실제적 존재로서 그들을 구체화시키고자 결탁한다면 더 약해지고 불안정하게 될 것이다.

엄마와 아빠, 형제와 자매, 삼촌과 숙모, 할아버지와 할머니, 사촌 등과 같은 가족은 그 자신의 증거다. 인류학자들은 문화가 혈연관계와 크게 다르다고 말하고 있지만, 유산과 가정, 가까운 친족은 그것을 반증하는 예다. 국가(유산, 혜택)나 가까운 친척과 같은 의학적 정의, 일반적인 문화의 기준은 가족을 이해하고 정리하는 데 도움이 되는 반면, 결혼과 이혼, 입양, 친구는 외관상 명쾌한 구분을 흐릿하게 만든다. 가족은 서로 피와 경험을 나누며 사랑을 느끼게 하는 친밀한 관계의 중심이며, 집은 삶의 준비를 위해 필수적인 곳이다. 만약 당신이 태어난 집을 좋아하지 않는다면 언제나 새로 시작할 곳을 찾을 수 있다. 우리는 어딘가에 속할 필요가 있고, 가족들과 너무 떨어져 있을 시에는 연락이 끊어진 먼 친척을 찾을 수 있다. 족보를 제공하는 웹사이트와 가계도 사업은 증가하고 있는 산업분야다. 가족들을 추적하여 찾는 프로그램도 인기 있는 프로그램 중 하나다. 족보의 유행은 조상에 대한 경배의 현대적인 표현이다.

모두에게 해당되지는 않지만 몇몇에게는 인종이나 국가와 같은 더 넓은 소속이 필요하다. '인종'은 사람들의 집단을 나타내며 카테고리를 분류하여 구별한다. 때로는 '공통의 조상'이나 생물학적인 요인에 의해, 때로는 지리학적 또는 국가적인 요인에 의해, 혹은 시각적인 구별이나 이 모든 것을 섞어서 분류한다. 예를 들면, 흑인, 백인, 히스패닉, 프랑스인 크리올(유럽+흑인), 아시아인, 체첸족 등의 카테고리는 융합과 혼란의 거대한 집합체를 보여준다. '민족집단'은 우려스러운 개념으로 가득 차 있다.

앞서 언급한 바와 같이, '국가'는 비교적 논쟁을 불러일으킬 개념이 덜하지만, 지리학과 정부에서는 그것을 실제의 독립체로 만든다. 우리는 하나 또는 그 이상의 정부를 가진 '국민'이며, 스스로를 증명할 신분증을 가지고 있다. '국가'는 인종문제가 아니라면 분할된 역사와 공통된 사람을 가진 융합된 지형도라고 할 수 있다. 그러나 새로운 국가주의의 상승과 일부 사례는 국가가 깨어지기 쉽다는 증거를 보여준다. 또한 이러한 허약함은 격렬한 국가주의와 공존하기도 한다.

범주화가 가장 활발한 분야는 문명의 영역이다. 특히 세계화된 미디어는 세상의 광범위한 개념을 비평적으로 잘게 나누어 그 영역을 이해하게 하는 기능을 한다. 그러한 영역은 문화와 하위문화로 나누어지며, 서술적이고 일반적인 정리를 통해 세상을 설명하고 우리가 인식할 수 있게 한다. 또한 존재와 운명, 시간뿐만 아니라 전체적으로 문화를 만드는, 겉으로 보기에 사소한 것들에 대한 추측과 같이 큰 문화적 차이를 이해하도록 도와준다. 그로 인해 우리는 가치와 믿음, 사고방식, 아이디어, 편견, 미와 추, 믿음, 종교와 같은 느슨한 일관성의 영역 사이에서 추측할 수 있게 된다. 그것은 당신은 누구이고 어떻게 살고 생각하는지, 우리가 공통적으로 인지하는 믿음은 무엇인지에 대한 가장 폭넓은 지리적 개념의 집합이다. 예를 들어, 우리는 서구적 관점에서 중국인, 인도인, 회교도인, 기독교인, 일본인 등으로 영역을 구분하기도 한다. '아랍 스트리트(Arab Street)'와 같은 서구 미디어의 구조는 그와 같은 집단화의 또 다른 예다. 한 영역을 어떻게 나누는가에 대한 중국인과 인도인의 관점은 어떤 식으로든 다를 것이다.

우리는 오랜 시간 동안 국가가 혈육, 지역, 가치로 연결되어 있다고 가정하고 믿어 왔다. 사람들은 분류된 지역, 운명, 초기 신화에 대한 공유된 서술법을 만들기 위해 노력했다. 그러나 베냉, 크로아티아와 같은 동유럽이나 중국에서 온 프랑스인과 아랍인 등은 그 믿음을 깨는 열쇠가 되었다. 즉, 많은 사람들의 이동과 함께 신화의 시간이 유지되기 어렵게 된 것이다.

영국의 'Who Do You Think You Are?'나 '100% English'와 같은 TV 프로그램은 소속된 집단의 확실성에 대한 신화를 무너뜨리며 인종적 '순수성'에 대한 놀라운 결과를 보여줬다. 철저하게 스스로를 영국인으로 여겨 왔던 많은 참가자들은 그들의 기원이 아프리카나 몽골, 로마의 집시 또는 중앙아시아였다는 것을 발견하고는 입을 다물지 못했다. 이를 통해 다음과 같은 의문이 생겨났다. '나는 언제 영국인 또는 이탈리아인, 이스라엘인, 이란인이 되었는가?', '그 표준은 무엇인가?', '그것은 단지 거기에 살고 관습과 믿음을 받아들였기 때문인가 아니면 그 이상인가?'

우리가 사용하는 분류법은 시간에 따라 바뀌었다. 어떤 때에는 유행이나 생활양식에 대한 분류로써, 때로는 부족이나 국민이라는 신분 혹은 계층으로 나뉘었다. 그러한 분류는 하나와 다른 것을 구분하고 구분의 가치와 중요성을 나타낸다는 점에서 결과적으로 동일하다. 기원의 체계는 복잡한 것을 설명하기 위해 '구분'을 만들었으며 단순한 것에서 점차 발전되어 나갔다. 그렇게 우리의 생물학적 세계와 그 이상을 구조화한 것이 계보학과 유형학, 분류학이다.

이 분류학은 사람들이 세계를 정리하고 자신들의 위치를 파악하게 한다. 또한 다른 부류와 스스로를 확실하게 차별화시키고, 특정한 상황에서의 선택을 가능하게 한다. 이것은 그들 스스로를 다른 사람들과 분류하고, 옳다고 느끼게 하며, 어떠한 상황에서 선택할 수 있게 한다는 것을 의미한다. 우리는 이러한 족보학을 통해 체계를 발전시키고 경계를 정할 수 있다. 심지어 소비를 통해서 기관, 직업적인 관계, 자본주의 경제의 안에서 무언가를 분류하기조차 한다. 궁극적으로, 우리는 종교와 같은 믿음의 구조만이 아니라 이러한 체계에 맞춰 국가를 세웠다. 당신이 어떻게 생겼고, 어떻게 행동하는가에 대한 믿음은 누가 '안'이고 누가 '밖'인지와 누가 당신을 좋아하고 싫어하는가의 사이에서 항상 중요한 구분자의 역할을 해왔다.

구분은 다른 사람과 사물을 다른 가치 아래에 놓는 사회적인 현실이다. 그러한 구분은 지금의 민주주의 시대에도 지속되어 왔다. 누구를 만나고 주말에 어디에 가는지에서부터 옷과 집, 유행까지 구분했다. 구분은 우리의 취향과 심미적인 코드를 만든다. 이것들은 사소해보이지만 여전히 창조적인 과정에서의 심오한 독자성의 한 부분이다. 이러한 구분은 우리가 무엇을 중요시하고, 무엇이 논란의 여지가 되어 왔는지 판단하게 한다. 이것은 문화와 그 결과인 의식의 구분과 형성의 차이에 대한 중요성을 조율한 결과다.

가치와 체계

분류학 연구는 생물학에서 가장 평범한 지식체계의 한 종류이며, 진화된 혈통과 관계된 분할구조의 다양성 속에서 모든 삶과 연관되어 있다. 대부분의 진화생물학자들은 그것이 어떤 종, 속, 과, 문, 계에 속하는지 표본의 단위를 확장하여 체계를 평가한다.

구분과 차이의 장치가 마련되었을 때, 정체성 창조의 다음 단계는 당신이 위인지, 아래인지와 같은 어떤 지위의 가치를 서술하는 것이다. 그것은 중요성과 신성함, 옳고 그름, 진보와 퇴보, 지혜로움과 어리석음과 같이 인지된 기준에 따라 순위가 정해진다. 이것은 관계된 지위나 위치로 제한된 척도와 상황으로 정의된다. 식물과 동물, 인간을 포함한 살아있는 생물들은 상호적인 행동을 만들어낸다. 우리는 야만인, 노예, 자유인, 시민, 귀족, 통치자 등의 계급·계층의 시스템과 같은 서열화의 역사를 인간의 용어를 통해 인지하게 된다.

우리는 매력의 정도에 따라 또는 '나를 닮은 사람'인가에 따라 지나치게 물리적으로 분류한다. 이것은 입맛에 따른 체계다. 언제부터인가 도시는 지위와 직업, 종교에 기초하여 구역이 나누어져 왔을지도 모른다. 또한 지금은 주택지구와 격리된 커뮤니티에 의해 나뉘어져 있을 수도 있다. 교류는 장려되지 않았고 시장가격은 더 큰 경계를 가져왔다. 구분의 세계는 명백한 사실과 지식 시스템, 규범의 틀을 세우고 창조했다. 이러한 규범이 이제는 위협을 받고 있으며 급격한 변화를 겪고 있다.

체계는 분류의 결과를 나타내는 강력한 장치다. 처음 접하면 그것은 자명한 진실 또는 실용적이며 매우 기능적인 것으로 느껴진다. 컴퓨터의 하부 구성요소 또는 모듈은 집적회로와 같은 더 작은 구성요소로 이루어진다. 다음으로 컴퓨터를 만드는 큰 구조에 적합한 사용체계 방법을 내부적으로 구성한다. 그러나 실제로 사람들 사이의 관계는 컴퓨터와는 다르다.

체계의 질서와 사람들의 인지는 기복이 있으며 세상에 대한 우리의 이해를 높여준다. 그러나 모든 사회에 체계가 필요한 것은 아니다. 때로는 체계가 사람들 간의 합리적이고 효과적인 커뮤니케이션을 방해한다. 예를 들어, 두 명의 작업자가 같이 일을 할 때, 둘의 사장이 다르다면 양쪽 명령체계가 달라 결국 복잡하고 효율적이지 못한 결과가 날 것이다. 이는 왜 체계구조에 대한 위협이 늘고 있는지, 더 높은 조직구성에 기반을 둔 체계적인 운영이 더 대중적인지를 보여준다. 즉, 그것이 개인과 팀에게 더 나은 수행능력을 부여하는 것이다. 체계와 다양성에 대한 존중은 서로 완벽한 동반자다.

단순성과 복잡성

'이것은 단지 그래'와 같은 세상, 단일한 세상, 보다 단순한 '진리'는 다면적 진실과 다양한 가치, 많은 이해와 다양성보다 접근하기 쉽다. 또한 다르게 보고, 다른 것을 믿고, 나와 다르게 행동하는 사람들의 세상에 대해서도 마찬가지다. 항상 형식에 맞춰 살아가는 것이 더 쉽다. 그것은 더 쉽게 관리할 수 있고 보다 단순하며 효과적이다. 효율성의 측면에서만 본다면 말이다. 당신은 스스로 생각하고 도전할 필요 없이 더 빠른 삶을 살 수 있다. 왜냐하면 패턴화된 삶의 구조 속에 있기 때문이다. 이것은 사고방식이나 믿음 속에 깊이 새겨져 있다가 오랜 시간 속에 자기 중심적으로 진행되었다. 대다수의 것들은 우리가 이미 생각한 것을 확인하는 것이었다. 이것이 '확인된 편견'이다.

분류화와 범주화는 사람과 사물의 가치 사이에 벽과 경계를 만들어 복잡성을 줄이기 위한 시도다. 그러나 한편으로 분류는 편견을 만드는 전제조건이기도 하다. 현재의 드라마틱한 변화와 유동성, 정보의 과적은 이러한 경향을 강화시킨다. 그곳에는 심사숙고를 위한 작은 여지만이 있으며, 잡음이 되는 모든 이슈를 단순화시켜 감소시킨다.

차츰 그것들은 우리 스스로를 막아 이해를 막는 장애가 된다. 여전히 정의의 촉구는 실용적이다. 그것은 예측 가능성을 증가시키고 기본적인 선호에 반응하여 우리를 편향으로 치우치게 한다. 그를 통해 우리는 세상을 단순화할 수 있게 된다. 복잡성을 줄이는 가장 좋은 방법은 당신이 다뤄야 하는 이벤트와 변수, 생각과 구분을 줄이는 것이다. 이것이 바로 환원주의(reductionism)라 불리는 것이고, 우리의 문화 속에 깊이 뿌리 박혀 있다.

그러한 기본적인 반응은 명확한 연속성과 안정성을 공급해준다. 그러면서 편향된 행위의 방식으로 자리를 잡게 된다.

개방을 줄이는 데에는 반대가 따르며 비용이 수반된다. 모험을 할 수도,

쉽게 발견하지 못할 수도, 자극의 감소와 지적 가능성이 줄어들 수도 있다. 궁극적으로는 풍부한 잠재력을 조금씩 악화시킨다. 아이디어와 발견은 풍부한 개방성을 요구한다. 이러한 개방성으로의 전환을 위해서는 모호함과 불확실성, 예측 가능성의 부족을 가지고 살아나갈 능력이 필요하다. 그러나 이것은 다소 무리한 요구다.

통일된 규범깨기

그러나 보이는 바와 같이 단순한 규범은 당신이 보는 모든 곳에서 문제점을 보이고 있다. 진리의 시스템이 붕괴하고 있으며, 자연과학 역시 예외는 아니다. 수백 년 동안 우리는 객관적인 대상의 명확한 구분 속에서 이러한 일들을 진행해 왔으며, 주관적인 것으로부터 분리해왔다. 물리학과 화학, 생물학 연구에서조차 어떻게 우리 눈에 보이는가에 의지해 왔다. 예를 들어, 전자를 어떻게 보는가와 같은 의식의 판단은 그것이 무엇이고, 그 특징이 무엇인가를 파악하는 것이다. 만일 우리가 입자의 문제로 본다면 입자에 대한 답을 얻게 되고, 파동의 문제를 제기한다면 파동에 대한 답을 얻을 것이다(Capra, 1982). 마음과 물질 사이, 관찰자와 그 대상의 고전적인 구분은 더 이상 의미가 없다.

포스트모더니즘은 우리의 지각과 가치 있는 경관에 도전해왔다. 이제 우리는 스스로 우월하다고 생각하는 유럽과 서양 중심의 사고방식에서 벗어나 복잡한 진실을 보다 명확히 봐야 한다. 이미 잘 알려진 것들도 있지만 앞으로 더 많아질 것이다. 아마도 인도인이나 중국인, 이슬람인의 세계관 또는 다른 원주민의 시점에서 서구를 가르칠 것들이 나타날 것이다. 그것은 가치가 무엇인가에 따라 또는 무엇을 중요하게 여기는가에 따라 우리가 어떻게 살아야 하는가에 대한 지각을 넘어서게 될 것이다. 나아가 집단주의자 또는 사회적 지향의 사고는 개인주의가 가진 한계나 지구온난화에 대한 도전의 사고처럼 갑자기 찾아온다. 대체의학도 어느 정도 신빙성을 얻고 있고, 당신은 특별한 국가 건강 서비스 클리닉에서 무료로 치료받을 수도 있다. 당신이 잠재적인 세계 독자들을 대상으로 자비출판을 하고자 한다면 단지 인터넷만 연결하면 된다.

새로운 사고는 상호의존과 관계성, 그리고 어떻게 부분이 모여 전체를 구성하는지에 주목하고 있다. 시작은 복잡성을 인식하는 것이다. 여기서는 생각과 아이디어, 사람을 구성하는 다양성에 가치를 두게 된다. 이러한 것들은 매우 유기적으로 보일 것이다. 그리고 당신은 '모든 것은 동등하고 가장 단순하게 해결하는 것이 좋다'에서 '모든 것은 동등하고 가장 복잡하게 모든 가능성을 열어둔다'라는 오컴의 면도날(Occam's Razer) 원리로 바꿔 말하게 될 것이다. 당신이 보다 엄격한 패턴의 세계에서 상호관계의 세계로 바끼면서 전통적인 구조는 더 이상 기능하지 못하게 된다.

다양성: 시대의 중심 딜레마

다양성을 다루고 가치를 정하는 것, 특수성에 대한 차이와 욕망은 우리 시대의 중심 딜레마다. 다양성을 배경으로 편한 삶을 사는 것과 단순한 이해는 차이에 초점을 두고 있다는 점에서 다르다. 도전은 다양성에 대한 일관된 서술을 하는가에 있으며, 우리가 시대의 문제에 어떻게 대답할 것인가다. 이것이 우리가 이 책의 서두에서 말하고자 하는 것이다.

편견으로 몰아가는 것은 감정적이고 사악하며, 잠재적·물리적으로도 매우 위험한 것이다. 우리가 우리에게 문제나 영향을 주지 않는다고 판단한 사람들의 편견이 실제로는 우리의 행복과 평온하게 살 능력을 위태롭게 하고 있다. 특히, 인종이나 무리, 국적과 같은 질서의 관념에 지나치게 중요성을 부여하면, 우리가 세계의 서로 다른 사람들의 도시나 마을과 피치못할 공존의 상황이 생길 때 갈등이 생길 것을 인정하게 된다. 더 나쁜 것은 사람들은 위기에 닥쳤을 때, 그들이 위안과 안정을 찾기 위해 스스로를 분류화하는 경향이 강하다는 것이다. 사람들이 그들의 삶에서 음식이나 연료를 얻기 어려운 상황에서 흔들리지 않고 의지할 수 있는 유일한 것은 믿음이다.

오늘날 그러한 무리의 관념은 스스로 그 무리의 일원인 것을 문화적 흥미거리로 여기는 젊은 집단들처럼 혈통과 지역을 넘어 변화하고 있다. 전문적인 유대도 무리의 일원으로 보이게 된다. 예를 들어 이슬람인 계획가가 서양의 계획가를 만났을 때는 다양성의 관점에서 무엇이, 언제 일어나는가에 흥미를 가지게 되는 것이다.

이 계획의 서두에서 50년 간은 피부색, 계층, 민족의 선을 넘어선 새로운 구분의 이정표가 요구되는데, 그것은 '민족', '종교', '피부색' 등과 같은 주제가 될 것이라고 밝혔다. 그렇다면 참신하고 지속적인 태도를 취해야 하는가 아니면 '계층'으로 세상을 구분하는 지배적인 방법이 될 다른 아이디어를 찾아야 하는가? 또는 '열정, 신속, 유동성' 대 '고정, 느림, 고착'과 같은 발전과 대조되는 완전히 다른 세계관을 취해야 하는가?

이제 마지막 주제다. 다양성의 인정은 도덕적인 보편주의가 되는 것이고, 우리는 이에 대해 규범에 따른 판단을 해야 하는가? 관점이나 원리가 모든 조건과 시간 속에서 모든 사람과 모든 상황에 적용될 수 있는 것인가? 도덕적 보편주의는 문화와 인종, 성, 종교, 국적 또는 구분짓는 특징에 관계없이 모든 사람에게 적용할 수 있는 다민족적인 위치에 있다. 그러한 정당성은 주어진 어려움을 극복하고 살아나가야 할 사람의 노력 여하에 달려 있다. 만일 그것이 실현된다면, 모든 비교 도덕적 코드를 넘어 보편적인 동기는 적용될 수 있다. 많은 사람들은 이방인이나 외국인, 낯선 사람들보다는 그들의 가족, 친구, 동료와 민족을 중요한 존재라고 믿고 있다. 그러나 이방인들을 진정으로 받아들이는 것은 대다수 문화가 가진 전통의 일부다.

02 다양성의 맥락

움직이는 사람들

전체적으로 유사한 경향을 가진 도시가 세계 곳곳에 존재함과 동시에, 다양한 성향을 보이는 집단이 통합되어 도시의 커뮤니티를 이루는 수도 증가하고 있다. 주요한 도시들은 지금 복잡한 다양성 속에서 독자적인 작은 세계를 구축함으로 인해 '세계도시'가 되었다.

이러한 현상이 영국만큼 뚜렷한 곳도 드물다. 런던은 지금까지 존재했던 어떤 도시들보다 다양성이 뚜렷해지고 있다. 300가지가 넘는 언어가 런던 사람들의 입을 통해 쏟아지고 있고, 도시에는 인구가 만 명 또는 그 이상인 비토착 커뮤니티가 적어도 50개 이상은 있다. 사실상, 모든 세계의 인종, 국가, 문화, 종교가 최소한일지라도 런더너의 손을 거치게 된다. 60만이 넘는 런던의 이슬람교도 인구는 메카(mecca)를 제외하고는 아마도 세계에서 가장 다양한 장소일 것이다. 59.8%의 런던 사람이 스스로를 '순수 영국인(white British)'이라고 생각하고 있는 반면, 혼혈인종이라고 생각하는 사람은 단 3.2%에 그쳤다.(Kyambi 2005)

그리고 런던이 독특한 다양성을 보여주는 사이에 영국의 다른 도시들도 변화하고 있다. 1997년에는 6만 3000명이 사업을 하거나 직장을 구하기 위해 영국에 왔으며, 2003년도에는 그 인구가 11만 9000명이 되었다. 전체적으로 1991년과 2001년 사이의 영국 인구는 220만 명으로 늘었고 114만 명이 해외에서 태어났다. 그리고 EU가 체결되기 전인 2004년 5월, 13만 명 이상이 새로운 구성원이 되었다.

파키스탄에서 태어난 3만 7000명의 사람들이 버밍엄(Birmingham)에 살고 있고, 2만 7500명이 브래드포드(Bradford)에 살고 있다. 또한 2만 5000명의 인도인이 레이체스터(Leicester)에, 4,000명의 방글라데시인이 올드햄(Oldham)에, 4,000명의 서인도인이 노팅햄(Nottingham)에 살고 있다. 이제 1,000명이 넘는 프랑스인들이 브리스톨(Bristol)과 브라이튼(Brighton)에 살고 있으며, 650명의 그리스인이 콜체스터(Colchester)에, 600명의 포르투갈인이 본마우스(Bournemouth)와 플스(Poolth)에, 800명의 폴란드인이 브래드퍼드(Bradford)에, 1,300명의 소말리아인이 세필드(Sheffield)에, 770명의 짐바브웨인들이 루턴(Luton)에, 270명의 이란인들이 뉴캐슬(Newcastle)에, 400명은 스톡포트(Stockport)에, 240명의 말레이시아인들은 사우스씨(Southsea)에 살고 있다. 그리고 이 수치는 외국에서 태어난 사람만을 나타낸 것이고, 훨씬 더 많은 사람들이 이민 2세대로서 국적과 정체성이 섞여 있다.

동일하지는 않지만 EU에서도 유사한 현상을 볼 수 있다. 향후 20년 간 EU의 총 인구는 1,300만 명 이상 증가하여 4억 5900만 명에서 4억 7200만 명으로 늘 것으로 예상된다. 2025년의 인구증가는 주로 인구유출보다 유입이 많기 때문이다(woirmd Bank 2005). 많은 사람들이 지방으로 이주함에도 불구하고 그 영향은 주로 도시에 국한되어 있으며, 북부와 서부 유럽의 대다수 큰 도시의 인구 15~30% 정도가 비유럽계 사람들로 이루어져 있다.

캐나다에서도 2005~2006년 사이에 결혼이민자가 매년 2/3 이상 증가하는 등, 인구증가의 주요요인으로 지속되고 있다. 2005년 7월 1일에서 2006년 7월 1일 사이에 캐나다의 인구는 32만 4000명이 증가하여 3262만 3500명까지 늘었다. 이 기간 동안에 국가적으로는 25만 4400명의 이민자가 생겼는데 전년에 비해 9,800명이 더 늘어난 것이다. 캐나다의 인구증가에 있어 국제이민의 역할은 미국에서보다 그 영향력이 더 크다. 2004년부터 2005년 사이에는 국제결혼 이민이 캐나다 인구의 2/3를 차지하였고, 남부 국경의 38%와 거의 비슷하다. 호주 역시 이민이 자연적 인구증가를 훨씬 넘어서고 있다.

사람들은 항상 움직인다. 단지, 과거와 오늘날의 차이점이 있다면 움직임의 범위와 크기라는 점이다. 세계의 이민동향을 보면 보다 명백히 알 수 있다. 1960년에 7,500만 명이던 이주자가 1975년에는 8,700만 명으로, 1985에는 1억 1100만 명, 1995년에는 1억 6500만 명, 2005년에는 1억 9100만 명으로 늘어났다. 세계적으로 고향을 떠난 사람들의 숫자는 거의 2005년에 2,100만 명 정도되며, 망명을 이유로 떠도는 사람들은 66만 명이나 된다 (UNHCR 2005). 거의 200만 명이 외국에서 공부하고 있는데, 그 중 1/3 정도는 미국에, 66% 정도가 영국, 프랑스, 호주에 있다. 1950년에는 2,500만 명의 사람들이 해외여행을 했다. 1960년에는 7,000만 명이, 2000년에는 8억 명이, 2010년에는 10억 명의 사람이 해외로 여행을 갔다. 지난 50년 간 40배가 넘는 사람이 해외여행을 한 것이다. 2010년 이후에는 매년 100억 명이 영국을 다녀갈 것으로 예상된다.

이것은 지난 10여 년 간 양극단이거나 다민족인 세계의 많은 커뮤니티가 애매한 이유로 현재와 같은 대규모 이주를 허용하지 않았다는 것을 말해준다. 파키스탄이나 북부 아일랜드, 보스니아처럼 비교적 그러한 특징이 명확한 곳도 있다. 하지만 발칸이나 소수 아시아계와 중앙 아시아 등의 많은 곳에서는 때로는 충돌도 있지만 서로 도와가며 평화롭게 살고 있다. 그러한 커뮤니티들이 문화공생적 접근을 크게 외치는가에 관계없이 최근 그들의 상황은 이주를 통해 변화되어 왔다.

그럼, 민족의 선을 넘어서 다른 사람들과의 상호작용의 단계에 관해서 자세히 살펴보자. 최근에 입소스 모리(Ipsos MORI Social Research Institute for Commission for Racial Equality: Ipsos MORI, 2006)에서 실시한 조사에 따르면, 상당수의 영국인들은 그들이 다른 부류의 사람들과 잘 살 수 있는 국가에 거주하고 있다고 믿고 있었다(20%의 사람들만이 동의하지 않았다)(그림 2-1). 게다가, 대부분의 사람들(2/3)은 지난 5년 동안, 집단 간의 상호작용의 수준이 같은 상태이거나 향상되었다고 답했다. 소수 민족의 사람들은 전체적으로 그러한 일반인들의 평가보다 명백히 긍정적으로 평가하고 있다.

그러나, 표에서 보이는 것 이상으로 사람들은 사실상 상호작용의 방법에 상당한 변화를 보였다. 62%의 사람은 그들 스스로가 사회적으로 다른 민족의 사람들과 가게(shop)에서 잘 어울린다고 말했으나, 이 중 반만이 민족적 배경이 다른 사람들과 집에서도 어느 정도 의미 있는 관계를 맺고 있다고 답했다(표 2.1). 직장이나 학교, 전문학교에서는 전체의 반도 못되는 적은 수의 사람들이(32%) 일과 후에 취미나 스포츠클럽을 통해서 매달 최소한의 관계를 맺는다고 했다. 백인은 모든 응답에서 상호작용과의 연관성이 가장 적었다.

또한 입소스 모리는 누구와 상호작용을 하는지도 파악했다. 그다지 놀

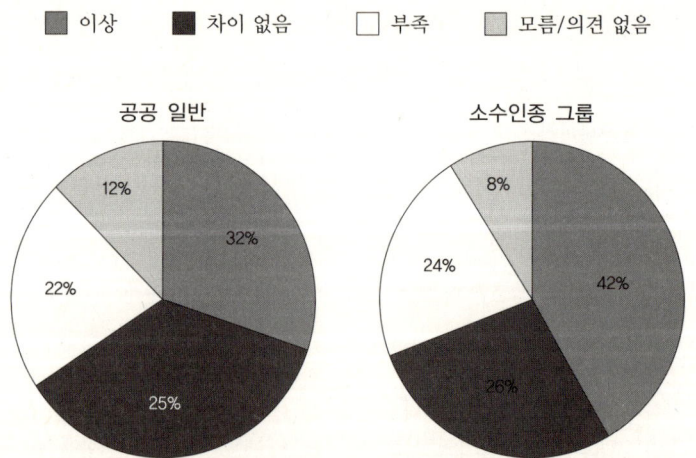

기초: GB거주자 15 + 년수(1,068), 조사: 2006년 9월 28일~10월 3일
소주인종 집단: 영국 거주자 16 + 년수(223), 조사: 2006년 11월 15~22일
출처: Ipsos MORI

그림 2-1 상호교류의 복합적 성장

랍지 않게도, 많이 혼합된 사람들이 더 많이 어울릴 기회를 가지고 있었으며, 따라서 사회적 혼합의 수준도 민족적 다양성이 낮은 지역과 직장보다 나이든 사람들이 더 낮았다. 예를 들어, 스코틀랜드(13%)인이나 남서부인(15%)처럼 민족의 다양성이 적은 사람들은 표 2-1처럼 노인과 어울릴 기회가 없다. 대조적으로 런던(50%)이나 서부 미들랜드(West midlands)(42%)와 같이 다양성이 높은 지역의 사람들은 사회적 배경이 다른 사람들과 최소한 한 달에 한 번은 사회적으로 어울린다고 말했다.

이러한 혼합은 학위수여자들이나 기관 또는 공공임대주택에서 사는 사람들, 타블로이드 독자보다 낮은 사회적 지위와 덜 교육받은 층이 낮았다. 남자들은 직장과 학교, 전문학교(56%), 사교(44%), 취미와 스포츠클럽(38%)에서 어울리는 경향이 강했으며, 이에 비해 여자들은 가정에서(32%) 사회적으로 어울리는 경향이 강했다.

72%의 사람들이 최소한 한 달에 한 번은 직장이나 학교 혹은 전문학교에서 다른 사람들과 교류한다. 이는 소수 민족보다 높으며(84%), 다른 부류와의 섞임은 공식적 또는 비공식적인 사회적 상황 속에서 이루어진다. 다양한 상황에서 섞이고 있는 젊은 사람들은 브로드시트 신문을 읽으며 런던에 산다. 사회적 상황의 다양성 속에 섞이는 사람들은 다양성과 통합의 조치에 대하여 보다 긍정적인 경향이 있었다.

표 2-1 당신의 모든 교류는 어디에서?

	일반대중	백인	흑인	동양인
	% 월간 최소 교류			
기반:모든 응답자	(1063)	(996)	(114)	(109)
가계에서?	62	60	76	84
직장, 학교, 대학?	49	47	75	64
취미 또는 스포츠클럽을 통해?	32	30	52	34
사교장에서?	41	39	71	59
당신의 집 또는 상대방의 집?	30	27	83	58

출처: Ipsos MORI

이종교합(cross pollination)에 대한 억누를 수 없는 충동

우리 사회는 생각보다 더 많은 문화교류가 이루어져 있다. 이미 많은 분야에서 우리가 친숙하게 느낄 수 있을 만큼 아주 흔해진 것이다. 영국을 보라. 수백 년 간에 걸친 그들의 문화적 영향과 섞임은 그 삶의 기본구조 자체에서 역력히 드러나고 있다. 이러한 특징은 호주나 캐나다와 같이 이민자에 의해 형성된 국가에서 더욱 뚜렷하다.

영국의 대표적인 음식인 피시앤칩스(Fish and Chips)를 보자. 생선튀김은 동부 유럽의 유대인에게서 왔고, 감자튀김은 프랑스의 위그노에서 왔다. 영국인들은 마치 획기적인 것처럼 생선튀김과 감자튀김을 함께 놓는다. 케찹은 광동어 'Kherchap'에서 왔고, 처트니(Chutney)는 영국에서 난 것처럼 느껴지지만 인도가 기원이며, 중요한 재료로 쓰이는 우스터(Worcester) 소스와 브랜스톤(Branston) 피클도 마찬가지로 인도가 기원이다. 차는 중국이 기원이며, 잉글랜드 블랙퍼스트 티는 인도를 통해서 영국에 왔다. 그리스가 기원인 해기스(haggis)는 프랑스를 통해 스코틀랜드에서 변화되어 영국에 도달했다. 카레는 인도음식 같지만 영국의 조미료가 섞인 것이다. 우리가 미국음식으로 알고 있는 피자는 나폴리의 반죽에서 왔다(그 피자는 파인애플과 순록 소시지가 얹혀 있다). 피자는 꽤 탄력성이 좋아 어느 지역환경에서도 잘 적응하였다. 이탈리아 요리인 파스타는 그리스 신화의 출현을 시작으로 많은 창조신화에 등장한다. 그 첫번째 기록은 탈무드의 끓인 국수인데, 아라비아어로 AD 5세기경에 쓰였다. 9세기경, 아랍인이 시실리 전투 때 이탈리아로 가지고 들어왔다. 마르코 폴로(Marco Polo)가 중국에서 돌아올 때 파스타를 가져왔다는 로맨틱한 신화도 있지만, 이는 잘못된 것으로 오래 전에 밝혀졌다. 우리가 영국 것이라고 알고 있던 꽤 많은 채소류도 실은 다른 지역의 것이다. 감자는 미국에서, 방울다다기양배추는 이란과 아프가니스탄에서 왔다(Spencer, 2003).

이 음식의 대부분은 그들이 기원이란 믿음으로 굳게 자리잡고 있다. 이는 문화적 본질주의(실재론, essentialism)의 한 종류로 용인되어 그들 속에 남아 있는 것이다. 그러나 그러한 것들은 미식가들의 입맛에 따라 흡수되기도 하고 거절당하기도 했다. 그래서 피자와 사워크라우트(독일식 김치)를 함께 먹는 것은 피자와 감자튀김을 함께 먹는 것만큼 포만감을 주지 못한다.

몇몇 요리는 퓨전이라고 정의되었다. 호주의 음식문화는 새로운 이민자들로부터 지대한 영향을 받았으며, 그로 인해 양고기, 콩, 감자 중심의 단순한 요리로부터 벗어날 수 있었다. 그것은 유럽의 식습관과 아시아의 영향이 퓨전이 되어 음식의 '문화공생주의'로 나타난 것으로, 최근 호주 사회로 급격히 스며들고 있다. 실제로, 호주의 모든 슈퍼마켓에서 전 세계의 음식재료를 볼 수 있으며, 텔레비전의 요리 프로그램에서는 다양한 퓨전 요리법을 소개하고 있다.

문화의 다양한 교류는 스포츠에서도 볼 수 있다. 크리켓의 예를 들어보자. 영국에서 크리켓은 반대편에서 스윙을 하는 볼링이라는 이유로 2005년에 애시스(Ashes, 영국과 호주의 국가대표팀이 2년마다 벌이는 크리켓 테스트 매치)로 불렀다. 이것은 와심 아크람(wasim Akram)과 워커 유니스(Waqar Younis)라는 크리켓 선수와 관련지어 파키스탄인이 만든 것이다. 사람들은 크리켓이 처음 소개되었을 때에 다소 의심스럽게 여겼는데, 아마도 '교활한 동양의 속인수'라는 의미가 포함되었을 것이다. 후에 그들은 프레디 플린토프(Freddie Flintoff)와 같은 영국 선수들을 지도했고, 글라모건(Glamorgan)의 사이먼 존스(Simon Jones)와 같은 선수들이 체계적인 규칙을 다졌다. 이것이 지금은 영국의 비밀병기가 된 것이다.

음악에 있어서도 문화적인 섞임은 새로운 형태의 발전을 만들어냈다. 그 고전적인 예가 재즈다. 재즈은 본래 아프리카 음악으로, 미시시피 델타 블루스(Mississippi delta blues)와 카리비안이 조합된 알라바마 목화농장의 교회음악이 결합되어 변형된 것이다. 특히 아프리카에 배경을 둔 쿠바 리듬과 미국의 영향, 래그타임으로부터 온 서부 클래식 음악요소의 영향도 크다. 흥미로운 것은 이 음악적 스타일이 모두 뉴올리언스에 공존했다는 것이며, 이것은 지금도 계속되고 있다. 이는 인종차별주의인 흑인차별법(Jim Crew Laws)의 억압에 대한 저항을 거쳐, 특히 하층민으로 분류되어 차별을 받던 크리올 혼혈들에 의해 재구성되었다. 그후, 흑인과의 연대와 전통음악과의 조우, 혁신을 통해 20세기에 들어 재즈가 만들어지게 되었다.

더 최근에는, 1980년대의 미국 흑인풍 디스코와 크라프트베르크(Kraftwerk)와 아트 오브 노이즈(Art of Noise) 같은 초기 독일 일렉트로 음악이 결합하여 만들어진 하우스 음악이라는 일렉트로 댄스음악의 스타일이 있다. 이 스타일은 시카고와 디트로이트의 한 클럽에서 시작되었다. 하우스 음악의 일반적인 요소는 드럼과 단단한 베이스 라인(보통 전기적으로 발생하는)으로부터 발생하는 4/4 박자 리듬이다. 이러한 기초 위에 전자 사운드와 재즈, 블루스, 신디팝과 같은 형태의 음악 샘플이 덧붙여졌다.

다른 음악적 혼합은 힌두의 처트니와 트리니다드의 대중음악인 칼립소, 자메이카 레게와 혼합된 서부 락비트의 전통 펀자브 뮤직이 혼합되어 방그라머핀으로 모습이 변화되었다(Cooper, 2004). 더 최근에는 발리우드 음악인 힌두사운드와 서양 스타일의 리듬이 특징적으로 결합되었는데, 런던의 웨스트 앤 시어터의 무대에서 폭발적인 성황을 이루었다.

그러한 열풍과 함께 패션에서의 반동도 세계적으로 확산되었다. 거의 십년에 걸쳐 일 년에 두 번씩 시즌이 반복되고 있으며, 지금은 여섯 번째 시즌을 맞았다. 테마는 러시안룩에 관한 것이며, 아프리카의 민족성도 다루고 있다. 그곳에서는 사파리룩과 밀리터리룩, 파워드레싱, 타르트 쉬크 또는 그들의 결합이 주된 주제가 된다. 어떤 것은 옷걸이에 걸리지도 않는다. 이러한 결합은 다소 혼란스러울 수도 있다. 아마도 그러한 경계는 다소 다른 국제적 스타일을 혼합된 스타일로 창조하고 확산시켜 왔기 때문일 것이다. 이러한 현상은 오늘날도 앞으로도 계속될 것이다.

정원을 한 번 살펴보자. 우리의 공공공원에 아시아와 무어인으로부터 전해져 온 정자와 여름별장, 분수정원이 없었다면 식물들은 어떻게 있었을까?(Turner, 2005) 하나의 단적인 예로, 해변의 호화로운 브라이튼 파빌리온은 조지 4세를 위해 1815년부터 1823년 사이에 존 내쉬에 의해 리모델링되었으며, 오르풍 시장은 1905년에 스파이탈 필드에 지어졌다. 방갈로의 예도 살펴보자. 그 어원은 힌두어 bangalo와 집을 의미하는 bengal 스타일에서 유래했으며, 베란다로 둘러싸인 타일로 만든 집을 의미한다. 이는 중국과 인도의 요소와 함께 수많은 장식의 흔적을 남겼으며, 대지 곳곳에 위대하고 심플한 주택의 선을 남겼다.

집안의 가구를 생각해보자. 부자들은 언제나 상상 속에나 존재할 것 같은 가구들을 소유해 왔다. 시느와즈리(중국풍)와 같은 장식은 중국 미술의 영향을 받은 것이다. 동양 예술품은 중세 유럽의 여행객이 귀국하며 들여와 자기류부터 복제되기 시작하였다. 17세기와 18세기에는 동양 인도의 무역회사가 중국의 자기와 광택제를 수출했다. 독일의 도자기는 중국의 흰색과 청색 자기의 영향을 빠르게 흡수했다. 18세기 중반, 중국 물건에 대한 높은 관심은 인테리어, 가구, 융단, 소형 골동품 등 모든 장식품에 실질적으로 영향을 주었고, 상상에서나 볼 수 있는 풍경의 디자인, 인물 모형, 사찰의 탑, 복잡한 격자무늬와 이국적인 새와 꽃도 중국을 통해 들어왔다. 후에 들어온 일본풍은 도자기와 가구, 보석에 영향을 주었다. 여전히 많은 그 당시 디자인 제품들이 웨지우드와 로얄 덜튼, 직물 디자이너들과 벽지 공예가에 의해 생산되고 있다. 그 후, 이 접시와 디자인 제품들은 가난한 사람도 부자만큼 가질 수 있게 되었다. 1875년에는 동양의 보고인 등과 대나무에 대한 개방의 길이 열렸다. 그러한 교류는 예술운동에도 나타났다. 일본 예술은 아르누보의 영향을 받았다. 피카소와 큐비즘은 아프리카 예술과 아즈텍의 아르테코, 마야와 이집트 기호의 영향을 받았다. 버나드 리치(Bernard Leach)는 영국의 시에 동양적 특징을 받아들였으며, 그러한 혁신은 다시 일본에 영향을 미쳤다.

이러한 교차의 도약은 시간을 넘어 지속되고 있다. 테렌스 콘란(Terence Conran) 경은 대륙풍의 취향을 영국에 전해 주었다(Pearman, 2001). 이탈리아와 스페인풍의 이불과 도자기 디자인은 오스트리아와 스위스로부터 왔으며, 스칸디나비아 조명과 요리도구, 치킨 브릭은 프랑스에서 들어왔다. 그 후로 히피 바람이 불면서 등가구, 꽃무늬 직물, 침대보의 스타일이 인도와 극동에서 들어왔는데, 그 대다수가 향을 풍긴다는 공통점에 주목해야 한다.

그러한 문화에 적응된 눈은 그 영향을 영국과 유럽, 호주, 북미의 가정에서 적극적으로 적용해 나갔다. 예를 들어, 우리가 먹는 음식, 입는 옷, 우리를 둘러싼 가구, 사용하는 도구, 소비하는 오락 등이 그러하다.

여기에 언어를 잊어서는 안 된다. 영어는 인도-유럽의 언어계통과 게르만어와 로맨스어의 위대한 언어군의 혼합으로 이루어졌다. 'stuhl'과 'stool', 'chaise'와 'chair' 등이 의미는 거의 동일하다. 최근 '슬로푸드'나 '슬로시티'와 같은 관점의 대다수가 이탈리아를 통해 세계로 확산된 반면, 영국에서는 '패스트푸드'를 만들어내었다. 마찬가지로 '피스풀 레지스턴스(peacful resistance)'는 인도에서 곳곳으로 퍼져나갔다.

이슬람 세계에서는 대수학의 발전과 영(zero)의 개념을 발견하는 등 수학에서의 위대한 발견이 있었으며, 십진법의 숫자 시스템과 우리가 시간을 측정할 때 사용하는 추의 원리를 이뤄냈다. 이로서 생명에 중요한 모든 요소의 과학적 혁명이 가능해졌다. 이슬람교도들은 그리스의 고전적인 작업뿐 아니라 새로운 과학이론을 소개했다. 그들이 없었으면 유럽의 르네상스도 일어나지 못했을 것이다.

교환과 결합의 흐름, 강한 문화교류의 짜임새, 오랜 문화의 편안함 등은 본래의 정체성이 너무 짙다고 거부할 수 있는 것도, 그 길이 하나만 있는 것도 아니다. 이렇듯 거대한 도시의 협의는 대조적인 측면을 보여준다.

다양한 경관의 탐구

우리는 이주와 인종, 민족성에 대한 많은 고전문학을 다시 검토했다. 그러한 고전문학은 문화적 다양성을 위한 도시정책 방안에 분명한 영향을 미쳤고, 또한 매우 많은 시도의 길을 열었다. 대표적으로 유럽의 존 렉스(John Rex), 스튜어트 홀(Stuart Hall), 폴 길로이(Paul Giloy), 울프 하네르츠(Ulf Hannerz), 타리크 모두드(Tariq Modood), 프니나 웨브너(Pnina Werbner), 레스 백(Les Back), 존 솔로모스(John solomos)에서부터, 조지 웨브너(George Werbner), 알레한드로 포르테스(Alejandro Portes) 등과 같은 미국 작가의 이름을 나열할 수 있지만, 일부에 불과하다. 그들은 지지자와 비평가를 비롯한 차후 세대에 영향을 미쳤다. 이러한 문학의 중요성은 그것이 분야에 대한 시점을 지배하거나 긴 영향력을 미치고 다른 관점을 위한 여지를 남기는 데 있다.

이 책에서는 그러한 점을 충분히 고려하여 시점을 다른 각도로 잡고 접근해 나가고자 했다. 단순하게도 우리는 도시를 생각할 때 다양성이나 외부의 표정보다도 다양성을 바탕으로 여러 가지로 분리하기 시작했다. 우리는 다양성에 대해 새로운 패러다임을 가져야 한다고 주장하지 않는다. 대신 우리 스스로와 우리의 리더십을 위해 잘 알려지지 않고 예상치 못한 곳에서 우리를 다양한 충격으로 자극할 움직임이 일어나길 바란다. 그것은 낡은 생각을 신선한 해석으로 극복하게 하고, 편협한 분야의 차원을 넘어 다양함으로 넘치는 새로운 시점을 부여할 것이다.

우리는 도시에 대하여 생각하고, 무엇이 우리에게 힘을 주고 이끄는지, 무엇이 나누어져 있고 합쳐져 있는지, 무엇이 소란스럽고 편안한지에 대해 살펴보는 것부터 시작했다. 우리는 도시공간뿐만 아니라, 사람을 바라보는 우리의 잠재적인 관점에 긍정적·부정적으로 영향을 미치는 마음의 공간에 대해서도 물리적·사회적인 시각으로 접근했다. 특히 사회적·경제적·기술적·문화적 혁신의 유형인 에너지의 근원으로 바라보았다. 그것은 장소의 활기와 정체, 개방과 폐쇄를 결정한다. 우리는 새로운 아이디어와 트렌드가 어떻게 태어나고, 무엇이 도움을 주며, 무엇이 그들의 확산과 선택을 저해하는지, 어느 정도의 문화적 다양성이 도시의 혁신적인 에너지에 자극 또는 방해요소로 보이는지에 대하여 물어봤다. 우리는 일상생활을 연출하는 상투적인 매력과 반감의 감정을 찾고 이해하기 위해 개인단위인 시민 간 상호관계를 집중적으로 파악했다.

그로 인해 우리의 해석은 인종 관련 분야의 잘 알려진 전문가의 시점을 탈피하기 위해 많은 시간을 들였다. 이 계획과 관련된 문헌을 중심으로 이와 관련된 이전의 기록에서는 5가지 주요한 입장을 취하고 있다.

- 그들이 취한 방향에 영향을 미치는 도시와 경제, 사회, 문화 등의 요인에 관한 문헌
- 집단과 조직, 모임 간의 다양성 충돌에 관한 연구
- 국가와 지역단위의 다양성에 관한 공공정책
- 어떻게 혁신이 오는가에 관한 연구와 네트워크를 통해 확산되는 새로운 아이디어에 관한 연구
- 상호 관련된 개인과 집단의 행위를 어떻게 이해할 것인가에 관한 사회심리학적 기여

코스모폴리탄 시티

작가들은 한 도시가 어떻게 경제·사회적 독립체로서 움직이는지에 대해 오랫동안 흥미를 가졌고(Park etal, 1925; Mumford, 1938, 1961 ; Wirth, 1964), 다양성이 가진 가치를 중요한 고려사항에 포함시켰다. 그중에서도 제인 제이콥스는 도시의 다양성이 간단히 서술할 수 있는 것이 아니라, 오랫동안 도시의 번영을 이끌어온 힘이라는 것을 예로 든 최초의 작가일 것이다(Jane Jacobs, 1961). 그러나 그녀가 다룬 다양성은 원리는 같지만 기존 경제와 토지사용의 원

리에 비해 문화나 민족성과의 관계는 다소 적었다. 그녀는 서두에서 질서와 구획구분, 동질성의 원리는 서부 도시를 급격하게 개조시켰으며, 지금 우리 도시와 관련된 수많은 논쟁을 야기시켰다고 서술했다. 그녀는 도시를 단지 기계가 아닌 유기체로 구상한 최초의 사람 중 한 명이었으며, 생물다양성의 이해를 위한 동족조사의 선상에서 연구를 실행하였다. 우리가 이미 알고 있듯이, 에코 시스템의 다양성이 가진 위대함은 질병과 기후, 경제적 불행에 맞서 저항할 수 있다는 점이기에 우리는 같은 수준으로 도시를 유지하기 위해 관여해야 한다는 것이다.

피터 홀(Peter Hall, 1998)은 세계에 남아 있는 발자취와 무엇이 창조적인 도시와 혁신적 환경을 만드는지에 대한 역사를 통해서 도시를 재평가하였다. 이전의 유형인 아테네, 로마, 플로렌스, 파리, 런던, 베를린과 이후의 유형인 맨체스터, 글레스고, 베를린(한 번 더), 디트로이트, 샌프란시스코(실리콘 벨리), 도쿄(가나가와)에서 몇몇 일반적 주제를 발견했다. 그는 이러한 사례들을 통해, 다양성의 도시는 우리 현 시대의 혁신이 아니라는 점을 우리에게 각인시켰다. 역동적인 도시는 항상 이주자들을 유혹했으며, 그들의 뛰어난 능력은 인사이더와 아웃사이더 간의 긴장을 종종 유발했다.

창조적인 도시는 아웃사이더가 들어와 낯섦을 느끼는 장소일 것이다. 그들이 기회에서 제외되어 창조적인 움직임이 사라지는 것을 열렬히 환호해서는 안 된다.

리처드 플로리다(Richard Frlorida, 2000a, 2002b, 2003)는 다양성이 도시의 긍정적인 자산이라는 생각을 뒷받침하는 양적인 방법론을 정립시킨 첫번째 사람이었고, 다양성에 대해 깊은 관심을 가졌다. 그의 논지는 현대의 사회문화 속에서 치열한 경쟁을 하고 있는 도시가 자연스럽게 가장 진보된 기술을 요구한다는 것이다. 나아가, 그 도시들은 재능 있는 사람들(창조적 계급)이

대거 유입되어 유지된다. 또한 그러한 '재능의 집적'을 만드는 주요한 요소 중 하나가 사람들의 다양성을 끌어안는 도시의 관용인 것이다. 그는 미국의 50개 도시를 대상으로 다양성과 관용의 수준을 측정·비교하고, 그가 도시경쟁의 척도라고 주장하는 지수를 정하기 위해서 데이터를 모았다. 그러한 기술은 정교하게 다듬어져 최근 영국의 50개 도시와 서부 유럽의 국가에 적용되었다.(Florida, 2003; Florida and Tinagli, 2004)

그의 작업은 도시 다양성이라는 주제에 대한 흥미의 수준을 향상시키고 생동감 있는 논의를 자극한다. 플로리다의 주장에 무게를 실어준 통계 데이터는 관용의 도시가 가장 성공한 도시라는 것을 의식적으로 산출한 것이다. 그러나 그는 그 주제를 평범한 관계나 단순한 상호관계가 아닌, 철학적 비평의 관점으로 대했다. 또한 다른 유형도 많고, 다양성의 충격도 있다는 것을 플로리다의 작업은 명백하게 나타내고 있다. 그는 먼 아시아에서 미국 도시로 온 높은 기술을 가진 이민자들이 미국에 이익이 되는 경향을 증명하였다. 또한 그것이 창조적인 경제가 미국사회에 있는 백인 사이의 전통적인 단절을 조금씩 개선하거나, 때로는 악화시키기까지 한다는 것을 보여주었다.

비슷한 방식으로, 도시의 증가를 이끄는 에너지와 아이디어의 원천이 무엇인가를 고민했던 찰스 랜더리(Charles Landry, 2000)가 플로리다보다 더 집중한 것은 에너지와 아이디어를 실제로 실행한 것이었다. 그는 관습적인 설명을 넘어서 미래의 '창조도시'에 활용하기 위한 무형의 창조력이 되는 자원을 어떻게 추출할 것인가에 대한 설명방법을 찾았다. 그는 실제 문화공생으로 살도록 하는 의미가 무엇인가를 새롭게 이해시키기 위해 제도화된 다문화주의의 분리를 넘어서는 도시이동을 추천했다. 그는 사람들이 서로의 존중감이 깊어지기 전에 빠르게 변화하는 것은 커뮤니티를 악화시키는 것으로 파악했다. 그리고 창조적 교류와 결합에 의해 풍부해진 새로운 구성원과 고무된 가능성은 경계를 약화시킨다고 주장하였다. 두번째로, 도시의 다양성 안에서 많은 시민들이 다양한 비전을 가지고 일과 가치를 배워야 하며, 빈곤한 소수 민족이 도시의 폭넓은 문제의 해결에 공헌할 가능성이 있다고(서로서로 사회와 사람에 흥미를 갖는)(inward-looking) 주장하였다. 창조력은 장소의 일부에서 일어나지만, 그렇다고 그것이 하찮은 것은 분명히 아니다.

그 동안에, 일부 작가들은 다양성과 도시 경쟁력 사이의 관계를 파악한 플로리다를 벗어나기 위해 움직이기 시작했다(Alesina and La Ferrara, 2004). 옥타비아노와 페리(Ottaviano and Peri, 2004, 2005)는 미국 도시의 단편적인 경험주의적 연구에 반박하는 다양한 이론을 폭넓은 주제로 실험하였다. 미국의 도시를 인종적으로 동질, 이질의 범위에서 비교해 보면, 임금수준에 주목할 만한 패턴이 장기간 형성되어 있음을 볼 수 있다. 그것을 통해 이민 시민권자가 많은 도시가 그렇지 않은 도시보다 생산성이 높다는 결론을 내릴 수 있다. 그러나 이는 이민자들이 만든 도시가 더 창조적이라거나, 경쟁적인 도시가 이민을 더 끌어들인다는 단순한 상호관계가 아니다. 이러한 연구가 같은 절차로 영국에서도 행해졌지만, 불행히도 결과는 같지 않았다. 미국과는 달리, 관련된 데이터가 도시 수준으로 모아지지 않았기 때문이다. 이 조사와 가장 가까운 것은 영국 내무성의 요구로 더스트만(Dustmann et al, 2003)이 연구한 결과인데, 그는 여기서 이민자들이 커뮤니티에서 직장을 가지고는 있으나 낮은 임금을 받는다 등의 주장을 뒷받침하는 일부 증거를 발견했다.

이것은 도시경제와 문화적 다양성의 관계를 이해하기 위한 더 깊은 연구로 우리를 이끌었다. 이와 관련해서는 먼저 이민자와 소수 인종 기업가에 대한 주목할 만한 문헌이 있는데, 그 안에는 대서양 양편의 다른 접근법이 명확히 나타난다. 간단히 말하면, 먼저 미국 우세파의 사고는 소수집단과 이민자를 작은 사업으로 이끄는 주요한 요인이 수요중시의 경제학이라는 것이다(Light and Gold, 2000; Light and Bhachu, 2004). 시장은 그것에서 만들어지며, 미국 사회는 그것을 실현 가능할 정도로 충분히 개방되어 있다는 점이다.

반면 유럽의 관점은 범위의 크기를 제안한다는 점에서 다소 다르다. 다양한 국가의 노동력 시장이 문화적 또는 제도적으로 외부인에게 훨씬 좁게 열려 있다(Kloosterman and Rath, 2003). 결과적으로, 이민자들이 자영업에 뛰어들 가능성이 더 높은데, 이것은 실직에서 벗어나기 위한 거의 유일하게 보이는 대안이다. 영국의 일부 학자들은 소수 인종 사업의 논쟁에 관한 궤도를 기록했는데, 특별한 사업형태를 가진 집단과의 결합 및 자체적으로 더 큰 무역을 하기 위한 '인종적 사업'의 정체성이 공공장소에 나타났다. 그 기록에서는 인종적 사업이 소수집단을 '벗어나기' 위해서는 그들에게 힘이 되는 문화 및 주류경제에서의 '혼합된 정착'의 성취가 요구된다고 말하고 있다(Ram and Smallbone, 2001). 미들랜드(Henry et al., 2002)와 런던(CEEDR, 2003)에서 이에 관한 몇몇 사례를 찾을 수 있는데, 예를 들어, 아시아의 기업인들은 전통적 사업영역을 탈피해 창조적 산업으로 들어서고 있었다. 또한 다양성의 독창적 공급을 통한 경쟁력 향상이 인종사업 영역에 미치는 도시 잠재력에 관한 연구에서, 지역공급자의 다양한 범위확대는 보다 큰 단체형성의 기회를 가져와 제품과 서비스 영역의 발전을 가져오는 것으로 나타났다.(Ram et al., 2002)

무역 커넥션 또한 이산적 연계촉진으로부터 얻을 수 있는 잠재된 이점과 관련된 연구주제다. 중국은 세계적으로 커뮤니티 간의 깊은 유대를 유지하는 것으로 가장 잘 알려진 나라다(Kee, 1994; Cheung, 2004). 이러한 연결망이 실리콘벨리 안의 중국인이 혁신을 위한 생산적인 자원이 될 수 있다고 특별히 다룬 연구도 있다(Sher, 2003). 색스니언(Saxenian, 1999)은 남부 캘리포니아의 전성기를 이끈 다인종의 혁신팀이 형성되면서 세계에서 가장 재능 있는 사람들을 서부 해안으로 불러들이는 선순환을 이루고 있음을 묘사했다. 그들은 지역에 외국인의 직접투자를 이끌어오는 책임을 지고 있으며, 출신국을 위한 연결망의 지원과 이해의 네트워크를 유지하고 있다. 최근, 다양한 인종이 모여 있는 도시가 외국인의 직접투자에 더 매력적인가에 대

한 영국의 경우를 조사하였지만, 양을 측정하기에는 문제점이 있었다.(DTZ
Pieda Consulting, 2004)

조직 안에서의 다양성

차이의 세계에서 인종은 여전히 중요한 부문이지만 그보다 더 중요한 것은 문화다. 문화는 우리가 개인과 집단의 수로 정의하는 것들의 합이며, 따라서 우리를 다른 사람들과 구별하게 한다. 반면, 문화적 인식이 깔린 생각과 행동은 다른 것에 대한 이해와 상호작용의 의미를 형성하고, 인지된 장애를 뛰어넘게 할 수도 있다. 우리는 우리 자신을 아는 만큼 다른 어떤 것의 의미를 더 잘 알 수는 없다. 그러나 만약 우리가 그 요소와 영향을 이해할 수 있다면, 그들이 하는 방식으로 세상을 볼 수 있을 것이다. 그리고 우리의 개인과 집단에 형성된 행위를 되돌아볼 수 있으며 공감으로 구축된 관계의 형태를 토대로 삼을 수 있을 것이다.

이러한 사고는 제트 엔진, 다국적 기업, 세계적 이민의 확대로 인해 최근 몇 년 간 급격하게 확장된 사고체계에 기반을 두고 있다. 다른 것을 이해하는 능력의 획득과 그로부터 이해되는 것은 언어를 배우는 과정에서 생겨나는 것일 것이다. 그러나 최근에는 그러한 이해능력을 습득하기 점점 어려워지고 있다. 지금 문화적인 능력은 수많은 전문적인 환경의 증가 속에서도 필수기술로 간주되고 있으며, 어떤 저자는 운용상의 문화적 기능에 대해 정의를 내리고 건전성의 결과를 언급하였다. 그것은 서비스의 질을 높이는 데 적합한 특별한 수준, 정책, 실행방법, 태도와 같은 문화적 장치를 사용해 개인과 집단의 통합과 변화를 얼마나 이해하는지 나타내는 것이며 이는 보다 나은 결과를 이끌어낼 수 있다.

다양한 커뮤니티에서의 요구가 명백한 접점을 가지게 되면 그것은 새로운 공공서비스의 기능을 요구하게 된다. 그것은 상호소통이 이루어져야 하는 국제무역과 상업의 세계에서는 더욱 철저하게 발전되어 왔다. 역사 속에서 대다수의 사회와 무역은 탐구를 위한 주요한 동기가 되어 왔으며, 그에 따른 생소함과 차이점을 접하게 되었다. 그러한 점에서 아직 누구도 생각해내지 못한 새로운 시장의 규범이 그것을 열고자 하는 사업가의 요구에 응하여 움직인다는 것은 전혀 놀라운 일이 아니다.

로저스와 스타인패트(Roger and Steinfart, 1999)는 진화된 문화공생의 커뮤니케이션에 대한 이해의 경로를 작성하고, 그를 통해 문화적 상대주의와 민족중심주의와 같이 우리가 현재 처해 있는 상황의 원인을 설명했다. 그들은 미국 정부의 의뢰로 제2차 세계대전 이후의 규율의 발전에 대해 열성적으로 토론했으며, 그것이 세계적 리더십의 역할을 수행하기에는 다른 문화에 대해 지나치게 무지했다고 지적했다.

그러한 속에서 왜 다른 인종과 국가, 민족이 다르게 행동하는가를 청중에게 설명하기 위해 문화적 유형학을 제시하고자 하였다(Hofstede, 1991; Trompenaars and Hampden-Turner, 1997). 이것은 다른 사람들에게 무언가를 어떻게 팔것인가를 근원적으로 이해할 필요로 이어졌고, 현재 그러한 시점은 라이벌 이상의 경쟁력을 가진 다문화 경영팀을 구축하기 위한 모색으로 나아가고 있다.

이것은 다양한 노동력과 시장을 긍정적인 전략으로 삼고자 하는 조직이 '다양성의 이점'을 스스로 깨달으면서 문헌의 확대를 자극하였다(Jameson and O'Mara, 1991; Fernandez and Barr, 1993). 과거 수십 년 동안 다양성의 관리는 경영의 주요한 요소가 되어 왔다. 세계화와 비전통적인 노동인구의 증가, 인구구성의 변화, 신용의 확대는 다양성 관리에 대한 기본적인 자극제가 되었다. 즉, 다양성의 유형에 적합한 사업유형이 만들어진 것이다. 문헌의 재평가는 그것이 분명히 가능하다는 것을 나타내고 있다(Cox and Blake, 1991). 다양성의 이익과 도전에 초점을 맞추는 것은 매우 강력한 사업유형의 출현을 가능하게 한다. 그럼에도 저변에서 확대되는 다양성의 충격에 대한 측정과 기록이 체계적으로 이루어지지 않으면 다양성에 기반한 사업유형의 발전

은 생각보다 어렵게 된다.(Robinson and Decahnt, 1997)

다양성 관리에 대한 새로운 패러다임은 전통적인 도덕적 논쟁을 능가하는 다양성을 연계한 사업전망을 모색하고 있다. 그러한 새로운 모델은 사람들 간의 문화적 차이를 극복하게 하고 고용인을 위한 질적인 기회를 부여한다. 이것은 이전의 패러다임이 가진 가치를 인정하는 위에 다름의 가치를 이해하고 존중하는 것이다. 다양성을 관리하기 위한 새로운 모델은 고용인 사이의 내면화된 차이를 조직화시켜 조직이 서로 배우고 결과적으로 성장하도록 한다.(Coleman, 1995)

다양성에 기반한 사업유형은 회사실적을 증가시키기 위한 잠재력의 구축에 초점을 맞춰왔다. 최근에 금융산업의 문화적 다양성과 회사실적 간의 연관성에 대한 연구에서는 문화적 다양성이 사실상 회사의 가치를 높여준다는 것을 적절하게 보여준다(Richard, 2000). 이러한 연구에서는 인종적 다양성과 회사의 실적 사이의 관계가 사업전략에 의해 완충된다는 것을 발견하였다. 회사가 성장전략을 추진할 때, 인종이 다양할수록 생산성에 긍정적인 영향을 미치며 순수 자기자본과 시장실적으로 돌아온다. 이렇듯 인종의 다양성은 생산성을 강화시키고 회사에게 질적으로 유익한 결과를 가져온다. 또한 문화적 다양성은 양적 성장보다 질적인 교육의 기회를 가져오며 회사에 다양한 경험과 지식을 제공할 수 있다.(Cox, 1994; Priem et al, 1995; McLeod et al, 1996)

호주 정부의 이민국(DIMIA)은 다국적 문화의 고용인들이 사업에 가져오는 이점을 '생산적인 다양성' 개념으로 초점을 맞추고 이를 일반화시켰다. 2002년의 DIMIA의 보고서 〈다양성이 가져오는 혁신과 배움의 이전: 다양성 경영을 위한 사업 모델〉에서는 다양한 노동력이 더 큰 갈등과 마찰을 일으킬 수 있지만, 적절히 운영된다면 그들의 노동력은 더 창조적이고 효과적인 결과를 만든다라는 점을 강조했다.

이와 같은 혁신을 추진할 주체는 조직의 고용인이나 관리자와 같은 인적 자원일 수밖에 없다. 그들은 배우면서 교류하게 되며, 독특한 이해의 장치를 가져오게 된다. 다른 문화적 배경과 정신적 모델, 경험, 기능적 수준의 의지가 크게 혼합된 조직이 적절하게 운영될 때는 더 혁신적인 상품과 서비스를 만들어낸다.

뉴질랜드와 같은 다른 나라들은 많은 기회를 놓치고 나서야 다양성, 혁신, 배움, 인식 사이의 관계를 깨닫게 되었다. 〈노동시장에서의 숙련된 이주자들의 융합(The Intergration of Highly skilled Migrants into the Labour Market: Implications for New Zealand Business)〉이라는 보고서는 뉴질랜드 이민국의 의뢰로 오클랜드 대학이 작성하였다(1998). 그 보고서에서는 우리가 숙련된 이주노동자들을 효과적으로 활용하지 못하고 있음을 지적하고 그 증거자료를 제시하였다. 이러한 다양성이 효용성에 대한 긍정적인 접근에도 불구하고, 아직 문화공생주의에 대한 인식은 충분하지 못하다. 이것은 회사가 문화적 다양성의 이점을 최대한 살리기 위해서는 세계시장을 더 깊이 이해해야만 한다는 뜻이다.

또한, 다양성에 잘 적응하여 변화로 인한 저항을 극복한 조직이 다른 유형의 변화를 더 잘 조정할 수 있고 유연성의 능력도 향상시킬 수 있다는 것을 나타내었다(Iles and Hayers, 1997). 그러나 성장하지 않거나 더딘 회사에서는 인재의 다양성이 회사실적을 방해할지도 모른다. 왜냐하면 회사경영이 나빠졌을 때 다양성이 협동과 통제비용을 증가시키기 때문이다(Williams and O'Reilly, 1998). 흥미롭게도 이러한 반향에 대한 연구는 정부의 실행력에 미치는 다양성의 영향을 파악하기 위해 실시되었다는 점이다.(Collier, 2001)

문헌에서는 다양한 팀의 잠재력이 창조력과 혁신을 증가시킨다는 또 다른 점을 언급하고 있다. 문화적 다양성은 고용인이 창조적 업무의 실행을 위한 다른 관점을 증대시키도록 한다. 나아가, 그들 조직에서 가치를 인정받거나 신뢰받고 있다고 느끼는 직원이 혁신적인 경향이 더 강했다(Eisenberger et al, 1990). 또 다른 연구에 따르면, 민족적으로 다양한 집단으로부터 나온 아이디어가 동질적인 집단보다 더 높게 평가받고 있었다(McLeod, et al, 1996). 애들러(Adler, 1997)는 문화적으로 다양한 조직이 최상의 실행능력을 가진다고 강조한 의미 있는 국제적 연구결과를 보여주었다. 특히 그들이 혁신과 창조력을 요구하는 복잡한 업무를 맡고 있을 때에 그러한 경향이 더 강했다. 〈조직에서 더 수준 높은 해결능력에 관한 연구〉에서도 문제해결을 위한 보다 혁신적인 방안이 다양성을 가진 조직으로부터 나온다는 것을 보여준다.

다른 배경, 다양한 삶의 경험과 문화를 가지고 있는 구성원은 다양한 관점에서 문제를 볼 수 있다. 여러 관점은 더 큰 논의를 자극하여 더 높은 문제해결로 이끈다. 와트슨 등(Watson et al, 1993)은 본래 문화적으로 단순한 조직이 다양한 조직보다 더 높은 실적을 낸다는 것을 발견했다. 그러나 어느 시점이 지나면 집단 사이의 차이가 정리되기 시작하고 본래 문화적으로 다양한 집단이 동질적인 집단보다 더 큰 실적을 낸다. 이 연구결과는 민족적 배경의 다양성이 초기에는 집단에 부정적인 영향을 미칠지 모른다고 제시한다. 이것은 구성원들이 초기에 사회통합이 적은 데에서 오는 매력과 대인관계에 관련된 차이점을 극복하는 데 시간이 걸리기 때문이다(O'Reilly et al, 1989). 그러나 일단 이러한 행동이 통합되기 시작하면 집단은 집단 안에 내재된 다양한 관점을 갖게 된다(Hambrick, 1994). 중요한 사안에 있어 협의과정을 거쳐 더 확고해진 다양한 집단의 경험은 문제에 대한 동일한 관점으로 해결대안을 내는 집단보다 궁극적으로 뛰어난 결과를 낸다(Jackson et al, 1995).

'다양성의 사업유형'은 아직까지도 논란의 여지가 있다. 비평가들은 다양성이 더 큰 창조력과 생산성을 이끌어 나간다고 하기에는 실험된 증거가 부족하다고 지적한다(Lynch, 1997; Grossman, 2000; Kochan et al, 2003). 대신에, 그들은 조직적인 내용과 상황적인 요인의 다양성이 실행관계를 완화한다고 주장한다. 따라서 코칸은 특별한 상황에 맞추어 다양성을 위한 사업유형이 보다 세밀한 관점을 취해야 한다고 제안한다.(Kochan et al, 2003)

또한 몇몇 비평가들은 문화공생의 소통을 바라보는 주류의 생각이 잘못된 길을 가고 있다고 논쟁한다(Antal and Friedman, 2003). 그들은 일련의 유형을 분류하고 체계를 다질 때 문화적 차이를 카테고리화하고 줄여야 한다고 강조한다. 그들은 문화적 유연함을 문화적 지식을 모으는 단순한 능력이라고 설명하고, 의식적으로 정량화시키는 것이 서양의 여행가들에게 외국문화에 대한 이미지를 고정시킨다고 풍자한다. 그들이 진정한 문화공생에 대해 주장하는 것은 내용은 줄어들고 과정이 늘어야 한다는 것이다. 즉, 무엇이 두 사람을 다르게 만드는지에 대한 세부사항들은 덜 중요하다고 주장한다. 만약 '차이'를 단순히 하나의 주요한 목적을 얻기 위한 방법에 장애물로 본다면, 사람들은 초점을 잃게 된다. 차이는 장애물이 아니라 기회라고 그들은 주장한다. 이러한 차이에 대한 상호적인 모색을 통해 개인과 집단은 더 재미있게, 그들이 처음 시작했던 목적보다 더 사용 가능한 것을 찾을 수 있을지도 모른다. 차이는 우리가 무엇인가를 희석하기 위해 찾는 것도 아니고, 신기한 물건의 목록을 줄이는 것도 아니다. 단지 무언인가 본질적인 가치를 탐험하는 것이다.

마지막으로, '다양성에 대한 사업유형'의 혁신적인 융합에 대한 논쟁은 경제학과 문화적 하이브리즘에 대한 저술의 출현과 연관되어 있다. 히어재크리(Here Zachary, 2003)는 다양성이 창조적인 이익이 될 수 있으며 반듯이 진행되어야 한다는 점을 의심하지 않는다. 그는 '국가가 하이브리즘으로 만들거나 죽어야 한다'면서 문화적인 하이브리즘은 현대사회의 일면일 뿐 아니라, 성장을 위한 원리와 동력을 이끈다고 이야기한다. 도시와 국가도 기업처럼 그들이 그것을 찾을 수 있건 없건 최상의 인재들을 끌어들여야 한다. 그리고 창조적인 긴장감을 만들기 위해 노력해야 한다. 그는 다양성이 강력한 경제적 이익이 된다는 이해를 바탕으로 난관에 부딪친 세계적 이민과 문화의 고립을 유지하면서도 강력한 경쟁력을 가질 수 있다고 믿는 독일과 일본 같은 국가들을 신랄하게 비판하였다.

혁신, 네트워크, 이해의 확산
다양성이 혁신의 원천이라는 가설을 검증하면서, 우리는 첫번째로 혁신이 무엇이고, 어떻게 일어나고, 그것이 도시에게 왜 중요한지 알아야 할 필요가 있다. 또한 우리는 어떻게 새로운 아이디어가 조직에 퍼지고 우리 사회의 일부분이 되는지도 알아야 한다.

지난 몇 십 년 간의 경제이론은 성공한 경제와 회사가 혁신과 창조력의 순환, 노후화, 파괴, 재창조 등과 어떤 깊은 관계를 가지고 있는가를 설명한다. '토착'의 내재적 활동은 외부의 거시경제학 트렌드에 맞추어 동등한 영향력을 보여 왔다. 이러한 맥락에서, 도시는 그 스스로가 배우(actor)로 인정받기 위해 노력하기 시작해야 한다(Lucas, 1988; Romer, 1990). 도시와 도시를 구성하는 흥미로운 집단이 그들의 경제적 운명에 어느 정도의 영향력을 줄 수 있는지에 대한 의미 있는 논의도 있다. 예를 들어, 현대 도시경제에서는 한 집단으로부터 넘쳐나온 아이디어와 지식의 확장 또는 경쟁과 협업의 과정을 가속화시키는 국한된 환경을 유지하는 것이 가치를 창조시키는 흐름이라고 성격짓고 있다. 이러한 특징은 경제적 다양성에 대한 논쟁을 거치며 보다 명확해졌다. 그렇다면, 도시는 경제적 활동과 전문성, 구역화의 폭넓은 선택을 어떻게 촉진시킬 수 있는가? 또한, 혁신을 가속화시키는 보다 효과적인 길은 무엇인가?(Dorantor and Puga, 2001) 문화적 다양성을 이해하고 얻는 경제적 다양성의 이점은 우리에게 무엇을 가능하게 하는가? 이에 대해 피넬리(Pinelli, 2003)는 '상호문화적 도시'의 가변적인 원리들을 제시했으며, 라지아(Lazea)와 함께 다양성이 경제적으로 어떻게 영향을 미치는지를 모색하였다. 그들은 다양성이 비용을 상승시키고 도시경제에 도움이 된다고 결론지었다.

혁신이란 무엇이고 혁신성의 수준은 어떻게 측정하는가에 대한 토론에서는 문제가 생겨났다. 그러한 몇몇 문제는 매우 단순하다. 예를 들어, 혁신은 새로운 생산과 진행을 위한 새로운 기술과 개념을 이끌며, 이는 연구 및 개발, 특허등록 등과 같은 투자내용을 파악하여 측정할 수 있다(Feldman and Audretsch, 1999). 그러나 문화와 사회적 혁신 또는 도시 커뮤니티 깊숙히 아무도 모르는 사이에 나타날 수 있는 전망이나 시야와 같은 특허는 어떻게 다루어야 하는가? 지금은 행동방식과 노동, 패션과 이미지, 브랜드, 언어와 같은 새로운 특허가 매우 중요한 경제적 자산이 되었다. 그러한 것들은 도시와 관련된 연구, 개발예산에서 나타나며, 지식은 전략과 지적재산권으로 전환된다. 유형의 힘으로서의 진정한 도시문화의 다양성을 얻고자 한다면, 우리는 혁신과정을 이해하고 표현할 새로운 방안이 필요하다. 홀과 랜더리(Hall and Landry, 1997)는 경제와 기술뿐만 아니라, 사회·문화적 환경에서 넓혀진 혁신을 벤치마킹하고 새롭게 의미를 분류하도록 제안하였다. 그것은 새로운 생산물의 창조뿐 아니라, 기술과 기교, 진행과정, 이행수법, 문제의 재정의, 광고의 대상, 행위의 영향과 전문적 맥락에서의 경계를 짓기 위한 계획과 능력도 대상으로 하였다. 생산의 혁신을 위해 다양성을 이용하려는 참신한 접근은 메디치 효과(The Medici Effect: 서로 다른 다양한 분야가 서로 교류하고 융합하여 창조적이고 독창적인 아이디어나 생산혁신을 가져오고 새로운 시너지를 창출한다는 이론)로서 프랭스 요한슨(Frans Johanson, 2004)이 제안하였다.

웰즈(Welz, 2003)는 혁신을 도시인류학의 입장에서 접근하였다. 그녀는 특정한 시간과 장소가 왜 다른 것보다 더 혁신적인가와 혁신적 활동을 생산하는 문화적 조건에 앞서 이것들을 구분하고 계획할 수 있는가에 대해 의문을 가졌다. 결국 그녀는 문화적 다양성이 도움이 되며, 명확한 다양성은 그 이점을 극대화할 수 있는 도시를 요구하게 된다고 믿었다. 웰즈는 경제와 문화적 소용돌이처럼 '상호활동'의 능력과 현대도시의 자화상으로 이를 요약하였다. 즉, 모든 새로운 아이디어의 방식과 에너지는 가속화된다는 것이다. 그것은 한 천재의 시점을 통해서가 아닌, 적합한 구조와 총체적인 상호작용을 통해서만 실현 가능하다. 따라서 미래의 성공적인 혁신도시들은 질서와 무질서의 이상적인 균형을 통해 놀라울 정도로 번성하게 될 것이다.

새로운 아이디어와 혁신은 그것이 채택된 곳을 제외하고는 중요성이 크지는 않다. 에버렛 로저스(Everett Rogers, 2003)는 이러한 확산의 과정을 최고수준으로 연구하였다. 그는 쿼티 자판부터 잡종 옥수수, 얼리어답터부터 느림보에 이르는 혁신에 대한 실생활의 예와 사회 속에서 확산되는 아이디어를 설명하기 위해 다른 사회적 행위자에 대한 유형학을 실천적으로 발전시켰다. 또한 그것을 이해하기 위해 완벽하고 좋은 아이디어가 특별한 문화와 실패에 어떻게 기인하는가에 대한 유형을 인용하였다. 이는 도시장치 내에서 새롭고 잠재력 있는 자율적 사고의 근원이 되는 다양하고 확장된 시점을 우리에게 제공하였다. 마찬가지로 우리는 내부 개혁가, 중개인, 변화관리자 또는 여론주도자와 같이 분산시키고 연계시키는 다른 유형의 사회적 활동가의 규칙을 이해하기 시작했다. 또한 무지와 오해로 인해 그러한 에너지가 어떻게 낭비되고 억압받게 되는가에 대해서도 쉽게 이해할 수 있게 하였다.

이러한 연구는 다른 이들이 먼저 시작하였는데, 특히 말콤 글래드웰(Malcolm Gladwell, 2000)은 '어떻게 작은 것들이 큰 차이를 만드는가'에 흥미를 가졌다. 그는 연계자, 전문가, 판매원과 같이, 지식과 아이디어가 널리 퍼질 때 결정적인 역할을 수행하는 개인을 유형별로 분류하였다. 이것은 우리가 '문화공생의 변혁주도자'에 대해 더 깊은 관심을 기울이도록 하였다.

문화 쇼크: 차이와 다양성의 몰입

문화가 마주치면서 겪는 모든 경험은 후차적인 감정적·심리적 효과와 같은 개인적인 것이며, 때로는 스트레스와 심지어는 두려움을 동반하기도 한다. 이는 긍정적일 필요는 없을지라도 역동적이며 쌍방을 위한 경험이기도 하다. 또한 어우러지기를 기대하기보다 처음부터 잠재적인 차이를 인정하는 편이 낫다. 이것은 국제적인 업무나 친구의 방문, 여행, 새로운 이주민으로서의 첫걸음, 다음 세대의 이주를 위한 주류문화의 협상, 망명을 신청해놓고 외국의 근해를 떠도는 난민 등과 같이 어울림의 이유가 무엇이건 실제로 이루어지고 있다.

서로 다른 문화가 함께 하면서 문화 사이의 가치나 행동에 깔려 있던 갈등은 그 역사만큼 오래된 것이다. 짧은 방문으로건 영구적인 정착민으로서의 접촉이건 간에, 문화적 순응의 영향과 그 차이를 다루는 것은 본래의 원주민과 식별할 수 없는 정착민이 된 이주민 세대를 더 오래 머물 수 있게 할 것이다.

우리는 더 이전부터 인구통계학의 범위와 세계 곳곳의 사람들의 움직임을 고찰하면서 다른 문화와 집단이 만났을 때의 심리학적 충격에 관한 광범위한 문헌을 연구해 왔다. 대표적인 용어인 '문화 쇼크'는 칼베르 오베르그(Kalverd Oberg, 1960)가 정의한 개념이다. 단순한 숫자의 증가는 과부하와 흡수라는 문제를 만들어낸다. 변화는 너무 빠르게 느껴진다. 이러한 규모에서 '다른' 것과의 접촉은 때때로 기쁨과 놀라움이 되지만 보통은 비친숙함, 낯섦 등으로 인해 불안감이 들게 한다. 친숙함의 갑작스런 상실과 낯선 환경으로의 이동은 쌍방에게 드라마틱하게는 아닐지라도 다른 것을 쉽고 성공적으로 배우게 한다. 나아가 차별에 대응하여 내부적인 문제와 고립감의 원인, 자중감의 감소로 사람들의 시선을 돌리게 한다.

가장 어려움에 처한 망명자의 경우는 새로운 환경 속에서 '쇠약해지기'보다는 '억눌리게' 되는 것이다. '문화적 결별'이 여기서는 상대적인 의미로서, 추방으로 인한 허무함, 정체성과 가치, 사회적 구조의 상실을 넘어선 슬픔으로 나타나며, 심지어는 고향을 버렸다는 죄의식으로 이어진다.(Eisenbruch, 1991) 모든 집단은 자체의 스트레스와 적응의 문제를 가지고 있으며, 이것은 '손님'뿐만 아니라 주인에게도 해당되는 문제다. 심지어 여행과 같이 모두가 원하는 주제임에도 불구하고, 실제로는 안전, 범죄, 낯섦에 대한 긴장으로 스트레스를 받을 수도 있다.(Pearce, 1982)

'다름'을 통해 우리가 배우는 것은 실제로 원하는 것보다 적은데, 이것이 문화공생에 대한 도전을 서두르게 하고 어렵게 만든다. 이러한 일부 관광에 관한 연구에서는 늘어나는 상호 간 이해와 집단 간의 조화를 존중하는 것이 최선이라는 것과 부정적인 결과를 초래한 많은 사례를 제시하고 있다. 특히 학생과 외국인 노동자들의 상호문화적 교류는 예상한 것보다 적으며, 도시에서 반영구적인 거주자들을 증가시키는 원인이라고 밝혔다. 영구적인 이민자들의 상황과는 다소 차이가 있다.

변화에 미치는 문화가 다른 개인과 기능의 상호작용에 대해서는 많은 경험적 증거가 있다. 익숙치 않은 사회, 물리적 장치는 가벼운 스트레스에서부터 심한 불안까지 다양한 결과를 일으키며 이주해 온 집단과 기존 거주자 모두를 위한 대처법을 요구한다(Ward et al, 2001). 사람들은 그러한 스트레스에 적응할 수 있으며, 성공적인 적응은 문화와 관계된 능력과 기술을 이해하고 문화적 교류를 발전시키는 긍정적인 장치의 창조가 포함되어 있다. 그러한 문화공생의 도전은 쌍방의 적응을 필요로 한다. 적응은 결코 한쪽 방향으로만 일어나지 않는다. 또한 그것은 시간을 넘어 정체성에 영향을 미친다. 그러나 가끔 주변인들은 정착민들과 같은 조건으로 머물며 동화되기를 요구한다.

교류와 교차문화에서는 다른 사회적인 태도와 도덕적인 가치행동의 경향이 만나게 된다. 이에 대해서는 차이를 주제로 다룬 여러 분야에서 연구가 진행되었다. 특히, 정신적인 건강에 미치는 효과에 초점을 맞추어 어떻게 유학생이 외국에서 적응하는가(Kagan and Cohen,1990), 어떻게 이주노동자가 외국에서 일하며 적응하는가(Aycan 1997), 어떻게 이민자들이 새로운 나라에 적응하는가(Berry, 1990), 혹은 여행의 충격과 경제적 충격은 무엇인가 등에 대한 수많은 유형의 연구가 있다. 그러나 그러한 연구는 대부분 원주민이 이주민에게 받는 영향과 이민자와 기존 커뮤니티와의 경계에 관한 것이고 이민자, 망명자, 여행가, 사업가와 원주민의 상호관계와 상호작용에 한정되어 있다.

교차문화의 접촉에 관한 기존연구의 관점은 다음과 같다. 인지이론가들은 이민자가 이민에 대해 어떻게 인지하고 생각하는가에 초점을 맞추고 있으며, 사회심리학자들은(Zheng and Perry, 1991) 사람들이 선택하는 태도와 믿음, 집단화의 과정과 역동성을 중점으로 바라본다. 또한 성격이론가들은(Bond, 1986) 개인의 감정상태와 특성, 그리고 그들의 대처방법을 파악하고(Leong and Ward, 2000), 커뮤니티 이론가들은 언어와 비언어적 메시지를 대상으로 연구한다.(Neupiep and Ward, 1998)

요약하자면, 그들은 모든 것을 단순화시켜 기록하고, 다른 문화를 정형화하여 그들이 예상한 생각 안으로 현실을 맞춘다. 이렇듯 사람들은 고정관념을 고수한다. 왜냐하면 그것이 세상을 예측 가능하게 하여 몰랐던 위협을 줄이기 때문이다. 불안한 사람들에게는 친숙하고 예측 가능한 세계가 필요하다. 그러나 넓게 드리운 표식이 가진 문제는 사람들이 좋아하고 실제적이며 편견 없이 평가하는 데에 장벽이 된다. 반면, 고정관념은 '영국인은 차를 많이 마신다'와 같이 그 안에 '진실의 결정체'를 가지게 되며, 다른 문화에 대해 알고 있는 것은 일부분이라고 말한다.

다음의 두 이론은 문화가 함께 하면서 생긴 장애를 성공적으로 극복하도록 도와준다. 먼저 문화적 간격설(Cultural-distance hypothesis, Babiker et al, 1980)에서는 문화 간의 인식된 차이가 크면 클수록 문화 간의 장애가 커져 더한 어려움을 경험하게 된다고 예측한다. 유사흡입설(similarity-attraction hypothesis)은 우리가 더 좋아하는 것은 찾아내고 즐기며 이해할 것을 제안하고 있다. 또한 누군가와 일하고 놀고, 믿고, 행동하며, 과묵한 성격을 가진 사람들과도 교류가 필요함을 언급하고 있다. 이 안에는 피부색깔과 흥미, 가치, 종교, 집단의 친밀도, 행위나 태도와 같은 신체의 특성이 포함된다. 예를 들어, 여성, 기술, 연령, 언어, 문화적 구역의 이해도 여기에 해당된다.(Byrne,1969)

교차문화 간 소통의 성공은 인지된 차이의 관계 정도에 근거하고 있으며, 개인적일지라도 그러한 문제는 오랫동안 국가 안에 존재해 왔다. 그 중 몇몇은 '문화적 신드롬'에서의 차이에 모여 있다(Triandis, 1990). 태도와 믿음, 규범과 행위의 패턴은 그들이 시간, 여성, 권위와 어떻게 관계되는가와 같은 문화의 구분에 사용되었다. 아마도 그것은 개인적으로 보든, 집단으로 보든 중요한 시점이다. 이러한 개인과 집단 사이의 상호관계의 패턴은 규정된 사회적 생활을 축소시킨 함축적 장치이며, 사람이 가진 자유의 균형이자 공통된 목표를 성취하기 위한 제한된 유형이다. 또한 가족의 운영과 정치적 시스템, 산업관계, 건강과 교육, 정의의 전달, 나아가서는 예술의 창조와 평가에도 영향을 미친다.

이를 통해 호주나 독일의 사업가는 광저우, 요코하마, 마닐라보다 오클랜드, 뉴질랜드, 로스앤젤레스가 적응하기 쉽고, 일하기 편하다는 것을 발견할 수 있다. 반면, 이탈리아나 폴란드에서 온 이민자는 소말리아에서 온 사람들보다 영국에서 더 잘 적응할 수 있다. '그들은 검고 아프리카인이며, 완전히 다른 언어를 사용한다'와 같은 문화적 간격의 신드롬은 후에 특별한 고통을 가져온다. 미국의 동일한 조사결과에서는 밝은 피부의 이민자들이 검은 피부의 이민자보다 적응을 더 잘하는 것으로 나타났다.(Espin, 1987)

차이라는 것은 악화된다. 왜냐하면 문화·사회적인 집단은 집단 안에 대해서는 우호적인 경향이 높은 반면, 밖에서 온 집단은 무시하고 얕본다(Abrams and Hogg, 1990). 이것은 다른 집단이 갈망하는 것보다 자신들의 집단이 갈망하는 요소들을 우선시하는 경향이 강하다는 것을 나타낸다. 이는 특히 불안정하고 불안한 상황에 직면했을 때, 스스로의 자부심을 유지하는 전략이 된다. 이입자들은 그들의 문화적 정체성을 유지하려고 애쓰면서도 기존 거주민들과는 좋은 관계를 유지한다. 그러나 양측의 자기집단에 대한 편애는 외부 집단에 대한 고정관념, 편견, 차별로 이어져 통합하기 매우 어렵게 만든다. 결국, 헨리(Henri Tajfel's social identity theory, 1978)의 이론에서는 다른 사람과 비교하며 스스로를 보게 되는 다문화주의 사회에 대해 다소 부정적인 견해를 보이고 있다.

유학생들에 대한 연구에서는 기존 커뮤니티와의 접촉이 자신들에게 도움을 준다고 인식하고 있으며 실제로 그러한 접촉을 원하고 있음에도 불구하고, 꼽은 최상의 친구는 사회감정적인 지원을 얻을 수 있는 같은 국적을 가진 사람이라는 점을 명확히 보여준다. 한 연구에서는, 유학생의 70%가 그들이 접촉을 통해 더 나은 경험과 결과를 얻었음에도 1년 후에는 영국인 친구와의 접촉이 없었다(Bochner et al., 1985). 우리가 오클랜드에서 진행한 연구에서도 그것을 확인할 수 있었다.(Brecknock Consulting, 2006a)

이러한 연구는 갈등, 편견, 차별이 문화공생적 접촉에 큰 영향을 미친다는 것을 나타낸다. 따라서 우리가 어떻게 느끼고, 행동하고, 생각하고, 인지하는가에 초점을 맞춘 문화교육이 필수적임을 보여준다. 이에 관한 심리학적 분석은 차별의 인식이 사람을 해고시키거나 기존 문화에 적응하려는 의지를 줄이고, 다른 문화의 이해도 떨어뜨린다고 이야기한다. 사람들은 위협을 받게 되었을 때, 차이의 발생을 증가시킨다.

영국인이 스페인으로 이동하거나 코스타리카인이 캐나다로 이동하거나 홍콩사람이 호주로 이동하거나에 관계없이 다른 문화와 접촉할 때에는 다음의 4가지 전형적인 반응을 보인다.

□ 단일문화를 유지한다. 자신의 문화 속으로 고립·고착되거나 극도의 전투적 민족주의자가 되어 외부인으로부터 새로운 영향을 거부하는 배타주의자가 된다.

□ 주류문화에 동화된다. 이것은 자신들의 출신을 거부하고 새로운 구성원으로 '행세하는' 것이다.

- 문화의 정체성에 대해 하찮게 여긴다. 또는 두 문화 사이에서 동요하고 편안함을 느끼지 못한다.
- 기존 하나의 문화적 요소로 통합된다. 기존 거주민은 개인적 융합으로 동화되어 간다. 그 결과, 진정한 상호문화 또는 다문화적인 개성을 가지게 된다. 이러한 사람들은 교감을 이룰 수 있으며, 그 상대를 좋아하게 된다. 그들은 유연하며 복원력도 상대적으로 높다.(Bochner, 1979)

그렇다면 내부의 우호주의를 줄이고 외부 집단의 부정적 인식을 줄이기 위해서는 어떤 전략이 존재하는가? 사회심리학자들은 상호이해를 위해 접촉이 가장 중요한 수단이나, 전제조건이 있어야 한다고 주장한다. 특히 고든 올포트(Gordon Allport)는 '연결(접촉)가설'을 확장시키기보다는 이 책 후반부에 있는 중요한 배려에 우리가 눈을 돌려야 한다고 주장한다.(Allport, 1954)

심리학적으로 최상의 행복인 만족감과 쾌적함은 출신지의 문화가 존경받고, 그것을 기존 거주자들과 공유할 때 생겨난다. 그러한 문화적 변화는 두 문화정체성이 동질성을 향해 움직이는 과정이다. 이러한 상호문화주의의 교육적 성과는 미국에서의 히스패닉계 청년들과 재미교포에 대한 연구를 통해 파악할 수 있다. 뉴욕의 두 학교를 조사한 연구에서는(Rotheram-Borus, 1993) 학생 대다수가 다양한 출신배경을 가진 학교가 70% 정도의 단일인종으로 이루어진 이웃학교보다 문화적 정체성이 더 융합되어 있었다. 캐나다로 온 라틴아메리카 망명자에 대한 도나와 베리(Dona and Berry, 1994)의 연구에서는 그 중 77%가 인종차별 폐지론자이거나 두 문화를 공존시키고자 하는 자세를 취하고 있었다. 또한 이들은 동화정책주의자나 분리주의자, 높고 낮음의 기준으로 문화보존을 주장하는 사람들보다 심리학적 문제가 적다는 것을 보여주었다. 아프리카인에 대한 연구와 함께 진행된 퀘벡인에 대한 연구에서는 양 문화 간의 통합을 원하는 퀘벡인의 비율이 단지 31%에 불과한 것으로 나타났다(Dompterre and Lavallee, 1990). 이와 같은 분리주의는 다른 문화와의 소통을 차단하는 소수 민족 거주지를 만든다.

문화공생의 훈련과 같은 문화적 교육은 매우 중요한 전략적 제안이다. 이는 서로 다른 용어를 사용하면서도 자신의 문화는 더 깊이 이해하고 다른 문화의 이해는 더 넓힌다. 그 효과는 다문화적 세계관을 증가시키고 다문화적 욕구를 충족시키며, 문화를 이해하는 데 필요한 문제해결 능력과 업무실행을 보다 효과적으로 할 가능성을 높인다.(Brislin and Yoshida, 1994)

이제 마지막 요점이다. 문화교차적 관점에서의 서술은 유럽 중심적인 견해로 인해 문제의 착수와 분석단계에서부터 큰 어려움에 부딪혔다. 일례로, 정부사업과 산업 시스템의 중심에서도 주요한 문화교차의 가치에 대해 차이를 보이는데, 스스로가 세계적 가치인 것으로 여기는 북아메리카인의 사업태도는 종종 위협이 되기도 한다. 마찬가지로, 현대의 집단과 개인의 심리학도 유럽 중심적이자 북아메리카에 편향되어 논의되고 있다.

문화적 다양성과 공공정책

다양성의 다른 정책 모델에 관한 중요한 참고문헌이 있다. 19세기부터의 고전적 분리체계는 '땅의 권리'(jus soli)와 '피의 권리'(jus sanguinis)' 사이에서 유래하였다(Brubaker, 1992). 하나는 본질주의이고 다른 하나는 아니다. 더 이전의 국적이나 시민권은 한 개인이 태어난 영토나 특정한 국가에서 주어졌다. 그 후에는 개인의 필요에 따라 부모가 사는 국가의 국민 또는 시민으로 태어나게 된다. 일반적으로 단일국가는 프랑스와 같이 '땅의 권리', 즉 영토에 의해 국적을 부여하는 방식과 독일의 경우 처럼 '피의 권리'로서 국적을 부여하는 방식으로 나뉘어진다. 대다수의 유럽 국가들은 '혈육'과 '인종'에 기반한 '객관적인 국적'의 독일 콘셉트를 선택하거나, 소속된 영토에 기반을 둔 개념인 공화주의적 '주관적 국적'과 같은 대립된 언어로 스스로를 규정한다. 오늘날 이 둘을 이동하는 사람들이 급격하게 증가함에 따라 그러한 권리를 두고 대립하는 두 가지 근원 사이에서 국가를 재평가하고 있다.

초기의 연구에서는 30년 간 다문화주의의 정책적 합의를 해온 영국의 '문화공생의 도시'를 둘러싼 개념을 통해, 우리에게 생각할 기회를 제시해 왔다. 이러한 접근이 영국에서는 세밀한 검토 아래에서 진행되어 왔으며(호주와 캐나다 같은 국가에 비해), 새로운 접근법을 모색해야 할 우리의 도전의식을 고취시켰다. 우리가 믿고 있는 것에 대한 명확한 검토는 반드시 필요하다. 왜냐하면, 서구 세계의 거대국가적 소고에서도 문화적 다양성을 위한 폭넓은 정책이 다양하게 나타나기 때문이다. 초반부터 우리의 일원이었던 블룸필드와 비앙시니(Bllomfield and Bianchini, 2004)는 이주와 융화, 국적에 대해 일련의 국가적 접근으로 상세하게 정의내렸다. 또한 그들은 내용을 명확하게 요약하고 세부내용을 업데이트시켰다.

국제적인 접근들

시민의 문화적 통합은 프랑스에서 실행되고 있다. 프랑스에서 이러한 접근은 강한 시민공화주의와 세속주의 전통의 영향으로 과거 식민지시대에 대한 반향으로 진화되었다. 기본적으로 모든 프랑스 시민은 인종에 관계없이 법 아래서 평등하다. 이는 공공영역에서 프랑스 문화의 기준으로서 엄격한 권위와 준수를 요구한다. 반면, 알제리 또는 캐리비안 출신 시민의 경우에는 문화적·종교적 관습과 같은 개인적인 권리를 허용한다. 그러나 그것이 모든 공적 영역 안에서 승인되는 것은 아니다(Castro, 1995; Favell, 1998). 우선 그 예로 학생들이 학교에서 히잡과 같이 문화성 짙은 의상을 착용하고자 하는 권리의 요구가 논란이 되었다. 둘째, 대다수가 아프리카 출신자로 구성된 프랑스 축구대표팀의 성공으로 프랑스에서 유색인종이 겪고 있는 공공생활과 정책, 미디어의 다른 모든 측면이 부각되었다. 그리고 2005년 가을, 방리유(Banlieues) 지역에서 일어난 이민 2세들의 소요를 다룬 저녁 드라마를 보던 프랑스인들이 프랑스의 다양성 정책을 제기하기 된 극적인 계기는 전세계적으로 화제가 되었다. 이러한 충격의 여파는 드라마를 보고 안

보고를 떠나 흥미를 불러일으키게 되었고, 프랑스 정부는 그러한 접근을 재검토하게 되었다.(Lichfield, 2005)

독일에서 시행된 인종적 민족주의(Ethaic nationalism)는 외국인 근로자 시스템으로서, 최근 10년 사이에 널리 알려지고 있다. 독일 또는 오스트리아의 국적기준은 jus sanguinis, 즉 '피의 권리'에 기반하고 있으며, 최대한의 국민권리를 확보하기 위해 게르만족보다 가급적 다른 종족을 기준으로 만들어진다(Brubaker, 1992). 다른 서양의 경제와 마찬가지로, 1960~1970년대의 독일은 많은 해외의 노동력이 필요했다. 그리고 터키와 이전의 유고슬라비아까지 많은 노동자와 그의 가족들이 독일로 오게 되었지만, 영국만큼 정착민의 권리나 충분한 시민활동의 참여 등은 주어지지 않았다. 수십 년이 지나 그 집단들은 뿌리를 내려 커뮤니티를 만들고 독일어를 배워 변칙적으로 증가한 그들의 미약한 시민권리를 얻기 위해 지속적으로 노력했다(Soysal, 1996). 바르샤바조약과 소비에트 연방의 붕괴의 힘께, 많은 '인종적 세르반족'들이 서쪽에서 시민권을 얻고 정착했을 때 그 문제는 더 명확히 부각되었다. 이 '인종적 게르만족'들은 수백 년은 아니더라도 수십 년 간 보통 동쪽에서 거주하던 커뮤니티였고 독일어가 별로 필요치 않았다. 이러한 문제가 연방정부의 한 분야에서 열린 정책논의의 주제가 되었고, 그러한 경험은 소수 인종을 위해 더 큰 사회적 통합을 이루고 정책에 참여하도록 만들게 되었다.(Vertovec, 1995; Sanderock, 1998; Bllomfield, 2003)

이탈리아와 스페인, 포루투갈과 같은 남유럽은 최근 수 년 간 이민과 통합에 대한 정책을 신속히 재평가하여 그 특성을 밝혀내었다. 수십 년 간 정책 입안자들이 이주를 검토하고 있는 국가들에서는 이주가 자유방임의 방식으로 다루어져 왔다. 거기에는 귀화에 필요한 매우 느슨한 절차만 있을 뿐, 규칙이나 모니터링은 없었다. 더 최근에는 그러한 국가들이 EU나 셴겐조약(프랑스, 독일 등 유럽연합 중 9개국이 1985년 룩셈부르크 셴겐에서 국경의 검문검색 폐지, 여권검사 면제 등 인적 교류를 위해 국경을 철폐하기로 선언한 조약이다)에 가입하여 경제를 일으키고, '유럽 요새'의 남쪽 깃발로서 스스로를 규정하기 시작하면서 급진적인 정책의 움직임이 나타나고 있다. 강한 이민정책의 제한은 합법적인 이주민에 대한 주기적인 단속으로 이어졌다. 지금 통합과 관계된 그림은 매우 뒤죽박죽이며, 지방정부의 인종정책에 의지하기도 한다. 이에 로마와 토리노에서는 문화공생적 표현과 고용을 장려하는 매우 신속한 접근법을 취하고 있는 반면, 밀라노와 같은 도시에서는 다인종 도시가 쾌적해진다는 관점을 무시하고 방해하기 위해 애쓰고 있다.(Foot, 2001)

'용광로(melting pot)'는 미국의 접근법을 묘사하는 일반적인 비유다. 미국은 프랑스의 접근과 유사하면서도 공통된 언어와 헌법의 권리하에 이민자의 통합을 주장한다. 문화적인 균일성과 국가적인 가치, '미국식'으로 운영되는 시장을 위한 장려정책의 고수 등 몇 가지 측면에서는 여느 다른 모델들보다 동화에 충실하다고 말할 수 있다(Isbister, 1996; Kurthen et al, 1998). 또한, 비록 9·11 테러 이후에 입국이 엄격히 제한되고 있지만, 미국은 이주를 장려하는 적극적인 태도를 지속적으로 유지하는 '탁월한' 이주국가이기도 하다. 그러나 분명한 점은 실제로 미국은 문화적으로 동등한 사회와는 거리가 멀다는 점이다. 미국의 도시는 분명히 인종적으로 정의된 구분에 따라 분류되어 있다. 일반적으로 일자리가 다양해지고 있는 반면, 많은 미국인들은 아직도 자신들과 같은 민족적 배경을 가진 사람들로 구성된 커뮤니티에서 살기를 선택하고 있다. 그리고 이것은 새롭게 도착한 소수 집단이 미국 경제의 틈새를 찾는 것을 매우 어렵게 한다. 특히 많은 토착흑인이 거기서 벗어날 수 있다는 아주 작은 희망만을 가지고 공간적·경제적인 빈민가에 갇혀 있는 현실은 그 증거를 보여준다. 최근의 파국도 주로 뉴올리언즈의 흑인인구에 의해 주된 영향을 받고 있다. 따라서 '용광로'로서 은유적으로 묘사되고 있는 도시가 문화적 통합을 이루고 전혀 다른 인종구성으로 살게 될 것이라는 예측은 아마도 미국의 현 상황에는 전혀 도움이 되지 않은 비유다.(Niman, 2005)

'문화적 모자이크'는 캐나다와 그보다는 덜하지만 호주나 뉴질랜드에서 시도된 접근을 설명하는 용어다. 캐나다는 일찍이 다양성의 대중화를 제도화하고 공포한 점에서 다른 어느 곳보다 앞서 있을 것이다. 캐나다는 이주에 대한 열광적인 지지를 보내고 있는데, 200개의 언어가 사용되고, 인구의 44%가 스스로 토종 영국인 또는 프랑스계 캐나다인과는 다르다고 규정하고 있다. 문화적 다원주의는 1988년 다문화주의법에 의해 법으로 제정되었다. 그 속에서 문화와 언어의 보존을 돕고 차별을 줄이며, 문화적인 인식과 이해의 강화, 그리고 연방 차원에서 세심한 제도적 변화를 조성하고 있다(Kelly and Trebilcock, 1998). 아마도 캐나다에서 다원론적 접근의 채택이 활성화된 것은 영어 사용자와 프랑스어 사용자 간 양극화의 해소, 더 최근의 토착집단과의 재건이 필요했던 그들의 역사적 관계 안에서 이해할 수 있다. 캐나다는 다문화주의를 위한 문화공생적 접근을 정부 주도로 시도한 가장 분명한 예다. 도시는 그들의 차별성을 부각시키기 위한 권리의 보장뿐 아니라, 다른 집단과의 활발한 관계의 촉진을 위해 정책을 추진해왔다. 그것은 도덕적으로 불가피한 것이자 경제적인 기회이기도 했다. '다양성은 우리의 힘이다'가 토론토의 모토다. 나아가 연방정부는 많은 대도시뿐만 아니라, 작은 마을과 시골 커뮤니티에서도 이민자를 융합하기 위한 프로그램을 적절히 운영하도록 하고 있다(DeVoretz, 2003). 비록 그에 대한 평가는 없지만 다른 어느 지역보다 앞서 있음이 분명하다.(Li, 2003)

다양성이 높은 호주는 문화적으로 복잡하고 매우 관대한 다문화적 국가라는 점에서 캐나다와 유사한 경로를 따라왔다. 그러나 하워드(Haward) 정부의 집권 이후로 이주와 문화적 다원주의의 공적 가치는 보다 회의적인 자세로 바뀌었다. 특히 9.11 테러 이후로 정부는 그 입장을 강화시켜 왔다. 현 정부가 수준 높은 기술력을 가진 이민자들을 지원할 때에도 보다 엄격한 시민권을 요구했고, 그 전문용어도 다문화주의에서 통합으로 전환하였다. 비록 높은 수준의 조화와 문화공생주의에도 불구하고, 2005년 시드니에서 발생한 공동체 혼란에 의해 증명된 바와 같이, 호주 사회의 다양성과 통합에 관해서는 아직 풀지 못한 과제가 많다.(mark, 2005)

캐나다와 뉴질랜드가 공식적으로 두 문화가 공존하는 국가라는 것은 주목할만한 가치가 있다. 캐나다와 뉴질랜드, 호주는 모두 토착문화와의 관계를 해결할 방법을 모색하고 있지만, 호주의 경우 가장 어려운 화해방안을 찾아야 한다.

공동 다문화주의(Corporate multiculturalism)는 1970년대에서 1990년 사이에 네덜란드와 영국에서 추진된 접근을 가장 잘 설명하는 용어다. 네덜란드는 '땅의 권리', 즉 자국에서 태어난 누구라도 네덜란드 시민권을 선택할 권리를 가질 수 있도록 승인하였다. 이는 강력한 평등법과 이주민을 위한 교육과 복지, 주택의 증대를 책임지는 광범위한 사회적 프로그램이 배경에 있다. 네덜란드는 역사적으로 신교와 구교의 보호정책을 취하고 있으며, 이슬람과 여타 종교가 손쉽게 학교를 설립할 수 있는 등 비종교적 권리 역시 보장하고 있다. 동시에 할당제도가 미디어와 정책에서 직업과 표현을 찾고자 하는 소수 인종을 책임지도록 자리를 잡고 있다(Entzinger, 1994; Vermeulen and Penninx 2000). 그러나 네덜란드의 다문화주의는 최근 주요한 도전에 직면해 있다. 첫째는, 2002년 암살된 포퓰리스트이자 극우 동성애자 정치인이었던 핌 포르퇴인(Pim Fortuyn)이 안티게이와 네덜란드의 전통적 관용에 반하는 시점, 소수 대중의 비평적 요소로서 네덜란드 사회의 중심부에 도전장을 던진 것이다. 둘째는, 최근 네덜란드 역사에서 가장 문제가 되는 사건 중 하나로서, 영화제작자이자 논쟁가인 테오 반 고흐(Theo van Gogh)가 모르코 태생의 이슬람 극단주의자 모하메드 부바리(Mohammed Bouyeri)에 의해 고의적으로 살해되면서 촉발되었다. 원인은 그가 이슬람 여성의 가혹한 대우를 비판하는 영화로 만들었기 때문이다. 분명, 다같이 풍요로운 사회라는 네덜란드인들이 가진 스스로의 이미지는 중심부터 흔들리고 있으며, 그들이 그러한 문제를 어떻게 다루어나갈 것인가만이 남아 있다.(Hylarides, 2005)

영국의 접근

식민주의를 벗어나 문화적 다양성에 접근하려는 영국의 모델은 동화보다는 과정의 조정을 통해 '인종의 문화와 의식을 허용하고 다수민과 소수민 사이의 관계와 공공질서를 관리'하는 프랑스와는 확실히 구분된다(Favell, 1998). 이민을 사실상 허용하는 '문의 개방' 정책은 1962년, 1971년의 이민법으로 인해 엄격히 제한되었고, 마침내 1981년의 규제법으로 가족과의 만남 외에 영국으로의 흑인 이주는 대다수 중지되었다. 반면, 1968년과 1976년에 소개된 인종관계법령(Race Relations Act)에서는 차별을 금지하는 법적 체계와 종교, 문화적 독자성을 인정하는 공적 기구의 조성이 포함되었다.

이러한 접근은 네덜란드에도 반향을 불러일으켰다. 그러나 영국의 접근법은 소수 인종의 노동과 주택시장의 통합을 위한 복지지원에서 문화적 특수성의 책무를 다하지 않았다는 점에서 네덜란드와는 차이가 있다. 특히 높은 실업률과 해고로 인한 고립을 야기시켰다는 점에서 논쟁의 소지가 있으며, 1980년대 전반에 걸친 산발적인 폭동으로 인한 분열을 일으키게 한 원인을 제공했다. 그럼에도 불구하고, 영국에서는 소수 인종의 삶의 기회가 다수인종의 삶에 맞춰 조절되었을 뿐만 아니라, 그 모델이 세계 어느 나라보다 뛰어났던 배경에는 1990년대의 개방성 허용에 대한 압도적인 의견일치가 있었다(Favell, 2001). 그들에게 있어 인종과 민족성은 그다지 중요한 이슈가 아닌 것처럼 보였다.

그러나 영국은 몇 차례의 큰 사건으로 인해 정부의 자신감이 충격을 받게 되었다. 그것은 1999년 2월에 발생한 맥퍼슨 인쾌이어리(Macpherson Enquiry)의 죽음과 그 이후의 경찰조사를 둘러싼 상황, 그보다 6년 전 런던에서 발생한 흑인청년 스테판 로렌스(Stephea Lawrence)가 인종차별주의자에게 살해당한 사건이었다. 기사에서는 경찰권력과 범죄사법 시스템에 '제도적 인종차별'이 깊게 뿌리내려 확산되고 있음을 지적했다. 또한 다른 공적 제도에서도 최소한의 교육 서비스가 이루어지지 않고 있었기에 그러한 접근에 대한 일련의 재고가 필요함을 보도했다(Macpherson of Cluny, 1999). 그 후 2년 뒤인 2001년의 봄과 여름, 북부 산업도시 올드햄(Oldham)과 번리(Burnley), 브래드퍼드(Bradford)에서는 과격한 시민소동이 일어나 큰 충격을 입게 되었다. 그 후 10년 이상 모두 세 차례의 독립적 조사에서 극심한 경제적 쇠락을 포함한 여러 잠재적 요인이 발견되었으나, 주요한 요인이 인종문제라는 것은 의심할 여지가 없었다. 특히 마을이 인종에 따라 공간적으로 구분되어 있다는 점과 관계가 깊었다. 그 속에서는 극단적 개발정책에 과민하게 반응하여 서로 무시하고 의심과 경쟁만 난무할 뿐, 일상생활에서의 만남과 교류는 드물었다(Cantle, 2001). 이는 '커뮤니티 화합'의 어젠더로 알려진 지방정부와 조직의 정책수립에 중요한 시사점을 제공하였다.

한편, 1990년대 후반에는 마치 오래 전부터 해왔던 것처럼 공공토론에 대해 차분하면서도 높은 관심을 보였다. '영국인이란 의미는 무엇인가'와 같은 질문은 많은 TV 프로그램과 출판 학문의 주제로 다루어졌다(Kuma, 2003). 아마도 켈트족 국가의 힘의 쇠퇴와 EU권력의 성장은 이전에 남의 시선을 개의치 않던 국가들에게 자기분석의 승부에 박차를 가하게 했을 것이다. 이것은 '무엇이 21세기로 넘어가는 다인종 국가인 영국을 의미하는가'와 같은 더 많은 의문을 낳았다. 이러한 분위기를 포착한 것이 러니미드 트러스트(Runnymede Trust)였으며, 그들은 이러한 질문에 대한 답변을 누구보다 앞서 모색한 탁월한 조직이었다. 그들의 보고서에는 이전 세대의 자유의 통설에 대해 의문을 던지고 있으며, 동등한 기회를 가지는 다문화사회를 얻기 위한 실패의 증거를 찾고 있었다(Parekh, 2000). 나아가 그들은 '다수'와 '소수' 문화, '이민자'와 '정착민', 동화와 통합의 낡은 틀에 의문을 던진다. 또한 개인의 권리 위에 공동을 우선시하는 캐나다의 다문화적 '커뮤니티와 커뮤니티들' 모델들의 접근에 대해서도 연구하고 있다. 자유적 권리에 기반한 개인주의로 다양성에 접근하고, 협동조합 중심의 커뮤니티 융합에만 의존하지 않고 다른 방법을 모색하는 등 그 위원회는 '시민과 커뮤니티들의 커뮤니티'를 지향하는 영국의 미래라고 불린다. 또한 그것은 다양한 정체성을 가진 시민의 장, 즉 문화적 다원주의로 지금 영국의 지배적인 특징을 인정하여 지칭하는 것이기도 하다. 그러나 결국, 위원회의 경우와 같은 대다수 민감한 사항은 불행하게도 영국적인 정체성 개념을 주장하는 여론의 폭풍 속에 무시되고 있다. 이것은 인종적 오염과 그에 따른 방임을 우려하는 것이다.

최근 몇 년 간 확산된 담론에서는 영국의 문화정책과 국가적 아이덴티티의 기본 신조로서 문화공생주의에 대한 개방된 안건이 이어졌다(Alibhai-Brown, 2000; Malik, 2002; Goodhart, 2004; Phillips, 2004, 2005). 그중 가장 탁월했던 인종평등위원회의 수장인 트레버 필립스(Trevor Phillips)는 2005년 다음과 같이 선언했다.

> 한편으로, 커뮤니티의 더 깊은 분열을 일으키는 '너 알아서 하라' 식의 다문화주의와 편협하고 억압에 의한 획일화의 불평등은 적절히 균형을 이루어왔다. 우리는 우리를 숨막히게 하지 않고 결속시킬 통합유형이 필요하다. 또한 우리는 하나의 무지개를 만들기 위한 많은 색깔의 통합된 국가가 필요하다. 그렇다. 다양성을 의식하고 받아들이기를 거부하는 것은 의미 있는 것이다. 그러나 나는 우리가 동화주의자들의 욕조 안에서 노는 철없는 인종차별폐지론자로 내던져질 위험이 있다고 믿는다. 최근 몇 년 간 우리는 일반적인 문화는 충분하지 않은 상황에서 '다양'에 너무 많은 초점을 맞춰왔다. 우리는 무엇이 우리를 결속시키는가보다 우리를 나누는가를 강조했다. 또한 실제로 커뮤니티를 고립시키는 특별한 분리의 가치를 적용해야 한다는 사람들도 확고해진 다양성에 대한 관용을 인정해왔다.

알리바이 브라운(Alibhai-Brown, 1999, 2000, 2001)은 지난 20년 이상 영국에서 일어난 지배적인 이데올로기 활동에 대해 논의하였다. 그녀는 그 활동이 자유주의 지식계급의 편의대로 결합되었고 인종 커뮤니티의 독단적인 간부들에 의해 유지되어 왔다고 주장했다. '다문화주의'가 과거에는 중요한 위치를 차지했지만, 지금은 보다 역동적이고 독립적인 사회로 만들어나가는 데 방해물이 되고 있다. 차이는 절대적인 방어의 우상이 되었고, 집단의 정체성은 정치적·재정적 영향의 수단으로 강화되었다. 알리바이 브라운은 우상파괴에 대한 적극적인 비평을 실었으며, 토론을 추가하고 활성화시켰다. 그녀는 우리 연구의 중요한 목적인 문화공생적 접근을 탐구하고 다면적이고 다양한 정체성을 가진 개인들과 단체들의 출현을 쉽게 이해시켰으며, 영국이 연방의 다양성을 뛰어넘어 진정으로 세계화된 사회가 되기 위한 길을 열어왔다. 이러한 질문은 그 다양성 정책이 30년 넘게 자유로운 합의를 이루지 못한 것을 인정하라는 주장에 의해 계속되어 왔다(Liddle, 2004). 다른 목소리에서는 그것의 현대화를 모색하고 새로운 상황과 관계성의 구축을 추구하면서 다문화주의의 중심가치의 유지를 추구해왔다.(Modood, 2005)

한 영향력 있는 목소리에서는 공간적 근린관계에 근거하여 '화합'을 지향하는 정부의 공산주의 노선의 성장에 대항하여 논쟁을 시작했다. 혼합된 근린관계의 특징을 구분하자는 제안은 단지 가지각색의 거리의 다면적 교류로 주목받는 '커뮤니티가 없는 커뮤니티'였다. 여기에서는 '존재의 권리, 차이의 연결, 삶의 영위'라는 차이의 지역적 합의에 기반을 둔 다양한 도시를 제안했다.(Amin, 2002)

아민(Amin, 2002)의 논문과 그 이후의 글들(Amin and Thrift, 2002; Amin, 2006)은 이 책의 중요한 영감을 주는 자원이 되었으며, 5장에서 다룰 상호작용 및 공공과 직접적으로 연관된 저술로 세계 곳곳의 다른 영역으로 우리의 흥미를 이끌었다. 또한 7장에서 다루게 될 지역의 정치적 관계와 시민의식의 본질에도 관심을 갖게 되었다.

차이

우리가 살펴본 마지막 정책영역은 차이의 도시에 대한 거버넌스와 관리에 관한 것이다. 이와 관련해서는 최근 주목할만한 저서가 있다.(Allen and Cars, 2001; Andesen and Van Kempen, 2001; Jones-Correa, 2001; Amin and Thrift, 2002; Tatjer, 2003)

    도시 리더와 행정은 그들의 관할구역에 갑자기 나타난 '소우주의 세계'와 같은 상황을 어떻게 대처해야 할까? 그들은 일상생활의 무수히 작고, 재미없는 거리 구석의 화제를 분류해서 세계화의 영향에 대처해야 한다. 그들이 그러한 일상적인 화제를 채택하는 기본적인 태도는 궁극적으로 그들이 성공하는가 혹은 압도당하는가의 결정이다. 그렇다면 비용을 줄이고, 부족한 자원에 매달리고, 지루한 복잡함 속에서 다양성을 찾고자 하는 도시에서는 무엇이 중요하고, 어떤 힘과 자원, 기회로서 무엇을 찾기 시작해야 하는가?

    도시계획의 문헌에서는 빠르게 변화하는 도시에 대응하여 계획가가 어떻게 방법을 수정해야 하는가에 대한 논쟁이 증가하고 있다(Qadeer, 1997; Burayidi, 2000; Friedmann, 2002). 샌더콕은 누구보다 앞서 미래도시 또는 그녀가 코스모폴리스라고 이름지은 곳의 계획과 관리에서 진정한 의미의 다양성을 모색하였다(Sandercock, 1998, 2003a, 2003b). 그녀는 일반적 상황증거를 기반으로 마을계획의 구축원리를 지혜롭게 해부했으며, 조례를 통해 산만한 소수 인종의 요구에서 다수가 선호하는 이상적으로 균형잡힌 틀을 제시하였다. 문화적 오해 또는 적대감으로 인해 상황이 악화되었을 때 그들은 시작단계에서부터 가져왔던 권리보다 더 큰 비용을 지불해야만 일련의 문제를 확실히 해결할 수 있다. 또한 그녀는 다문화도시가 계획되는 과정에서 시장 메커니즘과 충돌했을 때의 복잡함이 어느 정도 발생되는가에 대해서도 서술했다. 이를 기반으로 그녀는 도시계획과 관리 시스템을 개선하기 위한 7가

지 방안을 제안했다.(Sanderock, 2003a)

특히 샌더콕은 '나는 문화공생주의로 고쳐 부르길 바란다'며 다문화주의에 대한 이론이 재정립되어 있다고 선언했다. 그녀는 아래와 같은 문화공생주의의 기본이론을 제안했다.(sandrock, 2004)

- 인간의 문화적인 소속감은 존중되어야 한다. 우리는 문화적으로 구조화된 세계에서 자랐고, 그것에 의해 깊게 특정지어 졌으며, 특정한 문화의 시점에서 세상을 평가해야 한다. 우리는 우리 자신의 문화적인 신념과 행위, 이해와 인식을 평가할 수 있으며, 다른 문화도 평가할 수 있다. 그러나 문화적 정체성과 소속감의 유형은 반드시 지켜져야 한다.
- '문화'는 고정적, 영구적, 본질주의적인 것으로 이해되어서는 안 된다. 그것은 항상 진화하는 역동적인 혼합체일 수밖에 없다. 나아가, 보수적이고 전통적인 것일지라도 모든 문화는 다수의 차이가 포함되어 있으며, 스스로 끊임없이 재조정한다.
- 올바른 문화적 다양성과 문화공생적 대화는 문화가 다양한 사회의 필수요소다. 어떤 문화도 완벽하거나 완벽해질 수 없으며, 모든 문화는 다른 문화에 공헌하고 무엇이든 배울점을 가지고 있다. 문화는 일상에서 일어나는 사회적 상호작용으로부터 성장한다.
- 문화공생주의의 정치적인 쟁점은 피할 수 없다. 권리를 위해 다수의 동질성, 즉 차이를 주장할 수 있는 것이 다양한 공공논쟁의 이점이다.
- 문화공생주의를 일상적인 정책으로 실행하는 데에는 두 가지 권리가 있다. 그것은 다름에 대한 권리와 도시에 대한 권리다. 다름에 대한 권리는 소수와 하위 문화의 합법성과 특정한 필요성을 인식하는 것을 의미한다. 도시에 대한 권리는 존재하고자 하는 권리이자 공공

공간을 사용하고자 하는 권리이며, 공공업무에 동등하게 참여하고자 하는 권리다.
- 문화공생주의의 핵심인 '다름의 권리'는 명백하게 다른 권리와 위배된다(예를 들어, 인간의 권리가 있다). 그리고 새로운 형식과 조건을 따라서 재정의된다.
- 문화공생주의에 대한 지속적인 논쟁의 개념은 경합적 민주주의 정책에 내포되어 있다. 그것은 모든 평범한 장소에서 벌어질 시민의식과 문화공생의 상호작용에서 차이의 일상적인 협의를 요구한다.
- 문화공생사회에서의 소속감은 인종, 종교, 혹은 인종에 기반하는 것이 아니라, 정치적인 커뮤니티로 나눠진 헌신에 기초해야 한다. 이러한 헌신은 힘 있는 시민들을 요구한다.
- 두려움과 완고함을 줄이는 것은 문화적 차원의 '인식'뿐만 아니라, 소재의 선정에 의해서도 성취될 수 있다. 이것은 우세한 정치적·경제적 권력의 불균형한 선택을 의미할 뿐만 아니라, 국가적인 상징과 지역적 정체성, 소속에 관한 새로운 이야기의 발전도 포함된다.

우리는 샌더콕의 원리로 이 장의 마지막을 대신하고자 한다. 이 책의 남은 부분에서는 그것들을 찾고, 실험하고, 입증하고, 확장시키는 데 주력할 것이다.

참고문헌

1. Statistics Canada(2006) www.statcan.ca/accessed10 June 2007.
2. Australian Bureau of Statistics(2006) www.abs.gov.au/acessed 10 June 2007.
3. UNHCR(2005) Statistical Yearbook, UNHCR, www.unhcr.org/cgibin/texis/vtx/ statistics.
4. WTO cited in Vellas and Becherel(1995)
5. Fraser A,(2006) 'Clean bowled: Why cricket has double standard over cheating', The Independent, 22 August
6. http:en.wikipedia.org/wiki/House_music.

03
구분된 삶: 분리

유럽의 많은 도시와 마을에서는 미래에 대한 근심거리가 늘어나고 있으며, 최근 더 부각되고 있다. 대부분의 유럽인들은 상투적으로 되어 가고 있으며, 일반적으로 자기 자신이 근본적으로 참을성 있고 평등주의자라고 생각하고자 한다. 그러나 최근 몇 년 간 지역과 국가적으로 발생한 뉴욕의 9.11 테러, 영국의 7.7 테러, 네덜란드 암스테르담의 영화제작자 테오 반 고흐의 살해, 덴마크 신문 질란드 포스턴(Jyllands-Posten)에서 이슬람교의 창시자 마호메트를 묘사한 카툰에 대한 항의, 그리고 프랑스 반리어와 영국의 미드타운에서의 시민소요와 같은 일련의 사건은 자신들의 믿음을 뒤흔들었다. 그리고 그러한 사건이 유럽 사회에서 가지는 의미에 대해서 매우 경직된 사고를 가지고 있으며, 누가 우리의 안에 있고 누가 우리의 밖에 있는가와 같은 의제에 누구도 쉽게 답을 내리기 어렵다.

기득권자를 내보내고 소수자를 끌어들여 효과적으로 유린하는 '빈민가'의 출현, 일체의 무시와 불신의 증식, 난관과 범죄 및 빈곤의 탈피, 극단주의자와 테러리스트의 감정 등에 대해 거침없는 표현을 내뱉기 시작했다. 캔틀(Cantle, 2001)과 같이 보다 신중하게 표현하는 사람들은 유럽 도시의 중요 지역에서 다른 집단과 어떤식으로도 접촉하지 않거나 부분적으로만 접촉하고 있다고 우려를 나타내고 있다.

교육적인 결합, 커뮤니티와 자발적인 모임, 업무, 숭배의 장소, 언어, 사회문화적 네트워크의 분리는 많은 커뮤니티가 일련의 유사한 삶에 기반을 두고 움직이고 있음을 의미한다. 그것은 어디에도 닿아 있지 않게 보이며, 필요한 최소한의 교류만으로 독자적으로 조성되고 있어 보인다.

이 장에서는 다시 나타나는 관계성은 물론, 분리와 통합, 사회적 혼합과 같은 실제적인 의미의 개념을 가진 것들을 상세하게 검토하는 것부터 시작할 것이다. 이 속에서 역사를 되돌아볼 것이고 왜 우리가 지금까지 그렇게 해왔는지에 대해 이해하려는 노력부터 과거와는 다른 현재의 상황에 이르기까지 폭넓게 다룰 것이다.

현재 논의의 잘못된 점은 민족성, 공간적 위치, 사회-경제적 통합과 같은 세 가지의 독특한 요소 사이의 강한 연관성의 존재를 부정하는 데서 가정을 끌어내기 때문으로 보인다. 그 논리는 한 인종 또는 종교가 특정한 장소에 사람들을 불균형하게 집중되도록 한다. 그러한 논의는 사회경제적인 소외의 경험을 더 강조하게 될 것이고, 가치 시스템의 분배 또는 인구의 증가에 따른 시민의식의 의미는 더 축소시키게 될 것이다. 사람들의 모든 정치적 해석에 부수적으로 적용될지 몰라도, 이 세 가지 특성은 연계되는 경향을 가지고 있다.

분리의 역사

우리는 이 장에서 몇 가지 질문에 대한 가설을 제시하고 실험을 통해 그 관계를 찾고자 한다.

□ 어떤 요인이 분리를 만들어내는가? 이것은 선택의 실행인가? 선택

의 부정인가?
- 분리는 항상 부정적인가? 분리의 유형에는 좋고 나쁨이 있는가?
- 특정한 장소에는 분리의 용인을 결정짓는 중요한 사회·문화·경제적 요소가 있는가?
- 사회·경제·문화적으로 통합된 민족성이 다른 사람들이 공간적으로 분리되어 살아가는 것은 가능한가?

첫째, 역사 속에서 항상 나뉘고 쪼개졌던 도시는 분리되었던 이유도, 형태도 달랐지만 늘 존재해왔다. BC 5세기, 아테네의 도시계획과 주거지를 창시한 아리스토텔레스가 고안했던 고대도시 밀레투스(Miletus)를 세운 고대 건축가 히포다무스(Hippodamus)는 도시란 예술가, 농민, 군인을 위해 세 부분으로 나뉘어져야 하며, 다시 성지, 공적 공간, 사적 공간으로 분할되어야 한다고 주장했다.

피터 마르쿠스(Peter Marcuse, 2002)는 세 가지 구분을 기반으로 한 역사를 통해 분리의 명확한 패턴을 파악할 수 있다고 결론지었다.

- 도시 곳곳의 문화적 구분은 언어, 인종, 종교, 국가적 혈통, 거주자의 생활방식에서 찾을 수 있다.
- 기능적인 역할로서의 구분은 특정한 조합의 이용, 소매와 도매와 같이, 거주자의 산업활동과 인접한 거주지에서 발견된다.
- 마지막으로, 식민지나 남부 아프리카의 흑인거주지, 엘리트계층의 거주지, 슬럼가와 같은 다른 힘의 관계를 반영한 '계급계층의 차이'에 따른 구분이 있다.

이러한 요소들은 분명히 갈등을 유발하고 합쳐지거나 겹쳐진다. 예를 들어, 문화적인 차이는 흑인/백인, 아랍인/이스라엘인과 같이 이분법으로 신분을 강화하는 데 사용될 수 있다. 신분과 기능은 고용인들의 갈등을 유발하는데, 그들은 간부와 한 일자리에 있기도 꺼리고 이웃이 되는 것도 원하지 않는다. 과거 식민도시의 거주지였던 곳은 아마도 신분과 문화가 기능적으로 합해졌으며, 그 중 몇 곳은 민족노선에 따라 노동과 신분을 구분시키는 후기 산업도시에서 재등장하고 있는 경향이 있다.(Cross and Waldinger, 1992)

사회적인 관계가 비록 유동적일지라도 공간과의 관계 또는 변화와 대립에 관한 주제와 관계가 깊다는 것은 명백하다. 예를 들어, 특정 시대와 경제적 단계에 있어 도심의 산업지역과 강변에 사는 이들은 지위가 낮고 상승에 대한 열망을 가졌을 것이다. 결국, 일반적으로 문화, 기능적 구분은 저절로 생겨난 듯 보이지만 누구도 자신이 낮은 신분으로 규정되는 것을 원하지는 않는다. 이러한 신분의 구분은 절대적인 힘을 암시하며 궁극적으로 그 힘에 의해 강요당하게 된다.

고전적인 빈민

고전적 역사의 사례에서 기능적·문화적으로 신분을 구분해 온 곳은 빈민가다. 그 단어는 도시의 상황에 대한 각종 문헌의 개관에 명확히 나타나고 있다. 그러나 빈민가의 '부자' 몬테카를로(Monte Carlo: 모나코의 휴양지)라는 말처럼 종종 본래의 의미와 다르게 쓰이며, BBC는 '이슬람 디지털 빈민가'라며 가능한 선 이상으로 표현했고, 심지어 '빈민가 라떼'와 같이 희귀하게 서술하기도 했다.

그렇다면, 본래의 빈민가란 무엇인가? 그리고 어떻게 다른 곳에 적당히 속할 수 있었을까? 무엇이 빈민가가 아니었을까? 전 세계의 첫번째 빈민가는 유대인이 주민의 1/4을 차지하였고, 베니스는 그들의 신분을 나타내기 위해 주거뿐 아니라 옷까지 구분해서 입게 하였다. 그 단어는 추위로 인해 생산을 멈춘 지역 주물공장인 칸나레지오 세스티에레(cannaregio sestiere)라는 곳의 쇠찌꺼기(slag)란 이탈리아 단어에서 생겨났다. 비록 베니스는 중세의 많은 크리스찬과 이슬람 도시보다 유대인에게 더 관대했지만, 빈민가로 둘러싸여 있었고 저녁시간 때는 통행금지령을 내렸다. 의심할 여지 없이 상황이 점점 악화되고 비위생적으로 되자, 거주자들은 상업영역을 더 확장시키고 매우 뛰어난 공적 조직을 세웠다. 독일 프랑크푸르트의 유태인이 살던 빈민가인 유덴가세(Judengasse)는 15세기와 18세기 사이에 유럽에 등장하였으나, 19세기부터 점차 없어지더니 1870년에 결국 완전히 사라졌다. 그들은 불행하게도 제2차 세계대전 중 동유럽에서 나치의 유대인 말살 프로그램에 의해 더 불행한 모습으로 재등장하게 되었다. 주변 도시들의 삶에 경제적으로 통합되기는 커녕, 그들에게는 장기간의 수감소나 검문소와 다르지 않았다.

빈민가, 소수 민족 거주지, 피난처

다음으로, 빈민가는 인종적 집중을 설명하기 위해 미국에서 가장 대중적으로 사용되는 용어다. 특히, 그것은 아일랜드인과 폴란드인, 작은 이탈리아인, 차이나타운과 스패니시 할렘을 포함하여, 19세기와 20세기 초반의 이주수용 도시에서 사용되었다. 이러한 도시들은 시간이 흐르면서 차츰 사라졌고, 미국의 가난한 흑인도시에 대해서만 '빈민가'라는 꼬리표가 끈끈하게 달라붙었다. 그러는 사이, 그 단어는 '탈출한'이라는 의미로도 사용하게 되었고, 지금은 그들 이웃이 어떤 사람들이나 무리를 구분짓는 데 자유롭게 사용한다.

마르쿠제(Marcuse, 2001)는 모호하던 도시공간을 구분짓는 유형분류 체계를 명확하게 정리하였다. 그는 빈민가를 다음과 같이 정의하였다.

> 특별한 주민집단을 분리하고 제한하기 위해 주류사회 내부의 힘으로 공간을 구분한 지역. 외부적으로는 민족적 또는 인종적, 외국 등으로 규정되며, 주류사회로부터 2류 취급을 당한다.

고전적인 빈민가는 경제적으로 둘러싸여진 지역 안에서 통합된 반면에, 현대에는 '추방된 거주지', 즉 주류의 경제와는 연관성이 없거나 적은 곳이 포함된다.

일반적으로 빈민가라고 불리는 많은 장소들은 더 정확히 말하면 소수민족 거주지(ENCLAVE)라고 칭해야 한다.

> 공간적으로 지역, 인종적 종교적으로 집중된 많은 수의 특별한 거주집단으로 정의되며, 한편으로 그들은 경제·사회·정치·문화적 발전의 보호와 증대를 목적으로 모인다.(Marcuse, 2001)

이것은 배타적인 소수 민족 거주지의 발전이다.

> 자신의 지위를 지키고자 하는 집단, 주변에 비해 힘과 부, 지위가 상대적으로 낮은 위치로 정의되는 특별한 구성원과 집단이 모인 장소(Marcuse, 2001)

나아가 마르쿠제는 구성원들이 지위의 보호뿐 아니라, 그것의 향상, 표현과 관계되어 있는 배제된 소수 민족 거주지의 다양함으로 거점을 규정했다.

이 어휘를 통해, 우리는 지금 스스로 분리되거나 사회에서 분리된 사람들을 다양한 방법으로 보다 명료하게 표현할 수 있게 되었다. 그들은 미국과 남아공 엘리트의 외부인 출입제한 커뮤니티와 전 세계의 도착지점과 항구도시에 새롭게 정착한 이주민들의 모임, 토론토의 대표적인 작은 인도마을과 영국 런던의 차이나타운, 파우다(pauda)의 비아 아그넬리 월(Via Agnelli wall)의 빈민거주지역에 사는 사람들, 또는 콤프턴(Compton)과 로스앤젤레스, 남부 시카고의 흑인빈민가에 살고 있는 흑인세대에서 빠르게 부상하고 있다.

동화 정책주의자의 도시

분리는 도시발전의 과정 속에서 어떻게 이해되어 왔는가? 현대적 감각으로 시카고에서 첫번째로 시도된 빈민가를 위한 공식적인 장소는 그다지 놀랄 일은 아니다. 이 위대한 이동의 허브 또는 산업의 유력집단은 수 년간 국내 또는 외국 이민자의 다양한 흐름을 받았고, 로버트 파크(Robert Park)와 루이스 위르스(Louis Wirth)를 포함한 시키고 학파의 도시이론가에게 영감을 주었다. 그들은 거주의 동심원을 창조하는 도시의 외부 확장과 거주지의 확대와 축소에 기반을 둔 도시성장을 이해하기 위한 모델을 개발했다. 그리고 소수 인종의 거주에 대한 관찰을 통해 그림 3-1과 같은 패턴을 제안했다.

이 그래프는 1890년에 60%의 이탈리아인이 시카고의 중심에서 2마일 안쪽에 살았으나, 50년 후에는 단 20%만이 남아서 살고 있는 예를 나타내고 있다. 이것은 집중의 해산뿐만 아니라, 인구의 교외화를 나타내고 있다.

그들은 이민자가 3세대 이상을 거쳐 미국의 사회적 배경 속에서 자연스럽게 모이고, 흩어지고, 동화되는 속에 연속체를 규정해왔다고 주장했다.

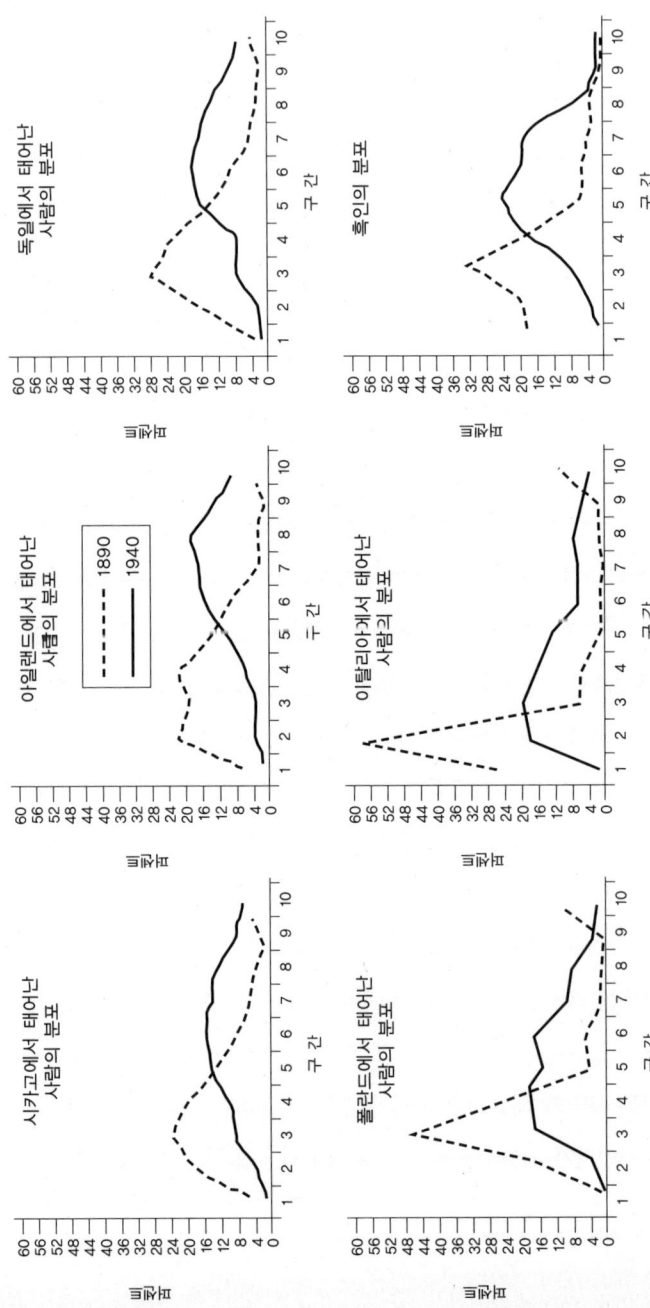

그림 3-1 시카고에 있는 소수 인종 집단의 구역분포도(1890~1940²)

출처:Ford(1950)

도시에서 생활하고 있는 학생들에게 친숙한 차이나타운, 리틀 시 칠리 그리고 '빈민가'라고 불리는 곳들은 도시생활에서 부득이하게 생산되는 상태 또는 경향의 장으로서 보다 일반적인 종(species)의 특별한 유형이다. 보다 날카롭고 활동적이며 더 큰 열망이 그들의 빈민가와 이주 식민지에서 곧 부각될 것이며, 다음의 이주 정착지 또는 다양한 이주자와 인종집단의 구성원들이 함께 살고 있는 코스모폴리탄 지역으로 움직이게 될 것이다.(Park, 1926)

이것은 다년 간의 도시개발에서 나타난 견해(미국 또는 국제적)를 수용한 것이며, 1980년대에도 다소 나타났으나 전체적으로 심각하지 않았다. 수천 명의 3세대 아일랜드인, 이탈리아인, 폴란드인은 성공한 라틴계나 베트남계 사람들에게 자신들이 살던 집을 내주고 외부로 이주하였다. 이렇게 이주를 통해 들어오고 나가면서 일부는 고립된 지역의 식당과 상점을 뒤로 하고 떠났고 일부는 그러한 흐름에 저항했다. 흑인의 높은 비중은 한 세대에서 다음 세대로 갈 때까지 유지되었고, 심지어 높아지기까지 했다. 놀랍게도 그들의 공간적인 집중은 가난과 박탈을 나타내는 정확한 지표가 되었다.

일련의 유사한 흐름 속에서 자발적으로 인종적 빈민가를 선택하는 경우와 비자발적이고 외부의 압박에 의해 강요된 또는 탈출구가 보이지 않고 고립된 빈민가 사이의 차이점은 무엇인가? 분리의 몇몇 유형은 필요하고 긍정적인 반면(예를 들어 새로 만들어진 인종적으로 고립된 장소는 그들의 친숙한 환경을 구축할 수 있으며, 또한 완전한 사회경제적 통합의 거점이 되기도 한다), 그곳에는 개인주의와 같은 현대도시의 부정적인 차별유형도 가지고 있는데, 전체적으로 보다 나은 사회를 위한 가능성도 있다.(Peach, 1996)

차별을 측정하는 기술의 채택을 비유사성(dissionilarity)의 인덱스라 부르며, 피치(peach, 2001)는 그림 3-2의 시카고 학파의 발전의 개념모델을 제시했다.

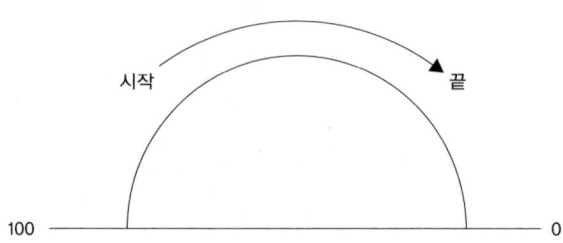

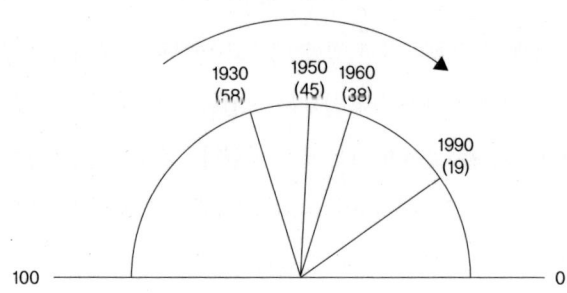

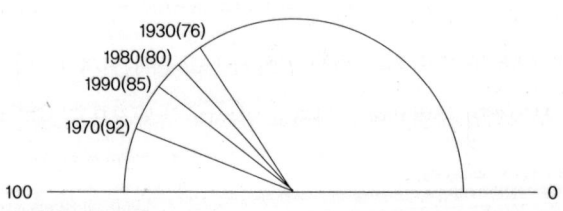

출처:Peach(2001)

그림 3-2~3-4 초과근무에 대한 동화와 격리의 관계가설

그림 3-3에는 이러한 방법으로 폴란드 인종집단의 예를 나타내었고, 그림 3-4에는 점점 확대되는 흑백차별의 뚜렷한 경향을 나타냈다.

파크(park)와 몇몇 사람들이 유행이 될 것이라 장담했던 흑인빈민가가 이제는 일반적으로 자연스럽게 받아들여지고 있다. 이것은 주로 가난이 원인이 아니라, 수십 년 간 미국에서 실행된 주택정책과 특정경계지역지정(red lining), 제도화된 특별한 인종차별의 형태에 원인이 있다. 이것은 교외의 백인사회뿐 아니라, 중간계급의 흑인사회도 빠르게 악화시킨다. 그들은 흑인인구를 대체할 만큼 다른 구역의 구성원이 충분하지 않다. 이것은 디트로이트나 세인트루이스와 같은 도시의 대규모 구역을 포기하도록 했다. 그곳은 지금 도시초원으로 비어 있다. 분명 인종차별의 원인과 결과는 처음 생각한 것보다 훨씬 복잡하다.

최하층계급

1980년대에 공간·문화적인 집중과 가난과 박탈 사이의 관계가 직접적으로 연계되어 몇몇 서부사회에 '최하층계급(underclass)'이라고 정의된 부류가 형성되었다. 이러한 부정적인 '근린효과(neighbourhood effects)'로 인해 문제는 더욱 확대되었고, 심지어는 기존의 거주자가 곤란에 처해 그곳을 떠나기도 하였다. 예를 들어, '사회적 유동성에서 생긴 새로운 기회를 찾고자 하는 거주자의 능력을 방해하는 태도, 행위, 가치에 의해 유발된 빈곤의 집중'이 있다.(Schill, 1994)

미국의 독특한 상황에서 생긴 이러한 사고는 처음 유럽에서는 일어나지 않았다. 그러나 1990년대의 경제적 기업혁신전략과 세계화의 충격으로 인해 사람들은 그러한 것에 대해 다시 한 번 생각하게 되었다(Castells, 1994). 제조 관련직을 구하기 위해 유럽 도시에 온 많은 비숙련 이민자들은 일거리가 사라져 세계 발전방향과 반대로 흘러가는 고립된 스스로를 발견하게 되었다.

　지금 세계 곳곳의 복지국가에서 인종차별을 부추기는 도시정책, 이주정책, 태도의 유형이 가져오는 효과에 대한 주요한 조사를 진행하고 있다. 여기에는 공간적 분리, 종교적 차별과 빈곤의 차이와의 관계평가도 포함되어 있다. 그러한 가정은 이제 차별이 많은 도시에서 부정적인 효과를 낼 만큼 충분히 자리잡고 있음을 나타낸다. 이것은 차츰 현재의 이주정책이 적절하지 않거나 몇몇 집단이 사회적 또는 자기소외로 인해 뒤쳐지게 될 경우 논쟁의 소지가 생겨난다. 이러한 높은 수준의 차별이나 강한 공간적 집중이 통합과 유동성의 향상에 있어 부정적인 충격을 주는 것은 아주 당연한 결과다.

국제적인 변화들

몇몇 사회는 불평등한 수입에 관해 다른 사회에 비해 훌륭한 관용을 지켜왔다. 124개국 나라들의 불평등한 수입의 정도를 측정했는데, 가장 평등한 3개국은 덴마크와 일본, 스웨덴이었고, 반면, 노르웨이는 6위, 독일은 14위, 네덜란드는 24위, 프랑스는 34위였다. 영국은 51위였고 미국은 92위였다(Unuted Nations, 2005). 이러한 인종차별의 전망은 각 국가들의 정책에 영향을 미치고 있다. 특히 노르웨이와 같은 몇몇 나라에서는 최근에 들어서야 이민자의 숫자가 증가하고 있는데, 이민자들이 한 분야에 집중되는 것을 피하고자 분야별 분산정책을 활발히 추진하고 있다. 자유사회이자 자유시장경제임에도 불구하고 이러한 체계의 유지는 어려움을 야기했다. 독일은 오랫동안 많은 이민자가 있어왔지만, 그 정책은 '방문한 작업자'인 그들이 결국 원래의 나라로 돌아갈 것이라는 가정에 기반한다. 최종적으로 그러한 상황이 되지 않을 것이 인정될 때, 국가는 '분산'을 포함한 통합을 위한 강경정책의 시도에 메달리게 된다.

프랑스는 이와는 반대로, 인종이나 종교에 따른 인구학적 통계에 구속되지 않고 활발한 동화정책을 추구한다. 이러한 결합체는 구역 내 빈민가 주변에 소수집단 거주지가 생기는 것을 인지하기 어렵게 하기도 한다.

네덜란드와 같은 몇몇 나라에서는 국가가 도시에서 주거유형과 토지소유가 다양해지도록 조정한다. 반면, 바로 옆의 벨기에는 자유시장 체계를 위해 주택공급의 발전에 주력하였다. 비슷한 복지수준을 제공하는 두 국가의 사례는 상대적으로 수입의 평등한 정도가 인종 및 사회적 불평등과 차별수준에 어떠한 영향을 미치는가를 설명할 때 인용된다. 심지어 한 저자는 공간적 불평등을 최소화하면서도 인종적·사회적 차별을 인정하는 도시를 적극적으로 제안하기도 했다.(Musterd, 2005)

좋은 차별? 나쁜 차별?

최하위 계층과 근린효과의 개념에 대한 논쟁해결을 위해 인종적 집중의 긍정적인 효과를 적극적으로 찾고자 하는 연구가 진행되었다. 그 내용에서는 예배당과 숍, 클럽 주변의 사회적 네트워크와 가족의 유지, 공간적 접근을 통한 접촉 향상의 지속성을 주로 논의하고 있다(Portes and Sensenbrenner, 1993). 이를 통해 인종적 기업이 고용과 시장의 양쪽에서 접근할 수 있으며 확고한 재정적인 기반을 세울 수 있다고 판명되었다(Alesina and La Ferrara, 2005). 특히 인종적 환경의 지원을 통해 보호받는 낮은 기술수준의 고용과 소규모 사업은 자영업형태로 일을 지속적으로 유지할 수 있다.

대다수 유럽 대륙의 국가는 매우 부유한 사회의 일부로서, 나뉜 듯 보이는 단일한 집단이다. 이는 인종에 관계 없이 수입이 낮은 사람들보다 더 분리된 삶을 살도록 하는 중요한 요인이다. 우리는 빗장이 잠긴 커뮤니티와 빈민가의 생활방식, 자발적 빈민가에 대한 화두를 면밀하게 토론하기보다 단지 기록만 하고자 했다.

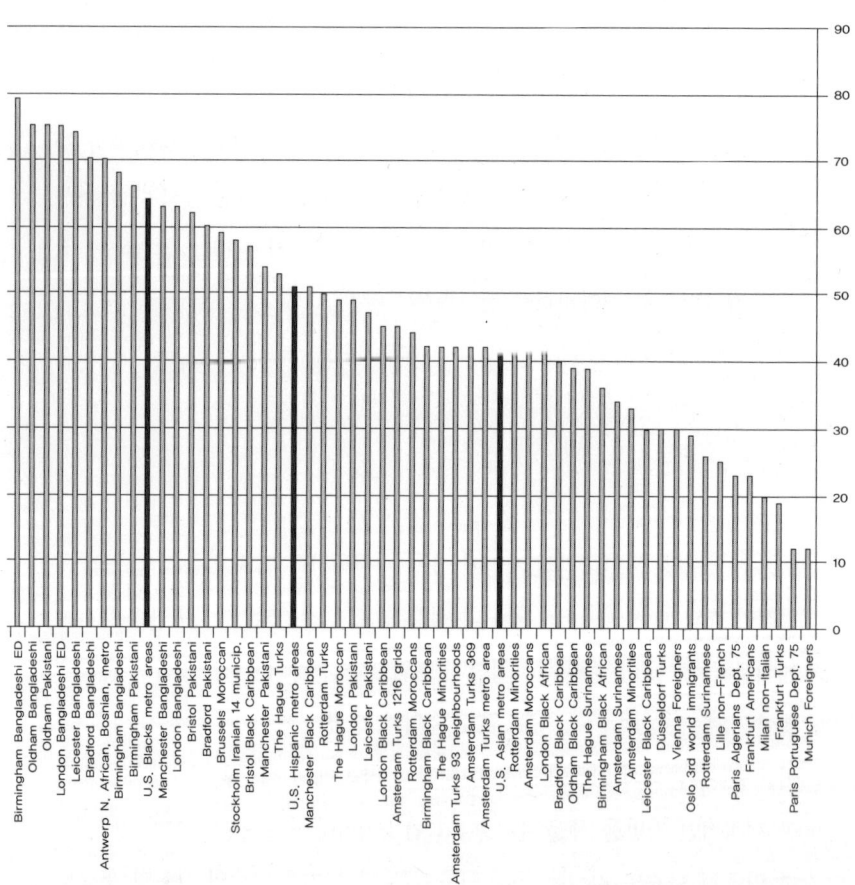

이 척도는 도시에서 다른 집단과 완전히 격리되어 살아가는 집단을 100점 지수로 나타내는 분리의 측정량이다. 0으로 갈수록 소수집단을 나타낸다.
출처:Musterd (2005)

그림 3-5

지금은 수입 불평등의 단계에 대한 정확한 국제적 비교가 가능하다. 그러나 아직 인종차별 정도의 계산은 보다 과학적인 접근이 요구된다. 사코 머스터드(Sako Musterd, 2005)라는 한 연구자는 비교 가능한 8개의 다른 자원 데이터로의 도표화를 통해 어떤 인종집단이 국제적인 도시의 특별한 단위를 구성할 수 있는지에 대해 계산하고자 했다. 저자는 영국의 조사대상지는 다양한 크기의 단위가 많고, 미국의 경우에는 메트로폴리탄 지역을 평균적으로 가로지르고 있다는 점에 주목해야 한다고 충고하고 있다. 그럼에도 불구하고 어떤 명확한 패턴은 아직 파악되지 못하고 있다.

그러나 이것이 국가정책과 국가·지역적 단위에서 사람들의 단합 정도가 모두 낮다는 것을 나타내는 것은 분명히 아니다. 특히 미국 이외의 연구에서는 다양한 인종집단의 다른 행동에 기반한 독특한 고전적 모델의 다양성이 최근들어 나타나고 있다. 예를 들어, 한창 번창하더라도 예배당이나 소규모 전문점 부근에 머물기 위해 한 지역에 남기를 선택하는 전통적인 이슬람 커뮤니티도 있다. 런던의 동쪽 끝에서 북쪽 도시까지 옮겨다니는 유대인처럼 한 거주지에서 다른 곳으로 집단으로 움직이는 커뮤니티도 있다. 그리고 일본인이나 미국인과 같이, 유럽 각 도시의 부도심 또는 높은 수준의 지역에 '낙하'할 수 있는 높은 이동성과 자율적 인종구성을 가진 소수 민족 거주지가 있다. 그림 3.6에 이러한 분류체계를 나타냈다.

차별유형의 출현

사람들은 적어도 서로 다른 집단을 피할 방법을 찾는다는 점에서 주거에 있어 개혁적이지 않다. 그리고 거기에는 많은 새로운 형태의 차별이 나타나고 있다. 우리는 이러한 차별의 요점을 세 가지로 심도 깊게 살펴보고자 한다.

양지?

다음은 경험에 기초하여 EU에서 일반적으로 거주하고 있는 상당수의 특별한 소수 민족 구성원의 생활을 묘사한 것이다.

이민자들은 일정하지 않은 경제활동을 하고 있으며, 따라서 세금과 건강악화 상황에 대비한 개인보험이나 국민보험을 제대로 납부하지 않는다. 그들은 관공서에 등록된 것도 아니고 거주가 인정된 것도 아니며 합법적 거주자로서 받을 수 있는 지원에 대해 혼란스러

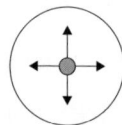
모델 1 분리-확산
(예: 미국도시의 유럽인)

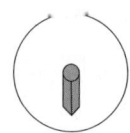
모델 2 자연발생적 마을(매우 분리된)
(예: 시카고 남부의 흑인 빈민가)

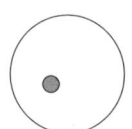
모델 3 매우 유연하게 격리되어 지속되는 소수 민족의 자연발생적 마을
(예: 베를린의 터키인, 버밍엄의 파키스탄인)

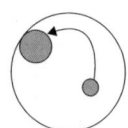
모델 3b 재배치된 자연발생적 마을
(예: 런던의 유대인 모델)

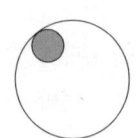
모델 3c 교외화로 인해 즉시 만들어진 교외지역, 부유한 이주민들
(예: 런던의 인도인, 뒤셀도르프의 일본인, 런던의 일본인, 브뤼셀의 미국인)

출처 : Peach (2001)

그림 3-6 동화와 다문화주의의 다른 모델의 도식화

워 한다. 또한 그들은 힘든 시간을 어떻게 극복하는지 모르며, 경찰과 구급차가 필요할 때 도움을 청하는 언어에도 익숙하지 못하다. 일 년 내내 [나라] 안에 살고 있는 78% 중 1/3은 [지역]의 가족, 친구, 직장동료를 만난 적이 전혀 없고 60%는 '간단하게 대화'할 수 있었다. 10명 중에 2명만이 대화를 할 수 있고(그렇다고 그들이 유창하다는 것은 아니다), 오직 9%만이 선거에서 투표를 하며, 투표를 하지만 그 중 반 정도만이 권리에 대한 자료나 정보를 가지고 있다.

11%의 사람들은 일반적으로 편하게 일할 수 있다. 25%의 사람들은 현재 자영업을 하고 있다.

[외국인 사립학교]의 대표 교사는 비공식적으로(등록되지 않은) 사업을 하고 있다고 대답한 수의 반은 거주자 카드를 가지고 있지 않으며, 1/3은 시에 등록되어 있지 않다고(이 수치는 아마 설문지의 조사를 어림짐작으로 했을 가능성이 있다) 설명한다. 가정의 수입이 적기 때문에 수업료가 가급적 적게 책정되어 많은 학생들이 학교를 다닐 수 있지만 정착하기는 어렵다. 모든 학생은 인종차별주의의 비웃음과 학대를 [지역]의 아이들로부터 당한 경험이 있거나 그렇게 당한 아이를 알고 있고, 다른 모든 [이민자] 학생은 학교에 다니지 않는다.

일부는 창조적으로 이 문제를 다루는 방법을 발견했다. 즉각적인 개인의 요구에 가장 적합한 형태로 거주지의 장소특성을 바꾸는 것이다. 다른 이주자들은 짜여진 무수한 규칙 속에서 최상의 방법을 모르며 누구에게 도움을 받아야 할지 모르고 있다(돈이 들기 때문이기도 하다). 한편으로 소름끼치는 규칙과 규정의 혼란스러운 질서 속에서 단순히 조용히 지낼 가능성이 높으며, 많은 수는 배제된 채로 다양한 상황 속에서 애매모호한 상황의 유지를 선택한다. 왜냐하면, 그들은 잘못된 행동을 피하고 싶어하고, 실제로 무엇이든 피하기 때문이다(O'Reilly, 2007).

누가 이런 운없는 사람이 되는가? 밀란(Milan)의 소말리아인들, 스태프니(Stepney)의 방글라데시인들, 도르트문트(Dortmund)의 중국인들, 링컨셔(Licolnshire)의 폴란드인들인가? 사실, 이들 중 누구도 아니다. 그들은 코스타 델 솔(Coasra Del Sol)의 영국인 거주자들이다. 카렌 오라일리(Karen O'Reilly)의 탁월한 연구성과에 의해, 유럽에서 가장 빨리 성장하는 소수 민족이 스페인에서의 새로운 삶을 찾아 영국을 떠난 사람들이라는 것이 밝혀졌다.

이러한 선택에는 이유가 있다. 이민자와 기존 커뮤니티와의 연관성에 대한 깊이 있는 배려는 자신들이 처하지는 않았지만 직접 이민자 생활을 경험할 수 있게 한다. 그러한 이민자와의 공감이 필요함에도 불구하고 자신이 이민자의 신발 속으로 들어가는 것이 정착된 사람들에게는 거의 불가능하다. 특히 발전된 곳은 더욱 그렇다. 참으로 이민자가 북미와 유럽, 호주 사회에서 길을 찾기 위해 노력하고, 발전된 사회의 기반을 가진 일반적인 누군가가 되는 것은 너무도 손 쉬운 가정이다.

그러나 현실은 그렇지 않다. 오라일리의 연구에서는 많은 국가에서 이민자와 어떻게 통합하는지에 따라 많은 문제가 파생되고 생활의 빈부를 정하는 요인이 된다는 것을 보여주고 있다. 물론, 영국인들은 항상 다른 국가보다 많은 수가 집을 떠나왔다. 그러나 그들의 운명은 캐나다, 남아프리카, 호주, 뉴질랜드와 같이 다른 '앵글로' 커뮤니티를 가지고 있다. 오라일리는 스페인에서의 영국 이민자의 최근 역사에 대한 차트에서 역사의 또 다른 면을 말하고 있다(여기서 단기간에 재검토의 가치가 있는 것). 그것은 우리의 미래가 어떻게 되고 무엇이 문화공생 교류의 결과인가에 대한 시점을 우리에게 제시해 줄 것이다.

항공여행의 가격이 떨어지던 1960년부터 1970년 사이에 많은 영국인들은 스페인에서 휴일을 즐기기 시작했다. 그러나 부분적 또는 영구적으로 집을 가지고자 하는 사람은 일부에 불과했다. 예를 들어, 제국시대가 끝난 후로 탈식민주의자들이 고국인 영국과 다시 관계를 맺는다는 것은 불가능했다(King et al, 2000). 이러한 관계가 회복되면서 1980년대에 영국 자산가격의 붐을 일으킨 재정적 자신감은 더 많은 사람들의 공동소유와 재산 구입으로 이어졌으며, 그들은 지속적인 관계성을 가지며 1년에 2주를 체류하는 경우도 늘어났다. 우리는 그들 중 일부를 EU 안에서 증가하는 부와 건강, 보다 쉬운 국제적 이동기회의 이점을 읽은 초국가적 엘리트라고 묘사했다. 그리고 그들은 여행과 이주 사이의 낡고 흐릿한 구분 속에 투자기회를 잡기도 한다(Gustafson, 2001; Williams and Hall, 2002). 물론 영국인만이 새로운 방문자가 아니며, 많은 독일인과 스칸디나비아 사람들도 많은 투자를 하고 있으며 그들에게 스페인만이 유일한 목적지가 아니다(Rodriquez and Salva-Tomas, 2001). 주류 정착자들은 따뜻한 기후에서 그들의 마지막 해를 보내는 것에 중요한 의미를 두지만, 친숙한 사람들에게 둘러싸여 있으면서 집으로 돌아가야 하는 익숙한 올가미에 빠져 있다. 어떤 의미에서 그들은 고국에서 느꼈던 낭만의 일부를 스페인에서 재생하고자 하는 것이며, 영국에서 그들이 잃어버렸던 커뮤니티 정신과 호혜의 장점을 유지하고 있다(O'reilly, 2002). 이런 이유로 '작은 영국'의 소규모 거주지의 출현은 많은 스페인 해변 리조트의 익숙한 풍경이 되었다. 예를 들어, 한 연구가의 조사에서는 코스타 델 솔에서 사는 영국인 거주자의 1/4만이 자신이 스페인어를 꽤 또는 아주 능통하다고 생각하는 것으로 밝혀졌다.(King et al, 2000)

이러한 것들은 우리를 놀라게 할 만큼 새로운 것이 아니다. 이미 자유로운 영국과 다른 곳에서는 진부한 것이 되었으며, 영어를 배우려는 일부 이주민의 실패가 있을 때마다 정기적 언론매체의 격한 반응이 있어 왔다. 우리는 스페인에서 현지어 사용에 대한 걱정을 영국 이주민의 대다수가 고의적으로 거절했다는 것을 상기해야 한다. 그 같은 변화가 스페인의 독일인과 스칸디나비아인에 대해서도 생겨났다.

더 재미있는 것은 스페인으로의 영국이민의 '새로운 파도'가 나타나고 있는 것이며, 그 그림은 매우 다른 동기를 가진 새로운 유형의 이민자로 나타났다. 그들은 더 젊고 독신자도 있으며 자주 관계를 가지고 학교를 다니는 아이가 있기도 했다. 그들은 영국에 대해 환멸을 느꼈고 실망했으며 새롭게 시작할 곳을 찾아야 했다. 그들은 그들 인생의 불운하고 불행한 과거에 선을 긋고 싶었을지도 모른다. 또한 그들 중 누군가는 아마도 그곳에서 나가야 한다는 것을 이미 알고 있었고, 마치 영국 채널 4번의 프로그램인 '새로운 인생을 얻어라(Get a New Lige)'처럼 노출된 환경에 이끌리고 있었고 대담해지고 있었을 것이다. 역사를 통해 많은 방법으로 경제적 이민자의 고전적 모델을 향상시켜 왔지만, 우리는 여기서 새로운 무엇인가를 또한 보고 있는 것은 아닐까?

오라일리가 그러한 질문을 했을 때, 그들 중 몇몇은 자신들이 통합을 위해 최선을 다하고 있고, 사회·경제적으로 스페인의 삶에 그들이 할 수 있는 최선을 다하고 있다고 말했다. 그럼에도 불구하고 그 외의 사람들은 소수 민족 거주지의 인종석 경제의 바깥으로 나가야 한다고 제안했다. 일부는 다문화사회의 성장을 업신여기는 영국을 뒤로 하고 떠났으며, 스페인 문화의 고려는 충분하지 않았을 것이다. 이점에 대해서 스페인은 여전히 외국인에 대한 편견을 가진 많은 사람들의 항구라고 할 수 있다.(Sole and Parella, 2002)

여러 측면에서 통합에 대한 다른 태도를 찾는 것은 놀라운 것이 아니며, 그것은 시간이 지남에 따라 적절한 결과를 기대하게 한다. 그렇다면 세계 주류경제의 하나인 EU 정부가 불가피하게 차별받는 사회적 소외의 희생자들로부터 새롭게 인식하는 것은 무엇인가? 그러한 많은 사람들은 그들의 불안정한 삶을 비관하고 있으며, 기본적인 시민권리와 투표권, 재산, 고용 등 조차 안정되지 못하고 있다.

왜 우리는 이것에 대해 특별한 관심을 갖는가? 이민자들이 더 나은 삶을 위해 떠나고 겪는 어려움은 그리 단순하지 않다. 그렇다면 그들에게 통합과 함께 야망의 성취기회를 동시에 발견하는 '요령'을 터득할 가능성은 있을까? 시간은 이것이 가능함을 증명하고 있으며, 어떤 외딴곳의 현대 이주민의 경험적 맥락을 '코스타 브리티시(Costa British)'란 하나의 현상에서 볼 수 있는 것이다. 우리는 이러한 복잡함 속에서, 능력이 있지만 사회에서 구분되는 사람들은 만일 시스템적으로 노동시장과 같이 안정이 확보되지 않으면 기본적인 권리(예를 들어, 건강과 교육, 선거제도와 같은)에서 배제된다는 것을 발견했다.(Halfmann, 1998)

그럼 다른 각도에서 살펴보자. 우리가 이 상황에서 경고를 보내는 것은 그것이 단지 '그들'에게 닥칠 것으로 예상되는 불행 때문인가? 아니면 우리의 더 가까운 정체성으로서 '우리'에게 앞으로 닥쳐올 미래이기 때문인가? 이것은 단지 영국적인 현상인가 아니면 다른 선진 경제에서도 가능한 것인가? 스웨덴인, 독일인, 네덜란드인, 프랑스인이 우리의 이해를 위해 판매하거나 외국으로 보내는 자료에는 이것을 증명할만한 것이 없다. 그 이유 중 하나는 영국과 같이 복지상황의 개선을 위한 신자유주의적 도전을 25년 이상 하지 않았기 때문일 것이다. 분명히 그들은 몇 가지 유형의 사회적 차별을 경험한 사람들이 있음에도 대다수가 최근 이주한 집단에 한정되어 있다. 단지, 독일민주공화국(DDR) 시대의 시민들의 예에서 우리는 그들의 땅에서 멀어진 많은 수의 토착민을 발견했다. '코스타 브리티시'는 아마도 국가 간 사회, 경제적 연대의 지역적 형태가 세계화되면서 그 압박이 커짐과 함께 다가올 조짐일 수도 있다.

사이버공간에서의 차별?

한 가지 분명한 것은 차별이 강조와 선택의 피조물이며 과거와 현재에도 항상 있어 왔다는 사실이다. 그것은 정보기술의 발달로 폭넓게 확장되었으며, 사이버공간의 출현은 새로운 세상을 만들었고 과거의 부당함과 반감으로부터도 자유롭게 되었다. 달리 말하자면, 현실은 디지털 시대의 자체적인 분할로 인해 생겨왔다는 것이다. 그렇다면 인종은 디지털로 인해 구체적으로 나눠지는가? IT를 사용하는 곳에서도 그러한 불평등의 가능성을 볼 수 있는가?

미국에서의 연구에서는 흑인과 라틴계의 사람들이 백인이나 라틴계가 아닌 사람보다 PC를 덜 사용하고 있다는 사실이 발견되었다(50.6%와 48.7%가 74.6%로). 그리고 그들은 집에서의 인터넷 접속 역시 많지 않았다. 대신에 아시아인들은 집에서의 컴퓨터 사용과 인터넷 접속이 백인과 비라틴계 비율보다 높았다(Fairlie, 2005). 부분적이지만 그 원인에는 수입의 차이가 영향을 미치는 것으로 나타났는데, 수입이 6만 달러 이상인 흑인과 라틴계는 백인보다 인터넷과 컴퓨터의 사용빈도가 낮았다. 언어 역시 그러한 경향을 보이는 요인이며, 특히 멕시코인에게서 그 영향이 강하게 나타났다.

영국에서의 유사한 연구에서는 흑인 소수 집단의 PC 소유 부재가 집에서 인터넷을 사용하지 않는 주요한 요인으로 나타났으며, 심지어 그 외의 경제적인 요인들도 그러한 현상을 보여주고 있다. 정보기술 접근의 높은 수준차이는 세대와 가정구조, 수입에 기인하고 있었으며, 흑인과 아시아 집단 특히, 남아시아 여성의 사례와 같이 소수 민족 집단의 권한을 나타내는 요인이었다. 그 연구에서는 PC를 가진 흑인과 소수 민족(BNE) 응답자가 백인집단보다 교육적 목적으로의 사용빈도가 높은 것으로 나타났다(Owen et al, 2003).

소유와 사용법의 단조로운 통계 이상으로, 시각적으로는 덜하지만 그러한 과정은 서서히 진행되고 있으며 영향력이 커지고 있다. 우리의 삶이 IT에 의해 점점 조정되어 간다는 것은 전혀 새로울 것이 없다. 우리는 업무와 비업무적 생활의 많은 측면에서 접근방법을 선택해야 하는 과정에 직면한다. 이것은 우리 사무실과 주차장에 대한 조사의 공학적 접근처럼 단조로울 것이며 온라인을 통한 크리스마스 선물의 구매, 은행과 병원기록의 열람을 위한 패스워드 접근도 마찬가지다. 선택적인 접속은 불가피하게 일부는 들어오게 하는 반면 다른 것은 들어오지 못하게 하는 의미를 가진다. 이러한 내외부의 사람들을 분류하는 방법은 사회의 역사만큼이나 오래된 것이나, 그 중 중요한 균형의 질적·양적인 변화만이 논의되고 있다. 우리에 대해 모인 방대한 양의 데이터와 과정은 매우 유용하며, 사람들은 '소프트웨어 분류의 감추어진 세계에 의해 순위가 정해지고 규정되어 유지되는 공적 공간'의 새로운 현실을 이끄는 방법의 구축에 사용하고자 한다.(Graham, 2005)

진실이란 무엇인가에 대해 제안자들은 논쟁하고자 한다. 기술적 중립과 인종차별은 진실이 아닌가? 그들은 인종의 배경과 창조적 분열이 차별과는 거리가 있다고 말하고 있다. 또한 기술은 외부적으로 상자에 갇힌 상황으로부터 그들을 벗어나게 하기 위해, 또는 엄청나게 다른 특징의 다른 존재와 교류하고 목적에 도달하기 위해 사람들로 하여금 낡은 구분과 차별을 넘어서야 한다고 말하고 있다. 사실 누구나 그것을 원한다. 그리고 이어서 이렇게 말한다. '인터넷상에서는 당신이 개라는 것을 아무도 모른다'라고.

그렇다면 그것이 지역단위에서 우리의 삶을 살아나가는 방법에는 어떠한 영향을 미치는가? 예를 들어, 우리가 살기 위해 선택하는 장소와 우리가 함께 하고자 하는 사람들을 보자. 최근까지 우리가 살고자 하는 장소는 가까운 친구와 친척의 충고에 큰 영향을 받았고, 부동산업자 또는 여행가와 같은 일련의 지역전문가의 도움을 받았다. 최근 인터넷에 접속하는 대다수의 사람들은 일반적으로 인터넷에 기반한 근린정보 시스템(IBNIS: Neighbourhood Information System)을 이용하고 있으며 그것은 이러한 기능을 충실히 수행하고 있다. 최근 이러한 영향을 보여주는 놀라운 연구가 진행되었다(Burrows et al,2005). www.upmystreet.co.uk나 www.homecheck.co.uk와 같은 웹사이트는 사람과 장소에 대한 우리의 선호에 대해 조사해 왔으며, 이에 기반한 방대한 상업적·업무적 데이터를 통해 우리가 장소를 좋아하는지, 싫어하는지에 대해 파악했다. 이것은 여러가지 관점에서 매우 긍정적으로 보여진다. 자세하게 접근하면서도 근린에 대한 이해하기 쉬운 개요는 이웃과 만나고자 하는 많은 거주자들의 요구와 함께, 클럽과 인터넷 접속을 통해 보다 활동적인 시민이 되고자 하는 사람들의 유용한 도구가 되고 있다. 마찬가지로 '온라인 지역관광'의 등장은 근린주구에서의 경제적 조직화를 위한 사회·상업적 활동을 향상시키는 결과를 만들었다. 나아가 이 사이트들은 그들이 사는 곳과 다른 유사한 곳의 비교를 통해 그러한 성장을 배우고 도입하고자 하는 활동가들에게 효과적으로 사용될 수도 있다.

또한 근린정보 시스템은 편견과 차별적 경향의 활동과 악화에도 가장 강력한 도구가 된다. 특히, 사회공간적 분류의 새로운 특징과 결합될 때, 지리공간적 분석과 지리인구 통계특성의 새로운 원리를 제공한다. 우리 대다수는 상위층, 중간층, 노동계급으로 깔끔하게 포장된 사회 안에서 태어났으며, 에이콘(Acorn) 분류 시스템은 지금 영국사회를 주택유형과 생활방식, 소비습관에 기초하여 5개의 카테고리와 56개 유형으로 나누고 있다. 예를 들어, 8번 유형은 '보디 긁게 분리된 십의 성숙한 커플'로 묘사되어 있으며, '부유하고 성공한 사람'의 카테고리 안에서 '부유한 회색(Affluent Greys)'이라고 불리는 큰 집단을 의미한다. 그곳의 거주지, 생활방식, 의견과 선호는 중앙의 '젊고 교육받은 도회인'인 18번 유형과는 의미있는 차이점을 가지고 있을 것으로 예상된다. 이는 49번 유형인 '심하게 힘든'과도 마찬가지이며, 많이 교육받지 못한 어린이가 있어 자주 충돌하는 가족도 포함된다. CAMEO 독일은 50개 집단으로 8,200만 독일인을 나누고 있으며, CAMEO 이탈리아는 이제 시작되고 있다. PRIZM NE도 그러한 많은 종류 중 하나이며, 북미 시장을 같은 방식으로 66개의 부분으로 나누었다.

이것은 단지 노동시장에서의 개인적 소비와 가치로 스스로를 판단하는 현 사회를 인정하는 것이다. 근린정보 시스템, 에이콘이 그들 자신과는 다른 누군가를 피할 수 있는 장점에 기반한 것임에도 불구하고, 단지 자신들이 원하는 대로 생각하고 행동하는 유사한 이웃들과 보다 편하게 살 수 있도록 만들어졌다는 것은 논쟁의 여지가 있다. 분류의 대다수는 인종적 특성이 아니며, 각 유형과 몇 가지 사례를 통해 경험자의 순수한 접근을 용이하도록 된 것이다. 에이콘은 그런 점에서 우리에게 도움이 된다. 예를 들어, 18번 유형은 다민족의 젊고 평균적이며, 31번 유형은 집을 소유한 아시아인 가족이고 37번 유형은 아시안 테라스로 넘친다.

근린정보 시스템에 대한 비판적인 평가는 그러한 논리적 결과가 사회인종적으로 소수 민족거주지의 모자이크를 만들고 '요새'를 당연시하는 분위기의 체계를 만들어낸 반면, 최소한으로 가치 있는 빈민가와 같은 경향에는 문을 닫고 있다는 점이다. 일단 완전히 통일된 소수 민족 거주지가 만들어지면, 최소한 누구와도 어울리지 못하는 곳이 되는 것으로부터 보호하고 방어하고자 하는 구성원의 느린 걸음만이 남게 된다. 예상에 관계없이 하나는 확실하다. 정보기술은 우리 커뮤니티의 통합과 차별의 미래에서 중립적이고 수동적인 역할을 하고 있다는 것이다.

아주 작은 차별의 생태학

지금까지 차별에 대한 우리 이해의 많은 부분은 많은 사람들이 거주하는 장소에서 발생되는 거시적 차원으로부터 얻어졌다. 그러나 이러한 정보는 오직 사람들이 서로 간에 어떻게 행동하는가에 대한 제한된 이야기만 가능하다는 것이 점점 명백해졌다. 실제로 차별은 수천 개의 작은 미시적 차원으로부터 만들어지며, 일상적인 상호작용 또는 회피는 우리의 모든 일상생활에서 이루어지고 있다. 어떻게 개인과 작은 집단이 행동을 하는가에 대해서는 근접한 관찰이 요구되며, 그를 통해 우리는 사람들이 각자의 삶에서 같은 물리적 공간 또는 다른 관점을 어떻게 나누는지를 실제로 파악할 수 있다.

이 연구는 지난 40년 간 산발적으로 진행된 사례로부터 시작되었다. 공공운송은 공공장소의 한 영역으로, 사람들이 다른 사람들과 무엇인가로 나뉘는 수단이다. 다른 인종의 이방인과의 만남의 기회는 버스와 트램, 기차에서 항상 있어왔다. 그러나 그러한 이동 중의 상황을 자세히 관찰한 사람은 누구라도 그러한 이방인을 회피하고 환멸한 적이 있다는 것을 알고 있을 것이다. 물론, 인종적으로 배타하고자 하는 의도가 없었을지라도 말이다. 이것은 종종 짧은 시간에 자주 붐비는 곳에서는 명백히 나타나며, 심하게 부딛치는 스트레스적인 상황에서는 이미 편견과 공포로 상황이 악화될 뿐이다. 이러한 것은 운송의 사회적 상호작용에 관한 많은 연구 중의 한 결론일 뿐이다. 데이비스(Davis et al., 1966)는 뉴올리언즈의 버스에서 흑인과 백인 여행자가 자리를 선택하는 방법을 살펴보았고, 6년 후 그 도시의 운송수단에서는 차별이 없어졌다. 대다수의 여행자들에게서 그들이 발견한 것은 관습을 타파하고자 하는 매우 적은 수의 사람들조차도 분리를 유지하고 있는 것이다. 심지어 그들은 버스정류장에서는 흑인과 백인이 대화를 나누지만, 버스 안에서는 언제나 떨어져 앉는 편을 선택한다는 것에 주목했다. 버스기 붐빌수록 사람들은 유사한 인종과 더 가까이 있고자 하는 경향을 뚜렷이 보였다. 저자는 매우 많은 사람들이 '인종적 위협'의 개인적 인지를 증가시키는 경향이 있으며, 상호 인종적인 것에서 안전을 찾고자 하는 경향이 높다고 결론지었다.

그러한 행렬은 확실한 자율성이 실행되는 공공영역의 또 다른 반정형적 관점이다. 여기서 관찰자들은 다른 인종과의 접촉을 회피하는 잘못된 경향을 기록해 왔다. 미국의 도시 신시네티와 리치몬드에서의 한 연구에서는 쇼핑의 줄에 접근하는 고객의 인종과 줄의 마지막 고객의 인종 사이의 상당한 연관성이 있다는 것을 발견했다. 간단히 말하면, 고객은 다른 인종 뒤의 줄을 서는 것을 피하는 경향이 있는 것이다.(Kaplan and Fugate, 1972)

그 연구에서는 북부와 남부 도시에 사는 사람들 사이에 어떤 행동의 차이가 있는가를 발견하고자 했다. 그 속에서 백인은 양쪽 도시에서 일상적으로 다른 인종을 피하고 있었지만, 흑인은 단지 남부에서만 피하고 있다는 점이 발견되었다. 이것은 아마도 시민권리 개혁가가 희망해왔던 인종평등과는 상당한 차이가 있다.

최근 사회심리학자 존 딕슨(John Dixon)은 사람들이 공공장소에서 다른 사람과 어떻게 행동하는가를 파악하기 위한 다양하고 주목할만한 연구를 실시했다(Dixon and Durrheim, 2003; Dixon et al, 2005a, 2005b). 거기서 딕슨은 현대의 학술적 이해는 결함을 가지고 있다고 주장한다. 왜냐하면 그것이 그가 '미시적 차별의 경제학'으로 서술한 것의 인식에 실패했기 때문이다. 그는 모든 연구들이 거리의 '거시적 차원'의 데이터에 의지하는 경향이 있다고 말하고 있다. 따로 생활하고 학교를 함께 다니는 사람들의 정도를 파악하기 위한 기관의 수준도 마찬가지다. 알려진 통계학적 지수는 특별한 근린주구의 거주자들이 민족성의 관점에서는 실제로 매우 혼재되어 있다는 점을 제시하고 있다. 따라서 우리는 인종 간 상호작용의 수준이 주변지역보다 더 높아질 것이라고 결론을 내릴 수도 있다. 그러나 딕슨은 이 가정이 그들이 '일상생활 공간'을 지배할 때, 각각의 다른 개인적 행동의 실제적인 관찰방법이 없으면 비지속적이게 된다고 주장한다.(Schnell and Yoav, 2001)

이것을 제대로 증명하기 위해서 딕슨과 그의 동료들은 카메라와 노트북을 가지고 남아프리카인들을 은밀하게 관찰하기 위해 수천 시간을 보냈다. 더반(Durban) 부근의 정착을 선택한 사람들이 하루를 누구와 어떻게 보내는가에 대해, 딕슨은 그들이 가장 여유로운 여가시간에 다른 인종의 남아프리카인들과 애매한 관계를 가지며 다른 사람들과는 뚜렷하게 거리를 둔다고 정리했다. 그것은 '주말을 따로 보낸다'고 할 수 있다.(Dixon and Durrhein, 2003)

딕슨의 심도 깊은 연구를 통해 다음과 같은 세 가지가 명확히 밝혀졌다.

- □ 해변 집단의 100%는 동일한 인종이다.
- □ 흑인과 백인은 해변의 다른 장소를 사용한다.
- □ 흑인과 백인은 다른 날, 다른 시간대에 해변을 이용한다.

이것은 남부 아프리카의 해변과 다른 공공장소가 이제 공식적으로 차별화되어 있으며, 반면 다른 인종들은 의도적으로 그곳을 피하고 있다는 것을 확인해준다.

딕슨은 이것을 '인종구분의 미시생태학'이라고 불렀으며, 현재 사용되는 다른 어느 지표보다 상호작용의 수준을 가장 정확히 나타낸다고 주장했다. 그는 보다 심도 깊은 검증을 위해 인종적으로 혼합된 교육기관 안에서 어떤 사람이 공공장소를 어떻게 사용하는가를 조사했다. 제임슨 스텝(Jameson Steps)은 캠프타운 학생들 속에서 규칙적으로 담소를 나누고 수업 중간에 그들과 식사를 나누었다. 거시적 수준의 대학등록자 통계는 인종적 통합의 높은 정도를 나타내고 있었으며, 인종적 상호작용이 가장 익숙한 남아프리카 사회집단 학생들의 교육이 가장 높게 기대되었다. 학기 중 5일 이상 30초 간격의 고해상도 사진촬영을 통해, 딕슨의 팀은 제임슨 스텝과 함께 앉아 있는 사람들을 관찰했다. 그 결과, 그들은 학급 사이를 돌아다니는 흑인과 백인, 유색인종의 학생들을 발견했다. 그들은 계단에서 다른 인종의 학생들 옆에 앉는 경우가 많았으며, 그들과 같은 인종들끼리 함께 앉는 것을 배타적으로 선택했다. 각 집단은 계단의 특정영역을 선점했다. 5일 동안 이러한 패턴은 반복되었다.

딕슨은 방법론이 가진 장점은 단순히 시간을 나누어 조사한 것이 아니라, 다른 상황에서 그의 주제에 대한 반응을 수치화한 것으로 그들의 하루 중 다른 시간대에 따른 계산을 할 수 있다는 점이다. 한 예로, 학생들이 조밀하게 모여 있는 계단일 때, 그들과 같은 인종의 집단과 어울리기를 더 선호했으나 앉는 장소의 패턴이 경쟁적일 때는 그러한 구분이 약해졌다.

물론 우리는 아파르트헤이트의 붕괴 후 15년 간의 결과에서 낡은 습관이 없어지기 힘들며 사람들이 여전히 같은 방법으로 행동하는 것은 전혀 놀라운 것이 아니라는 것을 알게 되었다. 이것은 아마도 그 팀이 맨체스터의 한 대학 카페테리아에서 일어나는 다민족 대학생들의 활동을 관찰하기 위해 잉글랜드 북서부로 연구를 확장한 이유가 되었다(Clack et al., 2005). 그 속에서도 사회적 상호작용의 증거는 충분하지 않았으나, 오히려 차별은 다양하게 진행되고 있었다.

백인 주류는 다른 백인과 앉았으며, 아시아인 주류는 다른 아시아인들과 앉았다. 그리고 카페테리아의 특별한 자리는 다른 인종집단이 선호했다. 특히 모든 여성집단은 모든 남성 또는 혼성집단에 비해 다른 인종과의 교류를 위해 반 이상이 움직였다.

이 연구의 흥미로운 발견 중 하나는 남아프리카 대학(South African University)에서의 관찰결과와 모순된 점이 나타났다는 것이다. 카페테리아가 40명 이상으로 붐비게 되었을 때, 본래 자신의 인종집단으로 움직이고자 하는 경향이 오히려 더 크게 감소했다.

결론적으로 딕슨이 발견한 지식은 우리 도시의 공공공간에서 더 큰 인종 상호 간의 관계를 진지하게 찾고자 한 것이다. 매우 어렵지만 공공공간에서 타인종 간의 명백한 접근에 대한 그 관계성이 '환상에 불과한 접촉'이 더 이상 아니라는 점은 중요한 진실이다.

참고문헌

1. http://news.bbc.co.uk/1/hi/uk/4798813.stm.
2. Ford, 1950.
3. Peach, 2001.
4. From a cartoon by Peter Steiner that appeared in the New Yorker, 5 July 1993.
5. http://geodemographics.org.uk/.
6. www.caci.co.uk/acorn/acornmap.asp.

문화공생의 도시디자인

04 과거의 공생: 도시 접점의 짧은 역사

역사 속의 문화공생 도시

현대 생활에서 문화공생주의를 필요로 할 때 내재된 위험은 오랜 역사의 진화과정에서 생긴 문화는 다른 문화와 섞일 수 없을 것이라고 생각하는 편견이다. 이러한 편견이 사실일 수도 있지만, 인류의 역사는 훨씬 더 에피소드적이고 자연적인 발달만큼이나 많은 불연속성으로 특징지어진다. 이번 장에서는 문화공생적 활동이 의식적으로 옹호되고 실행되었던 역사 속의 다른 사건들을 파악하고자 한다.

과거의 문화공생주의를 탐색할 때, 우리는 훨씬 더 오래된 용어에서 의미를 찾았다. 우리는 먼저 세계주의(cosmopolitanism, 코스모폴리터니즘)를 탐색했다. '세계의 시민'을 의미하는 코스모폴리탄(cosmopolitan)이란 용어는 자신의 문화 이외의 다른 문화를 인정하고 그에 관여하며, 국가와 상관없이 인류의 보편적인 사랑을 칭할 수 있는 능력을 일컫는다. 이 용어는 세계를 의미하는 그리스어 'cosmos'와 도시, 사람, 시민을 의미하는 그리스어 'polis'에서 파생되었고, 스토아 학파와 키니코스 학파처럼 고대의 철학자들에 의해 폭넓게 사용된 개념이다.

이러한 개념은 그 후에 1785년 칸트의 저서 《세계 시민적 관점에서 본 보편사의 이념》에서 계승되었다. 이 저서에서 칸트는 국가와 보편적 시민사회 간의 합법적인 외적 관계에 기초를 둔 세계주의적 질서를 요구하였다.

칸트의 주장은 신생 국가들이 패권을 위해 경합했던 18세기 후반 유럽의 갈수록 메마른 분위기에 대항하는 강인하고 계몽된 주장이었다. 그는 사실상 국제법과 보편적 인권의 틀을 주장했다.

이러한 지적 유산을 고려하면, 세계주의는 일반적으로 고전적 유대 기독교 전통에서 파생되었고 유지되어 왔으며, 계몽주의 시대를 통해서 현대적으로 정제되어 왔다고 가정할 수 있다. 그러나 이러한 가정은 옳지 않다. 첫째, 세계주의는 고대 그리스 사회에서 폭넓게 논의되었고 유대인인 제논(Semite Zeno)과 소아시아의 시노페 출신인 디오게네스(Diogenes)와 같은 외부인에 의해서 주로 제기되었다. 사실, 세계주의는 자신들을 이방인들의 세계와 분리하고, 그들보다 더 우월하다고 여기는 그리스인들의 생각과 충돌한다. 둘째, 칸트의 개념은 인종에 대한 자신의 거만한 의견에 의해서 다소 손상을 입었다. 그는 '인류는 백인종에 의해 위대한 완벽함에 도달한다. 황인종 인디언들은 재능이 덜 뛰어나다. 흑인들은 훨씬 더 열등하며 미대륙의 사람들은 그들보다도 못하다'(Fine과 Cohen, 2002 인용)고 이야기하였다.

세계주의의 현대 기조의 근원을 찾기 위해서는 더 넓게 살펴봐야 한다. 우리는 아래에서 문화공생과 세계주의 사고 혹은 행동의 요인에 주목하여 여섯 가지 사건을 간략하게 살펴보고자 한다. 종종 사건들을 둘러싼 잔인성과 병치될 때를 제외하고는 어떠한 사건도 전형적이지는 않으며 각각의 사건은 우리에게 무언가를 이야기하고 있다.

중요한 것은 여섯 사건 모두 계몽 이전에 발생했다는 것이고, 그 중 하나는 고대 그리스 이전에 일어났으며 적어도 또 다른 하나는 고전 철학의 영향 밖에 있다는 것이다. 이러한 사실이 고전·계몽·유대 기독교 전통에서 자라난 사람들에게 의미하는 바는 다원론, 보편주의와 다른 사람에 대한 세계주의 및 문화공생적 개방성이 그들에게만 해당하는 생득권이라고 쉽게 가정해서는 안 된다는 점이다.

페르세폴리스(Persepolis)

페르시아의 페르세폴리스를 중심으로 둔 아키메네스 왕국은 기원전 550년과 기원전 330년 사이에 북아프리카와 발칸반도에서부터 중국과 인도의 경계에 이르는 넓은 지역을 통치하였다.(Weisehofer, 2001)

이후 왕국은 알렉산더 대왕에 의해 정복되었다. 제국의 건국 왕 키루스(Cyrus)는 무정부 기간 이후에 뛰어난 정치력으로 상황을 판단하여 권력을 얻게 되었고, 지역 간 많은 인구를 이동시켜 사실상 다른 집단을 함께 혼합시켰다. 이러한 혼합정책이 아니었다면 어떠한 국가주의도 희석해버리는 아시리아와 바빌로니아의 정책을 지속할 수 없었을 것이다. 이러한 정책의 의도는 상황의 진정에 있었지만, 이로 인해 아키메네스 시대는 중동 역사에서 상대적으로 평화로운 기간으로 알려지게 되었다. 아키메네스 왕조는 방백제도의 형태로 어느 정도의 지역적 자율권을 허용한 계몽된 전제군주였다. 제국의 20개 관할구는 지역적 기반에 의해 조직화된 행정단위로 통치자나 혹은 사트라프(총독)에 의해서 통치되었고, 높은 수준의 지식공유(소통)와 무역이 장려되었다. 제국의 지배적인 종교가 된 조로아스터교는 많은 근원에서 파생되었고 제국에 널리 영향을 미쳤지만, 통치자는 절대로 다른 국소 교리나 신념을 희생하여 조로아스터교에 충실하도록 강요하지 않았다. 아키메네스 왕조가 지역정부와 관습문제에 있어 관대했던 것처럼, 페르시아 사람들도 그 영향을 받아 예술을 포함한 제국의 전반적인 정책과 행정에 있어 관대한 정책을 실시하였다.

제국은 이후 알렉산더 대왕에게 정복되었고, 제국의 업적은 차례로 고대 그리스인들의 선전에 의해 과소평가되는 상황에 가로 놓였다. 그 영향에 대해 일부에서는 오늘날까지도 광범위한 영향을 미치는 서구적 선입견 형성에 도움을 주었다고 주장한다.

[페르시아 제국의 기록에서] 그리스인들은 유럽과 아시아의 분할, 즉 자유를 사랑하는 거친 유럽인 대 전체적으로 굴복적이고 사치스럽고 나약한 아시아인이라는 고정관념의 창출에 기여했다. 그리스 문학이 주류로 흡수되면서 우리는 놀랄 만큼 계속해서 이러한 고정관념과 함께 살아오고 있다.[1]

새로운 형태로 계속해서 출현하는 이러한 오래된 문화적 불안을 살펴보기 위해서는 2007년 초기의 두 사건에 대해서 검토할 필요가 있다.

샤틀 알 아랍(Shart-al-Arab)에서 이탈리아 군대에 의해 영국 해군 15명이 체포된 사건과 소수의 용맹스런 스파르타인(잡지 옵서버의 필립 프렌치에 따르면 뉴욕 게이 클럽의 호화로운 드레스 파티에 초대받은 것 같은 복장을 한)이 테르모필레 전쟁에서 페르시아 유목민족으로부터 서구 세계를 방어하는 모습을 그린 최근 개봉되었던 할리우드 블록버스터 영화 〈300〉이 그것이다.

로마

아키메네스의 규모와 민족적 다양성에 대응할 수 있는 유일한 고대 제국은 로마였다. 서기 2세기 즈음 로마 제국은 영토 확대의 한계에 도달하였고, 그 속에는 다양한 정복민들도 포함되어 있었다. 특히 시민권과 관련해서 로마 제국이 질서를 유지한 방식은 극단적인 실용주의를 보여준다(Huskinson, 1999). 인종이나 가문과 관련 없이 사실상 누구나 교육을 받고 훈련을 받으면 제대로 자격을 갖춘 로마 시민이 되었다. 로마 사회는 계층과 지위의 관점에서 엄격하게 구조화되었고, 특히 군대의 '로마화' 기관을 통해서 인종에 구애받지 않고 효율적으로 관리되었다.

이러한 문화공생적 제국의 중심에는 세계 최초의 위대한 세계주의적 대

도시, 로마 그 자체가 있었다. 게다가, 아리스테디에스(Aristedes)의 《로마의 찬미(Laudation of Rome)》에서 그려지듯이 로마는 자의식적이고 다양성에 자부심을 갖고 있는 도시였다.(Briggs, 2004에서 인용)

모든 영토와 바다의 생물들, 계절이 맺게 하는 결실, 기후가 생산하는 것, 강과 호수, 헬레나 또는 이방인들이 만드는 것 모두가 여러분에게 찾아 온다. 따라서 이 모든 것을 보길 원하는 사람들은 전 세계를 여행하거나 혹은 이 도시에 머물러야 한다.

기록에 의하면, 지배계층을 제외하고 로마 도시의 거주자들은 공간적으로 분리되지 않았고, 모든 인종, 소득, 직업의 사람들이 자유롭게 어우러질 수 있는 기회가 충분하였다는 것을 알 수 있다.

로마 사회는 또한 다른 관습과 종교활동에 매우 관대했다.(즉, 기독교라 불리는 종파와의 문제를 제외하고는)

물론, 로마의 어두운 취약점은 문화, 정치, 경제에서의 모든 업적이 종속국가의 정복, 노예화, 착취를 통한 인간 참상에 근간을 두고 세워졌다는 것이다. 각각의 배경을 지닌 노예가 자유신분을 달성하고, 심지어 신분상승이 전적으로 가능했지만 대다수는 그렇게 하지 못했다.

따라서 우리는 본질적으로 활기 넘치고 개방적이며 세계주의적이지만, 정복, 노예화, 경제적 착취(동화)활동을 통해 이러한 특성을 달성한 고대 로마 사회의 거대한 역설을 볼 수 있다. 이러한 활동을 더 이상 지속할 수 없게 되자 로마는 해체되었다.

중국의 당 제국

역사가들은 당 제국의 통치하의 618년에서 907년까지의 시기를 중국 문명의 정점으로 간주한다. 또한 외부인에 의해서 종종 불가사의하고, 편협하고, 폐쇄적이라 여겨지는 당 제국의 문화가 외부 세계와 가장 많은 상호작용을 한 시기로 간주한다.

이 시기 동안 당 제국은 인도 및 중동과 광범위한 교류가 있었고, 불교는 황실가족을 포함한 중국인들에 의해 폭넓게 수용되었다. 목판인쇄술의 도입으로 많은 사람이 처음으로 문자언어를 활용할 수 있게 되었고, 20세기까지 지속된 정부 행정체계가 진시(진사 進士, presented scholar)를 기초로 하여 수립되었다.

측천무후가 이름을 날린 시기도 바로 당 제국 동안이다. 그녀의 통치는 여성이 권력을 잡고 중국을 통치한 소수의 사례 중 하나이지만, 여성이 자기 자신의 권한으로 통치한 유일한 사례다. 당의 영향력은 한국, 일본, 인도차이나 반도뿐 아니라 카스피 해까지 서쪽으로 멀리 영향을 미쳤고, 실크로드를 통한 상품의 자유유통으로 당의 수도 장안(현재 시안)은 지구 상에서 가장 번영하고 세계주의적인 도시가 되었다.

광동의 남부 항구 도시인 광저우와 푸저우는 해안과 동남 아시아를 통한 해상무역이 매우 확대되면서 규모가 성장하였다. 해상무역의 많은 부분은 아랍 상인의 수중에 있었다.

당 시대는 중국의 가장 잔혹하고 무질서한 기간 중 하나인 삼국시대에서 생겨난 새로운 이념들이 꽃 피는 시기였다. 이 기간 동안 전원적이자 정적이고 동질적이면서도 꽤 퇴폐적인 한의 문화는 북부와 서부의 '이방인'들에게 침입을 받았고 그로 인해 모험심, 상호 원조, 외부인에 대한 개방성과 같은 새로운 특성이 도입되었다. 이는 동맹체에게 정말 필요한 수혈이 뒤따른 문화의 굉장한 충돌로 간주되었다. (Chen Yinke, 1996)

당 시대의 중국은 외부 세계에 대한 새로운 개념을 확립하였다. 그것은 모든 알려진 왕국과 사람들은 중국의 도식 내에서 융화되어야 한다는 것이었다. '어떤 것도 제외되지 않았다'(Terrill, 2003). '하늘과 땅의 위치에서 이방인들에게 접근한다'를 의미하는 'tian di zhi dao, 역천지준(易天地準)'이라는 문구도 만들어졌다. 다시 말해서, 비중국인들에 대한 자비심을 베풀어야 하고 외부인들은 제국의 권위를 거부하지 않는 한 수용되고 양성되어야 한다는 의미다.

20세기 이전 중국 역사의 어떤 다른 시대보다도 초기 및 중기 당 시대의 중국인들은 새롭고 다른 것에 개방적일 수 있는 자신감을 지녔던 것으로 보인다. 아마도 보편적인 종교와 외래의 기원이 중국에 아시아, 페르시아 동부의 다른 모든 국가와의 연결고리를 제공했고, 또한 비중국인 조상을 지닌 많은 최상류층 가문의 영향 때문에, 혹은 중국이 실크로드에 군사를 주둔시킬 군대를 보유하고 무역을 위해 실크로드의 개방을 유지했기 때문에, 이 시대의 중국인들은 중국 이외의 세계에서 제공되는 것들을 기꺼이 받아들였다.

우메이야 코르도바(Umayyid Córdoba)

스페인 도시 코르도바를 방문한 사람들은 세계에서 가장 기괴한 빌딩 중 하나를 발견하고 놀랄 것이다.

메스키타(Mezquita)는 중심부에 바로크 양식의 대성당을 지니고 있는 광대한 모스크(이슬람 사원)다. 한 때 스페인에는 많은 모스크가 있었지만 대부분은 국토회복운동(reconquista) 기간에 파괴되었다. 그러나 그들이 자신들만의 대성당이 필요하게 되자 코르도바의 천주교 시민들은 스스로 모스크를 파괴할 수 없었다. 모스크가 이슬람교도에 의한 정복의 역사를 상징하고 종교재판의 근본주의적 분위기와 충돌했지만, 모스크를 유지하기로 한 결정은 수세기 동안 도시의 문화에 조성된 인내와 세계주의적 전통의 흔적을 상징하는 것이다.

코르도바는 이슬람 통치자가 다스리는 영토의 수도였고, 이후에는 칼리프가 다스리는 지역의 수도였으며, 756년과 1031년 사이에는 이슬람 문화가 가장 번성했던 지역 중 하나인 알-안달루스(Al-Andalus)의 수도였다(Mann & Glick, 1992). 8세기에 다마스쿠스(Damascus)의 우메이야 칼리프(Umayyad caliphs)가 전복되었을 때 그들은 코르도바로 피난했고, 나머지 이슬람 세계들은 바그다드에 기반을 둔 압바스 칼리프의 훨씬 더 가혹한 통치하에 놓이게 되었다. 그 후 200년 간 그들은 유대교와 기독교가 이슬람교와 나란히 번성되도록 장려하는 '관용의 문화'를 구축하였다. 그러한 상황은 초기에 살아남기 위한 실용적인 필요에 기초를 두고 있지만, 또한 코란의 특정 견해에도 근간을 두고 있다. 실제로 코란의 어떤 절은 샤리아 법의 더 넓은 맥락에서 비신도에 대한 관용을 기술하고 있다.

10세기 초기의 절정기에 코르도바는 과학·의학·문화적 혁신이 번성하고 모든 신앙이 용인되는 등, 매우 부유하고 활기찬 축복받는 장소였다. 예를 들어, 이 기간 동안 히브리어는 시인들과 일상적 담론을 위한 살아 있는 언어로 재창조되었고, 가장 위대한 유대 철학자 중 한 명인 모세스 마이모니데스(Moses Maimonides)가 1135년 코르도바에서 태어난 것은 우연의 일치가 아니다. 모세스와 동시대에 살았던 위대한 이슬람 학자 이븐 루슈드(Ibn Rushd, 아베로에스로도 알려짐)는 처음으로 아리스토텔레스의 저서를 라틴어로 번역하는 책임을 맡았고, 따라서 이슬람 세계는 물론 전 기독교 세계에도 그리스의 고전적 사고 전체를 개방하였다. 유대인들과 기독교인들은 또한 칼리프의 고관으로 임명되는 등, 정부에서도 매우 적극적으로 활동하였다.

칼리프의 지위가 상대적으로 약화되고 이베리안 반도에 대한 기독교인들의 국토회복운동이 시작된 이후에도, 오랜 기간 동안 콘비벤시아(convivencia, 상생)가 뒤이어 일어났다. 많은 스페인의 지역 귀족들은 유대인들과 이슬람교도들을 강제로 추방하는 것이 아니라, 그들이 제공할 수 있는 이점을 취하기 위해 그들을 존속시키는 것이 자신들을 위한 최선의 방법이라는 것을 깨달았다.

중세의 코르도바는 대단했지만 현대의 기준에 의한 자유주의적 낙원과는 거리가 있었다. 칼리프는 군사적 힘과 노예제도를 통해서 자신의 권위를 강요하는 절대군주였다. 비이슬람교도는 법 앞에서 의심할 여지 없이 이등시민이었고 특별한 세금과 제한을 인내할 수밖에 없었다. 도시 그 자체도 공간과 인종의 관점에서 꽤나 구체적으로 세분화되었다. 시장과 시민 공간에서는 분명 상호작용이 격려되었지만 주거구역은 일족뿐 아니라 인종에 따라서 매우 뚜렷하게 구분되었다. 사실, 현대 관광객들이 매우 매력적이라 생각하는 안달루시아 주거계획의 폐쇄적이고 안쪽으로 마주보고 있는 양식은 도시 통치자들의 당파적이고 배타적인 성향의 표현이었다.

그러나 세 개의 '신의 유일성을 다루고 있는 책을 가진 종교' 혹은 일신교적 종교가 서로 대립하는 것이 일반적인 현대시대에서 우메이야 코르도바의 번성은 영감을 줄 뿐만 아니라, 도시에 이익을 주는 문화공생적 교류가 가능하다는 것을 확실히 보여주는 사례다.

콘스탄티노플(Constantinople)

코르도바가 중세시대의 기능적인 문화공생 사회의 유일한 사례는 아니다. 군사 및 정치적 힘, 문화적 및 과학적 탐구, 종교적 관용과 같은 코르도바의 많은 특성은 오트만 제국에서 물려받은 것으로 보인다. 셀주크 투르크(Seljuk Turks)는 중동아시아, 북아프리카와 발칸 반도를 정복하고 오늘날의 이스탄불에 수도를 건설하는 한편, 1299년에 초기 통치자인 오스만 1세의 이름을 본따 오트만 제국을 건설한 중앙아시아 일족이었다. 1453년부터 1566년까지 제국의 '황금기'는 슐레이만(Suleyman) 대제의 치세로 정점에 달했다. 이 시기는 전략적 권력이 대단했던 시기일 뿐 아니라, 과학, 기술, 수학, 지리학이 번성했던 시기였다.(Imber, 2002)

이러한 사실에는 외부 세계에 대한 종교적 관용과 개방성에 대한 강한 헌신이 잠재되어 있었다. 코르도바를 본떠 비이슬람교도 혹은 디미(Dhimmi)는 법에 의해 제한된 지위만을 허용받았다(Arbabzadeh, 2004). 예를 들어, 유대교인 혹은 기독교인들은 이슬람교도 이웃들보다 건물을 더 낮게 지어야 한다거나 노새와 같은 열등한 동물을 타야 한다거나(환관의 거세와 같은) 사회에서 덜 유쾌한 임무들을 수행해야 했다.

디미는 밀레(milet) 체계에 따라서 통치되었다. 사실상, 제국의 비이슬람교도 인구들은 5개의 밀레 혹은 자치 공동체(유대교, 그리스 정교회, 아르메니아 정교회, 가톨릭교도, 개신교도)로 분할되었다. 각 공동체는 고위 종교적 지도자에 의해서 지도되며 광범위한 법 제정능력을 지니고 있지만 영토적 관할권은 없었다. 그러므로 콘비벤시아(상생)가 마침내 붕괴되고 1492년 스페인에서 유대교인들이 추방당했을 때 이들 중 다수가 콘스탄티노플로 향한 것은 그다지 놀랄 만한 일이 아니었다. 한 유대교 내과의사였던 헤킴 제이컴 파샤(Hekim Jacub Pasha)는 매우 존경받았던 인물로, 도시의 전체 구역이 그의 이름을 본떠 지어졌다.

주택 높이에 대한 제한에서 우리가 추론할 수 있는 것은 이슬람교도와 디미가 이웃으로 함께 살았다는 점과 콘스탄티노플이 지나치게 분리된 도시가 아니었다는 점이다. 그러나 집단 간 관계에서는 엄격한 규정이 있었고 이슬람교도와 디미의 결혼도 승낙되지 않았다. 또한, 제국에 의해 정복당한 비이슬람 국가들이 젊은 청년들 중 일부를 '혈세'로 바쳐야 하는 데브쉬르메(Devsirme)라는 의심스런 제도가 존재하였다. 젊은 청년들은 훈련을 받고 터키 문화에 흡수되었으며, 제국의 광범위한 영역에서 관료 혹은 군사장교로 자라났다. 어떤 이들은 이를 노예의 형태로 묘사하는 반면, 어떤 이들은 이를 제국의 범위와 견해를 확장시키고, 한정된 터키 이슬람교 엘리트들의 권력획득을 방지하는 통제수단이자 치밀한 방편으로 간주하였다.

처음에는 다른 제국의 출현, 후에는 국가의 출현으로 인한 오트만 제국의 느리고 긴 쇠락을 여기서 다시 언급할 필요는 없다. 그러나 쇠락의 근본 원인은 제국의 메카(Mecca)와 메디나(Medina)의 정복과 세계주의에서 독단적 보수주의로의 후퇴를 불러일으킨 범이슬람주의 지도력에 대한 지도자의 오만한 가정이었음이 분명하다.

그렇다 해도, 오트만 제국이 고취시킨 관용과 공존의 정신은 제국이 사라예보와 같은 다인종 도시의 형태로 마침내 사라진 후에도 오랫동안 남아 있었다고 말할 수 있다. 사라예보와 같은 도시를 종말의 길로 이끌었던 것이 근본주의 이슬람교가 아닌 다른 세력이었다는 것은 뒤에서 다시 다루어질 것이다.

네덜란드의 황금기

자유주의 서구 세계는 스스로를 관용과 세계주의의 원천이라 표현하지만, 역설적이게도 기독교 문명의 역사에서 이와 상반되는 악명 높은 사례가 많이 존재한다. 추방, 종교재판, 빈민가의 구축, 유대인 학살, 최종적 해결(나치 독일에 의한 유대인의 계획적 말살)은 결국 유대인과 다른 종교적 또는 민족적 소수자들에 대한 기독교사회의 거부표시다.

관용을 공개적으로 지지한 첫번째 기독교 국가는 아마도 1584년과 1702년 시기의 네덜란드 공화국이었다. 주요 문화 및 과학적 업적의 후원을 받은 상인 부유층은 네덜란드의 황금기라 불리는 시기를 이끌었다. 그러나 네덜란드 전성기의 결정적인 요소는 모든 배경과 종파의 외부인들을 기꺼

이 받아들이고자 하는 공동체의 의지였다.(Po-Chia Hsia 와 van Nierop, 2002)

16세기의 마지막 30년 동안 네덜란드는 스페인으로부터의 독립을 위해 싸웠다. 투쟁의 동력은 정치·경제적 독립에 대한 요구, 또한 칼뱅파의 신념을 행하는 자유를 위한 요구였다. 특히 칼뱅파의 신념에 대한 요구, '양심의 강요'에 대한 거부 혹은 도덕적 저항(gewetensdwang)은 많은 사람들에게 영감이 되었다. 이와 같이, 독립된 네덜란드 공화국 위트레흐트 동맹(1579)의 헌법에는 '모든 이들은 종교의 자유를 유지해야 하며 어느 누구도 종교 때문에 조사받아서는 안 된다'고 명시되어 있다. 종교에 대한 네덜란드 정부의 정책은 이후로 관용과 공평의 정책이 되었다.

독립으로 네덜란드 상인들은 전 세계에 걸친 무역 네트워크를 빠르게 창출할 수 있었고, 이로 인해 암스테르담은 세계에서 가장 부유한 도시와 시장이 되었고 그 후 수 세기 동안 세계 발전에 영향을 미친 중상주의, 자본주의의 모형을 구축하였다. 1602년 세계 최초의 다국적 기업인 네덜란드 동인도 회사가 향신료, 보석, 노예 등의 수익성 높은 무역에 기반을 두고 설립되었다. 이러한 탐험적 추진력은 또한 과학에서의 혁신에 자극을 주어, 하위헌스(Huygens)는 진자시계를 개발하였고, 레번후크(Leeuwenhoek)는 현미경을 발명하였으며 폴더(네덜란드의 해안 간척지)로 토지간척을 완수하였다. 도서 출판의 붐을 통해 개방적인 사조들은 더 신속하게 전파되었다. 더 중요한 것은 대학이 종교적 박해에 의해서 많은 양심적 지식인 이주자 및 철학자를 비롯하여 프랑스에서 추방된 르네 데카르트(Rene Descartes)의 고향이 되었다는 것이다. 특히 유대교 사조와 문화는 르네상스를 맞이하였고, 베네딕트 스피노자(Benedict Spinoza)도 그 한 예시다.

네덜란드의 관용에는 제한점이 있다. 가톨릭교의 실천은 공식적으로 금지되었고(대부분의 경우에서 묵인되긴 하였다) 무신론자와 불가지론자에 대한 억압이 있었고, 암스테르담 외곽에서는 일반적으로 호의적인 태도가 덜했다. 그러나 17세기는 차이에 대한 관용, 현대적인 어법으로는 다양성에 대한 개념이 중심이 되는 국가의 정체성과 정치형태가 형성되는 시기였다. 이와 같은 현상을 이전에는 전혀 찾아볼 수 없었다(그리고 이후로도 거의 없었다). 단지, 핌 포르투인과 테오 반 고흐를 둘러싼 논쟁이 네덜란드 삶의 중심에 있는 다원주의에 대한 의문을 품게 하였을 뿐이다.

결론

역사에 대한 우리 이해의 많은 부분은 일족, 부족, 근래에는 국가와 국가 지도자들의 업적과 관련하여 정의되며, 이러한 관점에서 봤을 때 동질성과 결집력은 종종 강력한 영향력의 원인으로 간주된다. 민족적 및 문화적 다양성이 중요한 요인이었던 역사적 사건들을 탐구하면서, 우리는 불가피하게 많은 문화적 배경을 지닌 사람들을 하나의 정치체제 내에 있게 했던 역사적으로 위대한 일부 제국들을 살펴보았다.

우리는 역사적으로 문화공생주의의 접촉이 때론 영토·경제·문화적으로 정복하고 지배하기 위한 의지에서 시작되었다는 것을 인정할 수 있어야 한다. 게다가, 그 후 일어난 더 세계주의적 분위기의 출현은 위대한 철학적 혹은 박애주의적 욕구 때문이라기보다는 이질적인 상황에서 사회적 질서를 유지하려는 실용적 요구와 더 관련되어 있을 수 있다. 마지막으로 세계주의적 기간은 종종 전조, 정점과 쇠락이 단편적으로 나타나며, 쇠락기에는 자만하거나 자기 만족을 통해 제국의 유지보다는 세계주의의 혜택을 수확하는 것에 더 많은 주의를 기울이게 된다.

우리는 많은 다른 사례를 더 포함시킬 수도 있었다. 특히 중세시대의 베니스에서 현대의 싱가포르까지 이르는 무역도시 국가들이나, 19세기 말(fin de siècle) 빈, 런던, 베를린과 같은 제국의 수도와 같은 도시들, 런던, 뉴욕, 로스앤젤레스와 같은 국제적 허브 도시들, 베이루트, 부에노스아이레스, 사라예보, 요하네스와 같은 북적거리는 문화적 집산지와 같은 곳 말이다.

참고문헌

1. Neil McGregor, director of the British Museum, quoted in 'Enlightened Empire', by Peter Aspden, *FinanciaL Times*, 2 September 2005.

05
현재의 공생: 접점의 현대적 구역

왜 상호작용인가

사회적 혼합의 사례

멈포드를 거쳐서 엥겔스, 론트리, 부스와 에버니저 하워드까지 이르는, 사회적 동질성이 사회적 박탈과 연관이 있는가와 같은 의문에 대한 관심의 전통은 오래 되었다. 공공정책의 우선 사항으로서 사회적 이질성의 창조를 지지하는 다양한 이유들이 제기되었고, 이 주장들을 살펴보는 것은 가치 있는 일이다.(Sarkissian, 1976)

빅토리아 시대의 사고방식에서는 낮은 계급의 사람이 우월한 계층의 사람에게 노출될 경우, 그들과 닮아가고 싶다는 열망이 동기화되므로 사회적 혼합이 경쟁의 정신을 기르고 표준을 향상시킬 것이라는 믿음이 강했다. 이와 관련하여, 다양한 사회적 계층들이 거주하고 있는 거주지역의 건물에 다양한 거주자가 있을 경우, 그들은 전체의 미적 기준에 맞는 주거시설의 유지를 위해 고무되었을 것이다.

그러한 사고의 믿음은 현재에도 유지되고 있는데, 사회적으로 혼합된 거주지역은 사회집단 사이의 문화적 상호교류를 통해서 지적 및 문화적 진보를 촉진할 것이고, 이는 점차 더 큰 차이에 대한 관용을 야기하리라는 것이다.

또한 혼합된 사회는(특히 혜택을 못 받는) 사람들에게 직업·사회적 사다리에

오르게 하고, 경제·문화적 생활에 완전히 참여할 수 있는 선택(예를 들어, 교육에서)의 기회를 제공한다.

혼합은 사회·민족적 긴장을 감소시키고, 소통과 상호교류의 창을 개방하여 불신과 적대감을 감소시킨다. 또한 집단 간의 이해를 보다 효율적으로 조정하여 사회적 조화를 촉진한다고 이야기되고 있다. 역설적이게도, 이질성 또한 개인 및 사회의 성숙을 위해 사회적 갈등을 조장한다고 주장되어 왔다. 어떤 이들은 부조화를 개인적인 심리적 성장에 필수적인 것으로 간주하였고, 불협화음의 고무적인 도전을 인식하고 강조함으로써 다양성과 적대감은 조화될 수 있다고 하였다.

도시, 하수관, 소방서, 대중교통, 경찰 서비스, 학교와 같은 가장 기초적인 공적 기반시설을 지원하기 위해서는 소득층의 혼합이 필수적이다. 이는 특히 지방세가 지역 서비스에 대한 지출의 상당 부분을 차지하는 지역에서는 더욱 그러하기 때문에 일부 사람들은 도시와 도시 거주자를 위한 물리적 기능의 향상을 지향한다.

높은 거주 이동성은 사회적 및 친족 네트워크를 약화시킬 수도 있기 때문에 다양한 연령집단, 인종, 가족 규모를 고려한 매력적인 주거형태, 규모, 비용, 거주권의 결합은 현존 거주자들이 주거요건이 변화해도 자신들의 구역 내에 머물도록 하여 사회적 안정성을 유지한다.

보다 국제적이고 전체적인 접근에서는 거주지역 자체와 인근 거주지역에서 물리·사회적으로 세계의 다양성과 혼합을 폭넓게 반영해야 하며, 다양한 부류의 사람들 간의 접촉을 허용해야 한다고 제안한다. 마지막으로, 특히 전통적으로 '주거 개방'에 대한 접근을 거부당한 소수자들과 사회적 약자집단에게 주거선택의 제공 차원에서 혼합이 필요하다.

이와는 반대로 과밀한 공영 주택단지와 같은 단일한 주거권과 연관된 사회적 동질성은 최근 몇 년 간 비난받아 왔는데, 그러한 공공정책의 우선사항은 지역에 기반한 활동을 통해 사회적 동질성을 공격하는 데 두었다.

그렇다면 이제 현대사회에서 사회·문화적 혼합이 가능한 다른 장면들을 살펴보도록 하자.

접촉가설

혼합에 대한 관심은 사람들이 어디에, 어떻게 살아야 하는지에 대한 문제보다 중요하다. 1950년대 미국에서 인종차별의 장점과 단점에 대한 격렬한 논쟁이 있었다. 차별을 강하게 주장한 단체는 차별이 이상적이지는 않지만, 이의 소멸은 사회적 불안정, 충돌과 혼란을 야기할 것이라 주장하면서 그 현상을 지지했다. 이에 도전을 던진 사람 중 하나가 1954년 '접촉 가설'을 제안한 심리학자 고든 올포트였다.(Allport, 1954)

이 이론은 주로 반-흑인 편견을 설명하기 위해서 개발되었지만 더 폭넓은 영역에 적용되었고, 오늘날 사회적 혼합과 인종차별 폐지와 관련된 많은 연구들의 기본이 되어 있다. 본질적으로 이 이론은 다수 집단의 구성원들이 다른 소수자들과 접촉하게 되면, 점차적으로 소수자들에 대한 편견을 유지할 가능성이 적어진다고 주장한다. 다수 집단 구성원들에게 소수자 집단의 새로운 정보를 노출시킴으로써, 다수 집단 구성원들의 부정적인 고정관념에 대해 의문을 품게 하고 소수자에 대해 더 호의적인 견해를 가지도록 도와준다. 올포트는 접촉의 양과 질, 접촉이 자발적인지 여부, '동일한 지위'의 다수 및 소수 집단의 구성원들 간의 접촉 정도, 접촉이 경쟁적 혹은 협력적인 환경에서 일어났는지의 여부, 접촉이 발생하는 구역 – 혹은 '상호적 장면' – 등에 따라 편견에 미치는 접촉의 효과가 다양하다고 주장한다.

이러한 이론의 요점을 정리하여 우리는 긍정적이고 문화공생적인 접촉과 개입이 실제로 발생할 수 있는 모든 잠재적인 영역에 대한 포괄적 검토를 시작했다. 우리는 우리의 제안을 입증할 뿐 아니라, 사교성의 속성에 대한 보편적인 오해를 뒤집을 수 있는 증거들을 찾으면서 비판적인 견해를 취하고자 했다.

올포트의 연구는 교육현장과 미국 학교의 인종차별대우를 폐지하려는 운동에 특히 많은 영향을 끼쳐왔으며, 기회가 늘어남에 따라 인종을 넘어선 우정이 증가한다는 '기회가설'을 제안하였다.

이에 따르면 여러 인종이 함께 있는 학교에 다니는 아이들은 단일 인종의 학교에 다니는 아이들보다 인종을 넘어선 우정을 더 많이 쌓을 수 있다. 특히 연구에서는 소수 집단의 학생들이 다수 집단의 학생들보다 인종을 넘어선 우정을 더 많이 보고한다는 점을 발견하였다(Hallinan과 Smith, 1985). 게다가, 인종 비율이 상당한 균형을 달성했을 때, 혹은 여러 집단이 존재하는 곳에서 아이들이 인종을 넘어서 우정을 형성할 기회는 매우 증가하였다.

이제 미국에서 접촉이론과 기회이론은 주류의 견해를 나타내고 있다. 이 이론은 정책 입안자들이 접촉의 기회를 강화하는 구조와 수단을 수정하는 데 초점을 맞추게 하였다. 일부에서는 접촉을 강화하는 정책이 미국의 강제 버스통학 실험과 같이 최악의 평가로 이어지고 성공하지 못한 활동들도 야기시켰지만(Rossell, 1990), 교육에서는 성공적인 적용 사례도 많이 있다(Pettigrew and Tropp, 2000). 그리고 개인은 독창적인 특성을 공유한 사람들을 더 선호할 가능성이 높다고 예측하는 '유사성-매력 가설'(Byrne, 1969)과, 행위자 간의 문화적 차이가 클수록 더 많은 어려움을 경험할 것이라고 예측하는 '문화-거리 가설'(Ward et al., 2001)과 같은 다른 이론들이 그 뒤를 이었다.

그러나 접촉이론에도 회의론자가 존재한다. 딕슨 등(Dixon et al., 2005a) 사회과학자들은 인종 간 접촉이 학교, 대학교와 같이 가장 통제되고 최적의 조건을 가진 환경에서만 의미 있는 추상적 개념을 창출하여 왔으며, 실제 삶은 그와 같지 않다고 주장한다. 사람들의 배경과 더 넓은 맥락에 따라서 접촉은 각자에게 의미하는 바가 다 다르다.

이 학파는 사회가 개별적 상호작용뿐 아니라, 더 큰 맥락의 사회·정치적 세력과 문화적 집단의 상호작용에 의해 형성되기 때문에 편견을 가진 개인의 회복에 기반을 둔 이론은 본질적으로 제한적일 수밖에 없다고 주장한다(Forbes, 1997). 다시 말해서, 다른 인종과 개별접촉에 잘 대처하는 사람도 다른 집단 간의 상호작용에서 특정 집단의 일원으로 반응할 때는 다르게 느끼고 행동할 수 있다.

어떤 이들은 접촉이론이 개별접촉이 발생하는 맥락의 형성과 더 깊은 관계를 가진 권력을 무시한다고 한다. 흑인과 백인 미국 여자아이들의 우정에 대한 연구에서 스콧(Scott, 2004)은 백인의 가치와 문화적 가치를 이상적인 것으로 수용하고, 따라서 소수 집단 구성원에게 상당 수준의 동화를 요구하는 규범적 환경에서 인종차별의 폐지가 가능하다고 주장한다.

메리 잭맨(Mary Jackman)과 마리 크레인(Marie Crane, 1986)과 같은 여성주의자들은, 접촉이론에는 한 집단이 다른 집단으로부터의 특권 보호나 강화보다는 단순한 정서적 반응으로 편견과 차별을 받아들이는 경향이 있다고 주장한다. 그들은 둘 간에 잠재적인 불평등이 남아 있더라도 개인적 접촉을 통해서 서로에 대한 의심을 풀고 애정어린 관계로의 발전이 가능하다고 주장한다. 그들은 자신들의 주장의 근거로 사랑과 성차별이 공존할 수 있는 결혼을 예로 들었다.

더 사회적인 맥락에서 접촉을 파악한 시도는 테드 캔틀(Ted Cantle, 2005)에 의해서 이루어졌다. 그는 아슈토시 바시니(Ashutosh Varshney, 2002)가 전개한 이론에 기반하여 인도에서의 힌두교/이슬람교의 갈등과 북아일랜드의 '민족·정치적 갈등(The Troubles)'에 대한 연구를 진행하였다. 캔틀은 사회적 자본의 다른 형태구분에 있어서 퍼트남(Putnam, 2000)의 초기 연구를 참조하였다. 그는 (가족 혹은 친밀한 민족적 집단의 구성원 간의)결속형 자본(bonding capital)은 (다른 집단 간의)교량형 자본(bridge capital)과 다르며, 수준 높은 결속형 자본은 교량형 자본의 발달을 억제할 수도 있다는 것을 확인하였다. 캔틀은 교차 문화적 관계의 새로운 유형학을 제공하였고, 더 많은 공동체 간 교류를 구축하는데 관심이 있는 사람들은 다섯 가지 다른 형태의 관여에 대한 자신들의 사고를 구조화할 필요가 있다고 주장한다.

- **단체 내 통합된 다양한 정체성** – 단체는 다양한 배경을 지닌 사람들에게 개방적이며 조직 내의 상호교환과 협력을 촉진한다.
- **단체 간 네트워크가 형성된 단일 정체성의 단체들** – 단체는 분리된 단체들의 네트워크에 의해 형성된 연합으로, 포괄적이고 단일한 정체성을 근간으로 독립된 개별관심을 대표한다.
- **사회적·우발적으로 일상활동에서 발생하는** – 조직 없이 개별적인 차원에서의 쇼핑, 여행, 혹은 여가활동을 통한 개별모임에 의해 일어나는 상호작용
- **사회적·조직적으로 계획되고 조직된 활동에서 발생하는** – 단체활동을 포함하는 일반적으로 클럽과 모임을 통해 조직되는 스포츠, 음악, 연극, 예술활동에 참가함으로써 발생하는 상호작용
- **구조적·교차문화적 맥락** – 이는 학교와 주거가 분리된 정도에 따라 다르며, 고용기회는 특정 집단과 관련이 있다. 시장요인은 교차-문화적 관여에 방해가 되는 분열을 창출한다.(Cantle, 2005, p.177)

캔틀은 지역기관의 유형에 따른 실용적 적용 가능성을 강조했다. 예를 들어, 이는 지역 정부가 지역 관계에 대한 감사를 실행하는 근간이 될 수 있다. 단체 내 많은 집단이 형성되었지만 단체 간 관계가 상대적으로 적다면, 이는 어떠한 조치를 취해야 한다는 신호가 될 수 있다.

상호작용 순환

정서·정치적 요인뿐만 아니라, 개별 및 집단 모두를 고려한 인종 접촉과 상호작용에 대한 설명이 최근 SHM 주식회사 인종평등위원회의 의뢰를 받은 연구 '다양한 민족적 배경을 지닌 사람 간의 상호작용의 촉진'을 통해

출간되었다.(SHM Ltd, 출판 예정)

보고서에서는 다양한 형태의 사회적 상호작용과 우리가 상호작용을 하는 이유에 대한 개념을 수립하고자 하였다. 처음에는 상호작용을 두 가지 다른 형태(무언가를 강화하려는 목적을 지닌 친숙한 상호작용과 무언가를 확장하기 위한 친숙하지 않은 상호작용)로 구별한다. 다음으로 개인의 상호작용이 '무엇'을 의미하는지 살펴본다. 개성이나 가치와 관련된 개별적 세계의 내면적인 것인가, 아니면 더 넓은 환경과 관련된 외재적인 것인가의 여부에 따라 이차적 분류를 한다.

- **기반**(Grounding) – 친밀하고 친숙한 사람들(가족 혹은 공통적인 역사를 공유하는 친구와 같은)과의 상호작용으로 기존의 내적 정체성(개성)과 가치를 확인하고 강화하도록 돕는다. 그 예로 친척들의 생일파티나 종교적 회합이 있다.
- **강점**(Stroke) – 친숙하지만 덜 친밀한 사람들(이웃 혹은 공통적인 공동사회를 공유하는 지인과 같은)과의 상호작용으로, 더 넓은 집단의 일원으로서의 우리의 확신을 강화한다. 그 예로 길거리의 사람들에게 인사를 주고 받는 것이다.
- **기회**(Opportunity) – 한 사람을 새로운 사람들에게 개방하고 자신과(개인적인 이익을 공통으로 지니고 있는 동료 전문가 집단과 같은) 그들을 위한 이익이 생기게 하는 상호작용으로, 네트워크 혹은 업무와 관련된 사업에 참여하는 것이 그 예다.
- **성장**(Growth) – 새로운 사람(상호 호기심을 공유하는 다른 문화와 배경을 지닌)에게 개방된 상호작용으로, 논의와 토론 및 학습을 통해서 한 개인의 정체성과 가치가 변화될 정도로 새로운 세계에 대한 이해를 높여낸다. 다른 국가에서의 자원봉사나 다른 문화 출신의 사람들과 결혼하는 것이 그 예다.

이를 요약하면 표 5-1과 같다.

우리가 '성장 상호전략'을 우선시하는 것으로도 보일 수 있지만, 더 많은 인종 간의 상호작용과 문화공생적 사회를 장려하는 것이 우리가 추구하는 관심사이고, 무엇보다 그것이 그렇게 단순한 문제만은 아니다.

각 형태의 상호작용에는 장점과 잠재적인 위험이 모두 존재한다. 주로 상호작용을 토대로 형성된 공동체는 내적으로 응집되고 자기확신이 강할 것이다. 그들은 다른 공동체와 공통적인 분위기를 찾지 못할 수도 있다. 대

표 5-1 상호작용의 4가지 유형

		기반	강점	기회	성장
설명		개성과 가치의 통합	외부 환경의 통합	외부 환경의 확산	개성과 가치의 확산
전형적 동기		과거와 뿌리의 연계 타인에 대한 이해 타인에 의지가 되는 존재 타인을 위한 당신의 경험	커뮤니티에 알려지고 승인된 존재 대중성 타인과의 차이	새로운 가능성의 인지 자가발전 전문가 또는 초보자의 연계	타인으로부터의 배움 관점의 확대 열정과 공통목표를 분배 호기심
특징		상호 간의 역사의식의 공유	공통된 커뮤니티의 소속감	공통된 이익	공통된 호기심
개인적 충격		신뢰 구축	소속감의 발전	새로운 기회의 개방	관점의 확장
소수 인종 상호 작용의 충격	장점	긍지와 개성	좋은 커뮤니티 관계	혼합	이해와 통합
	위험	인종집단 사이의 구분과 특별한 차이	만족감의 창조	폐쇄된 네크워크 기회는 불평등의 상승	소원함과 개성의 약화 상호작용의 성장기술의 노력

출처 : SHM Ltd (근간)

신에 주로 성장 상호작용을 토대로 형성된 공동체는 매우 쉽게 새로운 관계를 형성하지만, 일시적이고 피상적이라고 느낄 위험이 있다. 성장 상호작용이 정책적 활동의 일부로 너무 노골적으로 장려되면, 강요된 것 또는 거짓으로 보일 수 있다. 상호작용의 올바른 혹은 옳지 않은 형태는 없다. 건강하고 활기찬 사회는 상대적으로 네 가지 형태의 상호작용이 동등하게 요구된다. 주어진 환경에서 무엇이 옳은가에 대한 판단이 중요하다. 때로는 사람들의 관계를 공고히 하고자 하는 욕구가 더 클 수도 있고, 때로는 확대하고자 하는 욕구가 더 클 수도 있다. SHM은 네 가지 유형 간의 역동적인 관계와 개인 혹은 집단이 하나의 집단에서 또 다른 집단으로 어떻게 이동하는지를 보여주는 상호작용의 순환도(그림 5-2)를 고안하였다.

이것이 어떻게 움직이는지를 살펴보기 위해서, 작은 마을에 이주온 새로운 인종 집단의 상황을 생각해보자. 그들은 초기에 불신과 편견을 경험

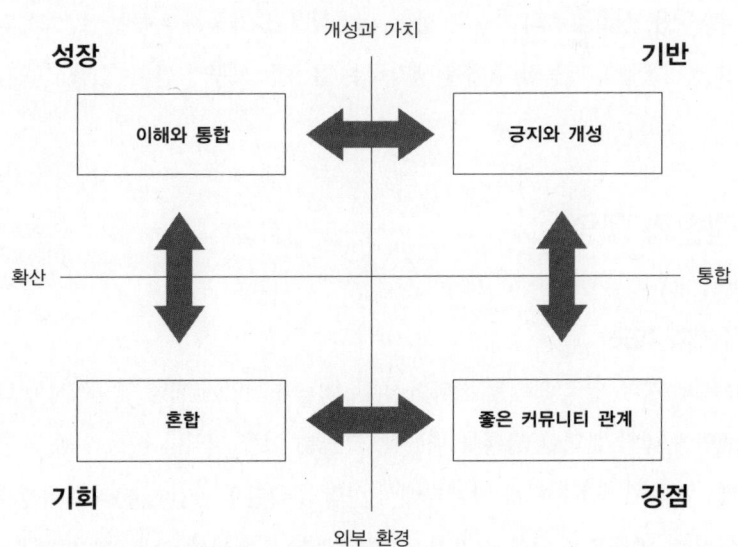

출처 : SHM Ltd (근간)

그림 5-2 상호작용의 순환도 :
한 유형에서 다른 유형으로 전환되는 상호작용의 방법

하고 따라서 내부적으로 결속하여 서로 간의 관계를 강화하고, 내적 자부심과 개성을 강조한다. 이는 자신감의 구축을 통해 다른 지역사람들과 표면적인 관계를 만들기 위한 근간을 제공한다. 이를 통해서 그들은 인종적 구분을 넘어서 용기를 북돋아주는 사업 혹은 학습기회를 인식하기 시작하고, 이러한 상호작용 중 일부는 더 깊은 변화와 성장을 야기한다. 예를 들어 지역 스포츠클럽을 응원하는 것이나 혹은 고속도로 건설계획과 같은 공통의 위협에 함께 대항하는 활동을 통해 다른 마을사람들과 함께 점차적으로 새로운 형태의 공유된 공동체의 자부심과 개성을 향상시킨다.

SHM은 이 모형이 다양하고 복잡한 사회특성을 제대로 반영하지 못한 단순한 도식이라는 것을 인정한다. 우리는 공동체가 모두 한마음 혹은 한뜻으로 움직인다거나 사람들이 완전히 한 공동체를 이룰 수 있다는 함정에 빠져서는 안 된다. 또한 이 모형은 계층 혹은 성별과 같은 다른 다양한 관련 요인을 충분히 고려하시도 않고 있다. 그러나 이 모형은 과정으로서의 상호작용, 상호작용의 가능한 장벽, 상호작용을 가능하게 하는 것, 효율적인 정책개입의 가능한 형태를 생각하는 유용한 도구가 될 수 있다.

접점의 구역

주거와 이웃

2001년 북부 영국 도시를 강타한 민간 소동의 원인에 대한 연구에서는 그 원인에 대한 분명한 결론을 내렸다. 그들은 이들 지역이 특정 인종 공동체, 즉 파키스탄 사람과 방글라데시 사람의 극단적 공간적 분리로 특징지어지며, 이들은 도시의 각기 다른 지역에 살기 때문에 교육·여가·업무·쇼핑 활동 또한 대다수 공동체의 활동과 매우 분리되어 있다고 말한다. 또한, 그들은 '평행인생(Parallel lives)'을 살 뿐만 아니라 많은 이들이 '자기분리

(Self-segregating)'의 삶을 선택한다고 이야기한다.(Home Office, 2001; Independent Review Team, 2001)

이러한 보고는 커뮤니티 응집력(community cohesion)이란 새로운 용어를 창출하였다. 이후 이러한 방향추구는 영국 정부의 주요 우선사항이 되었고, 차례로 모든 지자체와 기타 지역기관에서 커뮤니티 응집력을 생기게 할 의무를 지니게 되었다. 이러한 새로운 정책경향의 가장 중요한 측면 중 하나는 주거를 중심으로 불러오게 하였다는 점이다. 공공주택 판매와 지역 국가 독점의 붕괴로 주거의 결합성과 중요성이 손상을 입었기 때문에, 주거는 지난 20여 년 간 영국에서 정책의제에서 점차 멀어졌다. 그러나 사회적 유동성에 대해 자부심을 갖는 영국 사회에서 마을의 계곡 아래, 돌로 된 민간임대주택에서 태어난 방글라데시 출신의 소년과 언덕 위의 벽돌로 지어진 주택에서 태어난 백인 소년이 분리된 삶을 살아갈 운명에 놓여 있으며 또한 불신과 폭력적 갈등의 잠재성이 존재한다는 2001년의 발견은 큰 충격으로 다가왔다. 논평자는 이에 대한 설명을 찾으면서 사람들이 거주하는 곳과 거주하지 않는 곳, 그리고 그 이유에 초점을 맞추었다.

피상적으로 설명은 단순하였다. 국가적으로 심각한 주거가 부족하던 시기인 1950년대와 1960년대에 영국으로 온 초기 이민자들의 정착형태는 저렴한 비용으로 살아갈 수 있도록 형성되었다. 공공임대주택의 공급이 없는 상황에서 이용 가능한 주거형태는 주로 민간임대 혹은 재개발예정 지역의 자가주택이었다. 이러한 주거주택은 밀집된 BME(흑인 및 소수 인종) 정착의 핵심이 된 도시 안쪽 지역에 위치하였다. 소규모 공동체가 구축되면서 '경로 의존성(path dependency)' 요인에 의해 동일 혹은 유사한 지역의 동포들이 그 뒤를 따르게 되었고, 인종집단의 출현이 예견되었다.

루이셤 런던 자치구에서 실행한 연구에서는(Comedia, 2007), 소말리족과 베트남 커뮤니티의 구성원들의 집단이 공공지원 주택에 대한 접근의 욕구와 커뮤니티 지원체계와 사회적 자본에 대한 열망의 결과라고 나타났다. 또한 집단화가 이용 가능한 공공지원주택에 할당된 최근 도착자들로 인한 임의적인 결과라는 것을 발견하였다.

오클랜드 연구(Brecknock Consulting, 2006a)에서는 제한된 공공지원주택의 결과, 최근의 많은 이민 커뮤니티가 소규모 집단으로 흩어졌다는 것과 이는 제한된 대중교통 연결성으로 인해서 상호지원의 문제를 야기했다고 말하고 있다.

평균보다 높은 출생률과 같은 인구통계학적 요인은 그들 집단의 성장을 설명하는 또 다른 요소이며, 인종적으로 구별되는 소수 민족 거주지의 출현은 '백인 탈출(white flight)' 현상에 의해서 특히 가중된다고 주장한다.[1] 백인 가족들이 도심지역을 떠나는 이유가 너무나 심한 인종적 편견으로 인해 흑인가족들을 이웃으로 받아들일 수 없어서건, 혹은 사회적 유동성이나 교외화와 같은 좀더 무해한 요인 때문이건, 그로 인해 소수 민족 거주지의 출현이 더욱 증가하였다. 이는 일부 시역에서 불가피하게 영역의 '인종화'와, 실제 혹은 가상적 '접근금지 구역'을 야기시켰다(Phillips 등, 2002). 이는 세대주가 그들 자신의 이웃과 관련하여 가능한 한 인종에 대해 편안함을 느낄 수 있는가에 근거해서 구매하거나 임차할 잠재적 자산을 선택 혹은 판매하는 이차 혹은 평행 주거시장의 창출을 야기하였다.

또 다른 관계 깊은 요인은 수 년 간에 걸친 주거할당 기관의 정책과 활동이었다. 미국의 흑인 빈민가 구축에서 가장 중요한 단일요인은 다양한 법령 및 공정하지 못한 수단을 통해 흑인 거주자들의 접근을 도시의 특정 영역만으로 제한하려는 많은 지역정부와 부동산의 고의적인 정책이었다는 것에는 더 이상 논란의 여지가 없다. 1960년대로 거슬러 올라가면 영국에서도 이러한 활동이 파악된다(Rex & Moore, 1967) 그리고(매우 예지적으로 판명된 것처럼) 올덤의 지역의회가 폭동이 일어나기 8년 전부터 남아시아계 공공지원주택 지원자들을 고의적으로 차별대우하였음이 밝혀졌다(Commission for Racial Equality, 1993). 공무의 조작, 실제 혹은 가상적 위협에 대한 두려움, 이후 저항의 복잡한 상호작용은 일부 영국 도시에서 특정한 주거와 소유권 유형으로 정의되는 백인과 흑인 및 소수 인종 집단 거주지의 창출을 야기하였다.

공식적인 해석은 브래드포드 폭동에 대한 허만 오슬리(Herman Ouseley, 2001)의 글에 잘 요약되어 있다.

> 다른 인종 집단은 점차 서로로부터 분리되고 자신들과 같은 사람들로 구성된 '안전지역'으로 후퇴하고 있다 … 자기분리는 타인에 대한 두려움, 괴롭힘과 폭력적 범죄로부터 벗어나려는 안전에 대한 욕구, 신념 및 문화적 정체성과 소속감을 촉진하고 유지, 보호할 수 있는 유일한 수단이라는 신념에 의해 진행된다.

따라서 폭동 이후의 해결방법으로써 주거정책의 변화를 겨냥했어야 했다는 것은 놀랄 만한 일도 아니다. 그러나 이것이 이치에 맞는 것인가? 커뮤니티 응집력의 제안자는 만약 사람들이 가까이 살지 않으면 다른 것을 함께 할 가능성도 없다고 주장했다. 예를 들어서, 캔틀(2005)은 다음과 같이 주장한다.

> 따라서 새로운 [주거]개발 및 재개발 활동의 제공은 매우 중요한데, 그러한 활동이 우리의 공식적 및 비공식적 사회적 상호작용의 많은 부분을 형성하기 때문이다. 그것은 특히 교육과 밀접하게 관련된 의제가 되는데, 주거양상이 종종 공립학교의 통학구역을 결정하고 학교 문을 넘어선 사회적 상호작용을 결정하기 때문이다. 주거양상은 또한 사회적 상호작용의 다른 측면과 복지, 스포츠, 여가활동과 같은 서비스에 대한 접근도 결정한다.

거주 다양성의 중요성은 사실 인종에 대한 최근의 관심보다 더 앞서며,

주거 거주권과 사회계층 및 직업 소득수준의 관점에서 다양한 이웃의 창출이 가지는 가치에 대한 영국과 유럽에서의 이전 논쟁이 반영된 결과다.

인종집단의 꽤나 높은 밀집에도 불구하고, 호주의 주요 도시들은 영국과 유럽, 북미의 심각한 차별문제의 많은 부분을 성공적으로 피할 수 있었다. 호주의 로건(Logan)에 대한 우리의 연구에서는(Brecknock Consulting, 2006b) 이민자들이 전통적인 공공지원주거 개발지역으로 몰리기보다 민간임대주택 구역으로 이주한 것으로 나타났는데, 이는 최근의 이민자들에 대한 임대지원에 기반한 주거정책의 결과로서 높은 정도로 산재된 거주 다양성이 보고되었다.

허버트 갠스(Herbert Gans, 1961)는 균형 잡힌 혹은 이질적인 커뮤니티가 개방성과 관용, 교육적 열망과 기회의 확대, 삶의 대안적 방식에 열려 있어 다양한 사회적 혜택을 생산할 것이라고 제안한 첫번째 학자 중 한 명이다. 그러나 그의 주장은 시구 내부분의 도시가 그 후 수십 년 간 광대한 단일 주거지역의 구축을 막지 못했으며, 정부 당국은 1990년대가 되어서야 주거유형, 거주권이 많은 주민들이 경험하고 있는 몇몇 사회·경제적 어려움과 관련이 있을지도 모른다는 결론을 내리기 시작하였다. 예를 들어 네덜란드 정부는 1966년 분화된 도시(De Gedifferentieerde Stad) 백서를 발간하였고, 주거건설 프로그램과 거주권을 재설계하는 일을 착수하였으며, 빈곤한 지역 거주자들을 더 혼합된 지역으로 분산시켰다. 프랑스는 공화주의적 통합 모델(modele republicain d'integration)을 도입하고, 혼재된 지역에서 공공지원주택의 건설목표를 달성하지 못한 지역정부에 대해 재정적 벌금을 부과하였다. 동시에 스웨덴에서는 1970년대 이래로 사회혼합의 목표를 주거정책의 중요항목으로 포함시켰다. 캐나다의 많은 도시들은 명백하게 더 높은 수익이 나는 '재활성자(gentrifiers)'를 전통적인 노동계층지역으로 유치할 정도로 사회적 다양성이 지역 활성화의 보증수표로 간주된다(Dansereau, 2003). 영국 정부도 지역 재개발 과정에서 발생되는 지역의 사회적 동질성을 해체하기 위한 분명한 조치들을 취하고 있다.

> 정부는 혼합되고 포괄적인 커뮤니티를 창출하는 것이 중요하다고 믿는다. … 지역기획 당국은 혼합되고 균형잡힌 커뮤니티의 발전을 장려해야 한다 그들은 새로운 유사한 특성을 지닌 대규모 주거영역의 건설을 회피함으로써 주거개발계획이 더 나은 사회적 혼합의 확보에 기여하는지 확인해야 한다.[2]

방법은 다르겠지만 미국의 연방정책에서도 다양성의 달성에 몰두하고 있다. 그러나 공간적 이동성과 더 긴밀한 문화적 애착을 고려해봤을 때, 미국의 정책은 커뮤니티의 사회적 혼합을 부과하기 위한 것보다는 기회와 희망에 다가가기(Moving to Opportunity and the Hope) Ⅵ 프로그램과 같이 분투하는 커뮤니티의 악화를 막고 더 나은 삶을 추구하기 위한 것이다.

정책 입안자들 간에 폭넓은 합의가 명백하게 이루어지고, 악명 높던 유럽과 북미의 상황이 철폐, 재건, 치장, 이미지 개선, 혹은 완전히 사라짐에 따라 이러한 정책은 정책 기획자, 철거 계약자, 부동산 개발업자 및 부동산 업자에 의해 열성적으로 수용되었다. 그러나 많은 성직자, 교수 혹은 사회 활동가들은 한 가지 문제점을 주장했다. 이 중 어떤 것도 실제로 목표한 성과를 달성할 수 있다는 증거가 사실 없으며, 구축된 사회적 네트워크를 해체시킴으로써 더 큰 문제를 초래할 수 있다는 것이다. '절대 다수가 영국에서 계층 혹은 주거 거주권에 따라 커뮤니티를 혼합하는 것에 찬성하지는 않는다'(Kearns과 Parkes, 2003). 이는 네덜란드의 도시 역시 마찬가지다.

상대적으로 약한 사회적 위치에 있는 사람들의 사회적 유동성에 미치는 이웃효과는 실제로 거의 없을 가능성이 높다. 따라서, 사회구성에 영향을 미치려는 목적으로 이웃을 대상으로 삼는 것은 그다

지 생산적인 전략이 아니다.(Musterd, 2003)

사회적 혼합에 찬성하는 대부분의 주장에서 결여된 것은 이를 달성하려는 책임이 사회의 모든 분야에 동일하게 할당되어야 한다는 인식이다. 대다수의 경우, 비난의 대상이 되는 것은 오직 빈곤한 지역의 동일성이고, 많은 중산 혹은 상류 소득지역 역시 똑같이 단일문화라는 사실은 간과된다(Atkinson, 2006). 따라서 변화와 희생이 필요할 때 이를 감수해야 하는 사람은

문화보듬기

도시 사파리, 로테르담

'저는 저 혼자 이 도시에서 살아가고 있다는 생각이 들어요.' 클라우데트 드 아구아 로사는 때때로 남로테르담의 쎈드레흐트(Pdndrecht) 구역에 있는 그녀의 집에 막 걸어 들어 온 낯선사람에게 차와 샌드위치를 대접하면서 이야기한다. '그러나 도시 사파리를 통해 우리가 얻는 지원은 아이들의 활동이 지속되도록 도움을 줘요. 새로운 사람을 만나고 친구를 만드는 것은 저에게 정말로 기운을 불어 넣어줘요.'
클라우데트는 본래 쿠라야오 출신으로, 지금은 네덜란드 도시의 서인도제도 커뮤니티에서 '이웃의 어머니'로 알려져 있다. 그녀는 자신의 자녀 넷을 키울 뿐만 아니라 이웃 아이들을 위해 활동하고 있고, 지역 학교와 축제 드럼밴드에도 활발하게 참여하고 있다. '어떤 사람들은 나의 활동을 당연하게 여겨요. 버릇없이 굴죠. 제 남편은 제가 모든 것을 접고 우리 가족만을 신경써야 한다고 말하지만, 모두가 그런 태도를 취한다면 커뮤니티가 어떻게 되겠어요?'
낯선이들은 로테르담 도시 사파리 한 곳에

서 저자(PW)와 그의 가족의 드라마 같은 실제 삶 속에서 짧은 통찰을 얻을 수 있었다. 우리는 이미 수리남 이슬람교 커뮤니티의 세인 무스타파 모스크 투어를 위해 알리 씨를 방문했었다. 클라우데트와의 점심 이후에 나이지리아 음악가인 아만시오를 만나기 위해서 우리는 지하철을 타고 오스트플레인으로 향했다. 우리는 그곳의 아만시오 드잠베 드럼 컬렉션에 참가했고, 요루바 리듬을 타면서 흥겨운 시간을 가졌다. 그리고 우리는 오우드 베스텐의 반 호프 부부의 집에 잠깐 들르는 것으로 하루를 마감하였다. 부부는 모두 1930년대 이 지역에서 태어나서 자랐고, 제2차 세계대전 당시 독일 공군에 의해 로테르담이 초토화된 상태에서도 살아남았다. 그 이후로 그들은 전통적인 노동계층 구역이 이제는 네덜란드의 이전 식민지와 세계의 다른 많은 영역에서 몰려오는 이민자들에 의해 점유되는 것을 지켜보았다. 그들이 도시에서 목격한 변화에 대한 이야기는 매우 재미있었다. 아마도 그들의 삶에 연속적으로 상의한 지점은 계단식 단으로 된 집

05 현재의 공생: 접점의 현대적 구역

항상 가난한 사람들이며, 이러한 가난하고 동질적인 상황이 된 것은 아마도 그들의 책임이라고 말하는 것과 마찬가지다.

사회적 혼합의 효율성에 대한 의견이 분분한 가운데, 인종적으로 이질적인 근린관계를 구축하기 위해서 우리는 어떤 주장을 해야 하는가? 여기에서는 어려운 두 가지의 과제를 해결해야 하는데, 그 요지는 다음과 같다.

첫째, 인종 혹은 종족을 근거로 주거 지원자를 다르게 처리하는 것은 인종 관련 법률에 의해 금지되며, 민족적 계통에 따른 주거의 재분배나 주

뒤의 연못에서 수백 마리로 늘어난 코이 잉어의 가족일 것이다.

사파리에서의 일곱 시간 동안, 우리는 로테르담 가정 중에서 네 곳만을 방문했지만, 기획자들은 도시생활의 많은 영역을 반영하는 300개 이상의 주소를 보유하고 있다. 그들 이웃의 역사에 대한 산책을 인도하는 이는(샤머니즘을 포함함) 다양한 종교적 신념을 지닌 사람들이거나 지역 경찰관, 혹은 공무원이거나 비일상적인 생활양식을 지닌 누구일 수 있다.

도시 사파리는 페예노르트의 황폐한 구역의 인지도와 명성을 더 넓은 도시 맥락에서 증진시키기 위해 마욜라인 마셀링크(Marjolijn Masselink)에 의해 1996년 창설되었다. 모든 곳은 흥미로운 매력을 가지고 있으며, 관광명소로 만들기 위해서 장소를 인공적으로 창조할 필요가 없다는 것이 취지였다. 도시 사파리는 주로 로테르담 주민을 목표로 하였기 때문에 사람들이 자신의 도시 내에서 관광객이 될 수 있다는 점도 또 다른 의도였다.

도시 사파리가 명백하게 문화공생적 접점과 참여의 구역을 만들기 위해 시작된 것은 아니지만, 로테르담과 같은 도시는 다양한 문화공생적 접점과 참여의 구역이 되었다. '여러분에게 유익한' 무언가가 홍보되는 것이 아니라 오히려 오락거리로 홍보되었고, 따라서 축하할 일이 있는 사람들 혹은 팀워크 증진 활동, 직원 야유회에 가는 직장 동료들을 유인했다. 이처럼 도시 사파리는 문화공생화를 위한 가장 좋은 방법으로 여겨졌다.

한 가지 의문은 이 활동이 좋은 생각이라면 왜 다른 지역에서는 시작되지 않았는가라는 점이다. 아마도 이 정도 대규모로 활동이 잘 운영되기 위해서는 구체적으로 개방성에 대한 네덜란드의 감수성이 필요할지도 모른다. 분명히 다른 곳에서는 찾을 수 없는 일정 수준의 신뢰와 관용이 필요하다. 예를 들어서, 도시 사파리를 도둑들이 미래의 표적을 위해 '미리 잘 살펴볼 수 있는' 기회가 될 수도 있다고 냉소적으로 기술한(주택이 대저택인) 영국의 타블로이드판 기사도 있었다.

매년 자신의 이웃의 삶을 잠깐 살펴볼 수 있는 기회를 얻는 3,500명의 사람들에게 사파리는 문화공생적 도시를 기반으로 관계를 맺을 수 있는, 다른 곳에서는 찾아볼 수 없는 기회를 제공한다.[3]

거 거주권을 위해 수립된 정책이 더 정교할 뿐 아니라 법률에 의해 정해져야 할 필요가 있다는 것이다.

둘째, 주거 거주권은 계층의 대용으로 사용되어 왔으며, 인종성의 대용으로 사용될 수 없다는 것이다.(Goodchild & Cole, 2001)

그러나 커뮤니티 응집력의 지지자들이 사회의 많은 불행에 대한 비난으로 소수 민족 거주지를 명백히 표적으로 삼는 반면에, 정부와 정부의 협력자들이 변화를 위한 규정을 만드는 것이 쉽지만은 않다. 물론 영국과 다른 신자유주의 정부의 정책에서도 잠재적인 반대가 존재한다. 주거(또는 교육)에서의 '선택의제'는 개인에게 주거의 필요성에 대한 의사결정의 권리를 제공하며 이는 개인적으로 그들에게 가장 효과적일 수 있으나, 혼재된 커뮤니티의 창조 혹은 유지와는 반대되는 것일지도 모른다. 또한, '지속 가능한 커뮤니티'의 기반으로서의 '깅소개발'과 '상소형성'에 대한 최근의 경향은 무엇보다도 덜 정착된 일시적인 집단과 강한 사회적 유대감의 형성과 유지를 가정하지만, 인종적으로 더 혼재된 관계의 달성을 위해서는 훨씬 더 큰 유동성뿐만 아니라 기존의 일부 사회적 틀의 붕괴도 필요로 할 것이다. 이를 결속형 자본과 교량형 자본 사이의 적절한 균형을 위한 필요성이라 칭하는 것은 너무 거창할 수도 있지만, 이는 확실히 우리 시대의 난제 중 하나다.

그렇다면 공공 및 민간분야의 주거 제공업자들에 의한 해결책 제공을 통해 기대되는 것은 무엇인가? 또한 이와 관련된 사례는 어떤 것이 있는가?

우리는 많은 사례에서 시사점을 얻을 수 있다. 예를 들어서 1994년 프랑크푸르트 암 마인에서 시의회의 주거부서는 제한을 통해 이민자, 이주 노동자와 복지 수혜자를 위한 공간의 확보를 위해서 지역 부동산 개발업체 및 주택 계약업체(프랑크푸르트 페어트략)와 '협정'을 맺었다.

싱가포르에서는 특히 중국 혹은 말레이시아 인종 거주지의 출현을 피하고 '균형 잡힌' 인종적 결합을 이루기 위한 강력한 정책명령이 있었다. 이와 같이 싱가포르는 1989년 이래로 공영주택에 대한 인종적 할당정책을 시행하여 왔다. 인구의 86%가 공영주택에 거주하기 때문에 국가는 막강한 영향력을 지니고 있으며, 사적 아파트 소유자들은 인종에 따라 아파트를 누구에게 팔 것인지를 정할 수 있는 권한을 보유하고 있다.

싱가포르는 사회통제의 관점에서 서양 국가들과 유사점이 거의 없지만, 여기에서도 군집출현의 증거가 있다. 결론은 이렇다.

이문화보듯기

로치데일(Rochdale)의 문화공생적 주거

로치데일의 뉴볼드 지역 공영주택 건물주들은 지역을 안전하고 바람직한 장소로 홍보하기 위해 함께 노력하며, 특정 인종 집단에 대한 역사적 장벽을 붕괴하기 위해 커뮤니티 도입 프로젝트(Community Induction Project: CIP)를 시작하였다. 그 목표는 다음의 세 가지 난제의 해결이었다.

- 남아시아 인구들이 경험하는 제한된 주거기회와 열악한 생활조건
- 제한된 상호작용과 세 개의 다른 인종 집단 간 통합
- 지역 자산과 더 넓은 범위의 커뮤니티의 지속 가능성

여섯 명의 프로젝트 담당자들은 건물주 대표들의 운영위원회에 의해 관리된다. 초기 성과는 다음과 같다.

- 거주민들을 하나로 뭉치게 하기 위한 행사 및 당일여행 프로그램

- '접근금지' 지역이었던 곳을 개방함으로써 남아시아 가족들에게 주거 선택권 증진
- 지속 가능성을 보강-건물주들은 이제 지역 주택에 대한 대기목록을 빈틈없이 보고받는다.
- 공통의 목표를 달성하기 위해 함께 활동하는 건물주들의 중요성과 커뮤니티 응집력을 지원하기 위한 핵심 관리업무의 중요성을 포함한 교훈의 학습

또한 주거지원자들에게 무엇이 이용 가능하고 그렇지 않은지 무엇이 선택 가능한지 적극적으로 설명하고, 매력적인 지역이 되었을 때의 결과를 제시함으로써 상당한 이득을 얻을 수 있다. 그러나 이러한 이득은 핵심 관리업무 내에서 커뮤니티 응집력 원칙이 주류로 자리잡도록 하고, 지속적으로 자금을 제공하는 등의 꾸준한 관심을 통해서만 유지될 수 있다.(Robinson et al., 2004)

관찰된 공간적 구분의 폐해를 해결하기 위해 고안된 포괄적 정책(blanket policy)은 장소의 형태가 일련의 특정한 사회·문화·경제·정치적 요인에 의해서 어떻게 조정되고 있는가에 대해 자세하게 파악하지 않고는 실패하게 되어 있다. 대신, 인종적 분산과 관련된 공공정책은 공영주택의 한계를 넘어서 바라봐야 하며, 반대방향으로 작용하고 있을지도 모르는 일부 문화·사회경제적 영역의 광범위한 세력들을 포용해야 한다.(Chih Hoong Sin, 2002)

이와 관해서는 보다 정교한 정책도구가 서서히 나타나기 시작하고 있다. 예를 들어서 무엇이 이용 가능한지와 그것을 획득하는 방식에 대한 지식의 부족으로 인해 공영주택에 접근하기 어렵다는 인식에 대한 문제는, 공영주택 제공업자의 문화적 인식의 부족과 잠재적 수요에 접근하기 위한 절차가 충분히지 않기 때문이다. 결과적으로, 제공업자들은 인종적 소수자의 낮은 수요에 대해 그들에게는 자신들의 서비스가 필요하지 않은 것으로 해석해버린다.

이러한 특정한 방해에 대해서는 계속 인지되어 왔으며, 브래드포드의 홈 헌터(Home Hunter)라고 칭해지는 선택에 기반한 임대정책에 의해 성공적으로 해결되었다.[4] 정보를 나누고, 미신과 두려움을 추방하고, 절차를 능률적으로 만들고, '풍문으로 들은 것'보다는 '선착순'에 근거하여 신청을 넣도록 하는 역동적인 캠페인을 통해서, 도시의 공영주택에 대한 흑인 및 소수 인종의 지원을 한 해에 300건에서 4,000건 이상으로 증가시켰다.

아직 이러한 역사적 장애물과 아시아 커뮤니티에서의 소유주 직업에 대한 강한 관련성이 남아있기는 하지만, 높은 주거비용과 지속 가능한 재산의 활용 가능성 부족이 주택 소유권에 대한 접근을 제한한다는 인식도 증가하고 있다.

소수자 커뮤니티에서 공영주택과 지분형 주택에 대한 관심이 증가하고 있으며, 선호 지역의 관점에서 봤을 때 더 많은 유연성이 있다. 또한 전통적인 지역의 오래된 건물의 파손문제 역시 증가하고 있으며 이 역시 새로운 선택권의 지향을 추구하고 있다.

이는 불가피하게 다른 인종의 사람들이 도시에서 서로 나란히 살 수 있는 기회를 증가시킬 것이다. 그러나 이 자체로는 문화공생적 교류를 보장해주지 않으며 심지어 단기적으로는 잠재적인 충돌을 야기할 것이다. 그럼에도 이는 문화공생적 도시를 향한 바람직한 단계로 고려되어야 한다.

주택공급의 다양성 부족이 미치는 영향을 고려하는 것도 중요하다. 루이섬(Lewisham)에서의 연구(Comedia, 2007)에서는 이러한 다양성의 부족이 대가족의 수용욕구를 충족시키고 가정에서 성취감을 얻는 문화적 삶의 영유

문화 보듬기

브래드포드의 문화공생적 주거

국영주택 공급업체인 윌리엄 서튼 트러스트와 브래드포드 기반의 매닝엄 주택협회는 브래드포드의 타이어설(Tyersal) 지역의 문화공생적 이해를 증진시키기 위한 협동 커뮤니티 활동을 시작하였다. 두 주택협회의 제휴로 인해서 윌리엄 서튼은 지역의 정보와 흑인 및 소수 민족 거주자들이 이끄는 매닝엄의 네트워크를 이용할 수 있게 되었다. 대신에 윌리엄 서튼의 경험은 매닝엄의 임차인 관련 전략의 개발을 지원하였다. 인종적 및 문화적 인식을 개발하고 새집 마련의 선택 증진을 추구하는 협동활동은 흑인주택기관연합이 매년 실시하는 연례 시상식에서 최고의 협력 프로젝트로 선정되었다. 윌리엄 서튼과 매닝엄은 프로젝트의 커뮤니티 활동책임자로 소이풀(Soyful) 이슬람을 함께 고용하였다. 그의 역할은 인종·문화적 인식문제에 대한 개발업무를 주도하는 것뿐 아니라, 댄스와 요리 강좌를 포함한 문화적 활동을 조직하고 두 협회 임차인들을 위한 모임과 훈련회기의 주최도 포함하고 있다. 소이풀은 다음과 같이 이야기한다.

초기의 많은 임무들은 미신을 철폐하고 인종·민족적 정체성에 대한 사람들의 선입견을 변화시키는 것이었습니다. 우리는 사람들이 교훈을 얻으면서도 즐길 수 있는 활동을 통해서 커뮤니티 결집력을 높일 수 있는 최선의 방법을 찾고 있습니다. 윌리엄 서튼과 매닝엄 모두 커뮤니티 간 이해를 발달시키는 데 매우 헌신적이며 우리는 이제 주거관리 활동이 어떻게 긍정적인 기여를 할 수 있는지를 목격하기 시작했습니다.(Robinson et al., 2004 인용)

에 상당한 장벽이 되는 것으로 나타났다. 이는 특히 가족, 커뮤니티, 신앙 행사에 많은 수의 사람들이 함께 모이고, 전통적으로 가정에 기반한 삶을 영위하는 이슬람교 가족들에게는 더 큰 문제가 된다.

　주거문제는 구축된 환경문제에서 발생되는 사회적 결과의 고전적 사례다. 대가족에게 갑갑한 주거조건은 도시의 다른 측면에 영향을 주고 다양한 사회적 문제를 야기한다. 예를 들어서, 밀집된 가정에서 생활하는 십대 아이들에게 미치는 영향에는 저조한 교육성과와 결국 소년재판에 가게 될 가능성의 증가가 포함된다. 두 개의 침실이 있는 아파트에서 6명 혹은 그 이상의 많은 형제 자매들과 함께 있을 때 숙제에 집중하는 것이 얼마나 힘들지를 생각해보라. 그로 인한 낮은 교육적 성취는 제한된 고용기회로 이어지고, 최악의 경우에는 범죄로 인한 타락의 길로 이어질 수 있다. 마찬가지로, 비좁은 가정환경은 특히 십대 소년들이 친구들과 거리에서 많은 시간을 보내도록 한다. 어떤 경우, 이는 반사회적 행동 혹은 무리 간 경쟁과 폭력으로 이어질 수 있다.

　오클랜드의 연구에서(Brecknock Consulting, 2006b) 사모아인 참가자들은 대가족에게 적합한 주택을 공급하거나 건설하려고 할 때의 좌절감을 토로했다. 이는 도시가 문화공생적 계획을 세우기 위해서는 도시계획 과정과 개발 적용에 있어 문화적으로 민감하고 관련이 있는 사항을 면밀히 확인하는 새로운 형태의 문화적 요구에 대한 분석이 필요하다는 것을 나타낸다.

　문화적으로 다양한 가족들을 위한 유연한 주거 선택권의 제공과 관련된 계획과 설계는 건축건설환경위원회(CABE)가 고려하고 있는 문제다.

　그들의 '성공적인 이웃 창출하기'라는 보고서는 유대교, 이슬람교 및 아시아 커뮤니티와 같은 문화적 집단에 성공적인 성과를 거둔 다수의 관련 연구사례를 제공한다.(CABE, 2005)

　선택과 시장의 지배적인 영향에도 불구하고, 주거개발과 관리에 책임이 있는 사람들은 커뮤니티 결집력과 문화공생주의에 관해 스스로의 영향력과 책임을 이해하고 실행해야 한다. 주요 목표는 단일한 주거지역을 창출하고, 악화시키는 요인들에 대처하기 위한 정책도구의 개발이어야 한다. 특히 정책에서는 단일문화가 한 인종(흑인) 혹은 한 계층(노동계급)이 통합되지 못한 결과 때문이라고 가정하는 고정관념이 타파되어야 한다. 혼합에 도움이 되는 선택에 기반한 임차계획이 장려되어야 하며, 장애물을 제거하기 위해 제공되는 장기간의 환대 및 정착 프로그램이 지원되어야 한다. 인가 기구와 용인할 수 없는 성과의 경우 전문기관의 개입을 통해 민간분야의 협력자들 역시 참여하도록 격려해야 한다.

그러나 주거정책이 궁극적으로 인종분리를 해결하는 유일한 혹은 일차적인 도구로 간주되는 것에는 강력하게 반대해야 한다. 우리는 문화공생적 접촉을 달성하기 위한 더 생산적이고 비용적으로 효율적인 수단으로써 보다 포괄적인 정책의 혼합을 필요로 한다.

교육

일반적으로 일생의 사회적 태도가 형성되는 것은 유년기와 초기 성인기라고 알려져 있다. 우리는 여기서 이러한 영향이 이후의 삶에서 인종적 경계를 넘어 어떻게 어울리게 되는가를 살펴볼 것이다. 특히, 이 주제와 관련해서는 학교생활의 영향에 대한 다수의 연구가 진행되었다.

> 아이가 단일민족인 학교에 다니는 경우, 접촉의 부재로 인해서 다른 민족의 아이들과 친구가 될 기회가 제한되리라는 것은 명백해 보인다. 반면, 다른 집단에 대해 부정확하고 반감을 지닌 태도를 형성할 기회는 증가한다. 이는 차례로 그들이 나중의 삶에서 다른 인종 출신의 성인과 친구가 될 가능성을 감소시킨다. 또한 학교가 두 민족으로 구성되어 있지만 한 민족이 절대적인 다수인 경우, 인종을 넘어선 우정의 가능성 역시 제한된다.(Hallinan & Smith, 1985)

문화보듬기

밴쿠버의 콜링우드 인보관

사틴더 싱(Satinder Singh)은 시크교도와 인도 정부 간의 폭력이 분출된 1980년대 중반 이전까지는 인도와 바레인에서 부유하고 특권을 지닌 고급스러운 생활을 만끽하였다. 두 명의 아이들을 걱정한 그녀의 기술자 남편은 캐나다에서 안전한 미래를 추구하자고 제안하였고 그녀는 마지못해 이주에 동의하였다. 싱은 1990년 친구도 가족도 없고 이전보다 훨씬 적은 돈으로, 눈물을 흘리며 회상할 정도로 '추운' 벤쿠버의 동부에 정착하였다. '우리는 배낭에 짐을 꾸려 아는 이라고는 한 명도 없는 캐나다에 왔어요. 정말로 힘든 이주였어요.'
이 가족의 분투는 싱 부인이 열 살과 일곱 살인 어린 남매의 탁아시설을 구하기 위해서 밴쿠버 동남쪽에 위치한 비영리 지역기관인 콜링우드 인보관을 찾으면서 변화하였다. 아이들은 자신들을 위한 장소를 찾았다. 엄마 싱도 마찬가지였다. 싱 부인은 콜링우드 인보관은 그들의 삶을 모두 변화시켰다고 했다. 세계 각지의 이민 및 문화공생 전문가들이 이제 이민자들을 커뮤니티에 통합시키는 콜링우드의 능력을 주목하고 있다. 올 봄 독일에서는 BMW의 자선기업이 콜링우드 인보관과 브리티시 콜롬비아 대학의 커뮤니티 및 지역계획학과의 책임자인 레오니 샌더콕(Leonie Sandercock)에게 문화공생에 관한 업적을 기리는 최고의 국제적 상을 수여하였다. BMW의 상은 평화적인 문화공생적 공존을 강화하고 문화 간의 교두보를 구축하는 것을 목표로 하고 있다. 샌더콕은 로마 대학교의 지오바지 아틸리와 함께 작업한 논문(낯선 이가 이웃이 되는 곳: 밴쿠버의 콜링우드 인보관과 이민자의 통합에 대한 이야기, Where Strangers Become Neighbours: The Story of Collingwood Neighbourhood House and the Integration of Immigrants in Vancouver)뿐만 아니라 세계주의적 도시화에 대한 업적과 주거에 대한 실천적인 업적을 인정받아 상을 수상하였다.
독립 이사회와 정부, 기부자들로부터 다양한 자금을 지원받는 비영리기관인 콜링우드 인보관은 체육관, 회의실, 옥상 위의 정원과 운동장, 탁아 및 부모-유아센터 등을 갖춘 2층의 복합시설에 위치해 있다. 중심에는 큰 주방이 있다. 조이스 가에 위치한 콜링우드 인보관은 공영 건강센터와 지역 경찰서가 구역 내에 위치한 초등학교와 붙어 있다.
콜링우드 하우스는 4만 8000명의 문화공생 이웃에게 봉사를 하고 있다. 거주자의 약 70%는 다른 국가에서 왔으며 27%만이 제1언어로 영어를 사용한다. 토착 원주민을 포함한 노인들이 영어를 사용하는 것보다, 거리에서는 중국어, 광둥어, 펀자브어, 베트남어, 스페인어를 더 흔히 들을 수 있다. 약 30%의 인구는 빈곤층이다. 샌더콕 박사는 다음과 같이 말한다.

나는 사람들이 함께 어울려 살지 않는 부정적인 사례, 부정적인 문화적 차이와 다양성의 문제들을 보았으며, 도시와 사회정책이 문화공생주의의 난제들을 통제하기에는 충분하지 않다는 것도 알게 되었다.

콜링우드의 인구 혼합은 어떤 면에서 밴쿠버, 토론토, 몬트리올, 시드니, 멜버른 혹은 로스앤젤레스의 혼재된 근린주거의 전형이다.

밴쿠버는 대부분의 장소와 비교했을 때 놀라울 정도로 잘 하고 있다. 이는 부분적으로는 1990년대부터 문화공생적 도시를 수용하고, 커뮤니티의 활동을 전개하며 포괄적인 정책을 개발하려는 구체적인 활동을 하고 있기 때문이다.(샌더콕 박사)

싱 부인에게 콜링우드 인보관은 캐나다의 생활을 위한 시발점이었고 그녀는 이제 콜링우드 인보관을 '태양 아래 나의 장소'라 묘사한다. 그녀가 캐나다에 도착했을 때 학사학위를 지니고 있었지만, 업무기술은 없었다. 아이들이 콜링우드 인보관의 탁아시설에 다니기 시작한 후에 그녀는 다른이에게 도움을 줄 수 있었다. 영어가 제 1언어이고, 힌두어, 판자브어, 우르드어도 유창하게 할 수 있었기 때문에 그녀는 곧 새로운 이민자들이 도시에 정착하는 것을 도울 수 있었다. 결국 그녀는 초기 아동기 교육에 대한 학위를 따고 콜링우드 인보관에서 전일제 근무를 하기로 결정하였다. 그녀의 남편은 자신의 사업을 가정으로 옮겨 그녀가 일하거나 대학수업을 듣는 동안 아이들을 돌봐줌으로써 그녀의 꿈을 지원하였다. 오늘날, 싱 부인은 새로운 이민자들을 도와주는

콜링우드 인보관의 가족 프로그램의 조정관이 되었다. 그녀의 남편은 수입사업을 운영하고, 인도에서 명문 사립학교를 다닐 수도 있었던 그녀의 아이들은 공립학교를 졸업하고 사이먼 프레이저 대학교를 졸업하였다. 27세 아들은 은행직원이고, 23세 딸은 캐나다 정부를 위해 오타와에서 국제개발에 관한 일을 하고 있다.

싱 부인의 아이들은 탁아시설에서 자원 및 청소년 업무를 보며 기관이 제공하는 리더십 훈련 프로그램을 수강하였고, 싱 부인은 자신의 아이들이 장성하도록 도와준 것에 대해 콜링우드 인보관에 감사하고 있다. '처음 10년 간은 이주한 것에 대해서 의구심이 있었어요.' 싱 부인은 자신의 딸이 특히 캐나다에서 자라나 혜택을 보았다고 주장하고 있다.

딸 아이의 사고에는 페미니즘이 담겨 있어요. 매우 강한 여자아이지요. 내가 캐나다 사람들에게서 발견한 것은 그들이 대체로 다른이에게 기꺼이 가르침을 주려 한다는 것이에요. 사람들은 인종차별 혹은 기회의 불평등도 이야기해요. 그러나 아마도 내가 운이 좋은 것인지, 인보관이기 때문인지 모르겠지만, 이곳은 인심 좋은 장소에요.[5]

이러한 발견은 앞에서 언급한 고든 올포트(Gordon Allport, 1954)의 연구로부터 시작되었다. 그는 접촉이 중요할 뿐만 아니라 접촉이 발생하는 맥락 역시 중요하다고 주장하였다. 집단 간 접촉의 긍정적인 영향은 네 가지 주요 조건, 즉 공통적인 목표, 집단 간 협력, 정부의 지원, 법 혹은 관습으로 특징되는 상황에서만 일어날 가능성이 높다. 게다가, 집단 간 비율이 균형상태에 이르게 되거나 여러 다른 집단이 존재하는 상황에서는 아이들이 인

종을 넘어선 우정을 쌓을 기회가 훨씬 증가한다. 인종을 초월한 우정형성의 기회가 증가할수록, 이러한 우정이 발생할 가능성이 증가한다고 제안한 '기회 가설'은 이제 주류를 이루고 있다.

놀랄 것도 없이, 이와 같은 연구는 미국과 본래 자신들을 백인/흑인의 양극사회로 생각하는 국가들에서 시작되었다. 그러나 보다 최근의 연구는 미국과 기타 지역의 학교에서 확대되고 있는 다양성을 주제로 다루고 있다.

한 연구(Joyner 와 Kao, 2000)는 학교 구성이 고등학생에 어떠한 영향을 주는지에 관심을 가졌고, 다른 인종 학생의 비율이 인종 간 우정을 나눌 기회의 기준이 될 수 있다는 것을 발견하였다. 인종 간 우정의 기회가 통제되었을 때, 히스패닉계 미국인들과 원주민 미국인들은 코카시안에 비해서 인종 간 우정을 나눌 가능성이 더 높았지만, 아프리카계 미국인과 아시아계 미국인들은 코카시안보나 인종 간 우정을 나눌 가능성이 더 낮았다. 학교 인종 구성의 관점에서 학생들이 인종을 넘어선 우정을 나눌 가능성은 다른 인종 학생의 비율이 증가함에 따라 증가하였다.

영국에서의 최근 연구(Bruegel, 2006)에서는 초기의 미국에서 발견된 많은 부분이 검증되었고, 다음과 같이 결론내려졌다.

- 초등학교에서의 우정은 다른 배경의 아이들과 친구가 될 수 있는 기회가 생긴다면 어디에서나 인종과 신념의 구별을 넘어설 수 있다.
- 이 연령대의 아이들은 학교에서 인종적 차이에 크게 신경 쓰지 않고, 친구들의 종교에 대해서도 의식하지 않는다.
- 혼합된 초등학교의 긍정적인 장점은 특히 서양 아이들에게 있어서 중등학교의 초기까지 확대된다.
- 혼재된 학교에서의 아이들의 경험으로 부모들도 다른 배경을 지닌 사람들을 존중하는 것을 배우게 된다는 증거가 일부 나타났다.

□ 아이들이 거부감에 반응하게 되면서 중등학교로의 전임과정은 행동과 인종 간 관계에 영향을 미친다.

□ 중등학교로의 전임과정은 또한 다른 어떤 것보다도 기존에 형성되었던 인종 간 우정을 분열시키는 경향이 있다

교실환경   원 숫자, 비율, 물리적 공존은 강력한 영향을 미치지만,(올포트가 처음 제안한 것처럼) 그 외의 영향을 주는 다른 요인이 존재하며 학교 내에서의 환경 역시 마찬가지다.

연구에서는 작은 학급 크기와 소규모 집단 내의 협력정신이 문화의 차이를 넘어선 더 큰 우정이 생겨난다는 것을 발견하였다.(Slavin와 Cooper, 1999)

학생들은 최대 3년까지 유지되는 혼재된 인종 '협력학습 팀'의 형성이 평등과 공통적인 목표에 기반한 이해를 구축하는 데 특히 유용한 것으로 여기고 있다. 학생들은 서로 이야기를 나누며 공부함에 따라 학술적 지식

●이문화 보듣기

노이타르제트니(Noitargentni): 코펜하겐에서의 교육을 위한 교외로의 탈출과 투쟁하기

1980년대 후반에 덴마크 정부는 부모에게 아이들을 위해 도시 안의 학교를 자유롭게 선택할 수 있는 권한을 주는 법률을 통과시켰다. 그 결과 덴마크 태생의 부모들이 백인 학생들이 다수인 학교를 선택하는 결과로 이어지는 양극화현상이 생겼고, 다른 학교는 80% 이상이 외국 태생 학생들로 이루어졌다.

코펜하겐의 뇌레브로 안(Indre Norrebro) 구역의 부모들은 백인 부모들에게 지역의 공립 학교에 머물러 줄 것을 설득하기 위한 목표를 가지고 네트워크를 출범하였다. 그들은 이를(integration, 통합의 철자를 거꾸로 쓴) 노이타르제트니(Noitargetni)라 칭한다. 모임의 주요 활동은 학교와 이웃 센터 내의 토론을 진행하고, 유치원을 방문하는 등의 부모들을 대상으로 선전활동을 펴는 것이다. 그 후 2년 사이에 점점 더 많은 백인 부모들이 자신들의 아이들을 지역 학교에 등록하기로 결정하면서 네트워크는 서서히 성과를 얻기 시작했다.

이 네트워크는 현재 정부와 지역의회의 지원을 받고 있으며, 그들은 코펜하겐 시 전역으로 활동이 확대되길 원했다. 불행하게도, 정부는 이제서야 부모들이 도시 경계를 넘어서 학교를 선택할 수 있도록 하는 새로운 법률을 도입하였다. 따라서 그들의 투쟁은 계속되고 있다.[6]

과 기술을 얻을 뿐 아니라 집단을 한정하는 공유된 문화적 전형을 구축하게 된다. 그들은 학생들 간의 관계에 가치와 의미를 부여하며 사회적 맥락을 설정하는 집단문화를 구축하고 있다. 그들은 이러한 문화적 전형을 성인기까지 가지고 갈 수 있을 것으로 희망하고 있다.

최근 몇 년 간 미국에서 진행된 활동은 National Mix It Up At Lunch Day(점심식사에서의 민족적 혼합)다.7 학교식당에서 모든 형태의 당파와 배척이 출현한다는 점에 착안하여 일 년 중 하루를 학생들이 자신들이 모르는 사람들과 점심을 먹도록 장려하는 것에 목표를 가지고 시작되었다. 2006년 11월에 이 활동은 1만 개 학교의 400만 이상의 학생들이 참여하게 되었다.

코메디아의 의뢰로 시작된 연구(Coles와 Vincent, 2006)에서는 레스터 도시 내의 학교 내 혹은 학교 간 문화적 통합을 구축하기 위한 실험의 영향을 평가하였다. 비콘 커뮤니티 결집력 개척 프로그램 연구에서는 학교에서 문화공생적인 이해가 구축되기 위해서는 창의성이 요구된다는 점이 발견되었다. 예술과 창의성은 문화공생주의를 개발하고 커뮤니티 결집력을 향상시키는 핵심으로 간주되었는데, 개인 및 공동체 정체성의 깊은 문제를 다루기 때문이다. 최선의 경우, 예술과 창의성은 젊은 사람들이 공통의 목표를 달성하기 위해서 타인과 함께 작업할 수 있도록 하며, 타인의 관점에서 세계를 바라보고 타인의 입장을 고려하도록 도와준다. 비록 하루 동안이지만 다른 지역의 사람들과 귀중한 관계를 구축할 수 있었고, 많은 경우 더 지속적인 관계로 발전되었다.

학교 결합 세계에서 널리 보급되고 있는 활동은 학교 간 결합 또는 연계다. 원칙은 동일한 자치도시 내에 위치한, 그러나 매우 다른 인종 수준을 지닌 두 학교가 협력활동 및 학생교류를 포함한 장기적 관계를 수립하도록 장려하는 것이다. 이는 일반적으로 각기 다른 학년의 한 학급 혹은 여러 학급의 학생들이 활동을 공유하기 위해서, 한 학기 혹은 일 년 간 일주

일에 하루나 한나절 동안 서로의 학교로 버스를 타고 간다.

주로 과학 혹은 지리와 같은 정규 수업활동이 포함되며, 종종 창의적인 대안활동, 모스크나 교회 혹은 시크교 사원과 같은 외부 장소로의 협동방문과 부분적으로 비경쟁적인 스포츠도 포함된다. 종종 학교 전체 혹은 부모들이 초대되는 최종 발표회나 공연에서 정점에 달한다.

올덤은 2000년에 이 활동을 처음 도입한 곳 중 하나로, 2001년에 인종 간 충돌로 소동이 일어났던 곳이다. 2001년의 다양한 민간소동을 조사하기 위해 영국 정부로부터 임명된 테드 캔들은 2006년에 올덤으로 돌아왔고, 백인과 파키스탄, 방글라데시 집단 간 분리와 불신을 극복하기 위한 5개년 진행 보고서를 제출하였다(Cantle, 2006). 그는 올덤의 학교 연계 프로젝트에 대한 연구를 보고서에 포함시켰다. 2000년 여섯 개의 초등학교로 시작한 프로젝트는 현재 올덤의 95개 초등학교 중 50개 학교와 7개의 중등학교로 확대되었다. 거의 4,000명에 이르는 어린이들에게 다른 사회·문화적 배경을 지닌 아이들과 만나 어울릴 수 있는 기회를 제공하였다. 캔틀(2006)은 다른 많은 학교들의 전형인 참여 초등학교 중 하나의 교육기준청 검사(라임사이드 초등학교 교육기준청 보고서, 2004년 2월)의 결과를 인용하였다.

> 학교 연계 프로젝트는 학생들에게 다양한 인종으로 구성된 지역 초등학교와의 긴밀한 연결을 제공해왔다. 이러한 관계는 두 학교의 학생 모두에게 커뮤니티의 문화적 다양성에 대한 인식증진을 돕고, 그 장벽을 붕괴하기 위한 협력활동에 참여할 수 있는 기회를 제공하였다.

그러나 캔틀은 진행된 프로젝트가 올덤 아이들과 청소년들의 태도에 어떤 영향을 미치고 있는지 판단하기는 아직 이르다고 덧붙였다.

그러나 지금까지 엄격한 평가대상이었던 학교 연계 프로젝트의 효과는 매우 효과적인 것으로 나타났다. 브래드포드에는 거의 22%의 흑인 및 소수 인종 인구가 있다. 초등학교 아이들의 59%는 혼합의 수준이 불균형적으로 낮고, 90% 이상의 아이들이 한 인종으로 이루어진 학교에 다닌다.

도시는 2001년에 학교 연계 프로젝트를 시작했고, 애니 로(Anni Raw, 2006)가 평가를 진행한 2005~2006년에는 61개 초등학교와 12개 중등학교의 1,880명의 학생이 참여할 정도로 급속하게 발전했다(확실히 낮은 기반에서 시작한). 프로젝트는 다양한 문화를 지닌 학생들 사이의 상호작용 수준 향상에 상당한 영향을 미쳤고, 프로젝트를 통해서 평균 2.6개의 새로운 교차문화적 관계가 만들어졌다. 표 5.3은 프로젝트의 광범위한 영향을 보여주고 있다.

그 외 연구에서는 다음과 같은 중요한 발견도 있었다.

□ 일반적으로 백인 학생들보다 흑인 및 소수 인종 학생들에게 더 큰 영향력을 미쳤다.
□ 4, 5학년 학생들에게 가장 큰 영향을 미치는 것으로 나타났다.
□ 도시 아이들은 시골 아이들보다 훨씬 더 적극적으로 반응한다.
□ 더 장기간의 연계에서 더 높은 영향력이 나타났다.
□ 사회-경제적 배경은 거의 영향력이 없었다.
□ 신앙에 기반한 혹은 세속의 학교에 있는 아이들 간의 영향에는 차이가 없었다.

표 5-3 문화적 친교

아동의 비율	이전	이후
상호문화교류의 친교가 없는	30	11
상호문화교류가 2 이상의	4	38
상호문화교류가 4 이상의	0	16
혼합된 친교에 대한 흥미가 전혀 없는	28	9
혼합된 친교의 발전에 열정적인	19	32

출처 : Raw(2006)

소수의 아이들은 문화적 혼합에 대한 반감이 높아지는 부정적인 반응도 나타났다. 이러한 발견은 부분적으로는 모든 아이들의 자신감이 높아졌고, 따라서 편견에 대한 견해를 표현하는 것에도 자신감이 증가한 것 때문일 수 있다.

또한 아이들의 선입견은 부모, 가족, 친구의 선입견과도 관련이 있었고, 특정지역에서의 극단적인 정치적 집단의 활동과도 관련이 있었다. 그러나 일반적으로 학교 연계 프로젝트는 브래드포드의 커뮤니티 결집에 특히 긍정적인 영향을 미치고 있었으며, 이것이 이를 지속하고 확대하려는 의도다.[8]

인근 지역 커클리스에서 교육 당국은 선생님이 아닌 성인들, 부모뿐 아니라 종종 커뮤니티에서 상당한 영향력과 네트워크를 지닌 사람들인 비교습 직원들과 방과시간 조교들의 참여를 통해서 학교 결합의 커뮤니티 결집력에 대한 잠재력을 확대시키고자 하였다(Herrick, 2006). 참여할 부모들은 이러한 활동(소수이기는 하지만)을 잘 수용하였다.[9] 커클리스에서는 아이들로 하여금 일상적인 공간을 넘어선 생각의 장려를 위해 예술과 창의적인 활동에도 많은 투자를 하였다.[10] 이는 레스터의 학교교육과 커뮤니티 결집력에 관해서 코메디아에 의뢰로 진행되었던 이전 연구결과와 유사한 것이다.(Coles 와 Vincent, 2006)

그러나 모든 학교가 결합에 대해서 열성적인 것은 아니다. 아이렌 브루겔(Irene Bruegel, 2006)은 부분적인 의미가 있지만 일시적인 참여를 제공하는 계획은 그 가치가 제한될 뿐이라고 주장한다. 올덤 프로젝트에 대해 논평하면서, 그녀는 관찰내용을 다음과 같이 서술하였다.

어떤 학교의 교장은 무어사이드 마을의 아이들이 대학진학을 위해 고등학교에 가기 전까지 아시아인을 만난 적이 없었을 것이라고 언급했다. 그는 학교에서 혼재된 인종의 아이들이 접촉을 통해 이득을 얻었다고 생각했다. "아이들은 활발한 상태로 도착했어요. 사람들이 '그들에게 의미 있는 것들에 대해 이야기'하고 있었기 때문이죠. 그러나 마을의 아이들은 자매 학교를 '아시아계들이 다니는 학교(Brown school)'라 불렀어요. 그들은 이름을 발음하기 어려웠기 때문에 아이들의 이름을 전혀 기억할 수 없었어요. 또한 아이들의 방문은 외곽 지역에서의 방글라타운에 대한 기금모집에 실패하고 있다는 백인 부모들의 불평을 누그러뜨리는 데 도움을 주지 못했어요. 백인 커뮤니티의 아이들은 도심의 지역 학교를 부러워했지만, 자매 학교로의 소풍은 자신들과 자신들의 관심사 밖의 일처럼 취급했어요. 결합은 학교에 '점수'를 올려주기는 했지만 단지 매우 피상적인 태도의 변화를 만들었을 뿐이었어요."

브루겔(Bruegel, 2006)은 아이들 간의 일상적 접촉이 학교 결합이나 스포츠 행사보다 커뮤니티 간의 장벽을 무너뜨릴 가능성이 훨씬 높다고 믿었다. 그녀는 이미 양극화되어 있는 학교에만 집중할 것이 아니라, 지금은 혼재되어 있지만 향후 양극화될 수 있는 훨씬 더 많은 사람들에게 집중해야 한다고 주장한다.

만약 정부의 목적이 잠재적 갈등을 해소하고 문화공생적으로 자신 있고 유능한 새로운 세대의 아이들을 키우는 것이라면, 정부는 균형잡힌 인종적 혼합이 공간적 정치에 의해 인종적 양극화로 변모될 수 있는 많은 학교에 초점을 두어야 한다. 학교에서의 분리가 주변 지역보다 더 현저하다는 증거가 이미 존재하기 때문에 이는 보다 실제적인 문제다(Burgess et al., 2005). 게다가, 영국의 교외와 시골의 백인 학생만 다니는 학교는 문화공생적 기술과 인식의 향상을 우선시해야 한다.

어떤 관점에서 봤을 때, 올덤, 번리와 브래드포드와 같은 지역에서(Ward, 2003) 분리과정은 접촉이론을 적용하기에 너무 많이 진행되었지만, 여러 정책이 엄격하게 적용되지 않으면 더 분열될 수 있는 지역에 일종의 경고의 역할을 한다. 집단이 물리적으로나 기관적으로나 지나치게 분리되어 있어 그들이 절대로 마주칠 수 없는 상황일 때 집단 간 관계를 어떻게 장려할 것인지는 여전히 말썽 많은 문제로 남아 있다. 아마도 이러한 문제에 답하기 위한 가장 논쟁적인 시도는 1970년대 미국에서의 '강제 버스통학' 실험이었다.

당근 혹은 채찍 미국 교육현장[11]에서의 점진적인 차별제도 폐지, 시민권 운동과 1960년대의 진보적인 도시정책은 사회적 기회의 평등 확대와 함께 학교의 인종구성에 전면적인 변화를 야기하였다.

기존의 많은 지역학교는 단일문화로 엄격하게 분리되어 있었고, 따라서 인종적 활동을 하지 않고는 타인종과 접촉의 여지가 없었다. 커뮤니티가 학교에서의 인종차별을 폐지하기 위해서 실행한 방법 중에 흑인 학생들을 백인 학교에 강제로 통학시키는 것이 있었다. 흑인 학교는 더 빈곤한 지역에 있고 재정이 열악한 곳이 많았기 때문에, 흑인 학생들과 백인 학생 간의 균형이 달성되기 전까지 흑인 학생들을 백인 학교로 통학시키는 것은 합리적으로 보였다. 1969년 버지니아 주 샬롯에서 시작되었으며, 향후 이러한 정책이 국가 전역의 많은 지역으로 확대되게끔 법원의 명령이 내려졌다.

강제통학은 진정한 차별폐지를 이루는 것이 얼마나 어려운가를 보여주는 예다. 이러한 조치가 법률제정에 의해 시행되었다는 느낌은 흑인이나 혹은 백인들에 의해서도 잘 받아들여지지 않는다. 많은 대도시에서 인구가 (따라서 학교도) 주로 백인으로 구성된 교외로 충분히 이주할 수 있는 백인들은 도심지역의 학교를 떠났고, 백인 학생수는 감소하였다.

1974년 밀리켄 대 브래들리(Milliken v. Bradley) 사건은 교외 학생들을 백인학생들이 소수인 도심지역의 학교로 통학시키도록 제안함으로써 나타난 '백인 이탈'의 문제와 관련된 것이다. 그러나 미연방 대법원은 교외지역 학생들이 도심지역 학교의 인종분리계획 폐지에 이용되어서는 안 된다고 판결하였다. 백인 이탈은 계속되었고, 남겨진 사람들의 대부분은 빈곤하거나 혹은 노동계급이었기 때문에 도시의 세금기반은 더욱 약화되었다. 도시는 더 빈곤해졌고, 교육비용의 지출도 더 줄어들었다. 그리고 이주할 수 있는 능력이 있는 흑인 및 다른 소수자들 역시 이주를 택했으며 도심 인구는 통계적으로 더 빈곤해졌다. 20세기 말 즈음에 미국의 많은 대도시들은 이전보다도 더 인종적으로 불균형적인 상태였으며, 유지보수, 기본적인 지급품, 더 많은 선생님을 위한 재정지원이 절대적으로 필요했다. 평등은 강제를 통해서가 아니라 기준을 높이고 선택을 확대시킴으로써 더 잘 달성될 수 있다는 일반적인 인식이 생겨났다.(Rossell, 1990)

교육적 인종분리의 가장 극단적인 형태에 대해 어떤 조치를 취할 것인지에 대한 논쟁은 계속되고 있지만, 학생 구성이 혼합된 학교에서 더 활발한 상호작용이 일어나고 이를 통해 다양한 이점이 생겨난다는 증거가 점점 늘어나고 있다.

다른 인종의 친구를 지닌 아프리카계 및 백인계 학생들 모두 단일한 인종의 친구들을 가진 학생들보다 더 높은 교육적 열망과 성과를 보여주었고(Hallinan & Williams, 1990) 특히 소녀들에게서 많은 인종과의 교차적 우정은 더 높은 사회적 능력향상과 관계가 깊다는 것(Hunter & Elias, 1999)이 연구를 통해 밝혀졌다.

또 다른 연구(Home et al., 2005)에서는 인종적으로 혼재된 고등학교의 성인 졸업자들에게 학교 인종분리 폐지정책이 미친 장기적 효과를 살펴보았고, 그들이 인종과 인종적으로 다양한 사회에서의 삶에 대한 현재의 이해에 학교 경험이 미친 영향에 대해 분석하였다. 242명의 면접 대상자 가운데, 거의 대부분이 고등학교 경험으로 인해서 인종적으로 다양한 사회에서의 생활에 더 잘 대비할 수 있었다고 이야기했으며, 모든 사람들이 다른 배경을 지닌 사람들에 대해 더 잘 이해할 수 있게 되었고, 인종이 혼합되어 있는 상황에서도 더 편안함을 느낄 수 있게 되었다고 이야기했다. 많은 이들이 교육과 수업의 가장 어렵지만 보람 있는 측면으로써 고등학교에서의 인종을 뛰어 넘는 경험의 중요성을 강조하였다. 그들은 이러한 경험이 문화공생적 교과과정이나 학생 교류 프로그램만으로는 달성될 수 없다고 진술하였다. 오히려, 이러한 통찰은 인종적으로 다양한 학교에 다니는 일상적인 경험을 통해 얻을 수 있었다. 이러한 경험의 관점에서 봤을 때, 저자들은 공립학교에서의 다양성을 조성하기 위해 고안된 정책으로부터 이전의 정책으로 돌아갈 필요가 있다는 것을 인지하였다.

직장

인종분리 폐지와 통합과 관련된 이해 및 정책활동의 대부분은 두 가지 영역, 즉 지역과 교실에 초점을 맞춰왔다. 엄청난 양의 재원과 간절한 바람이 이 두 장면으로부터 더 조화로운 사회를 구축하는 데 투자되었지만 결과는 매우 실망스럽다.

거의 인지되지 못했지만 삶의 주요한 영역 중 하나인 직장은 높은 수준으로 증가하는 인종적 접촉과 통합을 보여주고 있다.

《함께 일하기: 직장에서 인종 문제 넘어서기(Working together: Crossing Colour Lines at Work)》에서 신시아 에스툴룬드(Cynthia Estlund, 2005)는 두 가지를 제안했다.

> 첫째, 전형적인 직장은 일상에서의 건설적인 사회성과 협동의 온상이며 가장 친근한 상호작용의 장이다. 둘째, 직장은 성인들이 타인과 상호작용하는 모든 장소 중에서 인구통계적으로 가장 다양할 가능성이 높다. 여전히 매우 분리되어 있는 사회에서 많은 직장인들이 인종이 다른 타인과 규칙적으로 교제할 가능성이 가장 높은 장소가 직장이다.

그녀는 다양한 형태의 시민참여는 이미 많은 선진국에서 쇠퇴되었을지 모른다고 주장하면서 퍼트남(2000)12의 의견을 따른다. 그녀는 많은 지역과 학교통합 프로그램이 더 강력한 사회 저항세력에 의해 제압되었을 수 있다고 지적한다. 얄궂게도, 아마도 가장 강력한 힘을 지닌 선택에 대한 개인의 자유마저도 분리문제에 대해 무기력하게 자신의 손을 들어 쥔 자국 정부에 의해서 강하게 제지당하고 있다. 과거의 노동시장은 분리의 모든 특징을 보여주었지만, 최근에는 훨씬 더 인종적으로 다양한 장소가 되었다. 그녀는 사람들에게 누구와 친밀하게 일하는지를 생각해보라고 요청했고, 백인 미국인들의 63%가 적어도 한 명의 흑인 동료라고 대답하였고, 이 비율이 250명 이상의 직원을 지닌 회사에서는 90%까지 상승한다는 사실을 인용하였다(Hellerstein과 Neumark, 2003). 이러한 결과는 호주인의 56%가 직장에서 다른 배경을 지닌 사람들과 많은 접촉을 한다는 연구에 의해서도 확인되었다(Ang et al., 2002). 이는 모든 신신국의 증가하고 있는 다양성, 사람들의 삶에 있어서 높아진 직장의 중요성, 직장이 차지하는 순수한 시간뿐 아니라 정체성 형성에 차지하는 정도 등을 고려해봤을 때, 놀랄 만한 일도 아니다.

일부 직장에서는 업무에서의 접촉이 업무 외에서의 관계를 야기할 수 있다는 증거도 존재한다(Houston et al., 2005). 예를 들어서, 미군의 백인 남성은 민간인 백인들에 비해 흑인 여성과 결혼할 가능성이 8배 높고(Heaton과 Jacobson, 2000), 군대에 종사하는 백인 여성은 민간인 여성들보다 흑인 남성과 결혼할 확률이 7배 높다(Fadey, 1999). 군대가 지목된 점은 중요하다. 삶의 어떠한 영역에서보다도 군대는 집단적 노력과 상호의존, 공식적이고 매우 엄격한 규정과 집행의 일사불란한 과정으로 특징지어지는 영역이다.

이런 에스틀룬드(Estlund, 2005)의 이야기는 왜 직장에서 통합이 현저하게 잘 이루어지는지를 설명하는 단서가 될 수 있다.

대부분의 사람들은 일을 해야 할지, 그리고 일단 일을 하면 매일 누구와 일을 할지에 대해서 선택할 수 있는 것이 거의 없다. 동료 간의 상호작용은 종종 관리자에 의해 규칙, 역할, 업무, 규율 등을 강요당하며, 그 위협은 경제적 힘과 필요에 의해서 만들어진다. 게다가 법령은 직장의 구성과 기관의 처우 등 많은 측면을 규정한다.

몇 십 년 간, 노동시장과 직장의 법률은 차별을 금지하고 편견을 단념시켜왔다. 상호 회피는 여전히 미국 지역 전역과 학교에서는 일반적이었지만, 사무실, 가게 혹은 도매점에서는(다양성 의제를 위한 기업 사례를 추구하는) 관리자가 협력을 요구하거나 혹은 장려하였고, 나아가 모든 사람들에 의해 크게 환영받았다.

미국에서는 분리로 극복한 주목할 정도로 통합된 직장이 만들어졌으며, 미국 외의 지역에서도 이것이 보편적인 현상이라는 증거가 존재한다. 우리는 싱가포르가 지역과 주거정책을 통해서 인종 간의 통합을 시행하는 모든 조치를 취함으로써 매우 낮은 수준의 집단분리를 달성했다는 것을 주목하였다. 그러나 사회적 네트워크 형성에 관한 최근 연구에서는 중국인, 말레이시아인 및 기타 나라의 인종 간 우정의 60%가 직장에서 발생한 것이고, 이웃 지역에서 기원한 우정은 12%뿐이란 것을 발견하였다.(Appold & Chua, 2006)

또한 인종 간 의심이 폭력과 전쟁으로 분출되는 지역에서조차 직장은 치유적 속성을 지니고 있다는 증거도 있다. 사라예보의 보스니아 내전 여파에 대한 연구(Pickering, 2006)는 지독한 충돌을 겪은 세 진영 모두의 개인들이 함께 일함으로써 친숙함과 신뢰를 재구축한 많은 사례를 발견하였다. 연구(Pickering, 2006)에서는 함께 일하면서 보스니아 회교도인과 관계를 회복하게 된 세르비아 여성의 사례를 인용하였다.

그녀는 그녀의 보스니아 회교도 동료 아니사를 친구라고 언급하지는 않았지만, 아니사와 함께 영화도 보고 그녀에게 아이들에 대한 이야기를 털어 놓는다. 그들은 전문직과 자녀양육과 같이 일상에서 일어나는 동일한 관심사를 가지게 되었다. 동료와의 화합을 표현하기 위해 전쟁 동안에 포격받은 자국이 선명한 사무실에 창밖을 응시하는 자신과 아니사가 나온 1994년 신문의 사진을 붙여놓고 전쟁 동안에 함께 일한 경험을 의기투합해보자고 제안하였다. 직장에서 아나의 관계는 심리적으로 지지를 보내고 그녀가 실제적 문제를 해결하도록 도와준다. 상호 신뢰, 사무실 밖에서 함께 보낸 시간, 그리고 사진은 아나와 아니사가 상당한 정도의 유대감을 지니고 있음을 보여준다.

직장은 인종적 장벽을 넘어서는 장소로써 분명 전 세계 사람들에게 중요하지만, 그 중요성이 동일한 것은 아니다. 자신들을 인종적으로 편견을 지니지 않은 사람이라 인식하는 프랑스와 미국의 노동계층을 대상으로 한 흥미로운 연구에서, 사람들은 '우리는 모두 잘 어울려야 해'라고 동의하는 동일한 종점에 도달하기는 하지만, 직장의 중요성을 포함해 매우 다양한 이유로 이를 정당화한다는 것이 명백해졌다(Lamont와 Aksartova, 2002). 대체적으로, 흑인과 백인 미국인들은(존중으로 해석되는) 동일한 정도의 돈을 벌게 해주고 유사한 방식으로 외출하고 소비할 수 있는 돈을 주기 때문에 직장이 인종적 평등화에 긍정적인 역할을 한다고 생각하였다. 직장은 또한 다른 인종적 배경을 지닌 사람들이 동일한 수준의 능력을 표출하게 하고, 또한 상호존중을 획득할 수 있게 한다. 반면, 프랑스 노동자들은 백인과 머그레브 지역 사람들 모두 구입과 구매력을 평등의 지표로 여기지 않았다. 프랑스 사람들은 인종적 혹은 문화적 차이를 초월하는 노동운동의 결속을 보다 중요한 것으로 언급했다.

이슬람교도들은 또 다른 견해를 취하였는데, 직장을 선량하고 열심히 일하는 같은 인간으로서의 자신의 도덕적 특성을 보여주는 수단으로 간주하였다. 다양한 국가·종교·인종적 배경을 지닌 이러한 국제적 노동계층들을 특징짓는 한 가지 요인이 있다면, 그것은 바로 아무도 차이를 찬양하는 문화공생주의적 세계에 대해서는 열중하지 않고, 다만 자신들의 반인종주의 견해를 인간의 동질성의 근본적인 요소로 간주한 점이다.

직장을 조화와 평등의 이상적인 곳 혹은 나머지 사회의 모델로 주장하는 것은 순진한 생각일 수 있다. 그 이유로는 첫째, 사람들이 직장에서 개별적으로 잘 지낸다 할지라도 그들은 개인일 뿐이고 이러한 관계가 더 크고 복잡한 사회에서의 집단태도와 행동에 영향을 미칠 것이라는 생각은 무리가 있다. 단순작업을 하는 패스트푸드 판매점과 같은 잘 조직화되지 않은 곳에서도 긍정적인 공생의 사례가 있지만(Newman, 1999), 문화 간 혼합의 더 큰 경향성은 더 큰 조직하에서 더 높은 수준의 교육과 전문성을 지닌 직원 사이에서 존재한다고 연구결과는 나타냈다. 아직 예전 노동시장의 흔적도 남아 있으며, 심지어 더 분리되고 있을지도 모른다. 미국과는 반대로, 서유럽의 파키스탄인 택시 운전사 혹은 방글라데시인 음식점과 같은 '인종적 경제'는 자신들의 생존을 잠재적인 기업가의 충동에 기대지 않았고 실제로 주류 노동시장에서의 배척도 심각해지고 있다(Rath & Kloosterman, 2000; Wrench와 Modood, 2000). EU의 확대로 동유럽의 수천 명의 노동자들은 영국, 네덜란드, 프랑스인들이 원치 않는 빈 일자리를 채우기 위해 서쪽으로 이주하였다. 그러나 폴란드 사람들이 케임브리지셔의 당근농장에서 영국 노동자와 친구가 될 가능성은 거의 혹은 아예 없어 보인다.

직장은 평등을 기반으로 상호작용하는 만남의 장이 아니며, 모든 이들이 백인들의 지배적인 문화가치에 적응하도록 하는 장소라는 주장도 나타나고 있다. '백인성(whiteness)'에 대한 비평에서는 소수자의 분리로부터 시점의 전환을 시도하고 있으며, 주류 백인들이 자신들의 행동방식을 유지하고 재생산하고자 하는 사고방식에 대해서도 마찬가지다.

첨단기술의 창조적인 산업은 보편적으로 차이가 용인되기보다는 환영받는 새로운 세계주의적 흐름의 일부로 간주되고 있고, 많은 사람들은 다양성이 그 성공의 근간에 있다고 주장한다(Saxenian, 1999). 한 연구에서는 미국 서부 해안의 소프트웨어 산업단지에 위치한 전형적인 후기 인종적 커뮤니티를 선택하여 정밀하게 조사하였다. 메레디스 레트만(Meredith Retman)은 이러한 '창의적 계층' 산업이 과시하고 있는 모든 흑인, 황인, 백인 동료들에게 수용된 문화공생적인 행동과 문화적 가치체계는 백인 학교에서 교육받고 백인 지역에서 자란 소년의 가치체계일 것이라는 느긋하고 매우 자유주의적이며, 유연성이 없는 가정에 근거하고 있다고 주장하였다. 그녀는 이러한 직장에서의 '다양한 인종의 사라짐(color blindness)'이 음식 혹은 음악과 같은 피상적이고 이국적인 문화공생주의만을 남겨두는 인종적 정치의 '백색화'에 기반하고 있다고 주장한다.

일터는 임금근로의 적절한 공급이 있을 때 문화 간 제휴를 위한 더 생산적인 장소가 될 가능성이 높다. 노동력이 부족한 시기 혹은 임금이 하락할 때 노동시장이 잠재적인 갈등 혹은 분리의 장소가 될 수 있다는 우려도 있다. 2001년 영국의 인종폭동이 쇠락의 길을 걷고 있던 직물산업에 기반한 북부마을 세 곳인 브래드포드, 번리, 올덤에서 발생한 것은 우연의 일치가 아니다. 산업이 죽음의 고통에 허덕이던 1960년대와 1970년대에 파키스탄인과 방글라데시 이민자들은 영국의 제조공장으로 이끌려 들어왔다. 역설적이게도 산업이 쇠락하는 것보다 더 빠르게 직무 공백이 많아진 것은, 산업의 전통적인 백인 노동계층이 탈출하였기 때문이다(Law, 1999). 백인 노동자들이 일자리에 남아 있는 시간대에 직장의 분리가 나타나기 시작하였고, 이민자들은 야간업무를 주로 맡고 백인들은 주간업무를 맡았다. 이러한 배치는 직장의 상호작용을 전혀 높이지 못했고, 일감이 줄어들고 폐쇄가 계속될 때, 부족한 일거리에 대한 경쟁이 공동체 간 적의와 투쟁을 야기하였다.

전반적으로 미국, 호주, 싱가포르에 비해서 영국 혹은 유럽에서는 공동체의 관계에서 직장이 미치는 역할에 대해 거의 주목하지 않았지만, 2001년 폭동 이후로는 적극적인 검토가 시작되었고 이에 관한 주목할 만한 참고문헌도 있다. 브래드포드 리뷰(Bradford Review)(Ouseley, 2001)는 직장을 구체적으로 커뮤니티 결집력을 재구축하는 주요한 장소 중 하나로 언급하였다. 그리고 '일터를 위한 행동적 기능체계'의 설립을 권고하였다. 그 역할은 다음과 같다.

- 영국의 문화공생적 커뮤니티의 다양한 문화, 신념, 필요, 기여, 업적 및 열망에 대한 지식과 이해에서 비롯된 관련 기술과 경험에 대한 정당한 인정 제공하기
- 고용의 요구조건에 '문화공생적 커뮤니티에 대한 지식과 경험'의 능력평가 공정성을 명백히 적용시키고, 면접, 증거 제공, 평가, 활동 및 다른 선별작업을 통해서 이러한 능력의 검증
- 기관의 모든면에서 건강하고 경쟁적이며 팀 협력적인 환경에서 타인과 근무할 수 있고, 운영목표 및 기준과 관련된 양질의 업무를 수행할 수 있는 유능한 문화공생적 인력의 확보
- 행동의 기준이 최선의 직업실행과 일치하게 하고 사람들에게 지식, 보다 관용적인 태도, 커뮤니티에 대한 상호존중의 격려와 강화
- 모든 배경의 사람들에 대한 동등한 기회와 공정한 대우를 부인하는 차별적이고 억압적이며 수용할 수 없는 직장관행의 철폐

최근의 일부 연구에서는 많은 미국인들이 통합과 분리 사이에서 일상적 변화에 기반한 삶을 살고 있다는 것이 목격되면서 시간요인도 고려할 필요가 있다고 제안하였다. 그들은 낮 동안에는 다민족적인 업무환경에서 상호교류하다가 밤에는 단일문화의 거주지역으로 돌아간다(Ellis et al., 2004). 이

에 관해 엘리스 등(Ellis et al., 2004)은 다음과 같이 결론내렸다.

> 만약, 우리가 추측한 대로, 직장과 분리된 지역을 벗어난 다른 공간에서의 인종 간 접촉이 인종 간 결혼비율의 급상승을 촉진한 것이라면 최종적인 거주공간의 분리 폐지의 기본 또한 마련되어야 할 것이다. 인종을 넘어 결합된 가족은 어딘가에는 살아야 하고 또한 이들의 수가 증가하고 있기 때문에 그들은 가족 내의 결합으로 지역분리의 철폐에 상당한 영향을 발휘할 것이다.

간과되어서는 안 되는 한 가지 요인이 있다. 그것은 바로 노동시장의 참여에 관한 다른 집단 간 불일치다. 2003~2004년에 영국의 백인 고용비율은 75.6%였던 반면, 백인이 아닌 사람들의 고용비율은 단지 58.4%였다. 유럽이 다른 지역도 크게 다르지 않다. 이러한 현상을 설명할 수 있는 다양한 경제·문화·인구통계학적 이유가 있지만, 이러한 불일치는 사람들이 직장에서 어울릴 수 있는 정도에 영향을 미친다. 일부 지역에 따른 중요한 차이도 나타났다. 런던 자치구 서튼에서 백인이 아닌 사람들은 백인에 비해 노동시장에 있을 확률이 높았다(80.6% 대 79.6%). 반면, 타워 햄릿츠 런던 자치구에서는 백인의 고용률이 52.5%였고, 백인이 아닌 이들의 고용률은 33.4%에 불과해 차이가 19.1%에 이르렀다. 그러나 수도 밖의 일부 지역에서는 이러한 불일치가 훨씬 커져 브래드포드는 22.6%, 프랫번은 26.4%에 달했다.(Turok et al., 2006)

직장의 역동적인 문화공생적 참여현상이 증명되었다는 사실에는 의심의 여지가 없으며, 이는 사회 전체에 걸쳐 더 많은 참여를 향해 어떻게 나아가야 할지에 대한 단서를 제공한다. 군대에 대한 논의에서 우리는 사람들이 위계적으로 부과된 규정체제가 있고 개인적 처벌의 위험이 있거나 혹은 단결하지 못했을 때 전투상황에서 생명의 잠재적 손상을 야기하는 집단적인 실패가 있는 상황에서만 진정으로 화합할 수 있다는 결론을 내릴 수도 있다. 법적 강제가 의심할 바 없이 일반적인 직장에서의 편견과 회피를 제거하는 데 역할을 해왔지만, 상호 배움, 존중 및 신뢰의 동력으로 한 집단적인 노력과 공통적인 목표설정이 가지는 긍정적인 역할이 더 강조되어야 한다. 직장은 문화 간 응집력을 유지하고 구축하는 데 강력한 역할을 지니고 있으며, 따라서 영국과 유럽의 다른 지역에서 직장에 전혀 관심을 주지 않는 것은 이상하고 걱정할 만한 일이다. 다음은 문화의 몇 안 되는 참고사항 중 하나다.

> 우리는 직장이 사실 사람들이 비공식적인 네트워크와 관계를 개발하고, 업무 공동체 더 나아가서는 사회의 가치와 규준에 노출되는 환경으로써 중요하다고 주장한다. 따라서 직장은 사회적 자본이 형성되고 자리잡고 유지되는 중요한 장소라고 할 수 있다. 우리는 사회자본의 수준을 고려할 때 연구, 정책, 실행에서 직장을 좀더 심각하게 다루어야 한다고 제안한다.(Grenier & Wright, 2006)

시장

문화공생적 무역의 역사 선사시대 인류의 첫번째 이주는 새로운 땅과 자원을 찾고 경쟁자와 다른 부족의 경쟁으로부터 자신들을 분리하기 위한 필요에 의한 것이었다. 그것은 문화가 굳건해지고 농업 및 직공 경제를 구축하게 되면서 무역을 하기 위해 자신들과 다른 공동체를 찾기 위해 시작되었을 가능성이 높다. 또한 소금이나 부싯돌과 같은 세속의 필수품을 찾기 위한 것일 수도 있고, 이국적인 상품과 서비스로 고위계층의 생활양식을 강화하기 위한 것일 수도 있다. 문명사회는 무역에 매력을 느꼈다. 우리가 현재 장거리 상업으로 알고 있는 활동은 화폐보다 상당히 앞서 존재하였고 무려 15만 년이나 지속되어 왔다.(Watson, 2005)

문화공생적 무역의 수준과 유형은 역사 만큼이나 그 정도도 다양하다. 페니키아, 그리스, 로마 시대에는 지중해에 걸친 광범위한 무역활동이 나타났고, 바이킹들은 야심찬 대륙 간 무역항로를 구축하였다. 색다르고 친숙하지 않은 문화에 접근하려는 이러한 경향은 뤼베크에 기반한 한자동맹을 구성하고 있는 도시나 베니스와 같은 상업도시 국가의 출현으로 더 체계적으로 변모하였다. 사실 문화공생 간 접점의 역사적 사례 중 흥미 있는 부분은 중국으로의 니콜로와 마르크 폴로의 여정과 몽골제국 황제 쿠빌라이 칸의 왕실일 것이다(Lamer, 1999). 이러한 유명한 여정들이 유럽식 관점에서 이야기되고는 있지만, 많은 문화들은 외국과의 교류를 통해 영감을 공유하였다. 그 예로 세계를 항해한 것으로 전해지는 중국 명나라의 제독인 정화(Menzies, 2002)와 14세기 위대한 이슬람 탐험가 이븐 바투타(Ibn Battutah)를 생각해보자.(Mackintosh-Smith, 2003)

개념으로서나 물리적인 공간으로서 시장이 문화공생적 교류에 대한 이해의 중심이었다고 말하는 것은 사실과 다르다. 사실, 사람들은 무역을 통해서 이윤과 새로움을 창출하고자 하는 것이 다른 인종의 사람들과 의미 있는 접촉을 하려는 주요한 동기라고 말할 수 있을 것이다. 교차문화적인 인종이 친구가 되고 연인이 되는 것도 다른 본능적인 동기가 될 수도 있지만, 무역은 다양한 측면에서 만남의 중요한 지점이다.

역사 속에서(여전히 오늘도) 시장은 사람들이 외향적으로 자신과 확연히 구별되고 다르게 이야기하고 옷을 입으며 일상적이지 않은 문화적 상품과 경험을 제공하는 사람들을 처음으로 접하게 되는 장소다. 시장에 대한 생각은 이제 매주 지정된 날에 소수의 물품을 함께 모아 놓는 장소를 훨씬 넘어서게 되었다. 시장은 이제 대중매체와 통신기술의 확대를 통해서 공간·시간적 제한이 약화되었다.

우리는 '장소'를 넘어서 진보된 세계 자본주의의 현 무대에 대한 경제적이고 문화적인 개념으로서의 '시장'을 탐구하기 위해 우리의 연구를 확대하여 몇 가지 신호들을 살펴볼 것이다.

본질적으로 우리는 다양한 사회적 혹은 문화적 교류뿐만 아니라 판매자와 구매자 간의 물리적인 접촉, 상품과 화폐의 교환이라는 유서 깊은 전통을 살펴보고자 하였다.

어떻게 하면 사람들이 돈을 내놓을지, 혹은 더 내놓도록 설득할 수 있을지에 대해서는 많은 연구들이 존재한다. 사회과학은 또한 판매자와 구매자 간에 발생하는 친밀한 상호작용(혹은 전문적인 용어로 '서비스 접점(service encounter)')의 속성뿐 아니라 앞의 현상에 영향을 미치는 심리·문화적 요인을 자세히 관찰하여 왔다. 그러나 인종과 민족성의 관계에는 주의를 덜 기울였으며, '문화공생적 서비스 접점'에도 그다지 주목하지 않았다. 이러한 기존의 문헌들을 살펴보고 나서 결론을 내릴 수 있었다.

이것이 중요한 이유는 다양한 민족성을 지닌 사람들이 함께 살지 않을지라도, 혹은 학교를 함께 다니지 않을지라도 최소한 도시의 상업 혹은 서비스 교류의 형태, 즉 조간신문을 사는 곳에서부터 어떤 다른 정기적인 혹은 간헐적인 경험을 통해서 '타인'들과 마주칠 가능성이 높기 때문이다. 이는 사소해 보일지 모르지만, 많은 이에게는 문화를 넘어선 유일한 교류일 수 있다. 마찬가지로, 어떤 이들에게 이는 더 중요한 의미를 지닐 수 있다. 이러한 만남이 삶의 다른 태도나 행동에 강하게 영향을 미치고, 이를 통해 의견이 형성되고 편견이 확정되거나 혹은 증발될 수 있다는 것은 의심할 여지가 없다. 이러한 만남들은 우리가 알고 있는 것보다도 훨씬 더 중요하다.

현대 소매업의 속성 현대 소매업의 복잡하고 정교한 속성에 대한 개관은 우리에게 쇼핑이(그랬던 적이 있다면) 더 이상 통화와 물품의 단순환 교환으로 간주되지 않는다는 것을 상기시켜 주었다. 우리는 여전히 음식, 의류, 안식처와 연료에 대한 기본적인 요구를 충족시켜야 하지만, 이는 우리에게 주어진 시간과 활용할 수 있는 수입의 적은 부분을 차지할 뿐이다. '욕구 위계'에 대한 매슬로우(Maslow, 1943)의 개념을 살펴보면, 소비자들은 점차 비본질적인 물품과 서비스에 관심을 가지며, 이들 중 내재적 본질이 차지하는 부분은 거의 혹은 전혀 없다. 이들은 제공업체와 소비자가 그에 투자하는 상징적 가치를 통해 매력적인 것이 된다.

가치는 이제 원자재나 제조비용에는 기반을 덜 두고 있으며, 점점 더 상징적이고 심미적 판단에 기반을 두고 있다. 사회·문화적 가치는 경제적 가치와 나란히 성장하고 있으며, 사실 기존의 가치와 다양한 가치는 서로 얽히게 된다.

가격과 가치의 계산을 넘어선 요인이 작용하게 되면서 소매업자, 브랜드와 고객 간의 관계속성이 변화하고 있다. 모든 시내 중심가에서도 사람들이 소비자로서의 선택과 구매(혹은 두드러지는 비소비)를 통해서 자신들을(개인으로서 또한 집단의 일원으로서) 동일시한다는 것을 알 수 있다. 소매업체들은 이러한 정체성을 이해하고 공감할 필요가 있다. 이는 고객들이 어느 정도 소비할 수 있는가를 아는 것만큼이나 중요하다.

사회적 연계로서의 쇼핑 소매업체가 재정적 교류와 관계의 가치를 균형 잡는 정도는 크게 네 가지 유형으로 정리되고 있다. 이는 소매업체들의 사회적 연계의 가능성을 제공하는 정도를 보여주며(Remy와 Kopel, 2002), 상점 혹은 각종 체인점들은 다음의 범주 중 하나에 해당되게 될 것이다.

- □ **실용적 가치화** – 이러한 기업은 상거래에 대해서만 신경쓰며 다른 것에는 관심을 두지 않는다. 극단적인 할인점이나 그 정도가 덜한 일부 슈퍼마켓이 해당된다.
- □ **기능적 가치화** – 은행과 같이 자동인출기를 설치함으로써 고객과의 '무익한 접촉'은 제한하려고 하면서 동시에 자신들에게 가치를 가져

오는 보다 친밀한 접촉을 위해서는 좁은 공간을 활용하는 등 접점의 관계를 중시한다.
- **쾌락주의 가치화** – 쇼핑은 그 자체로 여가활동이 된다. FNAC와 세포라 혹은 나이키타운과 같이 고객에게 즐거움과 기분전환을 할 수 있도록 하며, 모든 오감의 흥미를 끌도록 계획된 직판점이 이에 해당한다.
- **공동체 자유주의 가치화** – 상점은 판매 자체보다는 동일한 브랜드 가치로 이어진 마음이 맞는 사람들과 함께 할 수 있는 것에 더 중요한 가치를 둔 의식적 혹은 부족적 장소다. 커피 머신이 있는 특별한 서점 혹은 음반 가게 등이 그 예다.

소매업체가 관심을 가지는 주된 사회적 연계는 고객의 유지에 있지만, 규모가 작을수록 더 일반적인 사회적 만남의 장으로서의 소매환경의 역할이 증가하고 있다. 레미와 코펠(Remy & Kopel, 2002)은 이를 표 5-4에서 보이는 것처럼 각 장소에서 나타날 것으로 예상되는 관계를 설명하는 도식으로 심화, 발전시켰다.

이러한 유형론은 문화공생적 교류를 설명하기 위한 의도로 제시되지는 않았지만, 소매환경의 가능성을 생각해 볼 수 있는 유용한 틀을 제공한다. 명백하게 경제적 교류가 사회적 교류를 제외할 만큼 다른 어떤 것보다도 가치 있게 여겨지는 상황에서는 사람들이 인종 간의 경계를 극복할 기회가 더 적을 것이다. 대신, 우리는 표의 오른쪽으로 갈수록 사회적 상호작용의 양과 질 모두 증가할 것이라고 예측할 수 있다. 그러나 이러한 상호작용이 반드시 더 다인종적이지는 않을 것이다. 로버트 퍼트남(Robert Putnam, 1993, 2000)의 제안을 고려해봤을 때, '부족' 성격을 지닌 집단은 매우 강한 '결속형 사회자본'에 근거하고 있으며, 이는 그들이 비회원들과의 차별보다는 회원들의 유사성과 일체감으로부터 강점을 끌어낸다는 것을 의미한다. 그러나 그들에게 부족한 것은 '교량형 사회자본'으로, 외부인을 수용하거나 혹은 다른 부족과 관계를 형성하는 능력이 부족하다. 이는 가능성이 낮기는 하지만 일부 '소매 부족'이 다양한 인종을 가진 사람들로 구성될 수 있다는 가능성을 고려하지 않는 것이다.[13] 소매환경 중에서 문화공생을 장려할 가능성이 가장 높은 것은 사실 두 개의 중심유형에 의해서 기술되고 있는 환경일 가능성이 높으며, 이들 환경에서는 관계 및 사회적 기능에 우선권이 주어진다.

회사와 소매환경의 관계속성은 소유자와 고객에 의해서 설정된다. 소매업체들은 핵심 고객층이 자신들에게 기대하는 것이 무엇인지에 대한 평가를 기반으로 제공할 서비스를 조절한다. 만약 소매조사 결과, 사람들이 열차를 타거나 직장에 가기 전에 샌드위치 혹은 신문을 사기 위해서 자신들

표 5-4 연계 서비스의 4가지 유형

연계 서비스의 유형	교차 연계 서비스	연계 서비스의 관계	연계 서비스의 사회화	부족 간 연계 서비스
고객참여의 특성	경제적-물리적	경제적-계약된 (물리적, 지적)	사회적-쾌락적	사회적-정서적
물리적 지원의 가치화 유형	실용적 물가안정책	기능적 가치화	쾌락적 가치화	커뮤니티 가치화
직원접촉의 역할	강력한 균일화	소비자의 근접성과 관계에 의한 향상	예술산업과 산업 커뮤니티 가치의 공유	커뮤니티 가치의 통합
마케팅 기법	전체를 위해 제공되는 제안, 점수에 근거한 충실도 카드	기술 서비스, 신문과 관련된 데이터베이스, 우편물, 리스트, 충실도 카드	차트, 사회적 또는 윤리적 약속 비상업적 이벤트의 조직화	지역 지원화 커뮤니티 이벤트의 참여와 조직화

출처 : Remy and Kopel, 2002

의 상점을 사용한다는 것으로 나타나면, 회사는 그곳에서 쇼핑을 하는 소비자에 대해 무엇을 전달하기보다는 소매업체의 서비스 속도에 더 관심이 있을 것이다. 고객이 찾지 않는다면 따뜻하고, 친절하며, 시각적으로 매력적인 환경을 제공해봤자 소용이 없다.

쾌적한 환경을 위한 소매업체의 지출이 높은 가격으로 소비자들에게 부가된다고 고객들이 생각한다면, 그것은 분명 판매에 부정적인 영향을 미칠 것이다.

인종과 쇼핑 행동 인종에 따른 고객 기대를 평가한다면 어떤 결과가 나올 것인가? 그 증거는 제한적이지만 살펴볼 만하다. 영어와 불어를 사용하는 캐나다인들의 쇼핑몰 사용에 대한 연구에서는 사람들이 전적으로 실용적 혹은 좀더 쾌락적인 이유에 의해 쇼핑하는 정도의 미세한 차이가 나타났다(Michon과 Chebat, 2004). 그러나 흑인, 라틴계 및 백인 10대 구매고객을 비교한 연구에서는 더 뚜렷한 차이가 나타났다.(Eun Young Kim과 Young-Kyoung Kim, 2005)

먼저, 일반적으로 10대들에게 쇼핑몰은 가정이나 학교의 제한에서 벗어나 정체성을 자유롭게 표출할 수 있는 '제3의 장소'로 간주되었고, 그들이 쇼핑몰을 방문할 가능성은 성인들보다 40% 더 높았다. 그러나 흑인 및 라틴계 방문객들은 백인 동료들에 비해서 규모나 유형 모두에서 다른 경험을 추구하는 경향이 있었다. 백인 10대들은 특정 물품을 구매하거나 식사를 하기 위해서 쇼핑몰에 왔다고 이야기한 반면, 유색인종계 학생들은 무엇인가 보거나 혹은 보이기 위해서 쇼핑몰을 찾았다고 이야기했다. 이러한 영향을 받아 명백하게 아프리카계 미국인 기질을 지닌 아틀랜타의 그린브리어 몰과 같은 일부 소매업체들은 인종을 고려한 최적의 배치를 기반으로 그들의 환경과 상품범위를 설계하였다.[14]

대다수의 소매업체들은 분할되고 전문화되었지만, 일부는 자신들의 잠재시장이 인종적으로 다양해지고 있다는 것을 인식하고 있으며, 이에 대처할 수 있는 방법을 강구하고 있다. 동시에 거대 유통망은 다양한 고객들을 보편적인 기준의 제품과 서비스로 통일시키기 위해 표준화를 적극적으로 시도하고 있다. 세계화된 서비스를 제공하는 맥도날드가 대표적 모형으로, 고객의 접근은 용이하지만 어느 정도의 양보를 요구한다. 예를 들어, 호주의 연구에서는 일부 판매점에서 억양을 듣고 자신들에게 필요한 이미지에 부합하지 않는 고객에 대해서는 포용력이 부족하다는 것이 발견되었다(Braker & Haertel, 2004). 소매업체 직원들의 반응은(목소리의 톤 혹은 몸짓 언어의 형태로) 미묘했지만 불쾌감을 표출하였다.

문화공생적 서비스 접점　회피당한 혹은 오해를 받은 고객은 손실일 뿐만 아니라 경쟁업체로 이동하게 된다. 역설적이게도, 점차 경쟁적인 환경의 조성은 소매업체들이 문화적 다양성에 더 민감해지게 하고 있다. 다음은 외국 방문객들이 미국의 호텔에서 어떤 대우를 받는가를 살펴본 연구의 결과다(Sizoo et al., 2005). 연구에서는 음식점 직원들의 민감성을 측정하기 위해서 타문화권 적응성 적성검사(Kelley & Meyer, 1989)를 실시하였다. 그 결과, 가장 높은 평점을 받은 호텔과 더 높은 타문화권 적응성을 지닌 직원 간에 매우 강한 상관성이 관찰되었고, 따라서 고용주가 직원들이 다양한 배경을 지닌 사람들에게 더 편안하게 능력을 발휘할 수 있도록 훈련과 모집에 더 많은 투자를 해야 한다고 연구에서는 주장한다.

> 이러한 고용주들은 다른 문화의 고객들 요구에 더 귀를 기울일 것이다. 그들은 판매촉진에 더 잘 활용할 것이고, 외국 고객에게서 더 많은 수익을 창출할 수 있는 기회를 만들 것이다. 문화공생적 직장에서의 대인적 기술은 더 나아질 것이며, 외국 고객들과의 상호작용을 통해 더 많은 만족을 얻을 수 있을 것이다. 직원들을 고용하고 더 문화공생적으로 민감하게 교육시키는 서비스 매니저는 외국

고객들에게 더 나은 서비스 환경을 제공하고, 자신들의 조직에도 더 나은 결과를 가져올 것이다.(Sizoo et al., 2005)

연구의 한계는 두 개의 상대적으로 전형적이지 않은 집단, 즉 외국인 관광객과 고용의 다양성이 확보되면 명확한 재정적 장려금이 따르는 상대적으로 정교한 조직원 간의 상호작용을 다루었다는 점이다. 우리의 다양한 도시들을 특징짓는 일상의 접점은 특정 지역에 속해 있으면서 어떤 문화공생적 정교화를 제공받았거나 혹은 다양성이 없을 것으로 예측되는 다른 문화를 지닌 사람들이다. 편견이 주로 나타나는 곳이 바로 이러한 접점이다. 예를 들어서, 1992년 로스앤젤레스의 중남부 지역에서 발생한 폭동에 관한 조사를 살펴보자(Pyong, 1996). 소동은 아프리카계 미국인 로드니 킹을 백인 경찰관들이 인종차별적인 구타를 하면서 야기되었다. 그러나 이후의 분노, 개인적 공격, 자산 파괴의 대부분은 경찰이나 백인에게 가해진 것이 아니라 컴프턴 내부와 주변 상점, 한글 상호의 상점 소유주들에게 가해졌다.

이러한 명백한 적개심에 대한 이후의 설명은 주로 경제적인 배제 혹은 투기에 초점이 맞추어졌다. 그러나 일부 분석에서는 흑인/한국인 관계를 문화공생적 교류의 시점으로 바라보았다. 베일리(2000)는 두 공동체 간의 갈등과 궁극적인 갈등의 주요 이유는 서비스 접점이 다른 의사소통 양식일 수 있다고 주장했다. 편의점의 한국 주인들은 아프리카계 미국인 고객 대부분에게 과묵하고 무뚝뚝한 것으로 관찰되었다. 또한 거래를 완료하기까지 고객과의 상호작용을 최소한으로 제한하였다. 반면에 흑인 고객들은 눈 맞춤과 짧은 대사, 웃음 등의 서비스에서 사회적인 표현을 기대하였다. 많은 흑인들은 상점 주인들이 자신들의 대화표현에 반응하지 않는 것을 존중의 결여라 생각하였다. 의사소통 양식의 차이에 대한 초점은 커뮤니티가 다른 측면을 강조하고, 그들이 공유하는 공통적인 요인을 최소화하도록 하였다. 경제적 혹은 법률상의 불평등이 더해져 수 년 간 이러한 현상은 계속 늘어났고, 킹에 대한 폭행이 자극이 된 상황을 야기시켰다.

또 다른 연구에서는 아프리카계 미국인과 한국인의 상호작용이 보편적으로 부정적이지 않다는 것을 보여주기 위해 노력하였고(Hye-Kyoung Ryoo, 2005), 대인관계에서 의사소통의 힘이나 문화공생적 관계의 최전선에 있는 쇼핑의 중요성을 훨씬 더 강조하였다. 상점에서의 상호작용은 모두 인종에 대한 고정관념을 무시하고, 수고를 아끼지 않고 타인을 배려하며, 타인과의 교류를 위해 최선의 노력을 기울이는 두 개인으로 귀착된다.

영국에서도 지역 상점이 다인종 지역에서 큰 반향을 일으키는 장소가 될 수 있다는 사례가 있다. 2005년 10월 버밍엄의 핸즈워스 구역은 - 처음은 아니었지만 - 폭력적인 거리 소동을 경험했다.

이번 소동과 예전 소동 간의 차이는 폭력이 경찰 혹은 '국가'를 목표로 삼은 것이 아니고, 아프리카계 카르비 사람들과 파키스탄인 이슬람교도의 서로 다른 두 인종 공동체 사이에서 격발되었다는 점이다. 이번 소동은 흑인 소녀가 가발을 훔치다가 적발되었고 이후 일부 아시아계 상점 주인들에게 강간을 당했다는 근거 없는 소문에 의해서 촉발되었다. 중남부 로스앤젤레스에서와 마찬가지로, 이는 수 년 간의 경제적 균형의 변화, 두 공동체 간의 수없이 많은 불만족스러운 상호작용의 축적으로 인해 자극된 것이다(Cohn, 2005). 특히, 영국 대중들을 가장 충격에 빠뜨린 것은 '의견을 달리 하는' 두 소수집단이 서로에게 도전하는 익숙하지 않은 광경이었다. 여기서 주목해야 할 점은 긴장이 표출되거나 완화될 수 있는 집단 간 접점으로서의 소매 환경이 가진 잠재성이다.

만남의 장으로서의 시장 '구멍가게'는 다양한 인종관계의 소우주이지만, 사회·경제적 교환의 고전적인 장소는 도시의 시장이다. 최근 영국의 8개 시장에 대해 면밀히 연구(Watson과 Studdert, 2006)한 결과, 시장이 다른 형태의 소매와 상당한 경쟁에 직면해 있으며, 노인·장애인·젊은 엄마 등과 같은 특정 사회집단에만 현저한 서비스를 제공한다는 점을 발견하였다. 왓슨과 스튜더트(Watson & Studdert, 2006)는 시장이 사회적 혼합에 대해 어떤 기능을 하는가에 대해 질문하였고 다음과 같이 결론내렸다.

> 시장에서의 갈등과 긴장은 거의 없는 것으로 보고되었다. 그러나 지역의 특정 장소에서 인종 간 긴장의 증거가 있었고, 지역에서의 절도, 약물사용에 대한 사례가 나타났다. 전반적으로 시장은 커뮤니티의 사회 및 인구 통계적 속성을 반영하는 것으로 보이며, 리들리 로드와 같이 매우 혼재되어 있는 지역에서 시장은 매우 긍정적인 방식으로 혼합과 결합의 장소로 작용하는 것처럼 보인다. 또한 시장은 전체적으로, 특히 카페의 경우 다양한 연령집단이 어울릴 수 있는 기회를 제공하는 것으로 보인다.

다인스 등(Dines et al., 2006)이 런던 이스트엔드의 공공장소에 대해 진행한 매력적인 연구에서는 많은 반대에도 불구하고 재개발 가능성이 높은 대중적인 옛 시장을 살펴보았다.

런던 웨스트햄의 퀸즈 시장은 지난 수세기 동안 이 지역에서 지속적 진행된 이민물결의 증거이며, 긍정적인 문화공생적의 접점 지역으로도 널리 인식되고 있다. 현재의 형태로 시장이 유지되도록 캠페인을 벌이는 집단의 한 회원은 시장이 판매되고 있는 다양한 문화의 상품 때문이 아니라 다양한 집단 간의 일상적인 교류를 촉진시키기 때문에 지역의 다양한 중심지를 대표하는 곳이 되었다고 이야기했다. 다인스 등(Dines et al., 2006)은 다음과 같이 한 상인의 말을 인용하였다.

> 비스킷을 판매하는 벵골인 옆에는 커튼을 판매하는 유대인 남자

가 있다. 벵골인들은 유대교 동료를 이전에는 만나본 적이 없었을 것이다. 그들이 서로 질문을 하거나 농담을 할 수 있는 동료관계일 가능성은 매우 낮다. 그들은 서로의 종교에 대해서 물어볼 수도 있는데, 이러한 일이 발생할 수 있는 또 다른 장소를 찾기는 매우 어렵다. 여러분도 유대인과 이슬람교도들이 함께 할 수 있는 사회를 구축할 수 있을 것이다. 그러나 이러한 종류의 조직은 특별한 사람들의 매력을 끌기 때문에 유대인 남자도, 벵골인들도 나오기는 힘들 것이다.

다인스 등(2006)은 시장이 시간의 황폐화를 보여줄지도 모르지만, 지역에서 특별한 역할을 한다고 주장한다.

퀴즈 시장의 대다수 사람들이 이 구역에 대해 가진 기억은 새로운 정착민들이 살 수 있도록 진화된 장소라는 것이다. 응답자들은 시간에 따른 차이에 관한 시장의 수용은 시장 정체성의 핵심으로 간주하였다. 여기에서는 모든 사람의 흥미를 끌지 않는(공원에서의 문화공

이문화 보듬기

빈의 브룬넨가세 시장

빈 교외에 위치한 오타크링 지역에는 파키스타인, 터키인, 머그레브 지역 사람, 이집트인을 포함한 50개 이상의 국적이 존재한다. 또한 이 지역은 긴 거리 '브룬넨가세'가 있는, 이국적인 물품을 판매하는 규모가 가장 큰 상설시장을 갖추고 있다. 분위기는 여유 있고 따뜻하며 많은 외국 음식점이 있다. 이러한 성공적인 공존의 비결은 무엇일까? 빈 상업부와 시의회는 모든 빈 상점을 예술가에게 무료로 할당하였다. 수십 명의 예술가들은 지역의 삶에 조화되었고 지역인들과 제휴하여(간판 그리기와 같은) 서비스의 제공에서부터 혁신적이고 보기 드문 다양한 프로젝트를 진행하였다. 다른 한편으로, 매년 열리는 오타크링의 '소호' 축제는 '고급 주택화' 현상을 피하는 동시에 수백 명의 예술가들을 결집시켜 황폐한 지역 이미지를 완전히 변화시켰다.[15]

생적 행사와 같은) 공식적으로 조직된 참여보다는 일상적인 접촉의 공간을 가지는 것이 인내와 '다민족 간 이해'를 구축하는 데 훨씬 더 중요하다는 일반적인 인식이 존재하고 있었다.

음식의 언어 음식은 시장의 교차문화적 발견에 특별한 기회를 제공하는 주요한 측면이다. 사회에서 증가하는 다양성의 가장 가시적인 신호는 아마도 주요 도시의 중심가에서 뿐 아니라, 유럽, 북아메리카, 호주 및 그 외 지역의 교외와 시장 마을과 같은 깊숙한 장소에 출현하는 민족(ethnic) 식당이다. 이러한 다양성은 주류 식료품점과 슈퍼마켓의 선반, 가정 냉장고와 주방 찻잔에까지 확대되어 있다. 일부 사람들은 자신들의 고유한 음식문화(독일 소시지와 사워크라우트, 로스트 비프와 요크셔 푸딩)를 고수할 수 있지만, 우리 대부분은 아무거나 먹으며 새로운 것을 먹을 준비가 되어 있다. 심지어 많은 사람들이 타인종의 집을 방문하거나 그들과 의미 있는 대화를 해본 적이 없을 수도 있지만, 음식점이나 혹은 조리법을 통해 다른 인종의 문화를 경험해 보았을 것이다.

이러한 사실은 사소하게 여길 문제가 아니다. 영국에서의 상위 10개의 선호식품 중 9개가 해외에서 온 것이라는 사실이 영국인들이 더 문화공생적으로 변화하고 있다는 것을 말해주고 있는 것은 아닌가? 혹은 영국인들이 단지 새로운 것에 중독되어 있을 뿐이며, 방어할 가치가 있는 고유한 음식을 거의 가지고 있지 않은 것인가?

새로운 음식에 대한 노출이 다른 더 심오한 문화적 탐험의 문을 열 수 있는가? 혹은 지난 밤의 폴리스티렌 상자처럼 부주의하게 버려지는 것은 아닌가? 우리는 식탁에 올려지는 음식에서 공통적인 근거를 찾을 수 있는 것일까?

이에 대해서는 많은 회의가 존재한다. 영국의 세 도시의 음식점 습관에 대한 포괄적인 연구(Warde et al., 1999)에서는 민족 음식점의 사용자가 확실히 증가하고 있으며, 스스로를 관대한 가치와 문화적 호기심을 지닌 집단으로 파악하고 있는 것으로 나타났지만, 그들이 전체 사회의 전형은 아니다.

음식 영역에서의 다양성 추구와 민족음식에 대한 훨씬 더 많은 애정은 단순히 계층에 기반한 상징적인 분류체계를 가장하는 것일지도 모른다. 사실, 우리는 특별한 음식의 다양한 경험을 통해 구분이 필요하다고 주장한다. 요리의 광범위한 레퍼토리는 계층 간 의사소통의 실용적인 도구이며, 높은 수준의 문화적 자본을 지닌 중산층을 상징하는 하나의 유형이다. 영국에서 외국 음식에 대한 경험은 계층과 관련된 소유물인 고상함의 상징이다.

연구자들은 어떤 점에서 세계주의와 문화적 잡식성이 영국 사회에서 계층구분의 재구성과 관련되어 있다고 주장한다. 따라서 계층이 구분은 민족 음심점과 상품이 교차문화적 연결의 관점에서 제공할 수 있는 것을 앗아간다.

영국보다 사회적 계층의 덜한 장소를 살펴보자. 터전과 파스티넬리(Tur-

♥ㅣ문화보듬기

음식 가져오기, 서식스

음식 가져오기 행사는 다양한 문화, 지지 및 협력 서비스를 통합한 문화공생적 네트워킹 행사로, Celebrating Cultural Diversity Network(문화적 다양성 경축 네트워크, CCDN)에 의해 조직되어 해스팅스-네오나르드 온 시 거리(st. Leonard's-on-Sea)에서 행해진다. 이 행사는 문화 간 대화를 장려하며 커뮤니티의 소속감을 구축한다. CCDN은 현재 동부 서식스에 거주하는 97개의 다양한 민족 집단 2,500명 이상의 개인, 가족 집단, 조직회원을 보유한 역동적인 지역기반 조직이다. 음식 가져오기 행사는 지역행사에 자문화 음식을 가지고 옴으로써 커뮤니티의 구성원들이 자신들의 문화를 선보이고 이웃 문화에 대한 이해를 보다 넓힐 수 있는 기회를 제공한다.

geon & Pastinelli, 2002)는 퀘벡 시의 민족 음식점들을 찬미했다. 그들은 최근까지 입맛에 있어서 꽤나 보수적이었던 이 캐나다 도시에서 증식되고 있는 민족음식에 대해 보고하였다. 터전과 파스티넬리(2002)는 이러한 음식점의 이용자들이 의도적으로든 혹은 무의식적으로든 자신들의 세계관에 대해 이야기하고 있는 사람들이라고 결론내렸다.

여기에서 먹는다는 경험은 현시대의 문화정치학적 관점에서 볼 때, 전환의 표현이자 초월의 의식이며, 식사에 참여하는 사람들의 수준을 향상시킨다. 식사하는 사람들은 사람과 장소를 소유할 뿐 아니라, 대화경험이 자신을 더 좋은 사람으로 만들고 세상을 더 좋은 장소로 만든다고 믿는다.

다음은 술집에서 집으로 돌아가는 길에 코르마(요구르트나 크림에 흔히 아몬드를 넣어 만드는 인도의 요리나 소스)를 먹기 위해 들를 때 고려해야 할 점이다.

퀘벡 시의 사람들이 다양한 민족의 음식을 먹는 것은 자신들 안의 무언가를 찾기 위한 것인가? 아니면 서로를 찾는 것인가? 이들 음식점들은 훌륭한 인종 간 접점의 장소인가? 터전과 파스티넬리는 이에 반대의견을 제시한다. 그들은 인터뷰한 모든 음식점의 주인들이 문화의 전시에 자신들의 역할이 있다거나 음식점을 인종의 사회적 공간 또는 문화적 경계를 넘어서는 공간으로 여기지 않는다는 사실을 지적한다. 사실 그들 중 대부분은 출신국가의 민족음식에 전문적으로 관여한 적도 없고 심지어 관심조차 없다.

동기는 명확하고 단순하다. 즉, 경제다. 소유주와 고객 간 혹은 다양한 인종을 지닌 사람 간의 상호작용의 증거는 거의 없다. 민족 음식점에서 어떠한 상호작용이 발생한다면, 이는 웨이터를 통해 조절되는 것이었다. 중국 음식점의 퀘백인 웨이트리스 두 명을 살펴보자. 이 둘은 모두 십 년 간 그곳에서 근무하였고 한 명은 중국인과 결혼하였다.

> 그들은 고객들이 중국문화와 음식에 대해서 때때로 질문을 한다고 이야기했다. 주방의 세계와 식당 사이를 오가는 '주자(走者)'의 역할을 넘어서, 이들 웨이트리스는 또한 각각의 거주자, 이민자와 지역 고객 사이의 중재자 역할을 한다.(Turgeon & Pastinelli, 2002)

대조적으로, 백인과 파키스탄계 사람들의 대규모 표본을 사용했던 브래드포드에서의 연구에서는 쇼핑이 이 소란스런 도시에 만남의 장을 제공하고 있는지를 확인하고자 하였다. 연구는 꽤나 긍정적인 결론에 도달하였다.(Jamal, 2003) 자말은 브래드포드의 인종적 소매업체들이 브래드포드의 파키스탄 문화를 '제도화'하고, 사회적 결집력의 제공을 통해 커뮤니티 내적인 것뿐만 아니라, 백인(주류) 커뮤니티와 접촉하며 함께 참여하는 다양한 역할을 수행하고 있다는 것을 확인하였다. 그는 또한 '주류 소매업체'까지 조사를 확대하였고, 전반적으로 소매거래가 자신들의 다인종 도시에 대해 지역 거주민을 교육시키고 계몽하는 중요한 역할을 하고 있다고 결론지었다. 표 5-5는 인종에 따른 소비자와 소매업체에 따른 결과를 요약한 것이다. 이 연구의 결과들은 미국에서의 멕시코 이민자들에 관한 연구와 공통점을 가졌으며(Penaloza, 2004), 스스로를 규제하는 소비자 사회의 효율성에 대한 강한 신조가 나타났다.

소매업체들은 사회를 반영하고 조성한다(Hollander, 2002). 정책 입안자들은 사람들의 태도와 행동에 영향을 주기 위해서 소비자 환경(시장)의 잠재성과 참여를 조정하는 소비자 및 전문가로서 행동하는 방식에 주의를 기울여야 한다.

정책 입안자는 주거 혹은 사회복지와 같은 특정 영역에 어떻게 개입할 것인지에 대해 너무 쉽게 생각한다. 아마도 그들은 정당한 근거를 이유로 다른 곳으로 벗어나기를 기피한다. 그러나 보다 높은 사회·상업적 이유에서도 소매환경의 문화공생적 의사소통의 기술은 보다 높은 존중감을 구축하기 위한 활동차원에서 탐구되어야 할 것이다.

표 5-5 소비자의 정체성 협상에서의 민족적 및 주류 소비업체의 역할

	인종적 소비자	주류 소비자
인종적 소매업체	다음을 통해 태생문화의 소비를 촉진 • *민족적 상품을 합리적인 가격에 편리한 장소에서 제공* • 문화센터, 동반하는 의식을 강조한 축제의 사용과 같은 제도화를 통한 태생문화의 문화적 및 종교적 정체성 강화 • 새로운 이민자에게 도움과 원조 제공하기 • 태생문화와의 빈번한 접촉과 신문과 텔레비전, 인터넷을 포함한 민족매체의 광범위한 사용 장려하기 • 태생문화에서 발생된 새로운 경향과 상품에 대해 교육하고 계몽하기 • 다음을 통해 주류 소비자의 문화 소비 촉진하기 − 경쟁적인 가격에 주류 소비자 브랜드 제공하기 − 주류 상품에 대해 교육하고 계몽하기	다음을 통해 민족적 소수 문화의 소비 촉진 • *경쟁적인 가격에 편리한 장소에서 민족적 상품 제공하기와 현재의 민족상품을 주류의 취향에 맞게 개조하기; 주류 소비자의 취향에 알맞은 새로운 민족적 상품 개발하기* • 주로 상점 내 의사소통을 통해 의미와 개인화된 적응의 전환을 촉진하기 위해서 교육하고 계몽하기 • 새로운 제품과 관련 용어를 창조함으로써 문화 변용 장려하기 • 편리한 장소에서 경쟁적인 가격에 주류 소비자 물품을 제공함으로써 주류 소비자 문화 강화하기

* 이탤릭체로 표기된 항목은 특히 중요함
출처: Jamal(2003)

주류 소매 업체	다음을 통해 주류 소비자 문화의 소비와 내재화 촉진
	• 주류 소비자 제품과 서비스 제공
	• *주류 소비자 문화를 교육하고 계몽하며, 2개 국어로 된 인쇄물뿐 아니라 주류매체의 사용을 통해서 새로운 소비자 문화의 창조 격려*
	• 다음을 통해 민족적 소비자 문화의 소비 강화
	  – 경쟁적인 가격에 민족적 소비자 상품 제공
	  – 민족적 제품 사용에 대해 교육하고 계몽하기
		다음을 통해 주류 소비자 문화의 소비와 내재화 강화
		• 주류 소비자 제품과 서비스 제공
		• 신문, 잡지, 라디오, 텔레비전과 인터넷과 같은 모든 형태의 주류매체 사용을 통해 주류 소비자 문화에 대해 교육하고 계몽하기
		• 다음을 통해 민족적 소비자 문화의 소비 촉진
		  – 경쟁적인 가격에 민족적 소비자 상품 제공
		  – 민족적 제품 사용에 대해 교육하고 계몽하기

* 이탤릭체로 표기된 항목은 특히 중요함
출처: Jamal(2003)

친구와의 관계

다인종적 및 문화공생적 참여에 대한 많은 논의는 배제와 분리에 대한 다양한 지표를 통해 한 인종 집단이 다른 인종과 거주하는 장소에서 인종차별과 공간적 분리를 어떻게 하는가를 중심으로 다루어 왔다. 이는 사람들이 함께 혹은 떨어져서 사는 정도가 '건강한' 도시와 어떤 관계를 가지는가를 판단하는 – 애매한 논리 도약의 – 기준이 되었다. 결론적으로, 근접성은 가장 효과적이고 영향력 있는 지표로써 결정적인 요소가 되었고, 지속적인 거주와 학교교육에 대한 정책 입안자들의 중심요인이 되었다.

  우리는 근접성의 중요성을 부정하지는 않지만, 근접성 그 자체는 결정적인 요인이 아니라 여러 요인 중 하나일 뿐이라고 주장한다. 우리 모두는 동일하든지 다른 인종 출신이든지 간에 동일한 거리와 지대에서 살며, 서로의 존재를 알지만 눈을 마주치거나 혹은 말을 나누어본 적이 없는 이웃들의 많은 단편적인 사례를 알고 있다. 승강기 안에서나 버스를 기다리며 눈맞춤을 하면서 개인적 공간의 침해를 피하려는 보통 사람들의 필사적인 노력을 관찰할 수 있을 것이다. 다른 사람에게 가까이 있다는 것만으로는 의미 있는 상호작용의 어떠한 형태도 보장되지 않으며 생산적인 관계가 형성될 가능성도 적다.

그렇다면 의미 있는 상호작용 혹은 생산적인 관계는 무엇인가? 다른 인종의 두 사람이 그들과 사회가 이익을 얻을 수 있는 방식으로 관여하고 있다는 확실한 신호는 그들이 문화적 내용이 담긴 관계를 맺는가의 여부다. 이는 우정, 낭만적 관계, 결혼 혹은 공동의 부모일 수도 있다. 결국, 인종차별정책을 지지하는 남아공 혹은 남부 주들의 '흑인 차별'과 같은 비문화공생적 사회의 정의에서는 일상적인 교차문화적 접촉이 방해받고 성적 관계 혹은 결혼이 명시적으로 금지되게 된다.

친밀한 상호작용   생활측면에서 인종 간 친밀함에 대해 알려진 것은 무엇이며, 그것이 문화공생적 도시의 전망에 대해 우리에게 이야기하는 바는 무엇인가?

우선 통계를 보자. 2004년 영국 기관 유고브(YouGov)가 실시한 연구에서는 백인 영국인의 94%가 그들의 친한 친구들 대부분 혹은 모두가 백인이라고 언급하였다.[16] 대조적으로 백인이 아닌 영국인들의 53%만이 자신의 친구들의 대다수 혹은 전부 인종적 소수 집단출신이라고 이야기하였다. 이것은 표면적으로 백인들이 백인이 아닌 사람들보다 인종적 또는 사교적으로 덜 교류하고 있거나, 혹은 심지어 개인적인 생활에서 분리되어 있다고 말할 수도 있다. 이런 자기분리의 가능성이 높은 것은 소수라는 지배적인 인식과 반드시 일치하지는 않는다. 영국 인구의 87%는 자신들의 민족성을 백인 영국인이라 여기기 때문에(ONS, 2001) 여전히 소수에 해당하는 유색인종 집단보다 백인들과 접촉하게 될 가능성이 통계적으로 훨씬 높다. 이는 올포트의 '집단 간 접촉이론'(Allport, 1954)을 반영한 것으로, 영향력 있는 주요요인은 기회 혹은 기회의 부족에 의해서라고 할 수 있다. 이에 대해서는 다시 다루도록 하겠다.

한편, 미국의 통계에서는 700만 명 이하의 미국인들만이 결혼 배우자 혹은 동거자로서 교차인종적 관계에 있으며, 이는 전체의 5.7%에 불과한 수치라는 것을 보여주었다.[18] 게다가, 특정 집단이 다른 집단에 비해 '다른 인종의 사람과 결혼할' 경향은 명백히 더 강한 것으로 보인다. 백인과 아프리카계 미국인들은 다른 인종의 사람들과 결혼하거나 동거할 가능성이 가장 적었다(Gaines와 Leaver, 2002). 영국과 웨일즈에서는 교차인종적 결혼비율이 2%로 더 적다.

이러한 주제를 살펴보는 또 다른 방법은 혼혈아 수의 증가를 관찰하는 것이다. 영국과 미국은 총인구의 1.4%를, 캐나다는 1.2%를 나타내고 있다. 흥미롭게도(전체 영국과는 대조적으로) 유색인종계 영국 거주자의 14.4%가 혼혈이고, 이 집단은 절대적 및 상대적 관점에서 더욱 증가할 것으로 기대된다.

언급된 것처럼, 과거에 혼혈은 많은 주에서 공식적인 비난의 대상이었으며 심지어 오늘날에도 많은 사회가 이를 장려하지 않는다. 다른 인종 간 관계에 대한 공식적 허용과 명확한 승인이 있는 곳도, 사회적 낙인이 완전히 없어지기까지는 수세대가 걸릴 수도 있다. 많은 선진국가의 통계에서 '혼혈'을 공식적인 인종으로 인식하고 있는 것은 결국 이전에는 어떤 사람들과도 조화되지 못했던 사람들에게 '갈 수 있는 장소'를 만들어 주었다.

이것은 그 자체로는 낭만적인 애착과 공생을 이야기하고 있을 수도 있지만, 많은 형태의 문화공생적 참여에 대한 '제3의 장소'의 확대와 합법화를 장려하게 되었다.

접촉의 전제조건 접촉이론으로 돌아가서, 다인종 간의 접촉이 가장 잘 발생할 수 있는 환경이 무엇인지를 파악하기 위한 연구들이 최근 진행되어 왔다. 올포트(Allport, 1954)는 이러한 참여가 당사자 간의 평등, 공통적인 목표의 공유, 집단 간 협력과 접촉을 수용 가능하게 하는 법률 지원체계의 구축 등에 근거하여 이루어져야 한다고 처음 제안하였다. 페티그루(Pettigrew, 1998)는 집단 간 접촉의 네 가지 방식을 언급함으로써 올포트의 이론을 확장하였다.

이문화보들기

MIXEN AAN DE MAAS, 로테르담

마무드는 30세로 수단을 급하게 떠나 불과 몇 달 전에 로테르담 시에 도착하였다. 카보 베르데 출신의 마리아(35)나 시리아의 유서프(36)와 마찬가지로, 그는 지역의 한 대학에서 집중 네덜란드어 강좌에 신속하게 배치되었다. 그는 로테르담 시를 좋아했지만, 다른 '로테르담 시에 새로 온 사람들'과 모든 시간을 보내다 보니, 실제로 이 장소에 대해 알아가고 있는 것처럼 느껴지지 않았다. 그는 계속 이곳에 머무르길 원했지만 순조롭게 정착할 수 없었다.

이것이 바로 그가 Mixen aan de Mass에 가입하기 전의 상황이었다. 그는 도심의 사무실에 찾아갔고 다른 5명의 외국인들과 함께 긴 테이블의 빈 의자를 제공받았다. 테이블 맞은편에는 6명의 '노년의 로테르담 시민들'이 있었고 긴장감을 느끼기도 전에 자신의 바로 맞은편에 있는 사람과 이야기를 시작하라고 요청받았다. 그의 이름은 한이었고, 평생을 이 도시에서 살았다. 그는 친절했으며 흥미 있는 많은 것들을 알고 있었다. 4분 후에 주최자는 손뼉을 쳤고, 또 다른 사람이 한의 자리에 와서 마무드에게 축구에 관심이 있는지 페이노르트의 경기를 본 적이 있는지를 물었다. 마무드, 유서프, 마리아와 다른 사람들이 방 안의 모든 사람들을 만날 때까지 계속되었다.

그들은 지금의 상황을 즐기며 기대감으로 들떠 있었다. 주최자는 그들을 한 쪽으로 데려가서 그들이 만난 사람들 중에 조금 더 많은 시간을 보내고 싶은 사람이 있는지-사실 앞으로 몇 주 동안 5번의 개별적인 시간에 기꺼이 만나고 싶은 사람이 있는지-를 물었다. 마무드는 페이노르트의 팬인 윔과 잘 어울렸다. 그들은 라이벌 아약스와의 첫번째 팀 경기를 끝내는 예비팀의 경기를 보기 위해서 매주 화요일에 만나기로 결정하였다. 그는 프로젝트가 그에게 제공한 12.50유로에 대해 감사히 여겼다.

마리아와 유서프 역시 '신속한 매칭'을 즐거워했다. 마리아는 사스키아와 로테르담의 분주한 시장을 5주 동안 방문하기로 하였고, 유서프는 더크와 오토바이에 대한 이야기를 나누면서 행복한 시간을 보냈다. 사스키아는 모든 것이 걱정스러웠다. 그녀는 로테르담의 교외 지역에서 왔고 이전에는 전혀 외국인에게 말을 걸어본 적이 없었지만, 그녀의 일행들은 고용인 자유 지원계획의 일환인 코스에 가보라고 추천했다. 그리고 사스키아는 그곳에서 재미를 느끼게 되었다. 그녀와 마리아는 5주의 기간이 끝난 후에도 계속해서 만났고 결국 서로의 가족들과 식사를 하기도 하였다.

사무실로 돌아왔을 때, 사스키아는 Mixen aan de Mass에 대해 너무나 열정적이었고 그녀의 직장동료 요아네케는 다음 기수에 등록하였다. 그녀는 이란에서 온 쿠르드인인 레이한을 만났고, 함께 영화를 보기로 약속하였다. 2주 동안 레이한은 늦었고, 3주째에는 아예 나타나지 않았다. 요하네케는 이에 대해 살짝 화가 났고, 자신이 무슨 말을 잘못한 건 아닌지, 아니면 그 쿠르드 여인이 본래 무례한 사람인지 궁금해했다. 그녀는 이 상황을 사무실 사람들에게 말했고 그들은 레이한을 방문하러 갔다. 그 결과, 두 곳의 개발사무실을 청소해야 하는 업무 중간에 모임이 끼어 있었고, 그녀가 나타나지 않은 주는 네 명의 아이들 중 두 명이 너무 아파서 학교를 가지 못했던 것으로 드러났다. 그녀는 요하네케에게 연락하려 했지만 미안하기도 해서 그냥 모든 관계에 대해 잊는 것이 최선이라고 생각했다. 사무실의 캐롤라인과 미카가 이를 요하네케에게 설명했을 때, 그녀는 처음에는 기분이 나빴지만 사무실 직원들의 격려로 레이한과 다시 만났고, 이번에는 서로를 더 잘 이해할 수 있게 되었다. 이후로는 모든 것이 순조롭게 진행되었다.

이러한 사례는 프로젝트가 매년 주선하는 350건의 만남의 대표적인 것으로, 처음 3년 동안 2,000명 이상이 이 프로그램을 거쳐갔다. 신속한 매칭을 두렵게 생각하는 사람들을 위해 프로젝트는 집단만남을 주선하기도 하며, 모든 사람은 사회적 만남을 위해서 로테르담의 환영 카페를 계속해서 방문하도록 격려받는다.

Mixen aan de Maas의 생각은 너무 단순하고 명확해 보이지만, 기존의 성과를 생각한다면 더 많은 도시가 그러한 활동을 해나가야 할 것이다. 로테르담 시를 개방적이고 우호적인 장소로 만들기 위해서 경험과 기술을 가진 도시의 많은 여가 제공업체와 소유주들의 헌신적인 노력으로 인해 그 효과가 나타나고 있는 것이다. 또한 이 프로그램은 원조를 받지 못하거나 네덜란드 주류사회로부터 분리되는 사람이 없도록 하기 위해 네덜란드의 포괄적인 언어교육 기본시설에 입각하여 설립되었다.[18]

- 외부 집단에 대해 학습하기
- 접촉상황에서 알게 된 새로운 규율에 반응하는 태도변화의 전단계로서 행동을 변화시키기
- 정서적 유대감 생성하기 – 정서적 참여의 수준
- 집단 내 재평가 – 다른 사고 및 행동방식에 대한 노출의 결과로 자신이 소속된 문화에 대해 의문을 갖고 수용하거나 수용하지 않기

페티그루(1998)는 이러한 모든 의제들은 우정을 발전시키는 과정에서 생겨나며, 사회의 편견을 감소시키는 과정에서 왜 우정이 필수적인 것인가에 대한 이유를 설명한다고 주장하였다. 그는 이 의제들을 대인관계적 경험에

서 집단 간 태도로의 일반화 과정에 연결하였고, 이러한 과정은 부정적인 고정관념을 극복하는 데 가장 효과적인 것으로 간주되었다.

마지막으로, 페티그루는 정서적 유대감을 구축하고, 고정관념에 이의를 제기하였다. 또한, 사람들이 다른 집단에 대해 생각하는 방식의 변화과정은 올바른 조건에서 시간에 걸친 반복적인 접점을 필요로 한다고 제안한다. 많은 다양한 상황이 존재하기 때문에 얼마만큼의 시간이 필요한지는 확실하지 않다. 사람들은 교차문화적 경험을 일반화할 수 있도록 다양한 상황에 따라 지속적인 메시지를 이해할 필요가 있는 것으로 보인다.

만남의 장 그럼 접촉의 발생과 우정의 출현을 창출하기 위한 최적의 상황조건은 무엇일까? 우리는 관계구축의 강화에 유효한 특정 학교의 기반 조건에 대해 언급하였고, 출신 민족이 다른 성인 간의 참여장소로써 직장과 같은 개별영역을 다루었다. 나아가 우리는 다른 명백한 장소로서 이웃 – 이웃집 소년 혹은 소녀 – 에 대해 살펴봐야 한다. 접촉의 기반으로써 근접성에 지나치게 초점을 맞추는 것은 위험할 수도 있지만, 우리는 그 속에서 몇 가지 교훈을 얻을 수 있다.

사람들은 다른 인종의 이웃과 만나고 그들과의 깊은 우정을 나누게 되

♡이문화보들기

다른 가족과의 한 주, 빌프랑슈 쉬르 사온느

프랑스와 외국인 공동체의 폭력문제에 직면한 프랑스의 빌프랑슈 쉬르 사온느의 커뮤니티 센터는 혁신적인 프로젝트인 '다른 가족과의 한 주'를 시작하였다. 프랑스 가족들은 한 주를 이민 가족들과 보내고 이민 가족들은 프랑스 가족들과 한 주를 보냈다. 이 행사에서 사람들은 음식을 교환하고 서로 대화하고 최근 과거사에 대해서 이야기를 한다. 이는 다른 이의 문화를 더 잘 알 수 있는 기회를 제공하였다. 또한 이러한 활동은 참여한 사람들 간의 연락을 유지하기 위한 서신 왕래를 통해 더욱 확대되게 되었다.[19] 이는 편견을 줄이고 관용을 증가시키는 결과로 이어졌다.

지만, 그 정도는 다르다. 미국의 소수 민족 거주지에 대한 초기 연구에서는 결혼의 동화와 분리 간에는 역의 상관관계가 존재하며, 특히 유대인들과 흑인들이 다른 인종과 결혼할 가능성이 가장 낮다는 것이 발견되었다. 디트로이트를 살펴본 시겔만 등(Sigelman et al., 1996)은 지역에 따라 다르기는 하지만 흑인과 백인이 서로 가진 접점의 유형과 질이 이웃에 영향을 미친다는 사실을 발견하였다. 예를 들어, 근접성은 백인이 흑인과 갖는 상호작용의 주요 결정요인이었지만 흑인에게는 그렇지 않았다. 그들은 유년기 경험과 같은 다른 요인에 의해서 백인들에게 다가가는 경향이 있었다.

누가 누구 가까이에 사는지에 대한 공간특성에 기반한 인구통계 자료만으로 누가 누구와 상호작용하는지 혹은 하지 않는지에 대한 결론을 이끌어내는 것은 너무 단편적이다. 가까운 구역에 거주하는 사람들 간의 많은 관계는 편파적이거나, 부정적이거나 혹은 아예 존재하지 않는다고 판단할 수 있다. 근접성 그 자체는 평등에 대한 제한적인 지침일 뿐이다.

이문화 보듬기

역방향의 문화 이입, 델프트

통합이 때때로 변화에 대한 모든 부담을 전입자들의 어깨에 지우고 있다고 인식한 델프트 시 의회는 '역방향의 문화 이입'라고 이름 붙여진 신선한 접근법을 취하였다. 몬드리안 교육 기관과의 제휴로, 네덜란드 원주민 참가자들은 터키와 모로코의 언어와 문화를 소개받았다. 몬드리안 교육 기관의 선생님과 터키 혹은 모로코 자원봉사자들은 교재를 시작하는 방법, 관습과 문화, 음식, 역사, 정치, 종교, 터키어와 모로코 언어 수업을 포함한 강좌를 운영하였다.

이 강좌는 여섯 번의 자유로운 주간 모임으로 구성된다.
참가자들의 참가 이유는 다양했다. 어떤 이는 이를 모로코 혹은 터키 이웃과의 관계를 돈독히 하는 방법으로 생각하였고, 또 어떤 이는 터키와 모로코 인과 함께 일하고 있었고 동료의 언어와 관습을 알기를 희망하였다. 개별 터키 및 모로코의 문화 이입 과정은 2004년 10월 말에 시작되었으며, 40개의 장소가 빠르게 예약되었고 이후에도 계속해서 반복되고 있다.[20]

게다가, 이웃 그 자체는 우리의 사회적 관계에서 결정적인 요인으로써의 영향력을 잃어가고 있다는 증거도 점차 증가하고 있다. 프랑스에서의 광범위한 연구(Bozon & Heran, 1989)는 70년 동안 결혼생활을 한 부부가 처음 만난 장소를 분석하였다. 1914년 배우자들의 1/5 이상이 자신의 이웃과 만났지만, 1984년경에는 이 수치가 5% 이하로 떨어졌고, 향후 20년 간은 이 수치가 더 감소할 것으로 예측되고 있다. 우리는 문화공생적 접점의 다른 장소를 찾아봐야 하지만, 교차문화적 우정의 영향과 가치에 대해서는 무엇을 알 수 있는가?

개인이 사회에 영향을 미칠 수 있다는 주목할 만한 증거도 있다. 다시 말해서, 인종관계에 관여하고 있는 사람은 또한 전반적으로 인종에 대한 감정이 변화할 가능성이 있다는 것이다. 39종류의 베타 연구의 결과, 집단 간 우정의 감소와 편견이 매우 연관성이 높다는 것이 밝혀졌다(pettigrew & Tropp, 2000). 집단 간 재평가에 대한 페티그루(Pettigrw, 1998)의 네 가지 의제에 따르면, 많은 사람들은 다른 인종에 대해서 가지고 있을지 모를 부정적인 선입견과 고정관념에 대해 다시 생각한다. 예를 들어서, 백인과 우정을 나누고 있는 아프리카계 미국인은 백인들 사이의 백인지상주의자의 우위에 대해서 믿을 가능성이 훨씬 더 적다(Sigelman과 Welch, 1993). 최근 연구에서는 재평가 그 자체는 재평가되지 않는 한 효율적이지 않다고 제안하였다. 다시 말하면, 소수 집단의 구성원들은 다수 집단 구성원에게서 다양성을 중시한다는 명확한 신호가 존재하지 않는 한 우정에 대한 책임을 다하지 않을 것이다.

마지막으로 좀더 확대된 영향력의 증거가 있다. 예를 들어서 다른 인종의 친구가 있는 백인을 안다고 응답한 백인들은 그렇지 않은 사람에 비해 백인이 아닌 사람들에 대한 부정적인 태도가 덜했다. 또한 같은 인종의 사람이 외부 집단의 누군가와 친밀한 방식으로 행동하는 것을 관찰한 개인은 미래에 스스로 다르게 느끼고 행동하게 될 것임을 밝히고 있다.(Wright et al., 1997)

공적 영역

공공공간 도시는 물리적인 형태—시청, 철도 역, 쇼핑거리, 사무실 구역, 할인점, 주거 아파트와 같은 도시 기본시설의 익숙한 요소—만으로 판단하기 쉽다. 그것도 중요하지만 너무나 쉽게 간과되는 구역, 즉 그 사이의 공간을 제외시키기 쉽다.

공공공간은 그리스의 아고라(광장)와 로마의 포럼(공공광장)때부터 도시 내의 공식적인 지위를 허용받았고, 현대 도시공간은 특히 시에나의 캄포와 같은 이탈리아 르네상스식 도시의 웅장한 광장에 특히 큰 영향을 받았다. 개발의 또 다른 노선은 19세기의 대공원으로 대표되는 공공 여가공간이다. 그러나 공공공간은 민주적 모임의 공식적 장소, 시장거래 혹은 도시 지도자나 그들의 건축가들에 의해 창조된 의식적 허식으로만 여겨지지 않는다. 사람들은 종종 설계자들이 가장 예기치 못한 장소 혹은 의도되지 않은 장소에 공공공간을 창조한다. 거리의 골목, 10대들이 어른들의 눈을 피할 수 있는 건물 사이의 반쯤 유기된 잔디 구역, 해변이나 강가 혹은 심지어 대중교통 수단에도 공공공간을 창조한다.

공공공간은 정체된 개념이 아니다. 만약 10대들의 모임장소가 너무 정형화된다면 그들은 다른 장소로 이동할 것이다. 혹은 그들이 문제의 원인으로 여겨진다면 정부가 그들을 옮길 것이다. 최근에는 이전에 자유로이 통행할 수 있던 공간의 상업화나 개인화 혹은 쇼핑몰이나 출입제한이 가해진 거리에 의한 공공공간의 침식이 우리에게 영향을 미치고 있다. 공공 장소에서 우리가 어떻게 어디에서 행동하는지는 규제의 형태와 행동이 변함에 따라 끊임없이 재검토되고 전환되고 있다.

그렇다면 공공공간에서의 교차문화적 접촉과 통합의 전망은 어떻게 되는 것일까? 우리는 정부가 인종적 공간의 분리를 지원하였던 남아공의 인종차별, 혹은 걸어서는 공공공간에 진입하기 어려워 차를 타고 이동 또는 통근하거나 집에서 일을 해야 하는 로스엔젤레스와 같은 극단적인 사례는 고려하지 않았다. 그 속에는 사람들이 마주치지 않았을지도 모르는 시민들과 어쩔 수 없이 공유해야 하는 많은 공간들이 있다. 과연 그러한 공간은 다른 인종의 누군가와 우연히 마주침으로써 더 실체적인 무언가를 야기할 수 있는 기회의 장소인가? 아니면, 실수로 발을 밟거나 일상적으로 시선을 마주하는 것이 심상치 않은 결과를 야기할 수 있는 잠재적 위험장소인가? 아니면 우리가 잘 – 고안된 '회피의 이동'(Hajer & Reijndorp, 2002) – 보다 의미 있는 참여를 위해 필수적이지만 성가신 일–을 수행할 수 있는 무관심의 장소인가?

사람들은 우리 도시에 생기를 불어넣는 중심역할로서 공공공간에 대한 리처드 로저스와 안느 파워(Anne Power, 2000)의 열정적인 주장에 동의하길 원한다.

> 물리적인 매력과 활동의 흥분을 결합하는 것이 성공의 비결처럼 보인다. 이는 사람들이 비공식적이고 때로는 임의적인 방식으로 접촉하도록 돕는다. 공동체감 또는 공유된 관심은 거리, 상점, 카페, 공공기관과 같이 우리의 사적 세계를 형성시키는 기능적인 공공공간에서 자라난다. 도시의 공공공간은 빽빽한 도시 건물의 밀도, 자동차와 버스의 노선, 가정집과 교외의 산재된 속성과는 대조된다. '희망의 선'에 따라 도시를 재건축하는 시점에서 볼 때, 거리와 공공공간은 '도시를 함께 묶는 접착제'다.

그렇게 되어야 하지만, 애쉬 아민(Ash Amin, 2002)은 우리의 현실에 대해 다음과 같이 이야기한다.

> 나의 요지는 문화공생적 대화와 이해를 위해 공공장소의 사용에 관해 막연히 높은 기대를 갖는 것은 지양되어야 한다는 점이다. 가

장 세심하게 설계된 모든 이를 위한 공간에서조차 선입견을 지닌 사람들은 사회에서 무시받는 사람들을 피하고 있으며, 그곳을 이용한 많은 사람들은 인종에 대한 부정적인 태도를 개인적 경험에 더 깊은 인상을 받을 수 있기 때문이다. 공공영역은 도시계획가와 설계자에게 맡겨져 너무 쉽게 공공공간으로 축소되었고, 인종 및 민족의 변화를 일으키는 데는 큰 성과가 없었다.

우리는 여기서 다른 문화적 배경을 가진 사람들의 공공영역을 사용하는 방식과 공공영역이 문화공생적 도시에 기여 혹은 방해하는가에 대해 탐구한 네 대륙의 다양한 연구들을 살펴볼 것이다.

먼저, 우리는 공공영역이 정말 누구나 참여할 수 있는 곳인지를 물어보고자 한다. 건축가, 기획자, 소매업체, 공공에 의해 제공된 잠재적 장애물, 우리 스스로가 유지하고 있는 일부 장애물은 공공공간에 대한 가장 큰 위협이 된다. 공공영역은 가지각색의 '문화적 공공영역' 사이의 보이지 않는 구분선에 의해 분할되고 있다(McGuigan, 2005). 그곳에는 성·인종·민족·연령·성적 취향과 관련된 생활양식 선택과 같은 문화적 요인에 의해 정의되는 많은 다양한 대중들이 출현하고 있다. 이는 대중매체(다중매체)와 출처를 알 수 없는 힘에 의해 더욱 증가한다. 이는 사람들이 점차 교차가 거의 없는 문화적 '거품' 속에서 존재하고 있다는 것을 의미한다. 그들 스스로가 동일한 물리적 공간에 있다는 것을 발견했을 때, 그들은 여전히 의미 있는 대화를 시작할 수 있는 특정한 형식의 언어와 공통적인 기준을 공유할 수 있을까?

해변가에서 위험한 것은 사람들이 자신들의 문화적 공공영역에서 자신들과 맞지 않는 사람들을 배제하도록 물리적 영역의 변화를 추구하고 있다는 것이다. 이는 분명히 최근 생겨나고 있는 문화공생적 긴장의 놀라운 사건들을 설명한다. 세계에서 가장 여유로운 장소이자, 편안하고 문화적 다양성을 지닌 호주를 생각해보자. 인구의 90%가 48km의 해안가에 정착하고 있으며, 스포츠와 신체적 표현이 매우 존중되는 국가인 호주에서 가장 중요한 공공공간 중 하나가 해변이라는 것은 놀랄 만한 일이 아니다(Fiske, 1983). 따라서 2005년 12월, 시드니에서 며칠간 지속된 수백 명의 앵글로-셀틱(영국)계 호주인과 레바논 출신 청소년들 간의 인종적 갈등에 의한 폭력에 대한 뉴스가 들렸을 때, 사람들은 충격을 받을 수밖에 없었다(Marks, 2005). 적대감 발발의 이유가 무엇이든지 간에, 레바논 청년들이 일반화된 해변가에서의 행동, 특히 공간의 사용과 여성에 대한 대우를 위반한 것에 대한 잠재적인 분노 때문인 것으로 보인다. 일촉즉발의 상황은 지역 라디오 방송국 비디오 자키의 선동적 언어에 의해 더욱 악화되었다. 문화적 공공공간은 전달의 매체가 되었고 많은 군중들이 그 지역으로 몰렸다.

하틀리와 그린(Hartley & Green, 2006)은 다음과 같이 언급하였다.

> 이번 갈등은 인종 간 투쟁의 전통적인 이유, 즉 토지 혹은 직장과 같이 가지지 못한 자들 간의 경제적 경쟁과는 아무 상관이 없다. 대립의 직접적인 원인은 문화, 즉 해변가의 공간 사용과 호주인이 '되는' 올바른 방식이었다.

이것이 사실이든 아니든 간에 호주인들은 확실히 자극을 받았고 그에 대한 대응에 나섰다. 서핑 인명구조대 회원들에 대한 문화공생적 접근과 'Call the Same Wave' 훈련 프로그램을 개발할 필요성을 인식하게 되었다. 이는 문화적으로 많은 수의 다양한 구조대원의 채용과 훈련으로 이어졌다. 게다가 호주의 서핑 인명구조대는 이슬람교 여자 회원을 위한 새로운 유니폼을 개발하였다. '부르키니'라고 알려진 머리부터 발목까지 이르는 수영복은 호주 해변문화의 일원이 되기를 원하는 이슬람교 공동체의 젊은 여성들에 의해 적극적으로 수용되었다.

보통 북유럽 사람들은 해변이 도시의 공공공간이라고 생각하기 어려울 수 있지만, 호주뿐만 아니라(이전에 남아공의 연구에서 봤던 것처럼) 해변을 도시의 공공공간이라 여기는 곳이 세계에는 많이 있다.

도시를 벗어나서 이 해변의 사례는 문화공생적 도시개념이 도시, 시골과 해변지역에서 점차 중요한 요인이 되고 있다는 사실을 상기시켜준다. 도시는 그 속성상 모든 유형의 사람들이 일을 하거나 놀기 위해 주목받거나 사라지기 위해서, 혹은 단지 다른 곳으로부터 탈출하기 위해서 언제나 방문하는 매력적인 장소다.

과거에 도시는 시골생활의 제약에서 탈출하기 위한 장소였으며, 시장은 도시 혹은 시골마을에 머무르고자 하는 사람들의 동질성을 강조하는 경향이 강했다. 그러나 오늘날의 도시는 그렇게 단순하지 않다. 도시의 외부상황이 변화되고 있는 것이다.

여기에서 고려해야 할 세 가지 주요한 측면이 있다. 시골의 BME(흑인 및 소수 인종), 집시와 여행하는 사람들, 이주 노동자의 성장이 그것이다. 예를 들어, 흑인 소수자들은 영국 이주 50년의 역사 속에서 도시권을 넘어 교외로의 침투는 거의 없었다. 영국 시골지역 인구의 단지 1.4%(약 13만 6000명)만이 유색인종계다(CRC, 2005). 이는 소수자들에게는 시골지역이 백인들만의 지역으로 - 실은 실제로도 그렇지만 - 보이며, 외부인들이 매우 눈에 띈다는 것을 의미한다(Neal & Agyman, 2006). 그곳에서 흑인 소수자들은 도시에서보다 더 많은 인종차별을 받으며, 특히 지역기관에 참여함으로써 융합하고자 하는 그들의 시도가 때로는 금지되어 왔다는 많은 사례가 있다(Tyler, 2006). 또한 소수집단의 요구에 대한 서비스 제공업자들의 문화적인 지식이 부족하다고 평가했다(Pugh, 2004).

영국의 인종평등위원회는 도시사회에서 가장 배제되고 비난받는 집단은 12만 명의 집시와 여행자라고 주장했다(Niner, 2002). 그들은 전 유럽뿐만 아니라 영국에서 최악의 주거, 건강 및 교육환경에 노출되어 있다. 또한 그들은 지역의 시민활동이나 의사결정에 참여하게 될 가능성이 가장 낮다(인종평등위원회, 2006). 그들은 몇 세기 동안 일상적으로 배제당하고 비난받는 공동체였기 때문에, 아마도 집시 혹은 로마 사람들에 대한 대우는 국가의 관용과 민주성, 상호적인 사회의 정도를 평가하는 척도역할을 해왔다.

영국의 각 도시에 (주로 EU에서 온)많은 이주 노동자들의 정착은 하나의 일반적 현상이 되고 있다. 지난 십 년 간 사실상 전무했던 이주가 2004년과 2006년 사이에 12만 명으로 증가하였다.[21] 이는 특히 헤리퍼드셔, 링컨셔, 워시, 웨스트컨트리와 같은 특정 지역에 집중되어 있으며, 처음으로 외국인들이 시골생활의 가시적인 존재가 되었다.

통합과 상호작용의 구축에는 많은 장벽이 존재한다. 첫째, 이주자들은 대부분 잠깐 머무를 뿐이라는 인식이다. 둘째, 종종 지역 커뮤니티로부터 벗어난 공동체 내에서의 고립, 그리고 세번째로 언어적 장벽이 있다. 마지막 문제는 증가하고 있는 시골에서의 융합문제가 장벽으로써 주목받고 있다(Buonfino와 Geissendorfer, 2007). 언어교습은 사실 이 새로운 시골 공동체의 급속한 성장속도를 맞추지 못하고 있다.

영국과 유럽의 시골지역과 시장마을에서 민족적 소수자의 통합과 적극적인 상호작용의 계획이 가능하게 되기까지는 여전히 배워야 할 것이 많이 있다. 작은 마을과 시골지역에 이주민의 정착과 융합을 높이기 위해 캠페인을 추진하는 캐나다의 사례를 살펴보는 것은 가치 있을 것이다. 그 사례를 요약하면 다음과 같다.

□ 환영하는 커뮤니티 구축하기
- 지역이 이주자에 대한 근거없는 믿음보다 잘 이해하고 있는가를 파악하기

- 이주자가 토착인구가 높은 지역에 자리잡는 것을 피하기
- 이주자를 어떻게 도울 수 있을지에 대해서 지역 고용주들과 커뮤니티 단체 교육하기
☐ 이민자의 환영과 초기 정착
- 이주자를 위한 개별적인 지원 시스템
- 남는 주택뿐만 아니라 적절하고 품질 높은 주거에 대한 높은 이용 가능성
- 언어와 통역 서비스에 대한 접근성
- 배우자와 자녀들을 위한 훈련받은 ESOL(다른 언어 사용자를 위한 영어) 교사의 적절한 공급
- 배우자와 가족들을 위한 건강, 교육 및 사회복지 문제에 대한 조기 평가
- 은행업무 및 기타 재정적인 서비스 접근에 대한 도움 및 신용 구축하기(이는 매우 숙련된 기술을 가진 이주자들이 직면하는 가장 좌절스러운 경험 중 하나일 수 있다)
- 종교·문화적 요구에 접근할 수 있도록 도움주기
☐ 정착 유지와 통합 구축하기
- 새로운 근린환경을 융합할 수 있도록 소규모 커뮤니티에 '가이드라인' 제공하기

이와 관련해서 영국에서도 몇 가지 긍정적인 사례가 있다. 기존의 소수자들은 지역에서 대체적으로 환영받지 못하고 있었으며, 지역의 문화는 전적으로 '백인'만의 것으로 정의되어 있었다. 이러한 문제를 해결하기 위해 도시의 소수 민족 거주자들에게 시골을 소개하는 특별한 프로젝트가 추진되었다. 특히 모자이크 프로젝트[22]는 소수자들에게 육체적 여가와 정신적 재생의 기회제공을 위해 국립공원을 개방하고 문화적 유산의 일부로

공유하기 위해 시작되었다. 이로 인해 다양한 인종 간 접촉사례가 생겼으며, 다음은 가디언[23]에 실린 브래드포드에 거주하는 하와런 후세인이라는 여성의 이야기다.

> 누군가가 나에게 전화를 걸어 물어보았어요, '데일즈로 가는 무료 여행을 원하시나요?' 그리고 나는 공짜라면 사양하지 않기 때문에 그렇다고 대답했어요. 나는 일생을 브래드포드에서 살았지만, 도시환경에 익숙하기 때문에 데일즈에는 가본 적이 없었어요. 무언가의 존재를 모른다면, 자신이 무엇을 놓치고 있는지도 모르게 되지요. 우리 부모님은 방글라데시 출신이에요. 그곳에서는 시골에 가본 적이 있지만 어째서인지 영국과 시골을 연결시키지는 못했어요.
> 그 후 나는 나의 아들들을 데일즈로 데리고 갔고 그들은 넋을 잃고 말았어요. 집으로 돌아오는 길 내내 아이들은 이야기했어요. '정말 멋져요. 꼭 방글라데시 같아요'. 그러나 그건 1만 마일 밖에 있는 곳이 아니었어요. 단지 내가 사는 곳에서 20분 거리였지요.
> 모자이크 프로젝트를 통해서 나는 브래드포드의 녹색당 의원들 중 몇몇을 만났어요. 그 전까지 정치는 그다지 내 인생과 관련이 없었지만, 놀랍게도 나는 이 사람들이 참 마음에 들었어요.

하와런은 현재 브래드포드의 녹색당 의원이다.

공원에서 도시 공원은 대중의 상상 속에서 다른 역사와 위치를 가지고 있다. 공원은 유럽과 미국 산업도시의 도심으로 몰려드는 사람들을 위한 물리적 및 치료의 출구로 생겨났다.

그러나 그러한 공원의 대다수는 사회 내 다른 집단과의 사회적 상호작용의 촉진에 대해서는 그다지 고려하지 않았다. 만일 19세기에 참여적 관찰이 있었더라면 매우 높은 인종적 동질성에도 불구하고, 다양한 사회적 계층과 전문적 집단이 다른 시간 대에 다른 방식으로 지역 공원의 다른 부분을 이용했었다는 것이 확인되었을 것이다. 놀랍지 않게도, 이제 이 사회는 점점 문화적으로 멀어지고 있으며 공원이 무엇이고 누구를 위한 것인지에 대한 인식도 매우 다르게 되었다.

공공공간이 항상 누구에게나 똑같이 이용 가능한 것은 아니다. 특정 집단은 기능적으로 배제되거나 혹은 시간에 따라 접근시간이 다를 수 있다. 공원관리자는 젊은 사람들이 종종 저녁에만 공원을 이용하기 때문에 그들이 공원을 이용하는 것을 모를 수도 있다. 낮 시간에 공원을 이용하는 사람들이 저녁이나 어두워진 이후에 공원을 산책할 가능성이 거의 없다. 여성들은 주로 낮시간에 공원을 이용하기 때문에 아침 일찍이 공원에 가지 않으며, 공원이 문을 닫는 밤에는 더더욱 사용하지 않을 것이다. 개를 산책시키는 사람들은 '우선, 이른 아침이나 밤은 가장 최후의 선택'이라는 고정된 이미지를 가지고 있을 것이다. 소수 인종의 가족들은 종종 사람이 많은 것이 더 안전하다고 믿고 있어 일요일 오후에만 공원을 찾는다. 이것은 도시 인구의 복잡다양한 특성을 수용하는 잘 관리된 공공공간이 훨씬 더 많이 필요하다는 것을 암시한다.(Comedia, 1995)

역설적이게도 지난 25년 간 사회적 복잡성이 증가함에 따라, 도시 공원의 관리 및 유지의 질과 양은 반대방향으로 흘러가고 있다.

공원은 자유와 기회의 공간이 아니라 경계선에 의해 보호된 영역 혹은 접근금지 지역으로 간주되고 있다(Gobster, 1998). 그러한 고전적인 예가 골드위크의 파키스타인 공동체와 백인이 우세한 피튼 힐 지역 사이에 경계가 형성되어 논쟁의 화두가 되었던 영국 올덤의 알렉산드라 공원이다.

빅토리아 도시의 자존심이었던 이 공원은 2001년 인종폭동에 의해 도시가 분열될 때까지 황폐함과 버려진 상태로 방치되어 있었다. 그 후 공원의 대대적인 복구는 올덤의 자존감과 사회적 응집력을 재건하려는 노력의 상징으로 간주되었다. 이곳은 도시의 연례 축제가 열리는 공원으로 복귀하게 되었고, 국립공원 기관의 위원장으로부터 '지구상에서 가장 멋진 공원'이라는 찬사를 듣게 되었다. 공원은 또한 올덤 자치구 의회가 지방정부신문이 선정하는 올해의 가장 개선된 의회 상의 최종후보에 오르는 데 기여하였다.[24] 문화적으로 민감한 공원복구의 또 다른 예는 버밍엄의 핸즈워스 공원으로, 지역의 인종 다양성을 대표하는 네 명의 관리인을 새롭게 임명함으로써 의사소통, 신뢰, 이용성을 크게 개선하였다.(CABE, 2006)

헐의 피어슨 공원 역시 갈등의 장이 되었는데, 이번에는 그 발단이 지역 백인 청소년과 최근 도착한 쿠르드 피난민 간에 일어났다. 공원의 한가운데에는 잔디 볼링장과 전시관이 있었는데 하루에 단 한 번 그곳을 사용할 수 있는 권리를 가진 노인들에 의해 감시되고 있었다. 의회는 두 명의 새로운 공원 경비원을 고용하였다. 두 명 중 한 명은 쿠르드인 딜자르 알리로 그는 무리들 간의 평화를 조정하고 다양한 문화적 여가활동, 쿠르드어 영어수업, 구직자 클럽, 증오범죄 보고를 위해 센터의 전시관을 개방하였다. 이제 전시관은 다양한 인종집단이 만날 수 있는 대규모 집회와 바비큐 파티를 개최한다.

마지막으로,(경제적인 것뿐만이 아니라) 순수비용, 우수한 공원과 사회적 접촉의 가치는 무엇인가에 대해 질문이 늘어나고 있으며, 정치가와 전문가들은 훨씬 더 창의적인 방식으로 이에 답변해 나가야 한다.

다양한 집단의 사회적 상호작용은 지역의 더 넓은 장소에서, 모두를 위한 안전하고 적절한 공간영역의 제공을 통해 유지되고 강화된다. 일반적으로 공원 관리자들은 물질적인 자원의 요구에만 신경을 쓰고, 이러한 관점은 그다지 중요하게 생각하지 않는 경향이 있다. 이와는 반대로, 관리자들이 이러한 다양성을 적극적으로 반영하게 된다면 어떠한 결과가 일어날 것일까?(Law et al., 2005)

이러한 많은 사례에도 불구하고, 여전히 문화공생적 접촉을 창출하는 공원의 능력에 너무 큰 기대를 하는 것은 무리다. 런던의 다양한 지역 공공공간에 대한 최근 연구(Dines et al., 2006)에서는 시장, 거리와 공원에 대한 사람들의 느낌을 비교하였다.

지역 공원은 일상적 만남과 우연한 만남 모두를 위한 장소다. 실제로 공원을 일상적인 사회적 상호작용의 장소라 이야기한 사람

이문화보듬기

문화공생적 정원운동, 독일

라인 강 바로 옆, 쾰른 북부의 활기 없는 지역에 축구장 반만한 땅의 확장을 상상해보자. 노지는 약 1.8km²의 작은 야채밭이다. 상추 다발, 당근의 무성한 잎, 생기 넘치는 녹색 담뱃잎의 청청한 밭은 갈색 흙의 영향으로 급속히 성장한다. 퇴비상자는 밭의 한쪽 끝에 줄지어 있고 새로 장식된 밝은 푸른색의 커다란 막사는 다른 쪽 끝에 서 있으며, 모든 종류의 정원기구가 있다. 그리고 물 펌프는 밭의 중앙에 위치하고 있다.

땅에 대한 자신들만의 구상을 가지고 있는 정원사들은 무엇을 경작할 것인가를 정할 수 있지만, 정원클럽 회원 중 일부는 계획조차 가지고 있지 않다. 그들은 그냥 쟁기질을 하고 씨를 뿌리고 물을 주면서 다른 이들을 도와줄 뿐이다. 슈레버카튼으로 알려진 – 독일에서 개인에게 대여되는 고전적 미니 정원은 대지의 작은 구획으로 유명하며, 요새와 같이 땅을 구분하는 울타리로 훨씬 더 작게 쪼개져 있다. 각각의 정원사들은 자신들의 이웃으로부터 상대적으로 차단되어 있다. 그러나 거대한 정원에서 각각의 땅은 다른 사람들에게 개방되어 있으며, 단지 잔디로 구분되어 있다. 토끼와 개를 쫓기 위해서 전체 밭을 둘러싼 체인으로 된 울타리가 있을 뿐이다.

문화공생의 정원에 내재되어 있는 개념은 분리가 아니라 융합이다. 쾰른의 문화공생의 정원클럽은 2005년에 창설되었으며, 약 30명의 회원을 보유하고 있으며 이들 중 8명은 매우 활동적이다. 정원사들은 원래 터키, 이란, 콩고 공화국, 캄보디아, 일본, 폴란드

은 거의 없다. 사람들은 다른 지름길 혹은 개의 산책과 같은 흔히 있는 활동을 위해 공원을 사용할 때, 다른 사람들과의 일상적인 만남을 인식할 가능성이 높았다. 공원 근처에서 조깅을 시작한 백인 영국 여성은 열성적으로 건강을 유지하려는 동료들과 친숙해질 수 있었다.

당신은 동일한 활동을 하고 있기 때문에 공통의 장소를 소유하는 것이다. 당신은 그들을 본 첫째 날 미소를 지을 수 있을 것이고, 둘째 날도 그렇게 할 수 있다. 셋째 날에는 멈춰서 인사하고 높은 수준은 아니지만 사람들을 알아갈 것이고, 거리에서 그들을 본다면 인사를 하게 될 것이다. 이것이 공동체

> 와 독일 출신이다. 이전 회원들은 이라크와 코트디부아르 출신이다.
> '정원을 가꾸는 것은 나의 취미이며 지구와 연결된 것처럼 느껴지기 때문입니다'라고 27년 간 쾰른에서 살고 있는 이란 출신인 코스르크 사르앙이 이야기했다. '나는 슈레버카튼 협회의 모든 룰과 규정을 좋아하지 않아요. 나는 그다지 엄격하지 않은 우리 정원의 자유가 좋아요.'
> 정원 관리작업 이외에 정원사들을 단합하도록 하게 하는 것은 그들이 모두 서로 독일어로 대화한다는 점이다. 독일에 새로 와서 언어를 배우고 있는 사람들에게는 좋은 연습이다. 저녁 혹은 주말에 밭일이 끝난 이후에 클럽 회원들은 바비큐를 하거나 샐러드를 만든다. 노동의 열매를 공유하기 위해 함께 하는 것은 집에서 혼자 앉아 있는 것보다 낫다.
> 문화공생의 정원에 대한 사고는 미국 대도시에서 볼 수 있는 '커뮤니티 정원'에 기반한다. 미국에서 오랫동안 유기된 도심지역은 모든 사람들이 가꿀 수 있는 정원으로 변신하였다.
> 이러한 생각이 전달해져 독일 내 도시에 거의 100개의 문화공생적 정원이 생겨났다. 또한 이는 유럽 전역으로 확대되어 호주, 프랑스, 폴란드와 영국과 기타 국가에 이러한 정원이 수백 개가 존재한다. 참가 정원사들은 서로의 생각을 교환하기 위해서 다른 국가에 있는 정원사를 방문하기도 한다.
> 꽤 유행하게 된 이 프로젝트는 독일의 문화공생적 정원사 네트워크를 조정하기 위한 문화공생적 정원재단(Stiftung Interkultur)이라는 단체가 2003년에 창설되었다. 게다가 문화공생적 정원재단은 영국의 흑인환경 네트워크와 여성환경 네트워크, 미국의 커뮤니티 정원운동과 뉴욕 시의 환경의회와 같은 집단과 국제적인 공조를 유지하고 있다.(Shaefer, 2006)

의 시작이다.

이 여성은 이러한 처음의 일상적 만남을 더 친밀한 관계를 위한 잠재적 기반이라 보았다. 공공공간에서 비공식적 교류의 특징은 연속적인 주제다. '거리'가 어떻게 잠재적인 만남의 장소로 그녀의 이야기 속에 들어왔는지를 살펴보는 것은 가치 있는 일이다.

이는 상황을 잘 정리하고 있는 것으로 보인다. 잘 관리되고 창의적으로 생명이 불어넣어진 공원은 새로운 사회적 접촉이 유발되고 공고해질 수 있는 장소를 제공한다. 그러나 일반적으로 공원은 사람들이 자신들을 위해서 혹은 이미 자신들이 아는 사람과 무엇인가를 하기 위해 가는 (아마도 사회적 접촉으로의 탈출) 장소다.

제3의 장소 공공영역의 축소와 폐쇄는 수년 전 제인 제이콥스(Jane Jacobs, 1961, 1969)에 의해 처음 파악되었지만, 절박한 위기는 1980년대부터 본격화되었다. 이러한 느낌의 전형은 커피숍, 우체국, 이발소, 바와 같이 직장과 집 사이에 있는 '제3의 장소'의 미덕을 찬양한 레이 올덴버그(Oldenburg, 1989)의 저서였다. 이러한 장소는 포괄적인 지역성의 정도에 따라 커뮤니티에 도움이 된다.

제3의 장소의 가장 중요한 기능은 지역을 결합하는 것이다. 제3의 장소는 '혼합기'다. 동화는 제3의 장소에 가장 잘 어울리는 기능이다. 제3의 장소는 관광객에게 '출입구' 역할을 하며 새로 온 사람들이 전임자들에게 소개되는 장소다.

제3의 장소의 중립적인 기반(주인 혹은 손님의 역할에 의해 부담을 느끼지 않는 장소)은 커뮤니티 생활에 매우 중요한 교제의 편안함을 제공한다. 사람들은 그들이 기쁘거나 혹은 아무에게도 신세지지 않을 때에만 오고 간다. 결국 사람들은 이곳에서의 만남을 통해 이웃의 모든 사람에 대해 알게 될 것이다. 이러한 관점에서 볼 때 제3의 장소는 '선별장소'의 역할을 한다. 즉, 사람들은 특정 사람들을 매우 좋아하고 다른 사람들을 싫어한다는 것을 알게 된다. 그들은 유사한 흥미를 지닌 사람들을 찾고, 흥미가 유사하진 않지만 흥미로운 사람들을 발견한다.(Oldenburg, 1989)

미국 도시에서 이러한 비공식적 사교장소의 손실에 대한 올덴버그의 애통함은 진심에서 우러난 것이다. 그는 특히 미국에서 남성 유대인의 쇠락, 소수 민족 공동체 내에서의 응집력 손실과 젊은 세대들의 전반적인 소외현상을 비난했다. 이것은 모두 사실이지만, 올덴버그는 문화공생적 관계의 상태와 제3의 장소의 역할에 대해서는 어떤 이야기를 해야만 했는가? 실제로 아무것도 없다. 올덴버그의 제3의 장소는 본질적으로 이웃공간이고, 사람들은 올덴버그가 이야기하는 미국의 도시 대부분의 이웃은 세계의 다른 어떤 지역보다 종교적인 관점에서 정의된다고 생각한다. 결국, 제3의 장소는 퍼트남(1993)이 칭한 유사한 사람들 간의 '결속형 자본'의 장소이며, 문화공생적 교류의 근간인 '교량형 자본'은 덜 가지고 있는 것으로 보인다.

결론적으로, 이러한 장소가 가장 명백해 보이는 장소일 필요는 없다. 사람들은 단지 동일한 물리적 공간을 공유하기 때문에 물리적 공간과 동일한 삶의 공유 사이에는 잠재적인 장벽이 있다. 아민(Amin, 2002, 2006b)은 우리가 공공공간을 창조함으로써 사람들의 삶을 조형할 수 있다는 순진한 믿음에 대해서 충고하였다. 이것은 단지 '장소-전문적 창조'의 역할을 부인하자는 것이 아니다. 그것은 유용하다. 그러나 관리된 공간이 더 잘 인식되고 긍정적인 역할은 하지만, 부정확하게 인식된 공간은 더 부정적으로 문화공생적 행동의 가치를 떨어뜨릴 것이다.

공공기관

문화적 장소에 관해서 풀어야 할 심각한 질문들이 있다. 예를 들어서, 박물관, 도서관 혹은 콘서트 홀과 같은 심원한 분위기에서 자신과 다른 문화와의 긍정적인 접촉은 그 문화의 사람을 긍정적으로 느끼게 할 가능성을 더 높이는가? 이러한 접촉이 그들 곁에서 살도록 하거나 혹은 그들과 친구가 될 가능성을 높여주는가? 혹은 이것이 단순히 다른 문화에 대해 환상을 가지고 바라보는, 즉 일상에서 함께 살고 친해지는 구체적인 현실과는 동떨어진 과정인가?

박물관 박물관은 종종 문화공생주의의 모호한 관계를 지닌 곳으로 간주된다. 과거에 박물관은 자신의 과거 문화를 보여주거나 혹은 다른 문화의 배제 혹은 억압을 외부적으로 표출하기 위한 목적으로 사용되었다. 어떤 박물관은 세계 문화 전체의 수집장이 되고자 하는 것처럼 보였다.

네덜란드의 박물관은 문화공생적 렌즈를 통해서 역사를 전시하는 데 선두적 역할을 하고 있다. 2000년, 로테르담 현대예술박물관은 유럽 문화가 자라난 다양한 원천을 탐구하는 기획전시회를 '유럽 분석하기'라고 이름 붙여 기획하였다. 참가자 중의 한 명인 예술가 프레드 윌슨(Fred Wilson)(Stam, 2005에서 인용)은 다음과 같이 결론내렸다.

> 유럽에서 파생된 종이, 유리, 바지, 0과 같은 기본적인 개념도 매우 중요하지만, 지금은 완전히 독자적인 개념이 형성되었다. 이러한 목록의 예는 끝이 없다. 유럽이 잠든 동안에 의학은 이집트에서, 신발은 메소포타미아에서, 탄소강의 제련은 탄자니아에서 발달되었다. 인도인들은 숫자를 발명하였고, 중국인들은 나침반을 발명하였다. 만약 대부분의 유럽인들이 유럽이 이토록 문화적 용광로인 줄 알게 된다면, '이국적(최선의 표현으로)' 혹은 인종적 증오(최악의 표현으로)

의 개념이 존재하게 될 것인가? '우리'가 '그들'이라면 '그들'과 '우리'는 존재하지 않는다.

그렇다고 할지라도 의식적으로 문화를 연결하려고 노력하는 장소는 거의 존재하지 않는다. 상징적으로 의사소통하고자 하는 가장 좋은 예는 테파파 뉴질랜드 국립미술관이다.

'우리의 장소'라고 해석되는 그 명칭은 국가의 두 문화속성 속에서 자란 강력한 상징적 의미를 가지고 있으며, 전통과 문화적 유산의 두 주류-마오리족과 뉴질랜드 백인-의 권위와 중요성을 반영하고, 각 국가의 문화정체성에 의미 있는 기여를 하고 있다. 진실이 더 이상 당연시 되지 않는 장소는 많은 역사, 많은 변형, 많은 목소리들의 총합일 것이다. 이러한 민감성은 부분적으로는 물리적 구조에 의해 구축된다. 오래되고 숭고하며 깊은 사색에 잠기게 하는 계단은 위쪽으로 향하여 과거에서 밖으로 향하도록 계획되어 있으며, 모든 뉴질랜드인들의 상징적 집인 마래 아티(전통적인 마오리의 모임장소)에서 펼쳐진 절벽은 우리에게 하늘과 바다의 극적 효과를 비추어준다. 더 이상 설명이 필요 없는 이것은 본능적으로 이해된다.(Beckman, 2006)

한편, 미국의 브루클린 박물관은 첫번째 토요일에 진행되는 프로그램을 통해 커뮤니티에 문화공생적 참여를 도입하기 위해 노력하고 있다. 커뮤니티를 반영하고 전시하는 다양한 프로그램을 만들어내고(언제나 유용한), 입장료를 없앰으로써 박물관에 입장하는 사람들의 수와 다양성을 상당수 증가시켰다. 1997년에 시작된 프로그램에서는 세계 음악·영화·공연, 화랑 대담과 댄스 파티 등이 포함되었다. 타임아웃 뉴욕은 이러한 행사에 참여하는 '인상적일 정도로 다양한 군중들'을 칭찬하였다.(Spitz & Thom, 2003)

영국 박물관의 관장인 닐 맥그리거는 다른 방침을 취하였다. 그는 영국의 박물관을 '박물관이 영국에 어떤 의미를 가지는가를 치열하게 고민하지 않고는 동의할 수 없는 장소'라 묘사하였다.[25] 그는 대중들이 자신들 문화뿐 아니라 다른 문화에 대해 스스로를 교육할 수 있는 장소 이상으로 박물관의 역할을 정의하고 있다. 그는 박물관이 다양한 사회에 사는 의미에 관한 토의, 주장, 협상의 장소라고 제안함으로써 박물관의 개념을 확대하였다. 이는 매우 대담한 주장이며 아마도 많은 박물관들은 그 선 안에 해당되지 않을 것이다. 그는 자신 있게 자신의 주장을 표현하는 국제적 지도자 중의 한 사람으로서의 중요한 역할을 하고 있다.

호주에서는 최근 문화공생적 대화를 위한 새로운 공간창출의 중심에 박물관을 위치시키기 위해, 기존의 교육적이고 추상적인 방식을 넘어서기 위한 시도를 하고 있다. 예를 들어, 아들레이드의 이민박물관은 개인과 공동체의 이야기를 표현함으로써 호주 남부의 다양한 문화의 보존, 이해와 즐거움의 확대를 위해 노력하고 있다. 박물관은 참신한 전시를 기획하고, 이민과 관련된 사회적 문제를 강조하기 위한 커뮤니티에서의 작업을 적극적으로 하고 있다.

최근에는 기술의 발달로 관람객들이 다른 문화를 가진 누군가의 마음으로 생각하게 하는 것뿐 아니라, 이를 직접 느끼고 융합된 환경에 몰두하도록 하는 가상현실의 적용도 가능하다. 시드니 박물관의 비디오 벽은 최초의 인류접촉에서부터 정착까지 시드니의 역사를 보여주고, 관람객들이 일반적 박물관 전시의 특징인 보이지 않는 구분선을 건너도록 유도한다.

기계적 '상호작용법'을 적용한 전시회에서 관람객들은 시각적 경험을 하면서 공간 안을 둘러볼 수 있다. 전시회에서는 문화의 실재 개념을 전달하기 위해서 호주 토착문화유산을 사용한다. 전시회는 호주 토착문화와 비토착문화를 포함한 다양한 문화가 접목된 시드니의 공간 구성방식을 전달하기 위해서 이미지의 병치를 사용한다. 시드니 지역에서 토착문화의 연속성이 실재로 존재한다는 것을 확실히 묘사하기 위해 과거에서 현재로 이동하기도 하는 등, 비디오

벽의 상호작용에 대한 접근과 내용은 현실과 가상, 박물관과 관람객, 공간과 실체 사이에 대화를 이끌어낸다.(Thornton, 2005)

이는 매우 새롭고 흥미로운 방법인데, 우리에게 박물관이(약간은 분리된 관점에서) 단순히 지적 재고의 장소일 뿐 아니라, 물리적으로 다르게 행동하고 참여하는 장소로 인식될 수 있기 때문이다.

도서관 '얼마 남지 않는 의미 있는 교차문화의 접점'으로서의 공공도서관의 역할에 대해서는 많은 사례를 볼 수 있다(Audunson, 2005). 최상의 도서관은-우연히 혹은 사서의 도움에 의해서-익숙하지 않은 책 혹은 악보와의 만남으로 새로운 세상이 열릴 수 있으며, 다양한 문화의 세계주의적 보고가 될 수 있는 곳이다(Larsen et al., 2004). 또한 도서관은 잠재적으로 낯선 이들이 자신들에 대해 너무 많은 질문을 받지 않고 처음으로 접촉할 수 있게 하고, 이후 단체행동을 위한 기반이자 안전하고 중립적인 장소가 될 수 있다. 그러나 그 자원이 만족스럽지 못한 경우도 많다. 도서는 너무 위계적이고 단일문화의 시기로 되돌아가는 것과 같이 부적절한 경우가 많다. 심지어 더욱 당혹스러운 것은 건물 내부에 한정되어 종종 다양성의 확대가 방해를 받고, 그들 지역의 문화적 다양성을 반영하기 위한 서고를 충분히 수용할 수 없는 경우도 있다.

도서관 서비스가 충분한 자원을 가지고 있으며, 통합과 사회적 결집력을 높이는 데 주도적 역할을 하도록 하는 국가는 덴마크다(Berger, 2002). 다음의 두 가지 사례는 덴마크의 접근방법을 대표적으로 보여준다.

'이주 노동자'를 위한 국립도서관은 1984년에 처음 설립되었고, 지금은 덴마크 통합도서관 센터로 변경되었다.[26] 그 첫번째 역할은 국가 전역의 도서관에 덴마크어 이외의 언어로 된 자료도 이용 가능하도록 국가적으로 공급하는 활동이었다. 둘째로, 이 도서관은 세계적 문화공생적 지식과 기술의 관리, 직원개발에 대한 훌륭한 센터의 역할을 하고 있다.

이리한 덴미크에서의 경험은 차츰 국가 전역에 매우 다양한 도시 인구들의 요구를 전달하여, 문화적 접점공간을 제공할 수 있는 수준 높은 전문성을 갖춘 도시 및 지역 거점 도서관의 광대한 네트워크 창출을 가능하게 하였다. 이에 대한 우수한 사례는 오후스의 교외인 게로로프에 있는 도서관 및 커뮤니티 센터다. 이곳에서는 45%가 소수 민족이며 70개의 다른 언어를 사용하는 1만 9000명의 인구에게 서비스를 제공하고 있다.

인구의 약 절반 가량이 정부 자금의 수혜자이며, 대부분은 공영주택에 세들어 있다. 게로로프의 전략은 도서관을 소수 집단과 인종적 덴마크인 모두에게 필요한 일련의 본질적 서비스의 허브로 만들고, 특히 여성의 요구에 초점을 맞추는 것이었다. 후자의 전략에 대한 설명으로, 게로로프는 아프리카 속담을 참고기준으로 채택하였다. '남성 한 명을 교육하면 그

♥ 문화보들기

사실 – 미신 = 평화, 헐

험버마우스 축제는 16일 동안 주요 작가들과 예술가를 도시로 불러들이는 연례 문학 축제다.

헐 도시 예술 유닛(Hull City Art Unit)은 행사를 주간하고, 지역주민들과 공동체 기관에 축제를 위한 작품을 제작하도록 후원금을 제공한다. 축제는 난민 주간의 '정원에서의 재즈연주'와 동시에 시작되었고 두 행사는 관련이 있다. 그 목적은 언어와 원문을 통해서 보호시설을 찾는 사람, 피난자, 소수 집단에 대한 미신에 이의를 제기하는 것이다.

도서관 연결 프로젝트는 두 곳의 공공지역을 연결하는 퀸즈 정원을 따라 무지개 색깔의 발자국 흔적으로 구성된 '사실-미신 = 평화' 전시회를 안내하며 시작된다. 사진·원문·인용구의 전시는 망명신청자와 피난자에 대한 미신과 오해에 이의를 제기한 지역에서 이루어졌다.

또한 도서관 전시대에서는 행사에 참여하는 사람들이 이용 가능한 '입장을 바꿔 생각해 보세요'라는 서표가 포함되어 있다. 도서관 직원과 피난자, 소수집단 커뮤니티의 대표들은 공예 회기를 열고 사람들이 다양한 소수 민족 언어와 서체로 자신만의 서표를 창작하도록 권한다. 여기에는 아랍어, 쿠르드어, 중국어, 우르드어, 벵갈어, 펀자브어, 힌두어, 포르투갈어 등이 포함되어 있다(Commission on Integration and Cohesion, 2007b).

남성만 교육하는 것이지만, 여성을 교육하면 마을 전체를 교육하는 것이다.'(Spackova & Stefkova, 2006에서 인용)

이러한 도서관은 방문 간호사, 조산사 자문, 치과 검진과 건강교육을 갖춘 건강센터도 같이 운영하고 있다. 또한 도서관은 IT훈련센터와 고용정보를 제공하고, 학교숙제와 운전시험과 같은 것을 도와주기 위한 덴마크 자원봉사자 학생들과 소수 인종 학교의 학생들, 성인 학생들을 연결시켜주는 데이지협회를 포함한 자원봉사기관이 입주해 있다.

센터는 이 지역에서 두드러진 성과를 달성해 왔는데(이민자 수의 계속적인 증가에도 불구하고), 우선 이민자의 실업률이 감소하였고 여가시간 활동에 참여하는

이문화 보듬기

MENSENBIEB: 대중들의 도서관, 네덜란드

많은 사람들은 학습하고 지식을 높이기 위해 도서관에서 책을 빌린다. 이 네덜란드 프로젝트에서 사람들은 새로운 무언가를 배우고 편견을 극복하기 위해서 사람을 대여하도록 권유받는다. 다양한 문화 및 인종을 배경으로 한 자원봉사자 집단은 관심 있는 회원들에게 '대출되기' 위해서 도서관에 온다. 대여는 이동 도서관, 도서관, 카페, 학교 등과 같이 정확한 표적집단에 따라서 다양한 장소에서 이루어질 수 있다. 사람이 '금발은 머리가 나쁘다', '여성은 운전을 잘 하지 못한다'에서부터 '외국인은 통합되기를 원하지 않는다', '이슬람계는 극단주의자다'에 이르는 편견이 적힌 광고판과 스티커를 앞뒤로 매고 다니고 일반적인 대중들은 편견에 대한 대화에 참여하며 그들의 생각을 검증하기 위해서 다양한 자원봉사자들과 만나도록 격려받는다. 모토는 이렇다. '다른 사람의 관점을 빌리지 마세요. 스스로 판단하세요.'

이 프로젝트는 창의적이고 저비용의 효율적인 방식으로 홍보되었다. 토론을 위해서 사람을 '대출'하는 개념은 매체의 흥미를 끄는 매력적인 발상이다. 따라서 커뮤니케이션과 마케팅 영역에 많은 정성을 기울였고, 거대 매체에서의 성공적인 홍보와 이러한 개념의 폭넓은 파급효과가 생겨났다.

다섯 번의 축제기간에 '도서관'을 방문한 사람은 1,000명 이상이었다. 특히 주목할 만한 점은 보통 서로 어울리지 않는 다양한 집단 간의 자발적인 접촉이었고, 때때로 꺼내기 어려운 주제에 대한 개방적인 논의가 생겨났다. 수백만 명의 네덜란드인들은(신문, 국영방송, 라디오, 인터넷 등을 통해서) 한 번쯤은 이 프로젝트에 대해 들어보았다. 편견이란 주제에 대해 자발적인 토론과 논의가 인터넷과 웹 로그인을 통해 네덜란드 전역에서 이루어지게 되었다.[27]

사람들이 2003년 57%에서 2005년 80%로 증가하였다. 이 수치에 따르면, 다양한 인종 집단 간에 높은 수준의 상호작용이 존재하고 있는 것이 분명하다. 2004년 오후, 도서관 서비스는 미화 50만 달러가 상금으로 주어지는 빌 앤 멜린다 게이츠 재단의 '배움의 기회'상을 수상하였다.[28] 한편 영국의 도서관은 도서관 서비스가 쇠퇴할 우려가 커지고 있으며 심지어 소멸할 것이라는 공표가 있을지도 모른다는 불안감을 갖고 있다.[29] 활발한 문화공생적 커뮤니티가 역동성의 중심이 되는 것과는 반대로, 도서관은 살아남기 위한 힘겨운 싸움을 하고 있다. 그러나 새로운 가능성도 나타나고 있는데, 특히 세계에서 가장 다양한 커뮤니티 중 하나인 런던 자치구 타워햄릿츠에 의해 건설되고 있는 새로운 종류의 도서관, 아이디어 스토어에 잘 나타난다. 다른 도서관과는 차별화되도록 건축가 데이비드 아디아예가 디자인한 아이디어 스토어는 결국 타워햄릿츠의 모든 도서관을 대체할 것이다. 의회의 목표는 다음과 같다

> 커뮤니티에 함께 참여하게 하고, 개인에게 글 읽는 법을 배우게 하며, 취미를 추구하거나 또는 지식을 넓히고 직업을 구하는 등, 스스로를 도울 수 있는 권한을 부여하는 것이 이곳의 목적이다. 아이디어 스토어에서는 책을 빌리고, 신문 혹은 잡지를 읽으며 새로운 기술을 배운다. 웹 서핑을 즐기고 휴식을 취하거나 유쾌하고 즐거운 환경에서 친구들과 커피를 한 잔 하며 만날 수 있는 이상적인 장소다.[30]

아이디어 스토어의 물리적인 부분은 더욱 이목을 끈다. 거리와 도서관의 경계를 명확히 하지 않고 사람들은 거리낌 없이 경계를 넘어 들어갈 수 있다. 이는 사용자들이 상호작용하게 하는 공간의 중립성을 창출하도록 도와준다. 아디아예는 이러한 개념에 생명을 불어넣기 위해 선택된 건축가

라는 점에서 중요한 위치를 차지한다.

그는 탄자니아에서 태어났고 가나 출신의 부모 밑에서 세계의 여러 다른 지역에서 성장하였다. 영국에서 교육받았고, 지금은 주로 중동이나 아프리카에 거주한다. 그는 자신의 양육경험을 통해 자신은 다음과 같은 상황에 놓였었다고 기술하였다.

> 가장 많이 성장하는 유아기에 많은 장소를 이동함으로써 공공성의 다른 개념, 개별성의 다른 개념, 시민성의 다른 개념에 대해 조율해야 하는 상황을 배웠다. 이는 후에 그러한 세계 곳곳에서 일하고 싶다는 욕망으로 이어지는 데 잠재적인 영향을 주었다. 이 둘 간에 관련이 있다는 사실에는 의심의 여지가 없다.(Allison, 2006)

최근 연구에서는 아이디어 스토어가 전통적인 도서관 기능의 유지와 사회적 포용, 상호작용과 같은 더 새로운 책임 사이에 균형을 잘 맞추고 있음을 제시하고 있다.(Hardey, 2005)

또한 흥미로운 역설적 상황도 나타나고 있다. 우리는 단지 쇼핑몰에 기반한 소매상 개발의 성장뿐 아니라, CCTV 등의 보급을 통해 공공영역이 점차 더 제한되고 규제되고 있다는 보고를 듣고 있다. 휴대전화, 카메라, 비디오와 같은 개인적인 감시기술의 성장과 유투브와 같은 웹사이트의 최근 출현은 공공영역에 있을 때 사람들이 더 많이 감시받게 된다는 느낌을 받는 데 큰 영향을 주었다. 우리는 인종 간 접촉이 어떤 식으로든 부정되거나 혹은 관습을 거스르는 것으로 간주될 경우, 인종 간 접촉을 고민하는 사람에게 이러한 감시가 어떠한 영향을 미칠지 예측해 볼 수 있다. 예를 들어, 어떠한 장면이 인종 간 접촉을 방해하려고 하는 사람들에 의해서 포착되어 재생산에 사용된다면 파키스탄 소녀가 길거리에서 백인 남성의 눈길을 받는 위험을 감수할 수 있을 것인가? 역설적이게도 이러한 접촉의 당사자들은 거리를 피하게 되고, 의도적으로 분리된 도서관 주변을 선호할 가능성이 더 높아질 것이다.

스포츠

스포츠, 특히 팀 스포츠는 문화 내 그리고 문화를 넘어선 높은 이해의 가능성을 가지고 있다. 인종적 참여의 사례로서 스포츠에 대한 연구는 명확한 결론을 내려왔다.

브라운 등(Brown et al., 2003)의 연구자는 다양한 스포츠에 있어 흑인과 백인 선수들의 태도를 살펴보았다. 흑인 선수들과 같은 팀에 있는 백인 선수들이 그렇지 않은 백인 선수들에 비해 인종적으로 더 관용적인 태도를 보였으며, 이는 공통의 노력을 공유하는 데 있어 긍정적인 영향으로 돌아왔다. 그러나 한편으로 다른 편 흑인과 백인 선수들에 대해서는 동일한 태도를 보이지 않았고, 실제로 경쟁은 편견을 강화할지도 모른다는 점이 발견되었다. 개인을 팀 스포츠와 반대되는 것으로 봤을 때, 그들은 집단 간 접촉을 위한 올포트(Allport, 1954)의 두 가지 필요조건(상호의존성과 비경쟁)이 존재하고 있지 않다는 것을 발견하였고, 환경을 조성하지 않고는 골프 혹은 테니스와 같은 인종 간 개별 스포츠는 상호작용의 부정적인 요소가 될 수 있다고 결론내렸다. 그들은 정책 입안자들이 더 많은 인종 간의 상호작용을 일으킬 수 있는 모든 잠재적인 수단을 고려할 때, (잘 관리된)스포츠는 가장 유망한 수단 중 하나가 될 수 있다고 생각했다. 스포츠는 매우 많은 젊은이들에게 인기 있고 자연스러운 욕구이며, 따라서 사회적으로 포장된 듯한 인상이 덜하기 때문이다.

스포츠와 문화공생주의에 대한 보고서[31]는 문화적 교류를 강화에 있어 스포츠의 역할에 관한 가장 포괄적 연구 중 하나일 것이다. 25개 EU국가의 정책과 활동을 검토하면서 다음의 네 가지 구체적인 접근법으로 스포츠가 정책관점에서 어떻게 이용되는지를 보고하였다.

- 문화공생주의(multiculturalism)—다양성의 경험 장려
- 커뮤니티 간의 분리주의(separatism)
- 인종적 집단의 국가적 스포츠 문화로의 동화(assimilation)
- 상호문화주의(interculturalism)—일체감의 창조

저자들은 영국의 스포츠 정책이 문화적 다양성과 소수 인종의 공동체에 기반한 문화적 이질성에 초점을 두었지만, 교류의 구축에는 초점을 두지 않은 문화공생적 접근이라 정의내렸다. 문화공생을 위한 스포츠 교류의 거점을 구축하고 다양한 스포츠에서의 장벽을 근절하는 데 더 많은 노력을 기울이고 있지만, 스포츠클럽에서의 인종차별은 지속되고 있다. 왜냐하면, 문화를 넘어선 참여의 장려와는 달리 인종 집단은 먼저 모든 인종이 함께 하는 맥락에서의 참여에 우선권을 주고 있기 때문이다.

런던의 메모나이드 재단은 유대교와 이슬람교 종파를 초월한 공동기관이다. 이 기관은 스포츠를 기관활동의 중요요소 중 하나로 여기고 있다. 이종파 간의 연례 축구 프로그램에는 9세에서 12세 사이의 120명 이상의 유대계 및 이슬람계 학생들이 종교를 초월한 팀으로 구성되어 축구 토너먼트 경기에 참여한다.(Institute of Community Cohesion, 2006)

스포츠에 열광하는 호주에서 최근까지 스포츠 체제의 대부분은 백인 다수 집단에 의해 지배되어 왔다. 축구는 팀이 민족적, 국가적 노선을 구축하고 때때로 격렬한 민족 간 경쟁을 야기하는 예외적인 스포츠였다. 최근 국가 간 A매치 대회로 경기를 개편하면서 각 도시에 기반을 둔 문화공생적 팀이 나타났다. 이러한 개편은 호주 축구의 형세를 변화시켰고 경기의 특성과 커뮤니티 전역의 축구경기의 수용에 큰 영향을 미쳤다.

인종차별주의에 대항한 스포츠 활동들은 아마도 럭비, 크리켓 등에 비해 축구에서 더 크게 나타날 것이다. 예를 들어서, 유럽의 인종차별에 대항한 유럽 네트워크 축구는 호주에서 '페어플레이, 다양한 인종, 하나의

게임'이란 캠페인을 시작하였고, 빈에서는 심판들이 문화공생에 민감하게 반응하도록 하는 프로그램을 시작하였다. 벨기에 협회와 FIFA 프로젝트 '인종차별에 레드 카드를(Show Racism the Red Card)(현재에는 영국에서도 진행 중이다)', '축구의 통일된 인종(The United Colours of Football)', '여성에게도 해당되는 축구(Go for Girls)' 활동은 또 다른 예다. 이들은 축구 팬들의 인종차별을 줄이고, 클럽의 차별을 축소하는 두 가지 목적을 위해 활동하고 있다. 보두앵 국왕 재단은 다양한 인종의 클럽활동에 자금을 제공했고, 또한 24개의 스포츠클럽을 외국 청소년을 위한 스포츠 및 참가정책을 실행하기 위한 재정적 지원에 선정하였다. 유사한 사례로 1993년 영국에서는 '축구에서 인종차별을 추방하자'는 활동이 시작되었고, 이 활동은 정부조직에 의해 지원을 받았다. 뿐만 아니라 클럽 수준에서는 레스터 축구클럽의 기금으로 진행된 '인종차별에 대항하는 여우들', 셰필드 유나이티드에 의한 '축구는 단결시키고, 인종차별은 분열시킨다' 캠페인도 시작되었다. 게다가, 티에리 앙리와 같은 스타 선수들로 인해 피난민들과 망명신청자가 경험하는 인종차별이 더 부각되었다.

레스터 시는 특히 피난민과 망명신청자를 융합시키기 위한 수단으로써 스포츠에 관심을 가졌다. 자발적인 활동 레스터인 망명신청자와 피난민 스포츠 개발 프로젝트는 피난민들과 망명신청자들과 함께 하는 주요 활동으로써 스포츠에 초점을 두었고, 그들을 사회적 네트워크로 끌어들이는 수단으로 스포츠를 활용하였다. 이 집단은 주로 축구를 대상으로 하였지만, 여성 피난민들을 위해 네트볼도 자주 진행하였다. 특히 이 집단은 경쟁 스포츠에서 성공을 거두었는데, 많은 지역의 축구경기에서 승리를 거두며 뛰어난 성적을 거두었다. 특히, 선수 확보로 어려움을 겪는 클럽에서 융합이 '문젯거리'로 여겨지기보다 처음부터 문제의 해결책으로 보이게 된다는 효과가 확인되었다.

헨리 등(Henry et al., 2005)이 레스터의 피난민과 망명신청자들을 위한 스포츠에 참여했던 조직을 대상으로 실시한 조사의 주된 결론은 다음과 같다.

- 피난민과 망명신청자들은 일단 건강, 주거 및 안전과 같은 고민거리가 해결되면 스스로 스포츠의 참여기회를 요구한다.
- 스포츠는 피난민과 커뮤니티 간 상호작용의 증가에 중요한 역할을 하지만, 지나친 경쟁은 적절하게 조절되어야 한다.
- 팀 스포츠는 커뮤니티 간 상호작용의 증가에 가장 큰 잠재력을 지니고 있다.
- 기금은 다양한 곳에서 구할 수 있지만, 신청과 관련된 지나친 관료적 제도는 신청을 저해한다.
- 역동적인 스포츠 활동은 남성 중심의 참가경향이 강하기 때문에 성평등을 위한 특별한 주의가 필요하다.
- 스포츠 리더십 훈련은 의사소통 기술과 같은 능력을 강화하고, 자존감의 향상과 고용 가능성을 강화하는 데 매우 유용하다.

마지막으로, 대중의 인기를 사로잡고 공통의 장소와 새로운 이해를 창출할 수 있는 상징적인 스포츠 행사, 팀, 혹은 개인의 잠재력을 과소평가해서는 안 된다.

이러한 관점에서 볼튼의 젊은 복싱 선수, 아미르 칸의 출현은 복싱 세계를 훨씬 넘어선 문화공생적 교량으로써 큰 관심을 불러일으켰다.

> 그는 자신들의 경험에서 아련히 사라진 외국 국가이고 동시에 강한 정서적 실체인 파키스탄을 위하여 모든 영국 청소년들을 위한 공공 공간을 제공해왔다. 그는 또한 다른 스포츠 챔피언들이 지금껏 제공하지 못했던 새로움을 우리에게 제공했다. 바로 다양한 정체성과 그것이 영국인, 이슬람교도, 파키스타인에게 어떠한 의미를 지니는

지에 대한 새로운 통찰이다.(Sardar, 2006)

예술 예술은 그 본질적인 속성에 문화공생적인 경향이 있다. 수평선을 넘어서 혹은 경계를 넘어서 무엇이 존재하는가에 대한 관심은 사람들이 예술활동에 참여하는 동기를 부여한다. 서투르고, 규율에 의심을 갖고, 심지어는 관습에 거스르는 것은 예술가들의 전기에 출현하는 공통적인 특성이며, 이는 필연적으로 자신과 다른 문화를 탐구하길 원하는 호기심으로 이어진다. 갈등을 극복하고, 정반대를 융합하며, 상반된 것을 해결하는 것은 모두 예술가들이 창의적인 발전의 추구에서 나오는 유인자극이라는 기법들이다. 마지막으로 개인 혹은 집단으로서의 예술가들은 종종 자연스럽게 메시지를 주고 받으며 의사소통을 하고, 자신들의 근접한 커뮤니티를 넘어서 교류하는 경우가 많다.

그러나 종종 예술가들은 전통과 혁신 사이의 미세한 선 – '그곳에서 벗어나는 것'과 '이곳에 머무르는 것' – 을 걷기도 한다. 이는 특히 탈식민과 밀접하게 관련된 시기인 지난 30여 년 동안 예술정책이 문화적 독특성과 문화적 결합, 교배문화, 문화공생주의를 탐구하고 찬양하고 강화해 온 영국 내의 색채작업 예술가들에게 해당되는 사실이다. 예술가들, 특히 자신들이 소수민족 집단의 문화와 관련이 있는 예술가들은 예술형식의 통합 혹은 순수성을 이끌고 반영하며, 나아가 방어해줄 것이란 커뮤니티의 기대를 받았다.

한편, '문화적 주류'는 이러한 예술가들이 이국적이지만 제한된 일반적 매력을 지닌 존재로 묘사하길 원할지도 모른다.

그렇다면 문화공생적 렌즈를 통해 문화를 관찰함으로써 우리는 무엇을 얻을 수 있는가? 융합의 핵심은 유네스코의 1995년 보고서, '우리의 창의적인 다양성'에서 '공유공간'이라 칭한 영역의 파악에 담겨 있음을 많은 증거들은 제시하고 있다(Perez de Cuella, 1995). 극작가 데이비드 에드거(David Edgar, 2005a)는 많은 인종갈등 지역에 대해 조사를 통해 다음과 같이 기술하였다.

문화 내에는 독특하게 희망이 존재한다. 그 비밀은 다른 집단이 둘 모두에게 익숙지 않은 제3의 장소를 발견하고 창출하는 것이다. 때때로 이러한 장소들은 사람들로 하여금 지금까지 본질적이고 중요한 요인으로 간주되었던 자신들의(문화·직업·성적) 정체성의 한 측면을 부정하도록 한다. 커뮤니티 치유의 가장 상상력이 풍부하고 성공적인 예증이 발생하는 곳은 바로 이러한, 즉 청소년 집단, 드라마 워크숍, 스포츠 팀이다.

에드거(2005b)는 번리(Burnley)에 대해서 다음과 같이 구체적으로 설명하였다.

다양한 배경의 사람들이 새로 생겨나는 경험을 공유할 때 가장 성공적인 상호작용이 발생한다. 연극이 매우 효과적인 이유가 바로 이 때문이다. 심각한 인종차별주의적 성향이 강한 백인 십대 집단에서 청소년 간의 접촉이 성공한 요인은 희곡을 한 것이다. 번리 청소년극단은 2001년 발생한 폭동의 배경에는 마을에 깊이 뿌리내린 백인 인종차별주의가 있었음을 나타내는 조사자료에서 작품의 영감을 얻었다. 그후 집단이 갈등에 대한 연극을 만들기 위해서 백인과 아시아 청소년들을 함께 모으기로 결정하였고, 그들은 이것을 폭동의 경험이나 일상생활의 경험에 의지하기보다, 화려하며 부분적으로는 창조된 언어로 향후 백 년 간의 번리의 미래가능성을 나타내는 세 가지 비전을 만들어냈다. 이 극단은 젊은 사람들이 자신들의 가슴 깊은 곳에 있는 두려움과 희망을 대변하고 예술작품을 창조하게 하는 풍부한 상상력의 공간이다.

거의 매일 이러한 생각과 씨름하는 이는 케이스 칸(Keith Khan)이다. 트리니나드의 풍요로운 문학적 혼합환경에서 자라난 그는 극단과 댄스 프로젝트를 지도하기 위해서 영국으로 왔다. 그는 문화공생적인 영국인들을 다룰 수 있는 유일한 방식은 '소수의 예술'이라 표시된 상자에 자신을 넣는 것이라는 것을 깨달았다.

> 내가 '아시아인'에 머물러 있었다면, 나는 '아시아 투어 순회'의 장소들만 여행하는 미래를 볼 수 있었을 것이다. 나는 더 국제적인 직업으로 이동하기 위해 노력해왔다. 그러나 내가 왜 그렇게 하고 싶어 했는지는 나도 짐작할 수 없다.[32]

그의 '알라딘'이란 국제적인 작품이 영국의 주요 극단에 진출하였을 때, 북아메리카에서의 유례없는 성공과는 달리 관중을 찾을 수 없었다. 그가 느끼기에 관중들은 인종적 선을 넘기를 주저하고 있었고, 공연장소도 그들의 사고에서 구분되어 있었다.

칸은 최근까지 문화적 기관이 단지 공예품 혹은 경험만을 소비하기 위한 장소가 아니라, 생각과 사람, 문화의 교류를 위한 장소라는 새로운 정의를 내리기 위해 시작된 스피탈필드의 선구적인 2,000만 유로의 프로젝트인 리치 믹스의 예술감독이었다. 그는 이 프로젝트가 주변에 대해 어떻게 관여하는가를 다음과 같이 묘사하였다.

> 브릭 레인에는 주요 가죽 제조업체뿐 아니라 영국 패션산업의 중심지가 자리잡고 있다. 또한 이 지역은 모든 창의적인 산업, 웹 그래픽과 거대한 나이트클럽의 중심지다. 또한 방글라데시 커뮤니티가 존재한다. 그러나 지금은 대중들 간의 교류가 거의 없다. 나는 함께 공간을 공유하는 것만으로 이러한 유대감이 만들어지기 시작하는

지 혹은 그것을 공유해야 하는지 확신할 수 없었지만, 결국 리치 믹스는 사람들이 공간을 공유하는 장소가 되었다.
공통적인 문화는 존재하지 않았다. 그러나 이것은 우리가 시도하려는 것이 아니었다. 우리는 사실 공통적인 문화가 존재한다고 이야기하기보다는 우리 주변에 있는 것들의 복잡성을 반영하려고 노력했다.[33]

타워햄릿츠 런던 자치구는 특히 이러한 문화공생적 혁신이 '창의적인 심장부'가 되고, 재건의 부수적인 과정의 형태로 새로운 창의적인 산업과 사업, 다양성의 이점을 가져올 것을 기대하고 있다. 타워햄릿츠는 도시의 다양성을 단순히 이국적인 구경거리로 묘사하는 피상적 '소비주의 문화공생주의'를 넘어서 그들의 이웃, 도시 재정부서나 지역 모스크에 기반하여 커뮤니티에 지나친 부담을 주지 않고 변화시킬 수 있는 방식으로 진행되길 원하고 있다.

다른 '공유된 공간'이 반드시 건물 안에 위치하고 있을 필요는 없다. 영국의 축제들은 아마 가장 가시적인 문화공생적 행사일 것이다. 예를 들어서, 대형 화물차에 음향 시스템과 이동식 무대를 도입한 것은 원래 영국의 카리브 해 사람들이 개최해 온 트리니나드 전통축제에 자메이카계 영국인들의 혁신이 더해져 만들어진 것이다. 여기에 브라질과 라틴 아메리카의 내용들이 더해지고, 독특한 영국 교배문화인 하우스 음악과 드럼, 베이스와 같은 새로운 형태의 음악이 추가되었다. 그러나 영국 축제의 문화공생적 특성은 이와는 다소 다르게 인식된다. 축제 마케팅은 종종 '인종적이고 이국적'인 특성만을 강조하며, 따라서 한정된 시간에 가두고는 본래의 국가로 돌려 보낸다.

축제가 변화 혹은 지속성을 상징하는지에 대한 부분은 여전히 모호하다. 한 예로, 영국에서 가장 큰 아시아 축제이며 수 년 간 분리되었던 도시의 문화가 만나는 중요한 의미를 제공해 왔던 브래드포드의 멜라 축제(Mela Festival)를 들 수 있다. 2006년 들어 이러한 축제에 문제의 징후가 나타났을 때 이를 제한하고 문화공생적 요소를 압박하려는 움직임도 생겨났다. 요크셔에 기반을 둔 자메이카 출신 재즈 음악가인 롤린스는 본무대의 공연에 초청되었으나 몇 곡 부르지 않아 관객석 한곳에서 그가 멜라에 어울리지 않는다는 이유로 야유와 투척물이 퍼부어졌고 그의 공연은 갑작스럽게 중단되었다.[34]

한편으로, 의욕만 앞선 문화공생주의의 실행에 내재된 위험들도 존재하고 있다. 예를 들어서, 올덤의 마을도 상당히 큰 아시아 멜라를 여러 해 동안 개최해왔다. 2001년 폭동 이후에, 하나의 문화에서 파생된 활동보다 문화공생적으로 보여지는 활동에 최우선 순위를 두는 의회와 지역 전략적 파트너십에서는 새로운 보조금지급 정책을 도입했다. 그후 멜라에 대한 보조금지원은 끊겼고 행사는 열리지 않았다. 멜라 주최자들은 행사가 마을의 아시아 커뮤니티들 간의, 또한 마을의 다른 커뮤니티와의 교류의 장을 제공한다고 주장하였다. 그러나 그들은 분리주의자로 평가받게 되었고, 그들 스스로 공동체 관계에 더 섬세한 접근이 필요한 때에 과민한 반응에 의한 피해자로 느끼게 되었다.[35]

반면, 숙련된 관리가 어떻게 새로운 관계와 협력을 조성하고 전통적 영역과 소통하면서 멜라를 개최할 수 있는가에 관한 좋은 예도 많이 있다. 에든버러 멜라는 이 일을 훌륭히 해냈고 보다 문화공생적이 되면서 매년 방문객과 참가자의 증가를 보여왔다. 특히, 인도, 파키스탄, 스코틀랜드 사이의 이종문화의 전이를 나타내는 돌(dhol) 연주자와 파이프 밴드의 혼성체 개발은 많은 주목을 받아왔다.

인종 간 상호작용의 서비스에 문화를 보다 적극적으로 활용한 시도가 레스터의 포 워즈 인터컬처럴 프로젝트(Four Wards Intercultural Project)다.[36] 프로젝트는 매우 다른 인종으로 구성된 도시의 네 지구 간의 '문화공생적 다리 놓기'를 목적으로 다섯 가지 행사조직에 착수했다. 그 내용은 다음과 같다.

- 벨그레이브의 노동력에서 파키스탄 여성 지위의 고정관념에 도전하는 전시회
- 사프론의 에일스톤 워킹 멘즈 클럽에서 아시아 음악과 춤의 밤
- 브라운스톤에서 각 구의 팀과 이종문화 간의 축구 토너먼트
- 각 구의 학교를 위한 어린이 콘서트
- 네 곳의 구에서 온 관중을 위한 무슬림 집단이 공연하는 시크교도 연극

초청된 지역 커뮤니티 모두가 협력하지는 않았지만 참여는 예상을 웃돌았다. 주최자들은 참여자들이 자신의 커뮤니티에서 여론 주도자가 될 수 있는 지역 거주자들과 활동가여서 특히 기뻐했다. 주최자들은 현재 두 가지 방법으로 프로젝트를 보다 발전시키고자 한다. 그것은 도시의 모든 지구에 걸쳐서 교류의 신념을 확대해 나가는 것과 한 지구, 특히 새로이 정착한 커뮤니티를 더 심도 있게 다루는 데 중점을 두는 것이다.

상호작용을 위한 물질적 구역의 제공 외에도 예술은 새로운 문화공생 관계가 준비되고 상상될 수 있는 실험적인 공간을 만든다. 그 한 예로, 20년이 넘게 독특한 아시아계 영국인 예술가와 예술형식을 배출한 타라 아츠 극장을 살펴보자. 타라의 배우들은 BBC의 인기 코미디 시리즈 〈Goodness Gracious Me〉와 〈The Kumars at Number 42〉의 코믹 배우이자 공동작가가 된 산지브 바스카처럼 특히 주류극장과 텔레비전에서 성공을 거두고 있다. 타라의 여배우 수다 부차르는 BBC 라디오 시리즈 〈Girlies〉를 집필했고, 이어서 〈East is East〉, 〈Balti Kings〉, 〈Fourteen Songs〉, 그리고 1988년 바클레이 뉴 뮤지컬 어워드와 1999년 BBC 아시아 어워드 예술 분야를 수상한 〈Two Weddings and a Funeral〉과 같은 젊은 아시아계 영국인과

관련된 현대 동양음악과 춤에 기반한 이종문화를 결합시킨 연극으로 명성이 높은 디미샤 극장을 세웠다. 타라의 문하생 아유브 칸 딘은 채널 4에서 의뢰한 연극 〈East is East〉와 차후에 영화대본을 썼다.

영화 역시 사회적인 이슈를 불러일으키는 특성으로 인해 붐을 일으켰고, 문화사업으로 성공한 소규모 벤처산업을 낳았다. 특히 1990년대에는 아시아계 영국인의 상업영화가 유행하였다. 구린더 채드하(Gurinder Chadha)의 첫 작품인 〈East is East〉[1999]와 1960년대 초, 공장 도시의 불법 파키스탄 이주자의 고단한 생계를 그린 〈Bhaji on the Beach〉[1994], 우다얀 프라사드(Udayan Prasad)의 〈Brothers in Trouble〉[1996]는 인종, 계급, 영국 북부의 편견을 익살스럽게 풍자하며 주류 관객들을 사로잡았다.

문화·인종적 차이를 넘는 연애는 〈Bhaji〉, 〈Brothers in Trouble〉과 〈Sammy and Rosie Get Laid〉에서 공통으로 다루는 주제다. 아시아계 영국인 영화가 유행하게 됨에 따라, 니틴 쇼니(Nitin Sawhney)와 탤빈 싱(Talvin Singh)처럼 영화 배경음악을 작곡한 음악가들이 영국 음악순위에 진입하게 되었다.

여러 가지 논란에도 이러한 매체에서 다루는 대부분의 주제가 문화적 분리를 강화하거나 유지하기를 원하는 소수의 사람들을 설득하는 데 기여했으며, 모든 인종의 대다수 영국인들에게 새롭고 긍정적인 공통영역과 기준을 제공해왔다는 점에는 의심의 여지가 없다.

사이버공간

2007년 1월 기준으로 세계 인구의 약 6분의 1인, 십억이 약간 넘는 사람들이 인터넷을 사용하고 있다.[37] 세기가 바뀐 이래로, 인터넷 사용은 아프리카에서 600%가 넘게 성장했고, 중동에서도 거의 500% 넘게 성장했다. 영어가 인터넷에서 명백히 지배적인 언어이긴 하지만, 최소한 백만 명의 인터넷 사용자를 지닌 20개의 기타 유럽 언어가 있으며 9개의 아시아 언어도 사용되고 있다.38 3,130억 개로 추정되는 사이버공간의 웹 페이지 중에서 거의 3분의 1(31.6%)이 영어가 아닌 다른 언어로 되어 있다.39

    이런 이유로 인해 국제관계와 이종문화 간의 접촉과 이해에 있어서 컴퓨터 매개 의사소통(CMC)의 영향을 둘러싼 관심은 당연히 높았다(Hart, 1998 참고). 우리는 이 장에서 이종문화 간의 접촉구역으로서 사이버공간의 가능성을 탐구하고자 한다.

컴퓨터 매개 의사소통   지난 20년 간의 사이버공간에 관한 토론에서는 문화공생적 경향에 대한 구체적인 언급이 산발적인 경향이 있었다. 일부는 사이버공간이 프로토콜뿐 아니라 공통코드와 공통어를 사용하고 있기 때문에 토론에서 공정한 경쟁의 장을 제공한다고 주장해왔다.

이문화 보듣기

라디오 설람 샬롬, 브리스톨

이곳은 영국 최초의 이슬람교도와 유대인 라디오 방송국이며, 2005년 브리스톨 이슬람문화협회(Bristol Muslim Cultural Society)가 참여하여 시작된 이슬람교도-유대인 대화의 성공이 만들어낸 결과다. 프로젝트는(커뮤니티 부서와 지역 정부에 의해) 신앙 공동체의 능력증진을 위해 재정지원을 받았다. 라디오 방송국은 유대인과 이슬람교도 젊은이 사이에 상호작용과 상호이해의 조성을 위해 가교를 놓을 목적으로 설립되었다. 이러한 유형의 프로젝트는 영국에서는 처음이었고, 커뮤니티 관계증진을 위한 혁신적인 접근법과 신앙 공동체가 커뮤니티 간 화합에 기여할 수 있다는 좋은 예다.

라디오 설람 샬롬의 주요 성공요인은 이슬람교도와 유대인 커뮤니티가 브리스톨 거주자로서 공유된 지역가치와 경험을 함께 생각하게 된 점에 있다. 프로젝트는 양쪽 공동체에서 다양한 연령층의 개인을 모으는 데 성공했다. 가장 어린 자원봉사자는 11살이다. 이 라디오 쇼는 BBC의 지원을 받았다.

이슬람교도와 유대인의 포럼은 잠재적 문제를 내포한 이질적인 행사를 통해 두 공동체 간의 관계를 강화할 수 있었다. 프로젝트의 가치공유와 전략적 제휴관계로의 발전에 목적을 둔 이 포럼은 커뮤니티 간의 상호작용과 다른 단체와의 상호작용에 접점을 제공하였다. 종파를 초월해서 작업하는 포럼 방식은 국내외의 다양한 분야에서 성공을 가져왔고, 중앙정부 부처와의 쌍방대화로 발전시키는 중요한 역할을 하였다(Commission on Integration and Cohesion, 2007b).

한편, 다른 이들은 그것이 사실일 수도 있지만, 지불해야 하는 가격(문화적 제국주의의 가격)이 너무 비싸다고 반박한다. 그들은 인터넷이 단순히 영어와 미국 소비자본주의 문화를 전 세계의 커뮤니티에 전파하는 가장 강력하고 냉혹한 대중매체의 사례라고 주장한다.

그러한 최악의 상황을 가정한 비판에 대해 더글러스 러쉬코프와 같은 인터넷 권위자들은 '소위 미국 제국주의에 대한 피해망상을 극복하는 잠재적 힘은 진보 그 자체다. 진보가 미국을 대상으로 한다고 해도 그것은 미국의 잘못이 아니다'라고 주장했다.(Herschlag, 1996에서 인용)

그러나 이러한 주장이 나왔을 때, 웹의 90% 이상이 영어로 되어 있을 것이라는 추정과는 달리, 우리가 위에서 살펴본 것처럼 이후 10년 동안 언어적 불균형이 부분적이었다는 점은 주목할 만하다.

현재 국제적 통합의 일방적 통로로서의 웹에 대한 직설적인 비난은 거의 없다. 웹이 양방향 의사소통의 다양한 기회를 제공하였고, 또한 예측하지 못한 다양한 '상향식' 문화현상에 영향을 주었다는 것이 나타났기 때문이다. 웹은 단순히 내용전달의 매개체만이 아니며, 많은 사람들이 참여할 수 있는 내용생산의 체계다. 그러면 이것이 문화공생적 교류와 이해를 높이는 데는 효과가 있을까?

적어도 이론상으로는 인터넷에 접속할 수 있는 수십 억의 사람들은 웹을 통해 서로와 의사소통하고 서로를 알아갈 수 있다. 그러나 국제적 평화, 사랑과 이해를 전파하기 위한 잠재력을 지닌 이 매체가 한편으로 편견과 증오를 전하고 국제 테러조직에 의해 습격될 수 있는 모순을 가지고 있다는 점이다. 게다가, 정부기관의 테러리스트에 대한 대응은 인터넷이 제공하는 이점보다 우리의 자유를 침해하고 있으며, 외부인에 대한 접근을 차단하고 있다.(Weimann, 2004)

로버트 오도드(Robert O'Dowd, 2001)는 CMC(컴퓨터 매개 의사소통)가 가진 긍정적인 문화공생적 잠재성을 세 가지 요소로 정리했다. 첫째, CMC, 특히 이메일은 사용자의 인종, 성별, 사회적 계층, 억양이 감추어진다는 측면이 있다. 또한 문화적 오해를 유발할지 모르는 표정이나 몸짓과 같은 비언어적 단서를 사용할 수 없게 한다는 점에서 사회적 표현의 감소를 가져온다(Warschauer, 2000). 그러나 다음과 같은 점에서 더 많은 교차문화적 관계를 야기할 수 있는 CMC의 장점이 있다.

> 피부색과 같은 시각적 요인과 관련된 편향은 줄어들 것이다. 인종 혹은 성격과 같은 이유로 직접적인 대면상황에서 말을 잘하지 못하는 사람들은 그들의 익명성 혹은 줄어든 노출을 즐기게 될 것이다. 또한 여유로운 오프라인 시간을 제공해주는 뉴스 집단과 포럼에 더욱 기여할 수 있을 것이다.(Simons, 1998)

이는 명백한 사실이지만, 오도드(2001)가 상기시킨 것처럼 관계가 문화적 차이의 은폐 혹은 무지에 근거하고 있다면 실제로 이 관계가 얼마나 진실한 것인지에 대해 질문해 보아야 한다. 웹 기반 사회적 네트워크의 많은 지지자들은 인종을 초월하여 인종이 가진 민감한 특성에 환호를 보내고 있지만, 다른 이들은 이 대부분이 백인이 가정에 소홀히 한 결과라는 사실을 간과하고 있다고 주장한다.(Kang, 2000)

우리는 또한 문화공생적인 이메일 교류가 최근 몇 년 간 확실히 증가하였지만, 이 이메일이 단순히 세계에 구축되어 있는 국가 간, 혹은 회사, 가족 간 네트워크 내에서 얼마나 생겨나는지, 또한 그 중에서 문화 간의 교차에 진정 의미있는 것은 얼마나 되는지 검토해 보아야 할 것이다.

둘째로, 웹은 다매체와 하이퍼링크의 연결을 통해 보다 정교해지면서 사용자들의 의사소통과 정보, 감정의 공유방식을 상당히 풍요롭게 하였다(북아메리카와 북유럽과 같은). 개인주의적 문화는 일대일 이메일의 간결하고 직접적인 접근에 편안함을 느끼겠지만(남유럽과 동아시아와 같은), 다른 문화는 최근의 기술발달로 인해서 더 좋은 서비스가 가능하게 되어 더 집합적이고, 반복적이며, 대화식의 수단으로 의사소통하는 것을 선호한다.

셋째, 어떤 이들은 모든 의견이 동일하게 수용될 수 있는 국제적 도시의 창출에 있어 웹이 가진 잠재력을 강조한다.

> 우리의 의사소통 네트워크가 더 멀리 퍼지게 되면 전 세계의 외국 문화와 접촉할 수 있을 것이고, 웹이 아니었으면 희미했을 개인이 추구하는 목소리를 듣게 되어 우리는 유사성뿐만 아니라 차이에 대해서도 관용을 배울 수 있게 될 것이다.

새로운 기술에 의해 문화공생은 탄력을 받게 되었지만, 이러한 이상주의는 만남의 기회가 늘어나게 되면 서로 간의 관계는 더욱 깊어지게 된다는 오래된 신념에 바탕을 두고 있다. 그러나 고든 올포트(Gordon Allport, 1954)의 연구에서는 접촉이 더 많은 문화공생적 이해를 달성하기 위한 핵심이기는 하지만, 하나의 단계일 뿐이며 다른 요인 없이 접촉만 하는 것은 충분하지 않다고 서술하고 있다. 게다가, 접촉 그 자체가 때로는 부정적인 결과를 야기할 수 있다. 다른 국적 학생들 간의 이메일을 통한 상호교류의 증진을 위해 진행된 연구에서는 오히려 이전에 가지고 있던 서로에 관한 고정관념과 편견이 강화되는 결과를 초래하기도 하였다. 멕시코와 미국 학생들(Meagher & Castanos, 1996), 독일과 미국 학생들(Fischer, 1998)이 그 예다.

버람(Byram, 1997)의 연구에 기초하여, 오도드(2003)는 진정한 문화공생적 CMC가 발생하기 위해서는 참가자들이 다음과 같은 특성을 지니고 있어야 한다고 결론내렸다.

 호기심 및 개방성과 다른 문화에 대한 불신 또는 자기 문화에 대한 신념을 숙일 수 있는 준비자세

□ 사회적 집단과 그들의 상품, 자기 자신과 자신들의 대화 상대국의 활동에 대한 지식, 사회 및 개인적 상호작용의 일반적인 과정에 대한 지식
□ 해석하고 관계 맺는 기술: 다른 문화의 관점에서 기록하거나 사건을 해석하며, 이를 설명하고 자신의 기록과 관련지을 수 있는 능력
□ 중요한 문화적 인식 및 정치적 교육: 비판적이며 명확한 기준의 관점, 자신과 다른 문화 및 국가의 활동, 산출물에 근거하여 평가할 수 있는 능력

이는 정말 어려운 문제다. 이것은 이메일과 인터넷을 통해 상호작용의 양적인 증가와 사람들 사이의 잠재적 거리를 좁힐 수 있지만, 의사소통의 효율성은 궁극적으로 양으로 돌아온다는 사실이다. 문화적 충돌, 편견과 잘못된 전달은 면 대 면으로 행해지든, 혹은 인터넷으로 행해지든 동일하며 기술만으로는 상대방에 대한 준비, 고려, 공감을 대체할 수 없다.

사회적 소프트웨어 인용된 대부분의 연구들은 이메일과 웹사이트에 초점을 두지만, 피어투피어 식(peer-to-peer, 네트워크상에 대등한 기능을 갖는 복수의 컴퓨터를 연계시키는) 기술과 이후에 훨씬 더 정교해진 형태의 사회적 소프트웨어로 인해 그 사회적 적용은 더욱 신속히 확대되고 있다. 사회적 혹은 집합적 기술은 특별 이해집단을 위한 유즈넷에서 시작하여, 사회적 접촉이 그 자체로 목적이 되는 채팅 룸과 인터넷 포럼으로, 그 이후로는 블로그와 집단의 참가자들이 온라인 저널과 백과사전을 편집하는 위키피디아로 이동하였다.

이로부터 더 명확한 사회적 네트워크 서비스가 발달하였다. 예를 들어서, 일부 사이트들은 사용자들이 자신의 개인 프로파일·지역·나이·성별 등등을 올리고, 파트너를 찾을 수 있는 데이트 서비스를 제공한다. 다른 공유된 목표 혹은 관심은 사업연계(Ryze, Ecademy와 Linkedin), 정서적 지원을 위

한 전화상담(Phone Buddies), 사회적 사건에 대한 포럼(Meet up)과 여가·취미도 여기에 포함되었다. 이들 중 일부는 수백만 명의 인기를 얻었고 인터넷 현상이 되었으며, 루퍼트 머독 뉴스집단과 같은 주요 기업의 영업관심을 급속하게 자극한 마이 스페이스와 같은 사례도 나타났다. 사회적 상호작용에 대한 욕망은 인간본성의 근본적인 힘으로 남아 있다.

그러나 우리는 웹과 인종 간 관계에 초점을 맞출 때 다소 얄팍한 국제적 온라인 데이트 및 결혼 서비스 등에 이끌리게 된다. 많은 사이트들이 포르노와 같은 조직된 범죄의 주변 경계에 있다. 이런 사이트들은 '인종적 성적 욕망의 낚시 사이트'로 묘사되며(Nagel, 2003) 여성의 순종과 이국적 정서와 같은 신 식민지적 고정관념을 활용한다.

이러한 만남의 일부는 의심할 여지 없이 국가와 인종적 분열을 넘어서 긍정적이고 상호보완적인 관계가 형성되기도 하지만, 대부분은 좀더 일방향적이고 학대적인 관계가 형성되게 된다.(Lee, 1998)

도시 유비컴프와 대규모 다중 사용자 온라인 게임(MMOG) 지금까지 우리는 다양한 장소와 문화를 지닌 사람들이 컴퓨터를 매개로 의사소통할 수 있는 잠재력에 대해 살펴보았다. 그러나 그 범위는 제한되어 있었다. 그럼 CMC는 컴퓨터의 제한에서 벗어날 수 있을까?

이에 대한 해답은 '유비쿼터스 컴퓨터 사용' 혹은 '편재형 지능'의 새로운 세대 창출에 있다. 유비컴프(UbiComp: 일상에서 사용하는 물건이나 활동에 정보기술이 깊이 관여된 컴퓨팅 모델)는 개별 사물인 컴퓨터를 지니는 것보다는 컴퓨터 사용을 환경과 통합하는 것이다(Paulos et al., 2004). 컴퓨터는 마이크로프로세서의 용량도 커지고 비용면에서도 지속적으로 감소되고 있다. 그에 비해 기능은 증가하여 휴지통이 다 차게 되면 우리에게 주의를 주고 다음주 냉장고 안의 쇼핑목록까지 알려주는 등, 컴퓨터가 우리 일상의 구석구석 스며들 가능성이 더욱 높아지게 되었다. 여기에 우리가 상상할 수 없을 정도로 자세하고 정교하게 도시와 이웃의 디지털 지도를 제공할 수 있는 GPS 기술이 더해진다. 이것이 블루투스가 가능한 휴대전화와 같은 개인적 기술과 무선 커뮤니케이션 구역의 확대와 결합되었을 때, 이전과는 달리 우리가 우리의 도시를 공유하는 사람들과 가능한 새로운 상호작용이 생겨나게 되었다.

초기의 도시 사회적 네트워킹의 가장 잘 알려진 상업적 장치 중 하나인 러브게티(LoveGety)는 일본 도시에서 생소한 사람들 간의 연애결혼을 돕는 역할을 했다. 1990년대 후반에 인기 있었던, 이 휴대용 무선 중매기기는 휴대전화에 쉽게 부착할 수 있었고, 버튼 세 개가 달린 타원형 장치는 말하기, 음향장치, 'get2' 기능을 제공한다. 일단 사용자가 모드를 선택하면 러브게티는 5미터 내에 있는 이성의 장치 소유주를 찾고, 한 명을 찾으면 소리를 낸다.

좀더 최근에는 닷지볼과 같은 소개 서비스는 서비스를 제공하기 위해서 지역의 사회적 네트워크를 사용한다. 닷지볼닷컴(dodgeball.com)을 통해서 사용자는 친구를 확인하고 온라인 프로파일에 친구를 추가할 수 있다. 도시 밖에서 회사를 찾을 때 닷지볼닷컴 사용자는 그 장소를 구체적으로 설명하는 문자를 보낼 수 있고, 사이트는 친구들에게 그의 소재를 이야기하고 상대방도 마찬가지다. 또한 친구의 친구가 10블록 안에 있을 때도 그에게 알려준다. 그러나 여기서 효력이 발생하는 단어는 '그'이며, 서비스는 젊은 여성을 만나길 원하는 젊은 남성에게 주로 마케팅되고 있다. 닷지볼닷컴은 도시를 험악하고 낯선 사람들이 거주하는 곳이 아닌 잠재적인 데이트 기회로 가득 찬 곳으로 묘사한다.

일반적으로 닷지볼처럼 극단적이거나 떠들썩하지는 않지만, 컴퓨터 사용기술의 확대는 종종 낯선 사람들을 사회적 상호작용이 가능한 친구로 전환시킨다.

스웨덴인 레베카 한슨과 도비아스 스코그(Rebecca Hansson & Tobias Skog, S2001)는 우리의 정서적이고 사회적인 경향을 억누르는 도시의 경향과 우리에게 도움이 될 유비컴프의 잠재성에 대해 관심을 가져왔다. 그들은 러브범브(LoveBomb)의 원형을 구상하였다. 한슨과 스코그(2001)는 우리에게 다음과 같이 이야기한다.

> 손바닥에 꼭 맞는 보급된 휴대 기계. 두 개의 버튼을 가지고 있고 한 버튼에는 심장이, 한 버튼에는 눈물 그림이 그려져 있다. 버튼을 누르면 익명의 메시지가 특정 범위에 포함된 사람들(러브범브 소유자)에게 전송될 것이다. 러브범브는 촉각단서를 사용한다. 심장 메시지 장치는 심장박동이 뛰는 것과 유사한 방식으로 진동한다. 반면, 슬픔 메시지는 불규칙하게 진동한다. 러브범브가 특정 시간 내에 동일한 종류의 여러 메시지를 받았을 경우에, 전달된 단서는 그 강도를 증가시킨다.

한슨과 스코그는 외로운 사람들을 위한 초기의 일본 러브게티 장치와의 유사성을 지적하며 다음과 같이 언급하였다.

> 러브게티와 러브범브의 중요한 구별은, 러브게티가 사용자가 파트너를 찾는 것을 도와주려고 의도한 반면, 러브범브는 사용자들이 자신들의 생각을 낯선이에게 익명으로 적극적으로 표현할 수 있도록 고안되었다는 것이다.

한 단계 더 나아가 에릭 파울로스와 엘리자베스 구드만(Eric Paulos & Elizabeth Goodman, 2004)은 도시환경을 둘러싼 일상에서, 서로 알아볼 수는 있지만 눈을 마주치거나 이야기를 나눠본 적은 없는 '친숙한 낯선 사람'에게 관심을 가졌다.[40] 그들은 친숙하거나 친밀하지도 않은 낯선이들이라도 그들의 익명성에는 영향을 받지 않고 장소에 대한 도시 거주자의 이미지에 기여할 수 있으며, 또한 낯선이들도 도시 거주자의 안전에 기여하는 것으로 생각했다. 그들이 만든 재버워키는 사람들을 탐지하는 장치로서 사용자는 도시 전체에서 마주치고, 이전 사용자가 마주쳤던 사람들을 탐지할 때 불빛이 발생한다. 사람들이 30미터의 무선연결이 가능한 지름 23밀리미터의 저동력 프로세서인 모트를 부착하여, 그들에게 중요한 도시 내 장소나 사물을 디지털식으로 표시할 수 있다. 친구 찾기 장치로 고안된 것은 아니지만, 재버워키는 숨겨진 그리고 잠재적인 친밀성의 점유율과 양상의 관점에서 명확하게 공간적 의미를 가진다. 이는 단순하게 친구, 낯선이, 잠재적인 지인의 관점에서 도시를 평가하는 것보다 사람들과 그들의 공유된 공간 사이의 연결과 관계를 강조한다. 파울로스와 구드만은 다음과 같이 설명한다.

> 두 사람이 서로에게 접근하게 되면 개인이 지니고 있는 재버워키는 투명하게 다른 사람의 독특한 정체성을 탐지하고 기록한다. 시간이 지남에 따라 각 재버워키는 이전에 마주친 사람들의 독특한 등록 일지를 저장한다. 유사하게 고정된 재버워키를 부착함으로써 사람들은 장소(공원, 광장, 버스 정류장)나 사물(해변, 다리, 주차권 판매기)을 '디지털식으로 추적할 수 있다'. 고정된 이동식 재버워키의 결합은 친숙한 낯섦이 시스템의 핵심이다.

분명 우리는 유쾌한 도시를 위한 유비쿼터스 컴퓨터 사용이 여전히 초기-그리고 조금은 별난-단계에 있지만, 이러한 개발이 지향하고 방향은 명확해야 한다. 또한 그러한 연구개발에서는 민족 혹은 인종적 경계를 넘어선 사회성의 생성에 적극적으로 관심을 가져야 한다. 유비컴프는 현재 기계, 지식, 시간, 나아가서는 도시 전체에서 자유롭게 움직일 수 있는 결정권과 자신감을 조사하기 위해 특권을 가지고 접근할 수 있는 소수의 사람들에게 관심을 갖고 있다.

연구자와 같은 지적 작업자들이 이러한 특권적 지위를 차지하고는 있지만, 우리는 장애, 경제적 상태, 이민 지위, 고용상태, 인종, 사회계층 및 기타 다른 이유로 인해서 쉽게 이동할 수 없거나 반대로 이동하도록 강요받은 사람들과도 도시공간을 공유해야 한다.

한편, 문화공생적 문제와 관련된 진보된 사회적 소프트웨어에 관한 연구도 이미 진행되었다. 컴퓨터 비디오 게임은 전 세계의 수백만 명의 삶의 중요한 부분이 되었고, 할리우드를 능가하는 산업을 창조하였다. 그 이유는 게임이 영화보다 참여적이고 그들의 상호작용은 문화적 경계에 걸친 주의를 이끌기 때문일 것이다. 새로운 게임 세대는 매우 종교화되어 있고, 종종 산재되어 있는 장소에 위치한 많은 사람들로부터의 시간 약속뿐 아니라, 컴퓨터 사용권에 대한 거대한 자원을 필요로 한다. 따라서 꺼림직하지만 적절한 명칭이 MMOG다.

이러한 게임의 힘은 대안적 가상세계를 창조할 수 있는 능력에 있다. 이러한 대안세계의 대부분은 단지 '총격전' 모험의 배경일 뿐이지만, 몇몇 게임은 새로운 가상세계(와 사회)의 창조를 그들의 핵심목표로 삼고 있다. 1989년 심시티로 시작된 이러한 가상도시 건설 게임은 지속적으로 인기를 얻어왔다. 2006년의 시티 나이프는 사용자들이 경제, 사회구조 및 계층체계를 갖춘 가상적인 도시 커뮤니티를 구축할 수 있게 되었다.

대부분의 MMOG는 오락을 위해서 고안되었지만, 또한 학습자들이 스스로에 대한 지식을 구성한다는 개념인 경험적 구성주의 학습을 포함한 강력한 이론적 원칙 위에 구축된다. 적절하게 초점을 맞춘 MMOG는 학생들의 이해와 참여를 증가시키면서 학습을 촉진할 수 있다. 이것이 오락산업을 뛰어넘어 MMOG가 사람들의 관심을 끄는 이유다.

MMOG는 수 년 간 젊은 사람들의 문화공생적 지식과 이해를 포함하는 잠재성과 관련된 연구주제가 되어 왔다(Sick, 1995 참조). 레이번(Raybourn, 1997)은 다음과 같이 이야기했다.

> 문화공생의 학습을 촉진하기 위해서 시뮬레이션 게임을 사용하는 것은 몇 가지 측면에서 이점을 가져온다. 첫째, 게임 사용자들은 그들의 의사결정의 결과를 자발적 혹은 직관적으로 이해할 뿐 아니라, 미래의 전략을 합리적으로 계획하고 준비할 수 있는 비판적인 사고기술을 배울 수 있다. 둘째, 게임 사용자들은 이론과 실제상황과 가상상황으로 탐구된 모델을 적용하는 방법을 배운다. 시뮬레이션 게임 과정은 게임 사용자에게 가상현실에서 경쟁과 관련된 행동, 공감, 의사소통을 연습할 수 있는 기회를 제공한다. 셋째, 사회 과학자나 문화공생주의자를 위한 가장 가치 있는 혜택 중 하나는 가상현실이 많은 사람들이 문화적 차이를 경험하기에 안전한 장소라는 것이다. 특히 잠재적인 논쟁의 여지가 있는 교차문화적 주제를 다룰 때, 시뮬레이션 게임은 위험한 질문에 대한 답변을 탐구할 수 있는 안전한 실험장소가 된다.

이러한 잠재력은 이 장르에서 나타난 새로운 현상으로서, 보다 더 명백해졌다. 2006년 동안 많은 매체는 미국의 린든 랩(Linden Lab)이 개발한 새로운 제품인 세컨드 라이프를 빠르게 선택하기 시작하였다. 어떠한 승자도 패자도, 포인트 체계도, 레벨 혹은 다른 익숙한 특징이 전혀 없기 때문에 게임이라고 할 수는 없지만, 세컨드 라이프는 사용자에게 '거주자'가 되고 가상세계를 거의 실제장소인 것처럼 방문할 수 있도록 했다. 그들은 탐험하고, 다른 거주자들을 만나고, 사회활동을 하며, 개인 혹은 집단활동에 참가하며, 물품(가상 재산)과 서비스를 서로 거래한다.

그들은 이 세계에서 더 많은 시간을 보내게 되면서, 새로운 기술을 학습하고 사회적으로 성장하며, 가상환경의 문화와 방식을 학습한다. 2006년

12월경, 세컨드 라이프는 200만 명의 등록계정과 2만 명의 동시사용을 달성하였는데 약 8주 만에 그 규모가 두 배가 된 것이다.[41] 사람들의 일반적 특성을 정교하게 표현하고 사회적 특성을 창출할 수 있는 침투력과 능력 때문에, 이 게임은 문화공생적 의사소통에 흥미를 지닌 사람들에게 더 흥미로운 관심을 유발하고 있다. 교육자인 파치노(Pacino, 2007)는 미국 아동들이 전문가의 지도가 아니면 다루기 힘든 문화차이의 문제에 대한 논의와 사고에 세컨드 라이프를 사용할 수 있다고 주장했다.

> 현재의 문화 간 충돌을 다루고 있는 수업에서는 우리가 그러한 충돌과 함께 강력한 정서, 편견, 신념에 대한 이해도 다루어져야 한다. 이러한 많은 일시적인 행동들을 관찰하고 분석하기 위해서 우리는 안전하면서도 장면을 강력하게 표현할 수 있는 방법이 필요하다. 우리는 우리에게 이러한 행동을 경험하게 하고 충분한 거리를 가지고 냉정하게 이에 대해 논의하고 심사숙고할 수 있는 기회를 제공하는 프리젠테이션 모델이 필요하다.
> 세컨드 라이프는 컴퓨터와 인터넷 연결만으로 접근할 수 있는 가장 쉬운 3D 가상환경이다. 세컨드 라이프는 우리 모두에게 다른 문화를 지닌 사람들과 직접적으로 참여할 수 있는 기회를 제공한다.

결론적으로, 현재 우리는 세계, 거리, 이웃, 도시 혹은 국제적 수준에서 존재하는 의사소통에서 결핍된 유쾌함에 대해 염려하고 있다. 자동차와 같은 과거의 기술적 혁신은 이러한 소통에 기여했을지도 모르지만, 많은 이들은 이제 현재의 기술이 잃어버린 것을 되찾는 것에 관심을 기울이고 있다. 물론, IBNIS(이웃 정보 시스템)를 고려할 때 주목했던 것처럼 사회적 소프트웨어는 사람들을 이전보다 훨씬 더 친밀하게 모일 수 있도록 하는 양날의 검이 될 수 있다.

그러나 문화적, 물리적인 거리에 의해서 분리된 낯선이들이 상상하기 힘든 상호작용을 하게 되었다는 점은 부인할 수 없으며, 이와 함께 미래의 문화공생적 도시가 어떻게 실현될 것인가에 대한 흥미로운 탐구의 가능성도 확대되고 있다.

요약

우리는 피상적이면서 친밀하게 보일 수도 있는 영역에 대한 광범위한 여행을 했다. 많은 것들은 사실 매우 간과되고, 알려지지 않고, 당연하게 여겨지거나 혹은 잊혀진 것으로 판명되었다. 일반적으로, 우리는 우리가 예상한 것보다 사람들이 함께 살아가는 방식에 대해 잘 알지 못하며, 우리가 어떻게 해야 하는지에 대해서는 더더욱 모른다. 그러나 명백한 증거를 통해서 많은 메시지들이 서서히 나타나기 시작하였다.

첫째, 민족적 다양성과는 관계없이 사회성은 현대의 도시화된 사회에서 심각한 위험에 처해 있다. 어떤 이는 이것이 우리가 기술과 자기 실현에 대한 탐구로 인해 다른 사람에 대한 의존을 제거했기 때문에 내부로 파고들었다고 말한다. 어떤 이는 상업적 이해에 의한 공공영역의 침투와 흡수가 지나쳐 대중들이 더 이상 공통의 전체 시민이라기보다 개별화된 소비자로 행동하기 때문이라고 주장한다. 또한 안보와 감시세력에 의해서 공공영역이 이의를 제기받게 되었을 때, 현대생활 속에서 지각된 위험에 대한 인식으로 인해 사람들이 서로에 대해 모르는 것을 두려워하게 된다고 하였다(Landry, 2004). 우리는 우리 스스로에게 '우리는 어떻게 하는 것이 다른 인종과 어울리는 데 도움이 될까'가 아니라, '우리는 어떻게 해야 우리 공공영역의 붕괴를 막고 우리를 분열시키는 많은 요인 – 인종뿐만이 아니라 나이, 성, 계층 – 들을 넘어서 모두가 함께할 수 있는 공간과 체계를 구축할 수 있을까'를 물어보아야 한다.

　둘째, 사회적 행동에 대한 일부 경험적인 증거는 다른 인종집단들이 상호작용보다는 회피를 선호한다는 것을 보여주지만, 우리는 그러한 소수의 연구들이 주로 유럽보다 분리수준이 더 높은 국가에서 실행되었다는 것을 기억해야만 한다.

　이것이 우리에게 주는 가르침은 상호작용이 우연히 발생하지 않는다는 것이다. 상호작용이 발생되기를 원한다면, 우리는 반드시 그것이 발생될 수 있는 상황을 창출해야만 한다. 그와 동시에, 우리는 사람들에게 결과를 강요하기보다 차이를 쉽게 넘어설 수 있도록 공유된 이해와 공통의 관심사, 공간을 구축해야 한다. 하향식 문화공생주의 그 자체는 효과가 없을 것이다.

　셋째, 우리는 전략적인 의도, 세심한 계획과 숙련된 개입이 회피와 무관심을 참여와 협력으로 변화시킬 수 있다는 상황증거를 찾아왔다. 즉, 인종 간의 상호작용에 더 전도성이 있는 영역이 존재하고, 이를 실제로 관리하고 현실화할 수 있는 과정으로 만드는 방법, 능력, 태도가 존재한다는 것이다. 애쉬 아민(Ash Amin, 2002, 2006)은 새로운 문화공생적 사회성이 형성되고 있는 장소는 한 문화적 공간과 다른 문화적 공간을 떨어뜨리는 '진부한 범죄'에 대한 의무를 지는 곳이라고 주장하였다. 그 예로, 미국의 군대에서는 흑인과 백인이 결혼할 확률이 시민사회보다 8배나 높으나 그러한 문화공생의 사회형성이 극단적인 상황으로 갈 것으로 예측하였다. 요지는 우리가 서로를 알아야 할 필요성의 인식과 가장 중요한 공통적인 목표를 통해 그들의 무지, 두려움과 편견을 이길 수 있는 환경을 창조해야 한다는 것이다.

　넷째, 우리는 그들에게 다른 이의 관점에서 세계를 바라보라고 강요하지 않아야 하고, 그들 스스로 문화적 정착지를 찾을 수 있도록 적극적으로 대응해야 한다. 이는 숙련된 활동가가 할 수 있는 일이며 위험을 수반

할 수도 있다. 왜냐하면, 이러한 행동은 일상의 사람들을 회피에서 참여로 이끌지만 잠재적인 갈등이 계속 존재할 수 있기 때문이다. 그러나 잠재적인 갈등을 감추는 정책에도 한계가 있으며, 이제 우리는 적극적인 토론, 논쟁, 중재, 해결을 통해 민주적인 공공공간을 만들기 위한 최선의 노력을 기울여야 한다.

다섯째, 우리는 기술과 마음가짐, 전략적인 지침과 의지의 올바른 결합을 통해 조화로우며 창의적이고 또한 발전적인 상황을 만들 수 있다. 이에 대해서는 공적·상업적 영역에서의 문화공생적 공간형성에 대한 충분한 증거가 있다. 이러한 기회와 성장의 상호작용은 기초적 상호작용에 대한 지속적인 요구를 반영하면서도 극대화될 수 있다. 번리 청소년 극단과 커뮤니티 스포츠 프로그램의 올덤 연합부터 덴마크 도서관과 벤쿠버 커뮤니티 연합, 모든 현장직원에게 문화공생의 관점에 관한 교육을 진행하는 대기업, 자신의 모든 고객을 서로 소개해주는 구자라트의 여자 주장의 사례까지 그러한 낙관론의 가능성과 이유는 충분하다.

여섯째, 우리는 한 걸음 물러나 이것이 이해와 다양성의 실현방법이라는 것을 숙고해야 한다.

마지막으로, 단일문화의 고립은 불가피하거나 불변의 것이 아니라는 확고한 신념과 함께, 우리 공공생활에서 문화공생주의는 더 좋은 대안일 뿐만 아니라 바람직하고 달성할 수 있으며 지속 가능하고 우리의 도시 커뮤니티와 경제에 실제로 가치 있는 믿음이 되어야 한다.

참고문헌

1. 이러한 주로 미국적인 개념은 영국의 상황에서는 이의를 제기받으며 논란의 여지가 있다. 루디 심슨(2007)과 같은 몇몇 학자들은 그것이 전혀 관련 없다고 주장하였고, 반면 트레버 필립스와 허만 오슬리 경과 같은 주도적인 정책 입안자들은 지금까지 그래 왔다고 주장한다.
2. 백서 「Our towns and Cities : The Future-Delivering an Urban Renaussance (2000)」

에 관한 환경, 교통 및 지역부의 특별조사위원회 보고서에 대한 영국 정부의 반응. www.
communities.gov.uk/index.asp?id=1127184 paragraph 15 on 28 December 2006. 참조.
3. 더 자세한 정보는 www.citysafari.nl/ 참조.
4. www.bradfordhomehunter.co.uk/ 참조.
5. 캐나다 일간 신문 The Globe and Mail, 6월 18일 월요일, 데보라 존스(2007) 참조.
6. URBACT. 더 자세히 알고 싶다면 www.brugfolkeskolen.dk/swl1393.asp 참조.
7. 미국 남부빈민법센터(Southern Poverty Law Centre)가 고안한 캠페인 웹사이트 www.
tolerance.orglteens/index.jsp 참조.
8. www.bradfordschools.net/slp/ 참조.
9. 저자 Saied Laher와의 인터뷰 : 커뮤니티 파트너십 매니저, 커클리스 광역의회 2007년 3
월.
10. 저자와의 인터뷰 : 배틀리, 워릭 로드 유아간호학교 교장 아웁 비스밀라 허더즈필드, 스
프링 그로브 유아간호학교 교장, 비비 라헤르 엘로이다 엑슬, 오셋 사우스 데일 영국 초
등학교 교장.
11. 사례 참조 : 브라운 대 토피카 교육위원회 판결(Brown et al. v. Board of Education of
Topeka et al), 미국 대법원, 1954년 5월 17일.
12. 저서 나홀로 볼링: 미국 커뮤니티의 붕괴와 부활(Bowling Alone: The Collapse and
Revival of American Community, 2000)에서 로버트 퍼트남이 단기 계약, 감시, 고용 불
안정성이 사교성을 손상시킨다고 주장하면서 사회적 자본을 구축하는 일터의 가치에 대
해 양가적인 감정을 표현한 것은 흥미로운 일이다.
13. 미셸 마페졸리(1996)와 마케팅 전문가 버나드 코바(Cova and Cova, 2002)의 연구에 의
하면 이는 마케팅의 전체 개념을 '사교'의 개념으로 대체하는 것으로, 북부 접근의 개인주
의에 대한 '라틴계'의 반응이다.
14. www.shopgreenbriar.com. 참조.
15. http://urbact.eu/projects/udiex-udiex-alep/synthesis-and-prospect/case-st udies/
workshop-6-the-roIe-of-culture-for-social-inclusion/workshop-6-culture-vien-
na-villefranche-sur-saone-bucharest-setubal.html accessed 11 June 2007. 참조.
16. www.cre.gov.uk/media/YouGov_researchfindings.html. 참조.
17. 미국 통계국(US Census Bureau, 2000) www.census.gov/main/www/cen2000.html.
참조.
18. 2007년 6월 저자(PW)와의 인터뷰. 이 사례에서 모든 이름은 변경된 것이다. 더 자세히
알고 싶다면 www. welkominrotterdam.nl. 참조.
19. http://urbact.eu/ projectsl udiex-udiex-alepl syn thesis-and -prospect! case-stud-
ies/worksho p-6-the-role-of-culture-for-social-inclusion/workshop-6-culture-
vienna-villefranche-sur-saone-bucharest-setubal.html. 참조.
20. 유럽 도시 지식 네트워크(European Urban Knowledge Network)에 관해서는 www.
eukn.org/eukn/ 참조.
21. 근로자등록 제도(Workers Registration Scheme) 등록자료 참조.
22. www.mosaicpartnership.org 참조.

23. 가디언(2006) '올바른 생활: 사람들이 차이를 만든다', 5월 9일.
24. www.lgcawards.com/images/contentpage/most%20improved%20cou ncil.pdf
25. 2006년 11월 27일 인종평등위원회의 연설에서 발췌.
26. www.indvandrerbiblioteket.dk/engelsk. 참조.
27. European Urban Knowledge Network 웹사이트 : www.eukn.org/eukn/. 더 자세한 내용은 www.mensenbieb.nl. 참조.
28. www.gatesfoundation.org/GlobalDevelopment/GlobalLibraries/Announcements/Announce-040824.htm. 참조.
29. 사례 참조 : Ezard, J.(2004) 'British libraries could shut by 2020', The Guardian, 28 April.
30. www.ideastore.co.uk/. 참조.
31. 교육과 스포츠에 관한 유럽 위원회의 연구의 일환으로 러프버러 대학 스포츠 및 여가 정책기관과 협력하여 PMP가 작성한 스포츠와 문화공생주의(2004).
32. 무니라 미르자와 함께 한 케이스 칸 인터뷰 : www.uel.ac.uk/risingeast/archive02/interviews/index.htm. 참조.
33. 무니라 미르자와 함께 한 케이스 칸 인터뷰 : www.uel.ac.uk/risingeast/archive02/interviews/index.htm. 참조.
34. 오니스 롤린스와 저자(PW)와의 인터뷰, 2006년 8월.
35. 저자(PW)와 올덤 멜라의 기획자와의 인터뷰, 2005년 4월.
36. 레스터 문화공생이해협회(SICUL)와 레스터 문화 파트너십에 의해 조직된 평가 보고서가 다음의 사이트에서 이용 가능하다. www.emen.org.uk. 참조.
37. 세계인터넷통계(Internet World Stats) 웹사이트 참조 : www.internetworldstats.com/stats.htm
38. 글로벌 리치 웹사이트 참조 : www.glreach.com/globstats/index.php3
39. 글로벌 리치 웹사이트 참조 : http://global-reach.biz/globstats/refs.php3#27
40. 밀그램(1997)에 의해 처음 파악된 말이다.
41. 린덴 블로그 참조: http://blog.secondlife.com/2006/12/29/a-concurrency-of-20000/

문화공생의 도시디자인

06
다양성의 이점: 다문화 간의 상호작용에 따른 이익

우리는 사람들이 왜 다른 사람들과 함께 어울리고 도우며 살아가는 다양한 방법에 대해서는 왜 관심이 적은가를 파악하기 위해 오랫동안 다방면으로 연구를 진행해왔다. 그 속에서 구분이 어느 정도 이점이 있지만, 최상의 다양성을 가진 문화공생은 모든 면에서 우리를 바람직한 방향으로 이끌 것이라는 믿음을 주장해 왔다.

그러나 한편으로 '올바른 일을 해주세요'라는 단순한 요구만으로는 부족하며 우리는 다양성의 이점을 이해시키기 위한 타당한 이유를 찾아야 했다. 오늘날 돈이 전부는 아니지만 많은 것을 의미하며, 문화공생의 다양성이 기업, 도시, 국가들이 요구하고 있는 최소한의 경제적 이익을 갖추지 못한다면 많은 사람들의 이목을 끌지 못할 것이다. 이미 경제학자들은 이주자들이 부정적인 영향보다는 긍정적인 영향을 가져올 확률이 크다는 점을 강조해왔다는 것이 명백한 증거다.

혁신 주체자로서의 혼종성

다양성의 이점을 인식하는 과정이 실제로 어떻게 이루어지는지 이해하기 위해서 다음을 살펴보자. 새로운 아이디어와 혁신들은 역사 속에서 항상 중요시되어 왔고 문화교차적 상호작용은 새로운 아이디어와 혁신창출의 주된 요인이었음에도 불구하고, 우리가 현재 살아가고 있는 시대에서는 규모와 정도에 따라 중요성이 조금씩 다르게 여겨지고 있다. 존 카오(John Kao), 리처드 플로리다(Richard Florida), 다니엘 핑크(Daniel Pink), 존 호우킨(John Howkins)과 같은 신 경제분석가들은 상업, 산업, 공공부문 등을 포함하여 도시들이 기술변화의 속도 및 소비자들과 유권자들의 가치관, 우리의 기대에 따른 요구보다 한발 앞서 새로운 면모를 보여줄 수 있어야 한다고 주장하고 있다. 그러나 우리를 위한 모든 최상의 아이디어를 연구소에서 특권을 지닌 소수의 연구원에게 의지하는 것은 더 이상 실현 가능성이 없다. 혁신은 보다 총체적인 과정으로 이해해야만 한다. 리처드 다킨스(Richard Dawkins, 1976)는 이를 1976년 그의 저서 《이기적인 유전자》에 우리 문명의 단위로서 밈(meme)의 개념을 다음과 같이 처음으로 소개하고 있다.

> 밈의 예로는 아이디어, 유행문구, 의상 패션, 도예기술, 아치 건설기술 등이 있다. 밈들은 유전자 공급원에서 정자와 난자를 통해 몸에서 몸으로 넘나들며 유전자들이 자신들을 번식시키는 것처럼, 밈 공급원은 넓은 의미에서 모방이라 불리는 과정을 통해 두뇌에서 두뇌로 옮겨 다니며 자신들을 전파시킨다.

프란스 요한슨(Frans Johansson)은 2004년 발행한 그의 저서 《메디치 효과》에서 아이디어를 일반화시키는 방법을 제안하고 있다. 우리가 혁신이라 말하는 많은 것들은 사용과 요구의 분석을 통해 여분의 효율성과 가치를 이끌어내며, 또는 발전된 전문기술과 재능을 이용하여 기존 상품이나 과정을 개선하는 것이다. 위와 같은 것들은 종합적인 흐름에 따라 추진되어지기에 '지향성'으로 규정할 수 있다. 하지만 프란스 요한슨에 따르면 '복합화된' 혁신의 창출들은 보다 구체적으로 구분되어 있다.

새로운 방향으로 세계를 도약시켜라. 일반적으로 새로운 방향은 새로운 분야를 위해 포장을 하지만 직접적인 혁신만큼 전문지식을 필요로 하진 않는다. 그러므로 예상치 못한 사람들이 실행할 수도 있다. 그들은 다소 급진적이지만 거시·미시적 관점의 다양한 방법으로 일할 수 있다. 큰 백화점의 설계 혹은 중편 소설의 주제… 특별한 기술능력 또는 다국적 기업을 위한 제품개발… 등을 통해서도 변화가 추구될 수 있다.

프란스 요한슨은 복합과 혁신, 창출을 위한 최적의 조건에 대해 다음과 같이 예측했다.

다양성을 가지고 있는 팀은 더 좋은 기회를 가진다. 독특한 발상들일지라도 서로 다른 견해, 접근, 발상하는 생각의 틀 등을 상호 인정하라. … 다양성을 통한 혁신적인 위력을 경험한 사람들은 자신들이 할 수 있는 한 팀의 사기를 북돋기 위해 물심양면으로 노력한다.

세계에서 네번째로 큰 석유회사 로얄더치셸 그룹의 전 회장 겸 CEO였던 스티브 밀러(Steve Miller)는 그러한 개념을 신봉하고 있는 대표적인 인물이다.(프란스 요한슨, 2004)

당신들은 서로 다른 인종과 문화, 배경, 국가의 사람들이 한데 모이는 곳에서 형성되는 문화의 종합적 발상이 참으로 훌륭하다는 것을 깨닫기 시작할 것이다. 최상의 발상은 프로젝트에서 함께 일하는 팀원들의 생각을 모두 모아 담는 데서부터 나온다. 팀워크의 결과는 개인이 도출한 결과와는 판이하게 다른 종합성과 깊이를 가질 수 있다.

미국에서의 상호작용 혁신자

이탈리아인 '스테판 마르차노'가 1990년대 세계적인 네덜란드 전자회사 필립스의 상품 디자인을 맡았을 때, 스테판은 이 기업이 유능하지만 고루한 기업임을 알게 되었다. 스테판은 그의 부서에서 일하는 500명의 스태프들에게 다양성과 문화적 혼종성을 신중히 소개하였고, 결과적으로 그의 부서에는 33개의 국적을 지닌 스태프들이 함께 일하게 되었다. 한 예로, 필립스사 홍콩지부 디자인팀은 중국인 3명을 제외하고는, 독일, 에티오피아, 싱가폴, 벨기에, 영국 등 다양한 국적의 사람들로 이루어졌다. 스테판 마르차노는 10년 후에 필립스사가 다시 선두에 달리게 된 것은 바로 직원을 다국적 출신으로 채용하여 근본적으로 재편성을 추진한 것이라고 하였다. 그의 직원 중 그랜드 데이비슨은 다양성에 대해 제커리의 말을 인용하며 다음과 같이 말했다.

> 당신은 더 풍부한 환경에서 살고 있고 당신은 보다 깊은 통찰력을 지니고 있다. 사람들은 자신들이 지닌 배경지식으로 판단하고 사고하기 때문이다. 당신은 복합적 문화환경으로 인하여 훨씬 풍성한 결과를 얻게 될 것이다. 내가 이를 확신하는 것은 우리는 이미 보상을 받아왔기 때문이다. 우리는 다양한 문화적 배경을 가지게 됨으로써 절대적 이점을 가지게 되었다.

1990년대 중반 '애너리 섹스니언(Annalee Saxenian, 1999)'은 '실리콘 밸리'가 눈에 보이는 것 이상의 무언가가 더 있다고 인식한 사람 중 한 명이었다. 즉, 실리콘 밸리가 아이디어가 새로운 상품과 혁신으로 이어지는 방식에 있어서의 혁명을 야기할 뿐만 아니라, 그 혁명이 중국이나 인도 등의 해외 인재들로 인한 다양한 혼합으로 이루어진다는 것이다. 최근에 애너리 섹스니언은 이러한 주제로 발상을 전환하였고 미국 전역에 걸친 연구에서 더욱 확연해진 추세다. 미국에 거주하는 외국인들 중 2006년 미국에서 국제 특허권을 허가받은 사람의 24.2%가 발명가 혹은 공동발명가다. 더불어 이는 특허권을 허가받기 이전에 미국 시민권을 가진 이주자는 제외한 수치다. 1998년에 이 수치는 7.3% 더 증가했으며, 이주해온 비시민권 발명가 중 가장 많은 비중을 차지하는 국가는 중국 본토와 대만 출신의 중국인이었다. 인도는 두번째로 높은 비중을 차지했으며 캐나다와 영국이 그 다음 순서가 되고 있다.

또한 섹스니언의 팀은 실리콘 밸리와 첨단기술 성장집단인 북부 캐롤리나에 소재한 트라이앵글 파크 연구소로 돌아왔다. 와드와 등(Wadhwa et al., 2007)은 다음과 같은 것을 발견했다.

- 실리콘 밸리에서 착수된 사업의 절반 이상인 52.4%가 한 명 이상의 이주민 핵심 창립자를 포함하고 있다.
- 1999년과 비교해보면, 인도인이나 중국인이 설립한 회사의 비율이 24%에서 28%로 증가했다. 실리콘밸리의 공학 및 과학기술 회사 창안자의 비중에서 인도인 이주자가 중국인을 앞서나가고 있다. 1995년에서 2005년까지 실리콘 밸리에서 착수된 모든 사업 중 인도에서 이주해온 주요 창안자가 차지하는 비율이 15.5%인 반면, 중국과 대만에서 이주해온 중국계 주요 창안자는 12.8%에 불과하다.
- 트라이앵글 파크 연구소의 새롭게 시작된 사업 중에서, 18.7%의 주요 창안자가 외국인이다. 인도인은 25%로 가장 많은 비중을 차지하였고 이어서 독일인, 영국인이 각각 15%를 차지하고 있다.

미국인들 혹은 다양한 국적의 이주자들과 간헐적으로 공동연구를 진행한 이주자들은 미국의 새로운 사업과 지적 재산의 창조에 중요한 원동력이었다는 것이 명백한 사실이며, 이들의 기여는 지난 10년 간 계속해서 증가해왔다.

우리가 이전에 보았듯이 미국은 분리와 대립을 위해 최대한의 관용을 베풀고 있고, 또한 여러 곳에서 볼 수 있듯이 다양성이 가진 이점을 실현시키기 위해 많은 기회들을 제공하였다.

인텔의 창시자 중 한 명이자 현 회장인 앤드류 그로브(Andrew Grove)는 1936년 헝가리에서 다이어리 사업에 종사하고 있는 유대인 부모 사이에서 태어난 외동아들이다. 2001년에 발간된 그의 자서전에서, 그는 다양한 재정지원과 자선기구의 각종 노력으로 미국에 갈 수 있게 되었다고 한다. 뉴욕 시에 있는 친척들은 그가 새로운 환경에 적응하도록 도와주었다. 그는 뉴욕 시립대학교에 진학하여 1960년에 화학공학 학위를 취득하고 이후 1963년 버클리에 소재한 캘리포니아 대학교에서 박사 학위를 취득했다. 남은 부분은 그의 이력에 관해서다. 2000년 그로브 회장은 이민자로서의 그의 삶에 대해 언급했다. 더불어 그의 존재와 성공은 미국이 400년 동안 더 나은 삶을 위해 찾아오는 장소로 자리잡아 온 곳임을 상기시키며, 미국이 국경에서 많은 외국인들을 몰아내고 있는 상황을 경고했다.

당연하게도 오늘날의 미국은 많은 이주자들의 희생이 있었기에 있을 수 있다는 사실은 매우 중요하다. 우리는 다름을 위한 관용, 새로운 사람들을 위한 관용을 지닌 국가로써 늘 정신을 바짝 차리고 있어야 한다.

많은 사람들은 창조와 혁신, 재정적 보상 및 경제적 혜택의 축적을 통해 미국의 개방성에 보답해왔다(Peters, 1996). 캘리포니아 무어 파크에 소재한 카블리코사의 CEO이자 이사장인 프레드 카블리(Fred Kavli)에 대해 살펴보자. 카블리 회장은 노르웨이에서 물리학 학사를 취득 후 1956년 미국으로 이

문화 보듬기

다양성이 아틀란타의 한 회사를 살리다

빅은 건축가였고, 조이스는 건축관리자였다. 이들은 열성적인 얼리어답터들이었다. 이들은 포드사가 자동차에 대하여 알고 있듯이 CAD에 대하여 누구보다 잘 알고 있었다. 이들의 고객들은 신축건물용 정면도와 플라스틱 스케일 모델들을 개발하고, 그런 다음 이들의 회사를 채용하여 실제로 건축하는 데 필요한 수많은 도면을 작성하게 하는 유명한 건축가들이었다.

조이스와 빅은 자신들이 품질향상에 최선을 다하기 위해 오로지 최우수 건축대학원의 최우수 원생들만 고용했다. 작업은 홈 데포라고 불리는 신흥 소매업체의 아시(ASSI)마트에 집중 투입되었다. 오래지 않아 조이스와 빅 및 이들의 젊은 직원 12명은 〈포춘〉지 내일의 기업이라는 표지기사에 등장했고, 아시마트의 표지인물이 되었다.

그러나 조이스와 빅은 깊은 고민거리가 생겼다. 회사를 더 큰 사무실로 옮기자 모든 직원들은 밖이 보이는 아담한 사무실을 원했다. 조이스와 빅은 모든 직원들을 창문 옆에 앉을 수 있도록 배치(현대 사무빌딩의 적지 않은 업적)했다. 그 후, 그들은 창가의 눈부심에 대한 직원의 불만을 듣기 위해 직원 1명과 점심식사를 하면서 직원 전체가 회사에 대해 부정적인 생각을 가지고 있다는 것을 알게 되었다. 조이스는 '우리는 적당한 조치를 전혀 할 수 없었어요. 그것은 마치 자발적인 노조결성 같은 움직임이었죠.'라고 말했다.

그런 다음 일 년도 채 안 되어 표지의 주인공이었던 직원들이 모두 파업을 단행했다. 그 후 조이스와 빅은 자신들의 실수를 깨달았다. 이들의 엄격한 채용원칙(최우수 대학원의 최우수 대학원생만 고용)은 효과적으로 단일문화 인력을 보장했다. 즉, 부유한 동남부 가정 출신의 젊고 독신이며 자녀가 없는 인력이었다. 이것은 12명 직원이 모두 갖고 있는 공통점이었다. 그들은 연합체 같이 생각했고, 행동했으며, 연합체 같이 파업했다.

이러한 집단이탈이 일어나자 조이스와 빅이 처리할 영수증이 쌓였고 고객들은 도면을 기다리는 상태에 처하게 됐다. 아시마트는 시급히 직원이 필요했지만, 구성원의 선택은 불가능했다. 누구든 그 일에 적합하면 바로 채용되었다. 베트남 출신의 그 건축가도, 재입사하는 여성도 채용되었다. 남부지역에서 작은 학교에 다닌 사람, 부유하지 않게 자란 사람들, 배우자가 있는 사람(또는 없는 사람), 자녀가 있는 사람(또는 없는 사람), 담보대출이 있는 사람(또는 없는 사람), 전일제 근로자뿐만 아니라 시간제 근로자, 결국 임시직이나 하청업자의 정보가 타기업과 공유되었고, 심지어는 종업원까지 공유되었다.

이렇게 조각조각으로 구성된 직원은 아시마트의 일을 잘 따내지 못했고 〈포춘〉지의 표지에 복귀하지도 못했지만, 어떤 직원들은 훌륭하게 함께 일했다. 그러나 때때로 문제(사업과 개성 등의 문제)가 불거지면 견해의 다양성이 그들을 약화시키는 경향이 있었다. 하지만 그것을 넘어서고자 하는 의식이 높으면 각종 문제에 대한 잠재적인 해결책도 그만큼 커졌다. 계획된 것은 아니지만 다양성이 이 회사를 구했다.

주해 왔다. 그 후 2년 뒤, 소액의 자본으로 회사를 세웠다. "특히 그 당시 미국은 기회의 땅이었다. 세계 그 어느 나라도 내가 그렇게 할 수 있는 곳은 없었다"고 1996년 피터는 말했다. 카블리코사는 주로 항공 통제와 자동차공해 통제에 관한 센서를 생산한다. 100개의 카블리코 센서들은 우주선 부속품으로도 사용된다.

박경은 현 카블리코사 연구개발부서의 부회장이다. 물리학자인 그는 공부를 위해 1969년 한국에서 미국으로 왔다. 박경 부회장은 1977년 카블리코사에 입사하여 24개의 특허실적을 냈다. 카블리 회장이 일자리를 제공하여 그는 미국에 머물 수 있게 되었다. 미국은 열심히 일한만큼 기회를 가질 수 있는 나라다. 이방인들은 미국의 사회와 문화에 진심으로 고마워했다. 카블리에 따르면 박 부회장은 카블리사가 자동차공해 제어 시장에서 입지를 다질 수 있게끔 해준 압축센서 개발에 큰 기여를 했다고 한다. 이 개발로 카블리사는 1977년 120명 직원과 매출 400만 달러 규모의 회사에서 2003년 1,500명에 이르는 직원과 1만 5600만 달러 규모의 회사로 성장할 수 있었다.

현재 캘리포니아 산호세에 거주하는 램 랍하야 말릭은 1971년 인도에서 건너왔다. 엔지니어인 그는 최전방 군부대인 미군 Bradley Fighting Vehicle에서 오늘날 사용되는 공기정화 시스템의 공동발명가다. 이 시스템은 기계 내부에 있는 사람을 핵, 화학, 생체오염 등으로부터 보호해준다. 그와 함께 한 공동발명자 중 한 명은 네덜란드인이고 다른 한 명은 미국인이다.

캘리포니아산 유명 와인회사인 우드브리지의 마이클 프라이어는 영국 출신으로 금속공학 박사학위 소유자다. 그는 130개 미국 특허권을 가지고 있고 1973년 올린사의 금속 연구소에서 부소장이 되었다. 올린사에서 그가 총괄한 연구개발부문은 3대 1의 비율로 혁신적인 통화반환이 이루어졌다고 프라이어 부소장은 추정했다. 혁신에는 합금과 은과 동을 90대 10으로 혼합하던 제조방식을 중단시키고 대신 행해졌던 25센트와 10센트 주조를 위한 금속 합성물을 만드는 과정이 포함되었다. 프라이어 부소장은 연구소에 국적에 상관없이 미국인과 외국인 과학자들 모두를 연구소에 발탁했으며, 누구보다도 인도와 아시아 출신의 금속공학자들에게 존경심을 나타냈다.

알렉산드라 오츠자라는 반도체산업에서 핵심부품을 만드는 몬타나 주의 세미툴사에서 기계기술자로 일한다. 폴란드 사회에 불만을 가지고 새로운 기회를 찾고자 1978년 미국으로 이주해왔다. 오츠자라는 25번째 특허권을 따낸 뒤, 특허권 취득을 그만두었다. 한 특허는 반도체의 재료가 되는 얇은 원판인 웨이퍼(wafer)를 보관하거나 운반하는 웨이퍼 박스와 웨이퍼 캐리어를 정밀하게 세척하는 기계이며 20명이 넘는 직원들은 이를 제조하기 위해 전력으로 일하고 있다. 이 기계는 미국, 유럽, 아시아 전역에서 팔리고 있고 연간 1,500만 달러 상당의 성장을 보여주었다. '기술혁신을 이끌어가는 사람은 단지 영리한 사람이 아니다. 개인의 영리함과 적합한 환경이 조화를 이룰 때 여기에 있는 사람들이 보다 더 생산적인 활동을 하게끔 만든다'고 오츠자라는 밝혔다.

미국이 속박 없는 국제적 인재들에게 천국이라는 점과 많은 이민자들이 그들의 잠재력을 발산할 수 있게 해주며, 그러한 과정을 통해 미국과 이민자 자신들 모두 부유해질 수 있다는 점은 놀라운 사실이 아니다. 그렇다면 다른 나라, 그 중에서도 특히 영국에서는 어떠할까?

영국에서의 혼종성 혁신자

이주자들이 남긴 유산은 거의 없거나 극히 소수에 불과하지만, 이 유산들은 지속적으로 영국의 역사를 어지럽혀왔다. 그러한 상호 문화교류의 특별한 예로 구글리엘모 마르코니(Guglielmo Marconi)가 있다. 그는 이탈리안 지주인 아버지와 제임슨 위스키 공장 창립자의 손녀이자 아일랜드 출신의 어머니인 애니 제임슨의 둘째 아들로 이탈리아 볼로냐에서 태어났다. 마르코니는 볼로냐, 피렌체, 라보르노에서 공부를 했다. 마르코니가 어렸을 때 그는 학교에서 공부를 잘 하는 편은 아니었다. 가톨릭 교회에서 세례를 받은 그는 어머니의 가르침에 따라 신교도자로 키워졌으며, 성공회교도의 멤버였다.

디자이너 카림 라쉬드(Karim Rashid)

이집트 카이로에서 태어나고 이집트인 아버지와 영국인 어머니를 둔 라쉬드는 쇼핑백, 플라스틱 의자, 의외로 너무나도 멋졌던 맨홀 뚜껑 등을 자신의 취향대로 디자인하였다. 그가 디자인한 기보 쓰레기통의 인기는 계속되고 있다. 라일락, 라임, 아이스 블루 세 가지 색상이 있는 굴곡지고 불투명한 이 원통은 1990년대 후반 북미에서만 100만 개 이상이 판매되었다. 이 원통은 10달러로 예술 비평가들을 사로잡았다. 결국 이 '가보'는 샌프란시스코 현대미술관에 영구 보관, 전시되게 되었다.
라쉬드는 1960년에 카이로에서 태어났다. 그의 아버지는 영화나 TV쇼에 필요한 세트를 그렸고, 그의 어머니는 학교 선생님이었다. 라쉬드는 영국과 미국에서 자랐고, 이탈리아에서 산업디자인 공부를 마친 뒤 캐나다에서 일을 하였다. 그는 캐나다 억양으로 영어를 구사하며 미국인과 결혼하였다. 그리고 그 어느 곳도 고향이라 여기지 않는다. 1993년 그는 뉴욕으로 거주지를 옮긴 뒤 눈삽, 플라스틱 의자와 같은 일상생활용품 디자인을 파격적으로 선보여 성공을 거두었다. 그는 다음과 같이 말했다.

나는 문화·인종적으로 영국, 이집트 등 그 어디에도 연대감을 느끼지 않는다. 농담삼아 나는 유목민이라고 말하고 다닌다. 그렇기에 내가 아마도 미국인이라고 하는 것이나. 여러분은 세상 어디에도 나타나지 않는 자율성을 지니고 있다. 또한 구체적인 어떠한 유산을 가지지 않아도 괜찮다. 이러한 자유는 나를 글로벌한 문화공생적 인간으로 만들었다. 나는 특별한 한 사회에 속한다고 생각하지 않기에 계속해서 사회들을 분석할 수 있다고 여긴다. 그렇기에 나는 항상 관찰하는 습관이 있다. 이 관찰이 내 일의 시작인 셈이다.

외부인이자 내부인인 라쉬드는 규격화된 디자인의 표준을 뒤바꿔놓고 싶어한다. 가난한 나라에서는 쓰레기고 부유한 나라에서는 싸구려로 인식된 물질인 플라스틱에 관한 그의 열정이 그의 생각을 보여준다. 그는 대중적이며 일상적인 물건들에 고급 디자인을 더했고, 이를 일상용품의 캐주얼 엔지니어링라고 부르길 원한다. 이러한 시각은 이미 정착된 다양한 개념에 의문을 가지게

06 다양성의 이점: 다문화 간의 상호작용에 따른 이익

그는 재혼 후 정식으로 가톨릭으로 개종하였다. 그는 당시 대두되던 전기 과학의 파급을 위해 열정적으로 노력했으나, 지원을 요청하는 그의 호소는 무관심한 이탈리아 정부에 의해 좌절되었다. 1896년 그는 런던으로 여행을 가서, 세인트 마틴 갓길에 있던 한 우체국에서 그가 만든 새로운 '라디오'를 선보였다. 이때 두 명의 중요한 고객이 관심을 보였다. 바로, 영국 해군 장관과 우체국이었다. 마르코니의 아이디어는 현실화되어 1909년 노

끔 해주었다.

나는 정신적인 짐을 모두 없애려고 노력한다. 우리는 이렇게 앉아야만 한다고 누가 말하였는가? 땅에서 약 50cm 가량 떨어져 있어야 한다고 누가 말하였는가? 우리는 우리의 행동양식을 스스로 정해왔다. 우리는 우리가 해야 하는 모든 일을 창조해왔다. 이것에 관하여 중립적이거나 직관적인 것은 존재하지 않는다. 그렇기에 나는 나 자신에게 묻는다. 완전히 다른 세상을 상상할 수 있는가.

그만의 다양성으로 라쉬드는 색다른 방식으로 세상을 보았다. 어느 날 밤 레스토랑에서 그는 조잡하고 불편한 플라스틱 의자에 앉았다. 등이 너무 아팠기에 식사를 즐기기 힘들었다. 그날 밤 그는 반직관적인 생각을 하였다. 플라스틱을 좋은 품질과 취향의 새로운 반열에 올려놓겠다. '플라스틱은 싸구려다'라는 이미지를 버릴 때가 왔다.
이러한 통찰력은 그가 하찮은 쓰레기통을 고급스럽게 만드는 시도로 이끌었다. 그는 할리우드 스타가 '쓰레기 같이(garbage)' 같은 접두사를 쓰는 것처럼 쓰레기와 고급스러움을 연관시킨 공공연한 시도에 착안하여 이 쓰레기통을 가보라고 이름지었다. 눈에 띄는 원통의 모양은 라쉬드가 쇼핑몰, 야채

가게, 사무실에서 쓰레기통을 관찰하고 연구하면서 가진 호기심을 디자인에 반영한 것이다. 그는 가보를 만드는 데 필요한 방법을 배우기 위해 플라스틱 제조공장에도 가 보았다. 라쉬드는 이와 같이 말했다.

우리는 규칙을 원하고 나는 완벽히 정반대의 것을 하고자 한다. 스스로를 어떠한 연계에도 얽히지 않게 하는 것, 이는 매우 어려운 일이다. 수많은 시간 동안 박스 이외에는 생각치 않는 나 자신에게 너무나도 화가 난다.

친구와 이방인, 땅에 있는 생명과 하늘에 있는 생명 등의 융화시키는 그의 삶은 분명하게 다양함이 뒤섞인 높은 수준으로 그의 디자인에 나타난다. 그의 디자인은 총명하게 신호들이 섞이면서 놀랄만큼 병렬적인 면을 구현한다. 과대광고와 높은 가격이 기준인 곳에서 라쉬드의 디자인은 눈에 띄고, 독창적이며, 실용적이고 합리적인 가격을 지녔다.
그의 미학은 그가 잘 아는 문화로부터 흘러나온다. 다른 이들이 저렴해보이는 디자인을 비싸게 만드는 방법을 찾고자 한다면, 라쉬드는 저렴한 물건들을 고급스럽게 보이는 방법을 찾기 위해 저렴한 물건들을 연구한다.

벨 물리학상을 받고 영국 공학 명예전당에 오를 수 있었다.(Winder, 2004)

마이클 막스(Michael Marks)는 19세였던 1878년에 반유대인 억압이 갈수록 심해지자 러시아 연방국 폴란드의 슬로님을 떠났다. 그는 하틀 수영장 청소부터 시작하여 행상을 하다가 후에 의류기업 이삭 드윌스트의 세일즈맨을 하며 북부 지역을 돌아다녔고, 결국 일주일에 두 번 장이 서는 리즈시의 키르크게이트 오픈 마켓에서 매장을 열게 되었다. 그곳에서 그가 내세운 '가격은 묻지 마세요. 모두 1페니입니다'라는 인상적인 슬로건은 바로 많은 이들의 이목을 집중시켰고, 북부지역의 다른 시장에까지 그가 시작한 1페니 마켓은 빠르게 퍼져나갔다. 결국 그는 올드위스트사 점원 토마스 스펜서와 동업하여 1894년 막스앤스펜서(M&S)를 창립하였다. 막스는 세상을 뜨기 전까지 60개 지점을 열고 막스앤스펜서는 영국의 명물로 자리 잡아갔다. 비슷한 시기에 리투아니아에서 재단사였던 한 유대인은 그의 이름을 몬태규 오싱키에서 바튼으로 개명했다. 1913년 그는 리즈에 바튼앤바튼(Burton & Burton)을 세웠고, 그 후 1925년에 유럽에서 가장 큰 소매점으로 발돋움했다. 제2차 세계대전 전날, 영국에 도착한 가난한 15살의 한 이민자는 600개에 달하는 상점과 2만 명을 고용한 직물공장의 주인이 되었다.(Winder, 2004)

영국에서 이민자 사업에 관한 최근 사례로 성공한 기업가 세 명을 살펴보았다(Ghilardi, 2006). 스텔리오스 하지 이안노우(Stelios Haji-Ioannou, 그는 성보다 이름으로 불리길 원했다)는 저가항공 이지젯의 창립자다. 그는 그리스의 부유한 기업 경영 가문에서 태어나 아테네에서 학교를 다닌 뒤, 런던 정경대(LSE)와 런던 비즈니스 스쿨을 다니며 운송교역과 경제학 석사학위를 받았다. 그는 25세에 스텔말 운송을 세우고 28세에 저가항공사 이지젯을 설립하였다. 그 이후 그는 돈의 가치를 제공하고 상품에 군더더기를 뺀 '이지(easy)' 브랜드를 런칭하여 여행에서부터 레저, 통신, 개인자산에 이르기까지 다양한 부문으로 확장하였다. 그는 개인 투자수단인 이지 집단을 이용, 이지 브랜드를 소유하고 수많은 기업에 대응하여 라이센스를 취득하였다.

스텔리오스는 계층 간 차이를 보다 더 간소화시키며 항공여행을 혁신시켜왔고, 이지젯을 허용해주는 공항이 소재한 도시에 재생산을 도와 거래를 활발히 하였다. 뿐만 아니라, 이지젯은 직장인들을 주요 대상으로 삼고, 바쁜 직장인이 출장을 갈 때 다른 항공사와는 달리 저렴한 가격으로 누구나 쉽게 접근하도록 했으며, 시간을 절약하는 등의 유연하고 용이한 접근성을 내세웠다.

더 프리오리(The Priory)라는 정신건강과 신경재활센터를 설립한 차이 패텔(Chai Patel)은 우간다의 가난한 인도인 가정에서 태어났다. 이디 아민이 아시아인을 추방하기 직전에 인도로 떠나서 패텔의 가족은 일거리를 구해 영국으로 가기 전인 1969년까지 인도에서 살았다. 패텔의 아버지는 우체국장이었고 어머니는 가게 점원이었다. 패텔은 런던에서 학교를 다녔고 후에 대학에서 의학을 전공했다. 의사자격을 취득한 뒤 국가보건서비스(National Health Service, 영국에서는 의료를 국가에서 무료로 제공해준다)에서 잠시 근무하다가 상업은행 사업에 착수하였다. 이를 통해 패텔은 사설 개인건강케어센터와 같은 모험을 할 때 그에게 투자해준 부유한 사람들을 만날 수 있었다. 패텔은 2000년에 이전 건강케어시스템과 웨스트민스터의 전문 건강보호서비스 부서를 병합하여 더 프리오리 집단을 창설하였다. 일부 진료 서비스는 무료였으나, 이는 개인기업이 지원을 한 것이었다. 현재, 더 프리오리 집단은 정신병원 15곳, 학교 7곳, 치료센터 평가서비스 2곳, 뇌손상 연구실 5곳 등을 갖추고 있다.

누들 바(noodle bar) 체인점 와가마마를 세운 알란 야오(Alan Yau)는 홍콩 외곽에서 태어났다. 그가 12살 때, 그의 가족들은 뉴포크의 킹스린으로 이민을 갔다. 재단사인 그의 아버지는 뉴포크에 고향 친구가 이미 자리를 잡았기에 그곳으로 가고 싶어했다. 경제적 목적을 지닌 이주자(경제이민)였기에 야오는 영국에서 보다 더 나은 삶을 살기로 마음먹고 곧바로 중국식당 사업에 착수했다. 6명 중 맏이인 그는 런던 과학기술학교에서 정치와 철학을 공부했다. 1980년대 후반, 피터버러에서 그의 아버지와 함께 중국음식 테이크아웃 식당을 열어 패스트푸드에 관한 그의 새 아이디어를 현실화할 수 있는 충분한 자금이 모아졌다. 그의 새 아이디어는 일본 스타일의 누들 레스토랑 '와가마마'였다. 와가마마는 런던 블름즈베리에 1992년 개점했다. 그 이후로 야와챠, 학카산, 부사다 잇타이와 같은 다른 여러 레스토랑 지점을 내고 국제적으로도 뻗어나가고 있다.

이 세 명의 글로벌 사업가들은 자신들의 출신과 왜 영국이 자신들의 사업에 최적의 환경을 제공했는지에 대해 기꺼이 답해줬다. 스텔리오스는 다음과 같이 전했다.

> 나는 런던 정경대를 졸업하고 부자 아버지가 계셨지만 나는 여전히 경제이민자다. 발음하기 힘든 성을 가지고 그리스 억양을 가진 이가 항공사를 세운다는 사실을 기쁘게 받아들여준 영국사회는 일부 영국인들이 인정하는 것보다 훨씬 더 개방적이라는 사실을 알게 되었다. 이지젯 이용승객은 7,000만이 넘었으며, 현재 프랑스와 독일에서 문화·인종적 배경이 다양한 전문경영진이 운영하는 PLC는 항공시장에 중요한 혁신을 가져왔음에도 불구하고, 영국과는 달리 현재 프랑스와 독일에서는 지역 항공사로 인정받는 데 여전히 애를 먹고 있다.

유럽대륙과는 반대로 그는 영국이 새로운 문화유입에 훨씬 개방적임을 깨달았다.

차이 패텔에게 상거래와 관리는 사업가치만큼 중요한 위치를 차지했고, 더 프리오리 집단은 그런 가치의 전형적인 예였다. 어떻게 그가 영국 의료산업(목표와 결과가 상응하지 않기로 악명높은)의 중심에서 이러한 가치를 조율할 수 있없는지에 대한 질문에 그는 '나는 나의 문화적 근원으로 돌아가 적용시키려 했다. 인도 문화에서 관리는 매우 중요한 역할을 차지한다. 이는 모두의 정신건강에 중요한 일부다'라고 답하였다.(Ghilardi, 2006)

그는 영국에서 학교를 다니고 그의 가족 역시 편협한 방식을 따르지 않았기에 다른 사람들보다 더 다양한 문화를 수용할 수 있게 된 것 같다고 했다. 새로 온 사람은 지역문화에 동화되는 것을 두려워하지 않는다. 그가 지키는 것은 지키도록 강요된 것보다는 지키고자 선택한 것이다.

> 우리는 우리가 살고 있는 곳이 아닌 우리가 어디에서 왔는지에 따라 결정한다. 우리는 현대의 퓨전 세상에서 살고 있지만 이 세상 역시 우리의 근원에서부터 그 가치를 도출해낸다.(Ghilardi에서 인용한 Chai Patel의 말, 2006)

그렇기에 다양한 문화가 공존하는 오늘날은 퓨전이 핵심이 된다. 야오의 배경은 그가 사업을 발전시키는 데 주요한 부분을 차지하였다. 야오는 6형제 중 맏이로 태어났다는 것은 중국 문화권에서는 대단한 책임감을 요하는 것이라고 이야기한다. 또한 그는 16살부터 아버지를 위해 일을 했음에도 불구하고 다음과 같이 말한다.

> 중국문화를 앗아가는 산업 자체가 싫었다. 비전문적이고 보수가 적은데다 인종모욕까지 감수해야 하는 가족경영 사업. 이 모든 것을 견딜 수가 없었다.(Ghilardi에서 인용, 2006)

이러한 생각이 그가 그의 부모님과 그가 속한 커뮤니티가 해온 것과는 다른 독특한 무언가를 시작해보게 하는 계기가 되었다.

이 국제적 기업가들은 문화공생적 방식으로 사업을 하고 그 경험을 통해 교훈을 얻었다. 한 예로, 스텔리오스는 영국에서 모든 것이 장밋빛은 아니라는 것을 깨닫고 부정적인 태도로 다음과 같이 이야기한다.

> 현 영국 수상 고든 브라운이 명예 총장이었을 당시, 그가 사기를 치지 않는 성실한 회사가 실패한 불명예에서 벗어날 수 있도록 법을 개정하는 것에 나는 박수를 보냈다. 하지만 이는 사업 실패에 대한 국가의 태도가 바뀌는 것보다 더 많은 시간이 걸릴 것이다. 문제는 영국의 사상 깊숙이 깔려 있다. 기업의 태도에 항상 거론되는 것은, 영국인들은 누군가가 성공하기 전까지는 끊임없이 우호적이다가 그들이 성공하고 나면 적대적으로 돌변한다는 것이다. 이는 결코 변하지 않을 것이다.(Ghilardi에서 인용, 2006)

하지만 12년 동안 12개 회사를 세우고 수많은 나라외의 교역사업에 종사했던 야오는, 유럽에서 사업하기에 가장 좋은 국가는 예부터 영국이라고 하였다. 바로 영국만큼 외국계 기업을 잘 받아주는 나라는 없기 때문이다.

각각의 기업들은 자신들 고유문화의 일부를 차용하여 이를 혁신시킬 수 있고, 눈에 띄는 새롭고 적합한 자리에 대한 식별을 위해 적용시켰다. 각 기업은 그들 본래 사회의 사회·경제·문화적 강점을 토대로 세워지지만, 이후에는 본래 가지고 있던 문화에서 점차 벗어나 때로는 이질적이고 때로는 그들 본래 사회와 상반된 것들을 만들어낸다. 하지만 이것은 정확하게 말하자면 새로운 모험으로 나아가기 위해 힘과 자극제가 되어주는 전통과의 단절이라는 긴장상태를 요구한다. 통상적으로 이 단계에서는 함께 일하는 데 있어 마음이 맞는 사람을 찾는다. 이것이 왜 그들이 자신과는 다른 다양한 배경을 가진 사람들을 고용하기 좋아하는가에 대한 이유다. 이것은 가족 간의 끈끈한 유대에서 비롯된 보장이나 인종 간의 문화적 이해가 아닌, 다른 문화적 배경을 가진 동료나 고용인들을 찾는 상황에 적응하는 재능이고 유연성이며 능력이다. 늘 그러한 것은 아니나, 영국에서 이를 위한 적합한 환경의 제공이 늘고 있는 것은 분명하다.

지금까지 우리가 살펴봤던 대부분의 예들에서 공통적으로 연관된 한 가지가 있다. 앞선 기업들의 작용범위가 국가 내부적이거나 국제적인 경향이 있고, 특정 장소와의 연계성은 파악하기 어렵다는 점이다. 다양성과 혼합이 도시에 제공하는 이점들을 생각해보기 위해서는 보다 심도 깊은 관찰이 요구된다.

우리는 이미 막스앤스펜서와 바튼앤바튼의 성공에 대해 살펴보았고, 리즈와의 연합이 그 도시의 번영에 중요하다는 것은 의심할 여지가 없었다. 또한 마르코니의 이중적인 가족배경이 그의 탐구적 자세에 영향을 미쳤으며, 그로 인해 그가 다른 기회를 찾기 위해 자신의 고향을 떠났다는 것을 알 수 있었다. 그러나 이는 어떤 특정한 도시의 이점을 위한 문화공생의 교류에서 두 가지 경향이 한 곳으로 모아지는 것을 가장 잘 나타냈던 19세기의 또 다른 현상이라고 할 수 있다.

마크 브루넬(Marc Brunel)은 18세기 말 혁명적 분위기가 가득 찬 프랑스에서 영국으로 달아나 소피 킹덤을 만나 결혼했다. 아들 이삼바드 킹덤 브루넬(Isambard Kingdom Brunel)은 1806년 태어났고, 일찍이 아버지의 공학기술 사업에 관심을 가지고 쫓아다녔다. 마크는 영국 교육체계를 불신하여 아들을 프랑스에서 요구조건이 가장 까다로운 파리의 리세 헨리 쿼트레 학교와 캉 대학교에 보냈다. 이곳에서 이삼바드는 공학에 관한 기반을 다질 수 있었다. 그는 훌륭한 학생이었을 뿐만 아니라 천재였다. 자신의 아이디어를 실무에 적용하고 싶은 간절한 소망으로 그는 학교를 떠났으나, 무모한 계획과 증명되지 않은 아이디어를 가진 졸업생을 위험을 무릅쓰고 받아줄 만큼 프랑스는 준비가 되어 있지 않았다.

결국, 브루넬은 자신을 지지해 줄 수 있는 사람이 있는 곳을 찾아 기업가적 마인드를 지닌 영국으로 옮겨오게 되었다. 교량을 시작으로 그가 이 분야에 남긴 최고의 업적은 그 당시 세계에서 가장 긴 수명을 가진 브리스톨에 있는 클립튼 서스펜션 다리이다. 브리스톨과 계속 함께 일하게 된 그는 당시 세계에서 가장 긴 철도 터널이었던 박스 터널이 포함된 그레이트 웨스턴 철로를 런던에서부터 건설하였다. 런던, 브리스톨과의 연계에 그치지 않고, 뉴욕과 도시를 잇는 것 또한 불가능하지 않다고 여겨 결국엔 세계에서 제일 크고 빠른 증기선인 그레이트 웨스턴을 만들었다. 브루넬은 다른 분야에서도 많은 위업을 남겼고, 두 가지 문화 중 최상의 부분을 수용하여 특정한 도시에 거대한 이점을 가져올 수 있는가에 대한 가장 좋은 본보기가 되고 있다.

다양성 이익이 전제조건

런던개발에이전시(LDA) 는 '다양성을 위한 사업 사례'를 제정·연구하여 '다양성은 사업성장을 위한 기회를 제공하고, 또한 런던의 가장 큰 강점'이라고 밝혔다. 이에 대해 다음과 같이 언급하였다.

- 런던 거주자들은 300개 이상의 언어로 말하고 최소 14개의 다른 종교를 가지고 있다.
- 도시 인구의 약 1/3은 아프리카, 아시아 혹은 다른 소수 민족의 단체들(BAME)이며, 향후 10년 간 그들이 런던 근로연령층 인구의 80%를 차지할 것이다.
- 2010년까지 노동력의 40%는 45세 이상일 것이다.
- 런던의 소수 민족집단은 세금을 제한 약 160억 파운드(285조)에 달하는 순수익을 거두고 거대한 소비력을 지닌다.

- 런던 거주자의 최소 5%는 게이나 레즈비언이다 – 영국에서 이들의 소비력은 대략 950억 파운드로 추정된다.
- 소수 민족 소유의 사업은 2004년도에 총 900억 파운드의 이익을 창출했고, 소득과 부 생성, 일자리 창출, 국내총생산의 측면에서 런던 경제에 큰 공헌을 했다.

이는 런던이 가지고 있는 다양성의 이점에 대해 의심할 여지가 없다는 것을 보여준다.

런던개발에이전시는 인종·언어적 다양성과 도시 경쟁력 간의 관계를 알아보기 위해 '경쟁적인 다양성의 이점'을 2004년에 처음으로 시도했다. 결과 보고서는 기업 내 소수 인종의 참여가 집단의 다양성을 높이는 것으로 나타났다. 예를 들어, 중국인, 파키스탄인, 인도인, 그리고 백인 아일랜드 집단들은 각 집단의 20% 이상으로 런던에서 가장 높은 자영업 비율을 차지한다. 이는 각각 10~13%로 가장 낮은 비율을 지닌 다른 카리브계, 아프리카계 흑인들과는 대조적이다. 각각의 소수 인종 집단에서 남성이 운영하는 자영업은 여성에 비해 월등히 많지만, 중국 여성들은 여성들 중 가장 높은 자영업 비율을 차지하고 있다. 런던 사업에서 거의 1/4(22.6 %)이 소수 인종 집단으로 분류된다. 전체적으로, 런던 사적 고용부문에서 50만 4700명, 혹은 19% 가량을 고용한 것으로 추정된다. 흑인 사업주들은 4.6%를 차지하는 반면에, 아시아계 사업주들은 전체의 10.7%나 된다. 현재 남아 있는 사업체들은 혼혈인(4.3%)이나 '다른' 인종 집단들(3%)로 구성되어 있다. 또한 보고서에서는 런던의 인도인이 소유한 약 1만 개 사업이 매년 200억 파운드씩 성장하고 있고, 파키스탄인이 소유한 약 4,000개 사업들, 그리고 900개의 방글라데시인 소유 사업들이 있다고 강조한다. 게다가, 대략 1만 6000명의 흑인 카리브인과 아프리카계 흑인 소유의 사업은 약 100억 파운드 이상의 수익을 내고 있다.

스몰본 등(Smallbone et al., 2005)은 2005년 런던을 구성하는 다양성의 장점을 다음과 같은 원리로 정리했다.

- 사업 창업, 사업 발전과 경쟁력
- 노동력의 다양성과 경쟁력
- 언어적 다양성과 경쟁력
- 인종의 다양성, 창조성, 그리고 경쟁력
- 공급자 다양성과 경쟁력
- 인종의 다양성, 이주자 집단 네트워크와 경쟁력

강점은 이제 그 실행의 초기단계에 있다. 그러나 런던의 접근방법에서 아직 명료하지 않은 것은 새로운 혼종 기업과 사업 모델을 이끄는 다문화적 사업을 장려하기 위한 인식이다.

물론, 우리에게 똑같이 흥미로운 점은 이민자들과 그들이 정착한 주류 커뮤니티 간의 상호작용이다. 바로 이것이 혁신을 지원하는 데에서 나타나는 문화적 과정이기 때문이다. 이러한 과정의 사례는 세계적으로 찾기 힘들다. 왜냐하면 미국 외의 일부에서만 그 움직임이 나타나고 있으며, 심지어 영국조차도 이에 대해 이제 막 시작단계이기 때문이다. 그런 이유로, 영국의 타인 위어(Tyne and Wear) 주에 관한 우리의 2005년도 연구(Comedia, 2005)에서는 오히려 그 지역이 이민자와 문화적 교류확대의 기회를 어떻게 잃었는지에 대한 교훈을 찾고자 했다.

2005년 5월 19일 뉴캐슬에 소재한 생명을 위한 센터(Centre for Life)는 유럽에선 최초로, 세계에선 두번째로 줄기세포연구에 근거한 인간 배아복제를 위한 협동작업을 진행하였다. 이 약진은 영국, 그 중에서도 특히 인간 번식력에서부터 알츠하이머와 파킨슨 병의 치료에까지 부가가치가 많은 새로운 산업과 경제적 부산물을 창출할 새로운 기술출현이라는 어마어마한 이점을 타인 위어 주에 안겨주었다.

생명을 위한 센터 팀은 1991년 영국에 먼저 이민온 사람들과 2001년 뉴캐슬로 온 이민자들로 이루어졌다. 미오드래그 스토코빅은 세르비아의 레스코벡에서 태어난 주방 도우미의 아들이다. 그는 수의학자가 되어 유고슬라비아 시민전쟁이 발발했을 때 제약회사에서 일하고 있었다. 그는 오직 그의 연구적 야망을 성취시키고자 서양으로 옮겨갈 것을 결심한다. 영국에서 연구직책을 찾고 나서, 그는 그의 야망과 관심사를 현실화시키기 위해 줄기세포연구와 같이 논란의 소지가 있는 기술성과를 이끌어낼 수 있는 전문기술, 시설, 재정적 자원이 모두 갖춰진 자리를 찾기 시작했다.

생명을 위한 센터는 그의 야망을 이룰 수 있는 요소들을 제공했다. 그는 그 후에 동료와 결혼했고, 가장 성공적이고 해박한 지식을 지닌 이주자로써 그 지역에 정착했다. 안타깝게도 몇 달 후인 2006년 초에, 그는 갑자기 뉴캐슬의 일을 그만두고 스페인의 발렌시아로 갔다. 그는 전문가들이 완벽한 답을 내놓고 과학잡지에 공표하기도 전에 연구결과를 출판하겠다는 생명을 위한 센터의 결정에 화가 났다고 한다. 그들은 라이벌인 한국을 능가하는 공식적인 성과를 얻고자 했으나, '새로운 관리'를 위한 영국의 기호가 세르비아인들의 취향과는 확연히 다르다는 것을 보여준다.

이 예가 우리에게 시사하는 바는 도시와 기관들이 지금은 이주자가 지닌 높은 기술이 가져다 줄 잠재적인 이익에 대하여 인지하고 있으나, 다양한 집단을 양성하고 지원할 수 있는 문화적 능력을 키우는 데에는 충분한 노력을 하고 있지 않다는 것이다.

또한 연구를 진행하는 동안, 고급인재인 이민자들을 위한 문화적 환경 조성에 있어 영국의 무능력에 관한 더 많은 증거가 나타났다. 우리는 익명을 요구한 뉴캐슬 대학 교수와 대화를 나누어보았다. 영국 태생의 그녀는 20년 전에 일자리를 찾아 호주에 간 뒤, 지금은 뉴캐슬 대학으로 그녀의 호주인 남편과 함께 돌아왔다. 영국으로 돌아온 뒤의 상황은 그녀가 생각했던 것보다 훨씬 어려웠다. 여러 가지 자잘한 문제점들이 계속되어 그녀가 환영받지 못한다는 생각이 들었다고 한다. 은행계좌부터 이사를 위해 트럭을 빌리는 것조차 순탄치 못했다. 호주 지자체 사업총괄자로 일했던 그녀의 남편은 호주인이라는 이유로 영국에서는 그 경력이 인정되지 않아서 달링턴의 직장에서 팀원으로 고용되었다.

뉴캐슬에 처음으로 도착했을 때, 그는 호주 여권과 면허증으로는 이삿짐 운반 트럭을 빌릴 수 없었다. 그의 비자는 '배우자 비자'였기에 공식업무를 볼 때마다 그녀의 여권을 가지고 함께 가야만 했다. 그녀의 은행계좌는 사용 불가능 상태가 되어서 다시 열릴 때까지 계좌나 신용카드를 신청할 수 없었다. 그녀의 남편은 그녀와 함께 공동계좌를 열지 않는 한 직업을 가지기 전까지 은행계좌를 개설할 권리가 없었다. 그녀는 처음 호주에 갔

이문화보들기

스코틀랜드의 프레쉬 탤런트 제도(The Fresh Talent Initiative)

이 프로젝트는 스코틀랜드 행정부가 2017년까지 스코틀랜드 인구가 500만 명 이하로 지속적으로 줄 것에 대응하기 위해 추진되었다. 이는 이민자들의 지역화를 고려하기 위한 영국에서의 첫 번째 시도다.

여기서는 이주민들의 정착을 가능한 쉽게 하기 위해 이주절차의 간소화와 침략적 장소 마케팅의 결합을 통한 성취를 목표로 삼았다. 이러한 시도는 스코틀랜드 내의 신기술을 가진 해외 전문인력, 외국인, 교포 등을 정착할 수 있도록 했다. 특히 내무성이 이민자 규제의 주요한 부문을 보류시킨 점이 영국 내에서도 독특한 예다.

이것이 그 유명한 프레시 탤런트(The Fresh Talent)다. 프레시 탤런트는 스코틀랜드의 노동 제도로, 스코틀랜드 대학교에서 고등 1급 기술 검정 합격증(Higher National Diploma), 학부, 석사, 박사 과정을 성공적으로 마친 비유럽경제지역(EEA)권 국적자들이 공부를 마친 뒤 최대 2년 간 스코틀랜드에서 머물며 직장을 찾을 수 있게끔 허가해주는 제도다.

스코틀랜드에서 일할 용의가 있는 프레쉬 탤런트 지원자들은 다음과 같은 사항을 반드시 충족시켜야 한다.

☐ 스코틀랜드 기관에서 상급 교육 과정을 성공적으로 마쳐야 한다.
☐ 공부하는 동안 스코틀랜드에서 살아야 한다.
☐ 승인받은 계획 기간 동안은 일을 하고자 해야 한다.

을 때 은행직원들에게 '나는 호주에 처음 왔고 은행계좌를 만들고 싶어요'라고 말한 지 몇 분 지나지 않아 은행계좌를 개설할 수 있었다고 한다. 20년 전에도 호주는 오늘날 영국이 새로운 이민자들을 관리하는 것보다 훨씬 더 체계적이었던 것으로 보인다.

그러는 동안에 중국 출신의 장웨이는 최근 뉴캐슬 대학에서 운송체계 엔지니어링 석사학위를 받았고, 장웨이의 일을 후원하기로 동의한 세르코 지사에서 일자리를 권유받았다. 본사는 장웨이의 지원을 아무 이유 없이 거절했고, 세르코 지사에서 그녀를 고용하면 이는 이민자 규제에 위반이 될 것이라는 상세한 공지를 회사에 보냈다. 장웨이는 '매우 실망했다. 나는 그 지원을 위해 수많은 시간을 투자했고, 결정이 나기를 기다렸다'며 아쉬워했다. 다음은 세르코 지사가 언급한 것 중의 일부다.

> □ 정부 지원 없이도 자기자신과 부양가족의 생계를 책임질 수 있어야 한다.
> □ 노동허가증 소지자, 고급기술 이민자, 사업가, 혁신가로 인정받지 않으면 비자가 끝나갈 무렵에는 영국을 떠나야 한다.
>
> 위 제도 지원자들이 계속 영국에 머물 수 있는 자격요건을 충족시키려면 다음 중 한 가지를 만족해야 한다.
>
> □ 노동허가증 소지자
> □ 고급기술 이민자 프로그램(Highly Skilled Migrant Programme HSMP) 지원자
> □ 사업가
> □ 혁신가(innovator)
>
> 프레시 탤런트 제도의 일환으로, 2004년 10월 '원스톱숍' 이주자문 서비스단(Relocation Advisory Service)이 5명의 직원으로 문을 열었다. 이곳은 이민, 법률, 경제, 주택, 교육과 레저 등을 포함한 다양한 문제들을 다루는 곳이다. 자문 서비스단은 앞으로 이주할 사람들 뿐만 아니라, 이주자를 고용하고자 하는 고용주들도 사용 가능하다.
>
> 예를 들어, 구직자의 자격을 혼동할 수 있는 스코틀랜드 고용주들에게 지침을 제공하기 위해, 외국인들의 자격을 구체화하는 연구 프로그램들이 현재 진행 중에 있다. 또한 이 제도의 성공적인 활약으로 이미 스코틀랜드에서 성공적으로 이주를 실현한 사람들에 관한 연구도 진행되었다.
>
> 프레시 탤런트 제도가 시작한 또 다른 활동은 스코틀랜드의 대외 이미지 구축 프로젝트에 참여하는 모든 에이전시들의 협동이다. 이전에는 사업과 수출을 위한 책임감, 내부 투자, 여행, 교육과 관련해서 스코틀랜드 이주자 네트워크 간의 관계가 거의 없었지만, 현재는 매우 밀접한 관계를 맺고 있다.

나는 왜 본사가 그녀의 비자를 거절했는지 모르겠다. 우리는 수송 사업을 동아시아까지 확장할 계획이기 때문에 만다린어를 할 수 있는 사람을 원한다. 문서업무는 현지인이 처리하기에는 지나치게 어렵고 우리는 심지어 세르코가 스피드 카메라를 제공하는 가장 큰 공급자라는 우리의 존재를 정부에게 증명해야 했다.(운송부서) (Comedia 에서 인용, 2005)

우리의 연구는 타인 위어 주에 초점이 맞추어져 있다. 하지만 현재 이러한 노력이 스코틀랜드를 제외한 영국과 유럽 대부분의 다른 지역에서는 거의 진척이 없을 것으로 추측된다. 만약 여러 도시와 지역들이 다양성의 이점을 얻고자 한다면 해야 할 것이 여전히 많다.
우리는 레이체스터의 예를 끝으로 결말을 짓고자 한다.

문화보듬기

파빈 알리: 레이체스터에서의 파티마 여성들의 네트워크

파빈 알리는 말레이시아에서 태어나 2살에 영국에 왔다. 알리의 아버지는 직물산업, 유통, 여행사, 그리고 사교클럽에 종사하는 기업가였다. 알리의 가족들은 말레이시아 최초의 민간 버스회사를 설립하기도 했었다. 알리는 레이체스터에 있는 중학교를 다니며 처음에는 선생님이 되고 싶어했지만 일찍 마음을 바꾸어 아버지가 운영하는 직물회사에서 일하기로 결심했다. 20살에 알리는 손질된 직물을 만들고 파는 자신 소유의 회사를 설립했고 그 후 직물산업에 종사하는 한 남자와 결혼했다. 아버지가 은퇴하면서 알리는 아버지 회사를 맡아서 10년 동안 운영하였다. 2002년에 알리는 레이체스터 소재의 데몬트로트 대학교에서 MBA과정을 밟은 뒤

2003년 영국을 거점으로 한 '파티마 여성 네트워크'를 레이체스터에 설립한다.
알리가 세운 파티마 여성 네트워크는 여성 권리 신장, 그 중에서도 특히 불우한 배경을 지닌 이들의 경제적 여권 신장을 위해 일했다. 다른 단체와 구별되는 특징은 여성의 경제적 독립을 위해 커뮤니티 전반에 걸쳐 교육, 트레이닝과 고용을 제공했다는 것이다.
기금을 모금하기 위해서 파티마 여성 네트워크는 영국의 국가 및 지자체 정부를 위한 젠더와 다양성에 관한 연구에 착수했고, 평생학습기획과 재정지원기능을 통합시킨 러닝앤스킬위원회(Learning and Skill Council)를 위한 학습을 진행했다.
그녀가 10대 때 남긴 사업가 정신의 흔적들

06 다양성의 이점: 다문화 간의 상호작용에 따른 이익

을 다음에서 볼 수 있다.

14살 때, 나는 화장품 회사 에이본(Avon) 의 대표로 일을 하고 싶었다. 그리고 나의 어머니는 내게 어머니를 도울 수 있도록 아르바이트를 시켜 수입을 용돈으로 모을 수 있도록 해주었다.

이는 알리의 사업기술 발전에 있어 가족의 중요성을 분명히 보여준다.

이것이 진짜 네 유전자 안에 있는 것이다. 사업과 투자는 네가 가정 안에서 생활하고 숨을 쉬는 일들 중 하나이며, 이것은 인생에 대한 너의 시야를 다르게 만들 것이다.

알리 자신만의 사업을 시작할 수 있던 것이 성공으로 가는 열쇠였다. 또한 알리의 가족은 위험에 대한 알리의 태도에도 영향을 미쳤다.

우리는 마치 사업이 일상생활의 일인 것처럼 종종 사업에 대해 이야기를 나눴다. 우리 정신 속에 세겨진 기업가 문화는 우리가 속해 있는 사람들의 영향을 받은 것이다. 만약 나와 연관된 이들이 나의 가족이면 위험함은 평범한 것이며, 위험함이 위험이기보다 단지 내가 도전해야 될 것으로만 보일 것이다.

동시에, 새로 온 사람이 되면 행동에 박차를 가해야 한다. 아웃사이더가 된다는 것에는 또 다른 일면이 있다. 항상 장애물이 있을 것이라고 예상해야 하고, 훨씬 잘 해야 한다고 늘 생각하며 그것이 의무가 되어야 하며, 신속한 일처리와 빠른 판단력을 지녀야 한다.

이를 극복하는 것은 신뢰와 같은 호의적인 특성에 기반하고 있다. '중요한 점은 진정으로 지속 가능한 관계인 신뢰관계를 세우는 것이다. 우리 사업의 규모와 관련된 모든 것은 공급자와 소비자들 간의 신뢰와 관계가 깊다.'

알리 자신은 결코 지배적 커뮤니티와 맞지 않지만 그 장벽 또한 강점이 될 수 있다는 것을 깨달았다.

우리 아버지는 기도를 하기 위해 편리한 곳이면 어느 회교사원이든 가리지 않고 가곤 했다. 그런 면에서 그는 많은 사람들로부터 존경받았다. 아버지는 어느 누구의 편도 들지 않고 아버지가 용납하는 범위 안에서는 호의적으로 일했다.

알리의 문화적 배경은 단점인 동시에 기회가 되기도 했다.

직물산업은 인도인이 지배하고 있는 경향이 강했고, 그들은 우리를 커뮤니티에 소속된 이들로 여기지 않았다. 우리는 말레이시아인이었고 아웃사이더였다. 인도인들은 또한 여성이 들어올 때 약간 화난 것처럼 보였는데, 그것은 그들이 아시아 노동 문화의 오래된 스타일을 지니고 있기 때문이다. 인도 사람들은 다른 사람들의 이목이 없을 때에는 여성과 있는 것을 꽤 행복해했지만 여성이 권력을 가지게 되면 이야기가 달랐다. 하지만 아이러니하게도 그들이 무엇인가를 필요로 할 때 아무도 그들에게 그것을 공급해 주지 못했기 때문에 그들 개개인은 우리의 고객이 되었다.

이런 방식은 사업의 편견을 극복하는 데 도움이 될 수 있다.

파빈 알리의 연구사례는 그들이 번영시킬 수 있는 영역과 대체 시장을 찾아낸다면 상호문화적 기업가들이 성공할 가능성이 높아질 수 있음을 시사한다. 이들 사업가들이 시도하는 형태는 구별되는 '다문화적 상품들' 또는 다양한 커뮤니티를 위한 교차문화적 맞춤 서비스와 같은 '전통 인종적 사업'(즉, 음식, 소매업 또는 서비스)에서 벗어나기 위한 필요성에 영향을 받았다. 여기에는 또한 흥미롭고 새로운 혼성물을 생성한 결과로서, 지방 문화들과 함께 개인 원시문화의 요소들도 모여서 뒤섞이게 되었다. 이 예는 사업가 자신들 본래의 문화와 지역적 고정관념, 기관이 주는 제약을 모두 뛰어넘은 성공에는 각각 사업가가 지닌 능력에 상당히 의존한다는 것 또한 시사한다.

누가 우리 시대의 브루넬이 될 것인가? 또한 토목공학 영역에서, 경제, 사회, 문화 분야에서 누가 위험을 감수하고 다리를 만들 수 있을 것인가? 이것은 어느 도시도 무시할 수 없는 문제이며, 저버릴 수 없는 기회다.

참고문헌

1. Tom Petzinger quoted in Zachary, 2003.
2. www.lda.gov.uk/server/show/nav.00100200300f004
3. *The Sunday Times*(2006) 'Cloning expert quits counter in row with partner', 15 January.
4. www.scotlandistheplace.co.uk
5. 더 자세한 정보는 이 토픽을 보라. Scott E. Page's new book(Page, 2007).

07 문화공존 시각으로 본 도시

도시들이 문화다양성의 이점을 알기 위해서는 무엇보다 문화 간의 공생이 필요하다. 문화 간의 공생은 서로 다른 능력, 시각, 문화 자원들의 자유로운 상호작용이 이루어질 수 있는 공간을 필요로 한다. 또한 그 공간은 새로운 사회·경제·기술적 아이디어들이 자양분을 얻고 자라날 수 있는 그릇이 되어야 한다.

이번 장에서는 도시에서 진행되는 움직임을 도시의 삶과 운영에 관한 새로운 관점과 문화공생의 시각으로 바라보고, 어떻게 하면 도시가 보다 더 문화공생적이 될 수 있는가에 대해 설명하고자 한다. 먼저 만약 훌륭한 문화공생의 활동을 통한 혁신, 이득, 행복의 성취가 정책의 주된 방향이었다면 세상의 일들이 과연 어떻게 달라졌을지 의문을 갖는다. 또한 우리는 해결의 시작에서 경제세력과 관련된 다양한 단체와 이익단체들의 상호작용에 의해서 도시가 부분적으로 형성되거나 재형성된다고 믿는다. 여기에서의 이익단체는 정치가, 정책 입안자, 전문직 종사자, 주거자들과 같이 장소를 만들어내는 데 있어서 자신들의 방식으로 일을 하는 단체를 말한다. 이와 같이 각 단체나 이익단체가 갖고 있는 지식과 그들이 내놓는 해석들은 도시가 발전하는 방향에 절대적인 영향력을 미칠 수 있다.

레오니 샌더콕(Leonic Sandercock, 1998, 2003a)은 장소를 파악하는 6가지 방법을 다음과 같이 밝혔다.

- 대화를 통해 알기
- 경험을 통해 알기
- 지역 지식을 배우기
- 상징적이고 비언어적인 증거를 읽으며 배우기
- 사색이나 감상으로 얻은 지식을 통해 배우기
- 계획을 세우거나 실천하여 배우기

우리는 문화공생의 원칙에 기초를 둔 도시는 장소를 만드는 단체나 이익단체들에게 다양한 지식의 형태에 접근하고 적용할 수 있는 능력을 갖추기를 요구할 것이라고 믿고 있다. 이에 대해 앞 장에서는 개방성을 위한 필수요건을 알아보았고 이번 장에서는 문화공생의 도시를 만들기 위한 특별한 능력과 도구가 무엇인가에 대해 살펴보고자 한다. 문화적 지식은 문화에 대한 지식을 습득하여 풀이하고 적용시킨 결과물이다. 이는 친숙한 화제나 원칙을 문화공생의 렌즈를 통해 새롭게 볼 수 있는 가능성을 만들어낸다. 문화공생의 렌즈는 여기에서 처음으로 제시한 새로운 개념이다. 결국 우리는 동시대의 도시생활을 특징짓는 테마를 가지고, 그러한 문화공생의 렌즈를 통해 도시생활을 재평가하였고, 이는 결과적으로 정책개발과 관련된 내용을 이끌어냈다.

문화 지식

사람들은 그들이 익혀온 문화로 인해 늘 하던 방식대로 행동한다. 세상에 대응하는 방식이나 세상을 이해하는 방식이 문화에 미치는 영향을 유기적이거나 지적이라고 할지라도 이는 인종적 문화일 것이다. 이러한 이해가 없다면 도시공간 구성자들은 방향을 잃을 것이다. 우리의 질문은 바로 그러한 공간을 구성하는 전문가들이 어떻게 문화를 고려하며 일을 하고 있는 가다. 그러나 무엇보다도 궁금한 점은 어떻게 전문가들이 그렇게 오랫동안 문화를 고려하지 않고 일을 해올 수 있었는가다.

문화적인 지식을 가지고 있어야만 모든 상황의 표면적 의미뿐만 아니라, 내재된 의미와 전반적인 문맥을 이해하고 읽어낼 수 있다. 우리는 다음 다섯 가지 핵심요소를 가지고 삶의 방식으로서 문화를 본 옥부(Ogbu, 1995) 교수가 정의한 인류학적 측면에서 접근하고자 한다.

- 행동의 습관적 방식: 생계유지, 음식, 애정표현, 혼인, 양육, 병과 죽음에 대한 반응, 사회 진출, 초자연적 현상에 대한 태도
- 코드 또는 추정: 습관적 태도에 잠재된 기대와 감정
- 문화가치가 있는 인공물: 구성원들이 만들고 그들에게 의미가 있는 것
- 제도: 정당하게 예측할 수 있는 방식 안에서 경제·정치·종교·사회적으로 따르는 것
- 사회구조: 사람들이 다른 사람들과 관계를 맺고 있는 정형화된 방식

다양한 문화가 혼재되어 있는 현대 도시에서 전문가 개개인 모두가 도시를 나타내는 각 집단의 문화적 지식을 깊이 있게 연마하는 것은 불가능하다. 그러므로 우리는 문화에 관한 지식과 문화 간의 끊임없이 발생되는 지식이 보장되는 문화공생의 대화를 장려할 필요가 있다. 우리가 할 일은 다음과 같은 질문들을 마음 속에 품고 있는 것이다.

- 나의 기대는 다른가?
- 배경이 다른 곳에서도 나의 가설이 타당한가?

▫ 사람들은 일반적인 사람들과는 다르게 말하는 나를 이해하고 있는가?

정보는 인간의 모든 소통형태에서 몇 번의 필터작용을 통해서 의식에 전달된다. 첫째, 전달자는 자신들의 문화적 선입견에서 도출된 의미를 가진 메시지를 받아들이며, 이것을 인코딩이라 부른다. 둘째, 수신인은 자신들의 문화적 선입견에 따라서 정보를 받아들이고 이해하며, 디코딩이라 부른다.

도시계획과 개발에서는 문화 관련 단체 및 역사를 탐구하는 단체 등과 같은 전문가들의 참여를 통해 예술적 표현, 능력, 공예, 통신수단, 구전역사와 기억의 형태로 현재의 문화가치를 파악한다. 전문가들은 다양한 이야기, 근원, 모순된 열망 등을 통해 과정의 가치를 발견한다. 즉, 가치 그 자체는 사실상 연구의 도구가 될 만큼 다양한 커뮤니티의 경험이 된다. 이 단계들을 거쳐야만 내재된 문화적 의미들과 어우러지는 물리·사회·경제적 환경의 디자인이 가능해진다. 에드워드 T. 홀(Edward Hall)이 1990년에 발간한 《숨겨진 차원(The Hidden Dimension)(1990)》에서 밝혔듯이, 다른 문화권에서 온 사람들은 다른 언어를 사용함과 동시에 더 나아가 이들이 세상을 다르게 바라보며 산다는 것이다.

이런 복잡한 단계를 이해하기 위해서는 계획, 커뮤니티 개발, 도시의 재생산과 지역경제 발전의 물리적 양상 등에 적용할 수 있는 '문화필터 시리

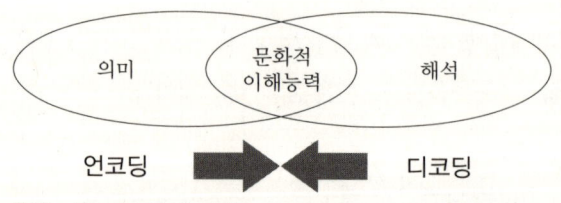

출처 : Brecknock (2006)

그림 7-1 문화적 이해능력

즈'를 통한 분석과정이 요구된다. 그림 7-2는 '문화필터 시리즈'가 문화 다양성을 갖춘 커뮤니티, 도시계획가, 개발가들 사이의 관계를 어떻게 형성하는가에 대한 과정을 설명하고 있다.

4개의 필터는 가치, 경험의 질, 관찰의 질, 관계의 질적 측면에서 제시되고 있다.

- 첫번째 필터에서는 프로젝트에 어떠한 가치가 나타나야 하는지 묻는다.
- 두번째 필터에서는 프로젝트가 창조하고자 하는 경험의 특성에 대해서 알려준다. 예를 들어, 건물 관련 프로젝트에서는 건물이 환영하는 분위기를 만들어내는지, 두려움을 불러일으키는지 물어볼 수 있다.
- 세번째 필터에서는 프로젝트의 시각적 효과를 고려하며 시각적 표시가 무엇을 전달하는지 살펴본다.
- 마지막으로 관계의 필터에서는 프로젝트를 성공하게 하고 또는 방해하는 연결고리가 무엇인가에 대해 검토한다.

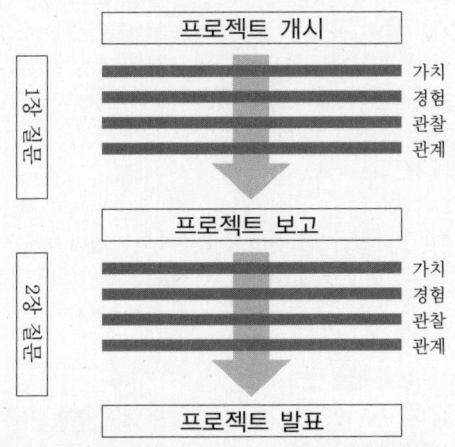

출처 : Brecknock (2006)

그림 7-2 문화적 여과장치

이 같은 단계들은 처음에는 번거로워 보일 수도 있다. 하지만 환경이나 성별과 같은 화제에 대해 질문하는 습관을 가진다면 문화적 지식이 상식과 같이 친숙한 생각으로 바뀔 것이다.

이문화 보들기

장소성, 맨체스터

맨체스터 지자체는 도시가 사람들에게 의미하는 바가 무엇인지 연구하기 위해 '장소성' 캠페인을 구상했다. 12개월 동안 진행된 프로그램에서는 최대한 많은 사람들과의 대화를 목표로 하였다. 사람들이 살고 있는 장소와 다른 사람들과 공유하는 장소에 대해 사람들이 가지고 있는 내재된 감정, 더 나아가 무의식 중에 잠재되어 있는 감정에 관한 공식상담은 예상했던 범위를 넘어섰다.

참가자들은 이웃과 도시의 장소성이 자신들에게 미치는 영향에 대해 다음과 같은 질문을 받았다. 어떤 소리, 어떤 향이 나는지, 참가자 자신과 가족들에게 어떠한 사연이 있는 장소인지, 자동차에 앉아 있는 누군가가 되거나, 아이를 가진 여성과 같이 다른 사람들의 관점에서 본다면 도시가 어떻게 다르게 느껴지는지와 같은 질문이었다. 이를 진행하면서 사람들이 많이 찾는 지역들의 명성을 쌓는 방식이 어떻게 다른지, 지역의 설화나 신화가 어떻게 생겨나는지에 관해 더 잘 이해할 수 있게 되었다.

연구에서는 매우 다양한 대답을 얻을 수 있었다. 전문가들은 다음과 같이 환경을 계획하고 조성하였다.

맨체스터에는 이미 커뮤니티와 관련된 도구 프로그램을 가지고 있었고, 현재 '장소성을 발전시키기 위한 40가지 구체적인 아이디어'로 이 프로그램의 인지도를 높이고 있다. 이는 예전에 까다롭다고 여겨진 두 가지 사항에 도움이 되고 있는 것으로 나타나고 있다. 까다로운 두 가지 사항의 첫번째는 난민과 난민수용 지역 사이에 신뢰와 이해를 얻는 것이고, 두번째는 살포드와 이르웰 마을이 협동계획을 세운 것과 같이 도시와 지역이 협력하며 일하는 것이다.

장소성을 위해 다음과 같은 작업을 진행한다.

☐ 장소성 워크숍
☐ 최근 커뮤니티 업무와 관련된 메타 자료 분석
☐ 도시역사와 현재의 구조 조사
☐ 커뮤니티 예술 워크숍
☐ 난민 네트워크와 같은 특별한 에이전시와 파트너십을 체결하여 진행하는 작업
☐ 지역특색을 탐색하는 프로그램 운영을 위해 맨체스터 전체 커뮤니티에 자금 이양
☐ 소유와 무장소성의 의미를 탐구하기 위한 코믹스 커뮤니티의 사용
☐ 장소와 상황에 대해 느끼는 감정을 사람들이 표현할 수 있도록 하는 수단으로써 주말농장에서 일하며 과일과 채소를 재배

이벤트를 열기 위한 자금은 다른 자문기구와 봉사단체, 근린조직에 의해 조달되었다.(Comedia, 2006)

문화적 지식은 다양한 문화의 중요성을 이해하고 알아내는 능력이다. 결국 이는 지역 내에서 복잡하게 얽혀 있는 다양한 문화를 해석, 비교하고 평가할 수 있게 하는 능력이다. 이는 사람들에게 보이는 것이나 만들어진 것들의 의미나 중요성을 인식할 수 있게 해준다. 또한 우리가 차이가 존재하는 세상에서 섬세하고 효율적으로 행동할 수 있게 계산하는 문화자산의 한 형태이기도 하다. 이는 일상생활에서 읽고 쓰고 셈하는 것만큼이나 삶을 살아가는 데 중요하다. 더불어 확연히 다른 환경들을 넘나들며 지식을 공유하는 문화의 조성은 앞으로 다가올 교육 시스템과 전문활동을 위한 중요한 과제가 될 것이다.

문화공존 렌즈를 통해 세상을 바라보는 것

문화공생의 도시는 문화적 지식이 널리 퍼져 있고, 사람들이 세상을 다양하게 바라보는 관점을 이해하고 지지할 수 있는 도시다. 이것은 이상적인 개념일 수도 있으나, 전문가들과 함께 도시를 만들어나가고 문화공생의 도시를 실현시키기 위한 첫번째 단계다. 만약 도시관련 기관과 정책 입안자들, 계획가, 관련 전문가들이 문화공존의 렌즈를 통해 자신들의 역할을 새롭게 재조정한다면 이상은 현실이 될 것이다.

우리는 도시공간 형성과 밀접한 관련이 있는 세 가지 테마를 공개상담과 참여, 도시계획과 개발, 교육과 관련된 문화공생의 선상에서 다루고자 한다. 다른 지식분야의 독자들은 자신들의 전문적 원칙과 관습을 유사한 활동에 적용하길 바란다.

귀 기울이며 상담하는 능력

현대 도시들은 눈에 띄고 일률적 규칙에 의한 개성적인 커뮤니티 공간이라기보다는, 중복되고 상충하는 다차원적 연결을 지닌 지역 공공의 장소다. 이렇듯 시민들은 동질적 집단에 속하기 어렵고 다양한 집단의 일부로 속해 있는 것이다. 그렇다면 정책 입안자들과 계획가들은 위와 같은 커뮤니티들이 생각하고 원하는 것이 무엇인지 어떻게 이해할 수 있을까? 문화공생화된다는 것은 다른 문화적 관점을 이해하고 귀 기울일 수 있다는 것을 의미한다. 그러므로 협의는 단순히 한 번에 끝나는 것이나 정형화된 훈련이 아닌, 공간을 창출하는 과정에서 지속적으로 일상적인 논의와 참여를 이어가는 과정으로 이해되어야 한다.

　마치 민족성이 사람들에게 도시에서 삶을 주도해 나가는 방식에 영향을 미치는 유일한 요소인 것처럼, 공공에 대한 정통적 다문화주의자들은 커뮤니티를 구성원들의 인종으로 정의하고 고립된 상태로 상담을 받을 것을 요구한다(예를 들어 아프리카 캐리비안 집단, 아시안계 집단 등). 이러한 접근은 상황을 점점 더 악화시킨다. 우리는 수십 가지의 다양한 문화적 환경에 관한 연구에서 종종 협의과정 속에 나타나는 여러 문제의 특성을 다루어왔다.

　그 속에서, 협의란 커뮤니티의 내재적 다양성보다는 특정 인종사회를 대변하는 소수의 커뮤니티 리더와 함께 인종적 차이의 개괄적 이해를 바탕으로 이루어진다는 것을 깨닫게 되었다. 이를 통해 연구의 방법론에서도 민족성과 인종이 결정적이라는 관점보다는 상호문화적 커뮤니티와 '커뮤니티에 의한 커뮤니티'라는 기본관점을 명확히 규격화하고 있다. 혼재된 고유성과 복잡한 문화공생의 관점은 예견할 수 없기에 발견되기 어려운 반면, 협의과정은 불가피하게 다르거나 비정상적인 소수 인종의 시각과 백인을 문화적 기준으로 보는 관점에 의해 제한될 수 있다. 즉, 협의와 참여 전략은 때때로 사람들 사이에 실제로 존재하는 복잡한 문화공생의 관계와 연결되어 있지 않다는 것이다.

　이러한 관점에서 보면 잘 알려진 소수 민족을 단일한 인종으로 협의하는 것은 잘못된 방식이다. 왜냐하면 이러한 정체성의 표시가 오늘날 현대의 도시 커뮤니티와 공간의 분위기를 바꿔놓기 때문이다. 예를 들어, 방글라데시인들은 민족성이나 인종이 커뮤니티를 구성하는 주요소가 아니라고 여기면서도, 동시에 개인들이 여러 커뮤니티와 연결되어 있다는 것을 인식하지 못한 채 커뮤니티의 개념에 의해 자신들이 관념적으로 커뮤니티에 속한 것으로 생각하고 있다.

문화공생에서의 협의와 참여의 과정은 런던 시의 타워 햄리츠 구역에 관한 사례를 통해 알아볼 수 있다. 이 의회는 이 분야에서 선구자로 알려져 있다. 우리가 발견한 정책은 다른 도시들이 미래에 문화공생의 협의과정에서 채택할 기술에 중요한 영향을 미친다.(Fleming, 2006)

우리는 인종 그 자체보다 한 발 더 앞서 생각해야 한다는 것을 깨달았다. 즉, 동일한 인종으로 구성된 곳보다 다문화공간에서 보다 많은 협의가 이루어진다는 성과를 얻을 수 있었다. 이러한 공간들은 시민단체들이나 난민구제기구, 의료종사자들과 같은 중재자들을 통해서, 혹은 인터넷 네트워크를 통해 찾을 수 있을 것이다. 거리, 바, 의료센터, 학교, 도서관, 수영장, 공원과 같은 '무작위'의 장소는 사실상 문화공생의 공간이고 장소다. 이와 같은 임의의 장소면서 문화공생의 장소에서는 협의를 잘 한다면 다양하면서도 적절한 결과를 얻을 수 있을 것이다. 더 나아가 조사는 같은 인종들의 요구 차원을 넘어서 응답 가능한 응답자를 위한 질문들로 구성되어야 한다. 무엇보다도 우리가 속한 커뮤니티의 네트워크가 민족성이라 단정지어져서는 안 된다는 것이다. 그러므로 단체들과의 워크숍은 다양한 연령, 성별, 수입, 종교, 민족 등을 포함하여 적절하고 지속적으로 구성되어야 한다.

문화공생의 기준으로 청중을 구분함에 따라, 상담과정 자체만으로 커뮤니티와 시민들의 책임감을 강화시키고 유대감을 형성할 수 있었다. 이러한 점을 염두에 두고, 우리는 긴 과정의 일부로서 반복되는 의견수렴의 과정, 직접적 질문에 대한 요청, 반응에 대한 평가의 상담과정을 추진할 필

이문화 보듬기

문화공생의 커뮤니티 관계, 리즈(Leeds)

도시 리즈는 비즈니스와 소도매의 중심지역으로 어느 정도 번창하였고, 홀벡 지역에서 19세기에 시작된 원단산업은 근래까지도 왕성한 활동을 보였다. 홀백도시개발(HUV)은 새로운 거주자와 비즈니스, 소매상 등을 위한 새로운 개발계획에 착수하였다. 동시에 본래의 커뮤니티가 가진 자연환경이 파괴되지 않도록 개발에 주의를 기울였고, 외부 지역과 홀벡 간에 부정적인 관계가 발생되지 않도록 해야 했다. 2005년 7월 7일 런던 곳곳에서 발생한 7번의 폭탄테러(줄여서 7/7 폭탄테러라 부른다) 중 2번째로 테러가 발생한 비스톤 교외와 도시 중심을 연결하는 길목에 홀벡이 위치한 것은 잘 알려진 사실이다.

시 당국의 개발부서는 관계자와 다양한 외부 컨설팅 업체, 예술기관과 함께 광범위한 자원을 발굴하고, 수용 가능한 커뮤니티의 기준을 확대하기로 하였다. '어떤 종류의 장소인가?'라는 타이틀의 전시회는 한 달 간 개최되었고, 그 속에서 지역발전을 위한 제안과 다양한 토론과 논의가 활발히 진행되었다. 또한 다른 많은 사람들의 이목이 집중된 '축제'가 이틀에 걸쳐 열렸는데, '숨겨진 홀벡(Hidden Holbeck)'이라는 테마로 작업한 문화회사의 조명설치 시리즈인 '비밀과 빛'이라는 코너도 포함되어 있었다.

또한 새롭게 착수하는 사업은 다락방에 사는 거주자들에게만 해당될 것이 아닌, 홀벡과 비스톤에 거주하는 백인 중산층과 흑인 및 소수 민족 거주자들을 주요 대상으로 한 문화공생의 도시디자인을 약속하였다. 여기에는 여성단체, 택배사업, 창업문의, SMS기술 사용법, 학교에서의 발표, 리즈의 신호체계, 회교도 사원이나 교회방문과 같이 서민사회와 연관된 노력들이 포함되어 있었다.

7.7 폭탄테러는 무슬림 사회에 엄청난 긴장과 두려움을 가져왔다. 일례로, 한 회교도 사원은 단체입장을 금지시키고, 다른 곳은 전단지를 뿌리는 단체를 정치적 행동가로 오해하여 추방하기도 하였다. 그 단체는 사람들과 직접 연관된 '커뮤니티 게이트 키퍼' 주변을 돌아다니며 보다 교묘하게 움직였다. 이러한 움직임은 음악가들에 의해 주도된 비스톤 서수자들의 행진으로 이어졌다. 그들은 계획에 대한 자신들의 요구를 반영시키기 위해 IT 임직원과 다락방 거주자와 어깨를 나란히 하고 전시회에 참석하였다. 조금 과장해서 그 수는 천 명 이상이었다.

비스톤에 모든 단체들은 홀벡 마을의 계획(HUV)에 대해 알게 된 것이 처음이었다. ASHA 단체 소속 칼슘 비비는 이벤트 후에 '일반적으로 이같은 이벤트에 참가할지 우리에게 물어보지 않는다. 홀벡 마을에서 벌어진 일을 볼 수 있다는 것은 정말 특별한 대우다. 고위 공무원들은 우리에게 주변을 보여주며 관광을 시켜줬다. 이는 정말 기발했고 많은 것을 배울 수 있었다'고 밝혔다.(Comedia, 2006)

요성에 대해 강조했다. 결정을 내리는 것과 결정된 사항을 실천하는 것은 협의과정의 일부가 되어야 하며, 여기서 협의는 정책을 실행하여 실질적으로 나타나는 것만큼 중요하다. 그런 다음에야 향후 자문을 위한 질문이 다시 만들어질 수 있다. 협의회가 커뮤니티의 다양한 요구를 만족시킬 수 있으면 신뢰가 생길 것이다. 단기적인 조정은 위원회가 시민의 목소리를 듣고 이에 응답하기 위해 노력하고 있는 것으로 보이게 한다. 시민들의 요구를 들어주기 위한 어떠한 움직임도 보이지 않는다면 중대한 사항에 관한 업무는 진척이 없고 신뢰 또한 잃게 될 것이다.

다양한 문화를 가진 새로운 청중들과의 협의과정은 여러가지 미디어의 사용과 경험을 통한 새롭고 창조적인 방법을 요구한다. 한 예로, 다른 표기 스타일의 사용이 폭넓은 반응으로 이어진 반면, 물리적 제안과 맞물린 인종과 세대의 결합은 이전에는 예상치도 못한 접근법을 가져올 것이다. 예술가들과 커뮤니티 근로자들은 진행과정의 주도권을 문화공생 단체에게 넘겨주는 협력과정에서 조력자의 역할을 할 수 있다. 그리고 모든 문화공생의 분야에 활발히 참여하는 것은 커뮤니티가 눈에 보이지 않지만 미세하게나마 변해가고 있음을 의미한다. 반면 사람들은 백인 주류사회가 수세대 동안 정의해온 미적 즐거움, 안전, 역동과 같은 흥미진진한 어휘들에 의문을 가지며 당연시 하지 않는다.

이러한 부분에 관해서 공무원들은 자신들의 문화지식을 갈고 닦아야 한다. 공무원들은 법에 의해 제정된 협의과정에 앞서 부서 간의 상호작용을 중심으로 일해야 한다. 이를 통해 공무원들은 계획하고자 하는 범위 내에서 문화공생의 현실성에 대한 지식을 정립할 수 있다. 만약 그들이 아무것도 모른채 협의를 진행하게 되면 신뢰를 쌓는 것은 정말 어려운 일이 될 것이다.

이슈나 문제점을 인종 간에 공유하고 함께 경험하면서 이 사항들이 재구성되어질 때 공동접근에 입각한 해결책이 떠오르게 될 것이다.

문화공존 렌즈를 통한 도시구성

도시는 인간이 발명한 가장 복잡한 문화유물이다. 선호되는 문화와 우선시되는 것들은 우리 도시가 어떻게 구성되고 무엇과 같은지에 대한 물리적 특성을 결정하는 도시 전문가들의 마음 속에 새겨진다. 기술자, 측량가, 계획가, 건축가, 도시설계가, 회계사, 프로젝트 매니저들과 개발가들은 가치 판단적이지 않거나 중립적인 결정은 내리지 않는다. 건물을 세울지 말지, 교통 흐름이 원만할지, 어떤 방식을 사용할지와 같은 단순한 기술적 과정과 기술처럼 보이는 것은 가치판단을 통해 형상이 만들어진다. 계획가들이 권장하며 디자인하고 발전시킨 장소의 구조, 외형, 느낌은 계획가들이 옳고 적절하다고 한 판단을 반영시킨 것이다. 이는 코드, 법칙, 가이드라인 등에 반영된다. 사람들이 택한 미적 우선순위조차도 자신들의 문화적 역사를 나타낸다. 그렇기에 계획가들과 디자이너들이 자신들이 살아온 경험과 삶에 기반한 문화적 여과를 자신들의 일에 적용하는 것은 너무나 당연한 일이다. 문화지식 습득을 요구하는 정책과정 없이는 계획가나 디자이너와 같은 관련 분야의 사람들은 문화와 환경에 대해 매우 좁은 이해 속에 갇혀 있게 될 것이다. 따라서 환경을 창조하는 분야의 일들은 활발한 문화지식 프로그램들을 통해 모든 계획과 자신들이 만드는 디자인 결정들이 문화적 중요성을 지니고 있다는 것을 이해하도록 해야 한다.

더욱 근본적인 단계에서 보면 도시는 경관, 기후, 위치, 이용할 수 있는 요소, 도시가 행하고자 하는 기능, 이용할 수 있는 자원, 매력적이고 잠재력이 있는 재능, 삶을 영유하는 방법, 시간 흐름에 따른 상호작용 등에 대한 총체적인 물음에 부합되도록 세워진다. 각 단계에서 무엇이 가치가 있으며 중요한지, 무엇이 옳은지에 관한 문화적 선택이 물리적 구조를 나타낸다. 흥미롭게도 사물에 대한 인식은 위의 방식대로 변한다. 다른 곳에 비해 좁고, 비가 많이 내리며 바람이 많이 부는 영국에서는 어쩔 수 없이 기후조건에 대한 고려를 바탕으로 도시를 계획한다. 무역이 활발한 도시는 창고를 위한 공간을 만들며, 비즈니스 서비스가 발달된 도시는 사업이 확장되는 것은 절대적인 사실이다.

더 흥미롭게도 우리는 어떻게 사회적 가치가 발생하게 되는지 묻고자 한다. 공과 사의 관점은 어떠한 것이며, 이것을 어떻게 표현할까? 공공장소에서의 산책은 의미없는 일상대화를 주고 받으며 배회하는 것인가 아니면 수줍음을 가지고 누군가의 시선에 부담을 느끼는 행위인 것인가? 이것이 남자와 여자의 차이인가? 누군가에게는 공공장소를 천천히 걷는 것이 삶의 본질적인 행위라면 다른 누군가에게는 그런 사교활동이 집과 같은 개인공간에서 일어나야 하는 것이다. 어떤 문화권에서 여성들의 활동은 가정 내 영역으로 한정되어 있기도 하고 다른 문화권에서는 여성들의 역할이 보다 공개되어 있기도 하다. 우리는 사생활을 커튼 뒤로 숨길까 아니면 네덜란드에 영향을 준 칼뱅주의자들과 같이 숨길 것이 없기에 우리의 사생활을 큰 창문을 통해 드러나도록 해야 하는가? 무엇이 우리가 배워야 할 관점일까? 오래된 도서관은 배우고자 하는 사람들이 지식의 원리를 탐구하기 위해 경외심과 겸손함을 지니고 가는, 즉 지식의 사원에 입장하는 것과 같은 분위기를 지니곤 했다. 오늘날은 이와 반대로 지식과 평등한 입장에서 우리는 보다 개방적이고 투명하며 쉽게 드나들 수 있는 공간을 찾고자 한다. 그리하여 도서관의 형태도 달라진다. 모든 것은 변한다. 특히 오싹한 느낌이 드는 오래된 제분소와 같은 공장들은 모던하고 웅장한 느낌의 집과 좋은 전망을 가진 삶의 터전으로 변모하고 있다. 과거에 우중충하던 곳이 세련되어진 것이다.

그렇다면 다른 문화가 만나서 같은 공간에 공존하게 된다면 어떤 일이 발생할까? 이러한 과정에는 항상 차용과 접목이 있다. 단지 다른 문화의 공존은 너무 오랜 세월이 지났기에 인시하지 못할 뿐이다. 수세기 동안 유럽에서는 건물양식과 패션의 상호 흐름이 교차하여 영향을 주고 받았다. 영국과 프랑스의 바로크, 독일과 영국의 고딕형식이 바로 그러한 예다. 예외는 제쳐두고, 아랍, 인도, 중국의 건축물들의 외형 디자인에서는 문화가 상호작용할 예를 찾아볼 수 없는 반면, 내부 인테리어에서는 제법 많은 영향을 발견할 수 있다. 유일하게 외관에서 보이는 공통점은 회교도 사원과 예배당, 차이나타운에 있는 중국 관문의 아치형태다. 우리는 아랍과 인도의 미학과 건출물의 훌륭한 전통을 배워야만 하는 것일까?

다문화적 시각을 통해 봤을 때 도시의 기본 건물들은 다 똑같을까? 거리의 정면, 빌딩 높이, 거리, 포장도로 너비, 터닝 서클(차가 회전할 때 그리는 최소의 원), 창문의 크기와 개수에 대해 생각해보자. 또한 건축가들과 계획가들이 어떻게 담을 두르고 개인공간 구획을 나누며 시선에 대해 어떻게 계획했을지 생각해보자. 사용된 재료, 색깔, 조명, 물에 대해서도 생각해보자. 다양한 문화가 함께 섞여 계획될 때는 거리에 사용되는 색이 다른가? 건축가와 계획가들이 보고 다양한 방법으로 공간을 사용할 수 있게 다른 문화들을 반영한 공간을 만들이야만 하는가? 루르스가 버밍엄의 체임벌린 광장 계단에 쿠르드족이 모이는 공간같이 다른 이들도 사용할 수 있는 열린 공간들이 만들어져야 하는가?

여러분은 이미 매일매일 영국의 모든 도시에서 문화공존주의를 간판과 상징을 통해 만난다. 중국인들이 운영하는 테이크아웃 전문점에서 피시 앤 칩스나 케밥, 카레, 햄버거를 함께 판다. 그러나 영국의 한 도시에 이국적 느낌의 레스토랑 상호나 가게 간판, 서로 어울리는 문화적 미학이 더 많이 있는 도시를 상상해보자. 도시가 어떻게 보이겠는가? Lee Ho Fook, The Great Wall, Golden Dragon, Lakorn Thai, Aphrodite Taverna, Cantina Italia와 같은 상호의 레스토랑을 본 기억이 있을 것이다. 다문화주의와 사업의 다양성의 모든 흔적은 단지 겉으로만 다른 문화를 수용한 것이다. 이를 문화적 크로스 드레싱이라 하는데, 이는 이민사회의 적응성과 이미 자리잡힌 사회에서 일하는 능력을 보여준다. 하지만 문화공존주의는 이보다 더 많은 것을 갖추어야 한다.

문화공존적인 종합계획 도시계획가들이 외관상 드러나는 다른 커뮤니티에서의 모순적인 문화적 우선순위를 어떻게 균형을 맞추는지와 다른 문화적 가치들이 어떻게 공간에 반영되어야 하는지에 대한 질문은 '문화공존 렌즈를 통해 본 종합계획'이라는 런던 루이샴 의회 사례에서 해결하고자 한 사항이다. 환경조성 전문가와 국가의 전문가협회의 조사결과, 다른 커뮤니티들이 어떻게 생각하고 있는지 이해하고자 하는 많은 요구가 있었다. 그러나 매일 반복되는 삶 속에서 기술가나 계획가는 다양한 커뮤니티가 자신들의 공간들을 어떻게 생각하는지에 대한 세세한 사항까지 이해하고 있지 않았다.

지방자치 당국는 해당 커뮤니티에 더 깊은 이해를 요하는 사회적 함축과 같은 화제에 대해 더 많이 다룬다. 도시계획에의 학제적 접근이 발전하기 위해 중요한 것은 사회적 함축과 토지이용계획이 독자적이기보다는 통합적으로 이루어지는 것이다. 따라서 전문가의 영역과 고립주의 성향의 단체들의 해체는 도시개발과 시 운영에 관한 다문화적 접근을 발전시키고자 하는 데 있어 가장 중요한 임무 중 하나다.

이 임무의 일부에서는 향상된 문화지식을 요구한다. '루이샴 이해하기(Knowing Lewisham)'라는 보고서에서는 일련의 질문을 어떠한 주요 프로젝트의 경청하고 배우며 피드백을 주는 자문과정에 포함할 것을 제안했다. 질문에는 다음과 같은 사항들이 포함되어 있다.

- 대가족들은 한 집에서 함께 살거나 그러하기를 바라는가?
- 오늘날의 가정은 가족의 크기, 커뮤니티 형성, 방 구조에 관해서 구성원들의 요구를 만족시키는가?
- 의회 계획가들이 이해하고 있는 공적인 삶과 연관된 세대 간, 성별 간, 문화적 감성은 무엇인가?
- 공공장소의 계획과 디자인 측면에서 젊은 계층의 요구사항은 존중

되고 반영되고 있는가?

위와 같은 질문의 중요성은 도시계획 및 디자인을 하는 의회 공무원들 간의 문화지식의 점진적 발전에 영향을 미치는 데 있다. 향상된 문화지식의 결과에 따라 공무원들은 자신들의 커뮤니티에서 문화적 다양성을 더욱 잘 이해하는 능력을 갖추게 된다. 그리하여 공무원들은 오늘날의 문화적 삶의 발전이 가져올 영향에 대한 이해를 바탕으로 문화적으로 판단하고 결정을 내리게 된다.

안타깝게도 이러한 문제들의 해결은 일반적으로 커뮤니티에 대한 이해가 있는 직업을 가진 사람들이 가장 잘 다루는 것으로 인식되었다.

일련의 새로운 기술   이러한 질문에 대한 전문가들의 답변에 내포된 의미는 전문가들의 습관을 재평가해볼 필요가 있다는 것이다. 마침 적정한 시기에 영국에서 지속가능한 커뮤니티를 위한 학문정립에 앞장 선 새로운 기술의 에간 리뷰(Egan Review)가 최근에 설립되었다. 이 단체는 현대 도시가 제 기능을 하도록 하는 데 어떤 새로운 기술이 필요한지에 관해 논의를 진행시키고 정리하는 데 큰 역할을 하였다. 과정과 변화관리, 리더십, 팀워크, 폭넓은 상상력과 같이 발전을 위한 요구조건, 즉 사고방식, 행동, 총체적인 기술을 적용시키는 것과 모든 관점에서 커뮤니티를 이해하는 것이 새로운 기술로 꼽혔다.

자문이란, 형식적이고 표면적인 공공의 참여를 제한하는 것과 달리, 사람들과의 관계와 비공식적 토론에서의 지속적인 참여를 말한다. 다양한 문화적 혼재로 인해 개개인의 도시 전문직에 종사하는 사람들이 각기 도시를 대표하는 각 집단에 대한 심도있는 문화적 지식을 쌓을 수 없는 것은 명백하다. 그렇기에 우리는 문화공존의 의견교환에 대한 새로운 방식을 도모해야 한다.

형식의 다양성은 업무의 다양성, 활동의 다양성, 시각적 효과를 이끌어내는 정립된 형식의 다양성 등과 같이 역동적인 장소를 구성하는 주요소다. 한 예로 길거리 시장은 이따금 존재감이 없는 장소가 되어버리기도 하지만 사람들과 상품 간의 상호작용을 통해서 활성화된다. 가장 성공한 시장은 상품과 공급자가 매우 다양한 곳이다. 안타깝게도 도시들은 공공장소의 물리적 형태에만 더 많은 관심을 가져서 종종 이러한 요소들을 간과하는 듯하다. 도시는 도시 디자이너들에게 새로운 포장도로, 고상한 길거리 소품, 개선된 조명과 같이 겉치레에 불과한 요소들로 공간에 변화를 주는 책임감을 주었다. 하지만 실상은 많은 장소들은 사람들의 이목을 끌어당기지 못하고 사업 실패, 교통 혼잡, 반사회적 행동 등 여러가지 이유로 제 기능을 해내지 못하고 있다.

문화공생의 도시는 디자인 변형 그 이상의 것을 의미한다. 문화공생의 도시란 각 개인이 도시를 구상하고, 창조하고, 실현시키려는 협동의 노력과 같은 무언가에 기여한다고 스스로 느끼면서 공동체 미래를 발전시켜나간다는 핵심개념에서 비롯된다. 수천 개의 작은 변형들은 개방된 공공장소와 모든 것이 안전하고 가치있다고 느껴질 수 있는 장소의 분위기를 창출할 것이다.

또한 사람들이 일하는 커뮤니티에서 도시를 계획하는 종사자들을 대신하여 보다 심도있고 풍부한 지식을 얻을 수 있다. 부록에 문화공생의 종합계획을 위한 과정을 시작하기 위해 제시한 질문항목들이 있다. 이러한 질문들을 통해 밝혀진 사실은 전문가와 커뮤니티 간의 관계가 점진적으로 변화되어 나갈 것이라는 것이다. 이러한 과정을 관리하기 위해서 궁극적으로 지역 내 '감시망'을 갖출 필요가 있다.

문화공생의 장소 만들기   루이샴과 브리스톨의 주민들을 대상으로 문화공생을 느낄 수 있는 장소에 관한 조사결과, 가장 자주 언급된 장소들은 다자인이 훌륭하거나 잘 지어진 공공장소, 법인 공간보다는 도서관, 학교, 대학교, 청소년센터, 스포츠클럽, 영화관, 미용실, 병원, 마켓, 주민센터와 같이 일상생활에서 빈번한 접촉이 있는 곳이었다. '마이크로 퍼블릭'(아쉬 아민 더햄 대학교 지리학교수가 2002년에 발표한 개념)과 같이 소수의 대중이 함께 모이고 대화와 일상적인 협상이 필수적인 곳(Leonie Sandercock, 2004)과 같이 상호의존적 공간인 동시에 습관적인 참여가 이루어지는 곳이다. 이러한 곳에서 다른 배경을 가진 사람들이 친숙한 양식을 벗어나 새 양식을 접할 수 있게 해주는 새로운 환경에 모여든다.(Sandercock, 2004)

이러한 종합적 체계를 이룰 수 있는 공공장소나 영국 문화기관은 어디인가? 영국의 도시계획은 광범위해지는 다양성을 반영하여 환경조성을 이루어내야 하는 거대한 도전에 당면했다.

문화공생 렌즈를 통한 교육

학교와 공립교육기관은 아이들의 도덕적·지적·문화적 배움에 단 한 가지 면만 강조하고 있다. 하지만 이는 굉장히 중요한 요소이자 개개인과 단체의 문화공생 능력배양에 상당한 영향을 끼친다. 또한 의견을 중재할 수 있는 재량권을 지닌 도시 그 자체가 우리에게는 매우 중요하다.

1970년대에서 1990년대에 일반적이었던 교육적 다문화주의는 근래에 들어 일부에게만 혜택이 돌아간다는 비판을 받고 있다. 다문화주의는 차이점을 수용하는 대신에 많은 사람들, 특히 젊은층을 배제시켰다고 한다. 사무직 직원들은 다문화주의는 사실상 자신들을 제외한 모든 사람들의 축제라고 자주 느끼는 반면, 아프리카계 카리브해 사람들과 파키스탄 출신의 젊은이들에게서 나타나는 주목할 만한 부진은 명확한 원리구조의 부재에서부터 인종차별에 이르기까지 여러 가지 이유를 원인으로 들었다.

오늘날 여러 지역에 걸쳐 증가한 긴장된 분위기와 젊은이들의 미래 직업과 같은 이유로 다양한 배경을 지닌 사람들과 커뮤니케이션을 해야 할 필요성이 증가하고 있으며, 학교는 학생들이 바깥 세상과 소통할 수 있게 할 필요성이 커졌다. 그렇다면 다문화적 교육체계는 어떤 체계를 갖추어야 할까? 다문화적 교육체계는 영국을 구성하는 다양한 집단의 다이내믹한 문화들을 정의하는 데 기본적인 틀이 되며, 교육 서비스가 모든 학생들의 정신·도덕·사회·문화적 배경에 대한 이해에 기반해야 한다는 믿음을 가지고 있다. 어느 사회 계층이든 대다수의 사무직을 포함한 모든 소수 인종 단체들은 교육 차원에서 자신들의 배경, 역사, 이야기들을 매우 값진 것으로 인식해야 한다. 모든 단체들은 자신들의 배경뿐만 아니라 다른 이들의 배경에 대해서도 잘 이해해야 한다. 그러나 이는 공통된 가치의 틀 위에서 이뤄져야 하며 모든 학생들 역시 소속감을 가질 수 있어야 한다.

우리는 레이체스터를 대상으로 연구를 진행하였다. 영국에서 문화적으로 가장 다양한 도시임에도 불구하고 교육서비스는 위에서 언급된 점을 거의 반영하지 못하고 있다. 다른 문제점들과 더불어 단적인 예로 1999년에 시행된 영국교육기준청 검사를 통과하지 못했다. 하지만 이는 새로운

문화보듣기

다문화 교육, 볼로냐

1992년 볼로냐에서는 지방자치 차원에서 다양한 기관들과 볼로냐 대학교가 함께 협력하여 이주자 출신의 학생을 가르치는 교수들을 지원하고 통합을 도모하는 서비스를 제공하기 시작했다. 다문화 교육을 위한 이론과 실천을 위한 조직인 이 센터는 이주자 출신의 학생들에게 교육의 평등한 권리를 보장해주고 학업활동을 증진시켜주는 프로그램을 실시하여 학교체계에 잘 적응할 수 있도록 도와주는 것을 목표로 하였다. 이 센터의 목적은 문화적 다양성의 관리와 선생님들의 참여를 유도하기 위해 모든 수단을 이용하고, 다문화적 학교를 설립하는 방식으로 이탈리아 내 학교들을 지원하는 것이다.

또한 이 기관은 지역, 지방, 다문화 범주 내 교육기관 간에 다문화적 실무의 좋은 사례를 교환하도록 하고, 이주자 학생들을 통합하고 포용하기 위한 활동을 활성화하기 위해 관련 기관과 협회 간의 우호적 관계를 형성하였다. 2004년에 이 기관은 학교 선생님, 다문화 중개자, 다문화 운영자들을 위한 '다문화 상담 데스크'를 개설하기도 하였다.

단결 커뮤니티라는 의제를 시작으로 도시정책과 관행들에 대한 혁신에 동기를 부여하였다. 혁신의 효과는 2002년 레이체스터가 커뮤니티 관계에 대한 활동을 통해 영국의 모범자치단체제도(Beacon Council)로 임명되어 추가예산을 받으면서 증명되었다. 그 결과로 드라마, 스포츠, 미디어, 갈등해소와 같은 주제로 어린이, 젊은 세대가 함께 작업할 수 있도록 하는 비콘 패스파이팅 기금(커뮤니티 설립에 공헌한 15개 지방자치정부에 정부에서 수여하는 특별기금)이 만들어지기도 하였다.

드라마 부문은 특히 주목할 만하다. 현존하는 남부 아프리카 예술단체, 마이티 줄루 네이션과 함께 하나의 무대를 만드는 과정을 통해 다양한 인종의 분리를 넘어서서 이 도시 전역에 퍼져 있는 학교들을 맺어주었다. 이 공연은 차이, 차별, 억압, 어른이 되어감 등에 대해 고민할 수 있는 기회를 주었고 참가자들에게 큰 영향을 끼쳤다.

이에 대한 결론은 창조싱은 학교에서 다문화 간 이해에 대한 교육으로 생겨날 수 있다는 것이다. 예술과 창조성은 개인은 물론 커뮤니티의 정체성에 관한 깊은 이슈들을 다루기 때문에 이 두 가지 요소는 다문화주의를 발전시키고 커뮤니티들 간의 결속성을 증진시키는 데 중점적인 역할을 한다. 또한 예술과 창조성은 젊은 세대가 다른 사람들의 시각에서 세상을 바라보고, 다른 사람들의 입장이 되어보며, 또 공통된 목표를 이루기 위해 다른 이들과 일할 수 있게 도와준다. 젊은 사람들의 경험수준은 하루 동안의 단기과정이라 할지라도 다른 커뮤니티에서 온 사람들과의 귀중한 연결고리를 만들고 더욱 지속적인 관계를 이어갈 수 있도록 해준다.

이러한 경험들을 통해 무엇이 더 다문화주의적인 형태의 교육인지를 가늠할 수 있게 되었다. 레이체스터에서 다문화교육의 기본의제는 젊은 사람들이 다음과 같은 6개의 주요 기능들을 만족시켜야 한다고 추천한다.

□ **문화적 기능** – 자신의 문화와 다른 사람들의 문화 모두 반영할 수 있

는 능력
- □ **감정적, 영적 기능** – 자기 자신을 반영하고 자신의 감정을 조절하며 다른 사람을 존중할 줄 아는 능력
- □ **언어적, 커뮤니케이션 기능**
- □ **시민적 기능** – 사회·도덕적으로 책임감을 가지고 자신의 의무와 권리를 이해하고 행하는 능력
- □ **창조적 기능**
- □ **스포츠 기능**

이런 문화공생의 요소들은 학교와 지방자치단체들이 자신들의 커뮤니티 변화를 위해 현존하는 관습을 이해하고 받아들여서 적용시킬 수 있게 하는 과정과 기반구조의 개발을 요구한다.

그렇다면 앞으로 나아가야 할 길은 무엇인가? 이제까지의 경험을 통해 우리는 영국 학교들이 문화공생의 도시로 확립해 나아가기 위해 짚고 넘어가야 할 의제들을 다음과 같이 정리해보았다.

- □ 사회적 비전이 교육적인 활동들을 이끌어 나가야 한다. 모든 교육적 사고의 필수전제는 우리가 바라는 미래의 사회모습에 관한 표현이다.
- □ 모든 학교의 교육과정은 다문화적 시각으로 재검토되어야 한다. 이는 국가적 체계에서 기존의 프로그램에서 무언가를 없애거나 새로운 것으로 대체하는 것과 같은 근본적인 변화를 의미하지 않는다. 하지만 예를 들어 이민경험과 같은 다른 관점에서 기존의 것을 살펴본다면 큰 발전이 있을 것이다.
- □ 다문화주의는 원주민들을 포함한 모든 커뮤니티들에 적용 가능하도록 재정의될 필요가 있다. 실제로 다문화주의라는 말은 포괄적으로

모든 커뮤니티들에 적용됨을 뜻한다. 백인 주류사회의 이야기들은 여러 문화들이 혼재하는 도시의 육성에 도움을 주기보다는, 커뮤니티들의 단합에 오히려 방해가 되므로 다문화주의 분야에서 백인 주류사회의 사례는 인정되지 않는다.
- 교육체계 내에서 신앙학교의 위치는 새롭게 평가되어야 한다. 신앙학교는 다문화적 사회에 적합하지 않다.
- 다문화주의의 실천은 전체적으로 모니터링될 필요가 있다.

이문화 보듬기

블랙번 캠페인(Blackburn Campaign)을 통한 일체감

서북부 잉글랜드의 'Blackburn with Darwen' 자치구는 자신의 지역이 서로 다른 배경의 사람들이 함께 살 지내는 지역이라고 느끼는 주민과 일체감을 느끼는 주민들의 비율을 높이는 업무에 착수했다. '전략적인 지역연대'는 실천계획에서 아래와 같이 선언했다.

과거에는 다양성을 경축하는 데 중점을 두었지만, 지금은 이것이 다음과 같이 진화됐다. 즉, 모든 계층의 사람들을 결속시키는 유사점들을 부각시키고, 모두가 자치구에서 삶을 개선하고 아래 각 항에 대하여 새로운 접근법을 제공하는 데 기여한 공적들을 인정하는 방향으로 진화된 것이다.

- 시민들 사이에 지역에 대한 자부심과 공통된 미래상을 증진시킴으로써 시민권을 강화시키는 것
- 모든 부문과 커뮤니티들을 결속시키는 것
- 차이점보다 공통점을 더욱 강조하는 것

공공부문과 민간부문 파트너들은 일체감 형성을 위해 학교와 자원단체 및 커뮤니티에 이를 홍보하고 서명을 받는 포스터 캠페인과 일체감 헌장작성을 주요 방향으로 잡았다. 포스터 캠페인은 지역의 다양한 주민집단들을 묘사했다(연령층과 직업적 배경 및 인종집단이 서로 다른 장애인과 비장애인). 이 포스터는 '많은 인생… 많은 얼굴… 모두 일체감'이라는 소제목 하에 모든 배경의 사람들이 각자의 차이에도 불구하고 일체감을 가질 수 있는 커뮤니티 이미지를 홍보하고자 설계된 것이다.

그 결과, 일체감 헌장이 작성되어 일련의 시민의 공통 가치관이 규정되었다.

이러한 일체감에 관한 주제는 학교 자매결연에 특별히 초점을 맞추었는데, 그렇게 하면 교과과정이 교차될 수 있기 때문이었다. 일체감 캠페인은 자매결연사업을 촉진시켰으며, 그 중 하나인 '내 고장'은 자치구 내 4학교의 시민권장(長)들에 의해 주도됐다. 이 사업에는 학생들이 헌장에 대하여 토론하여 'Blackburn with Darwen'과의 일체감이 자

▫ 근본적인 재고는 아이들과 젊은 사람들의 시민의식을 가장 잘 성장시킬 수 있는 방법을 찾기 위해 필요하다. 시민의식은 민주적인 절차 내에서 실제 통용되는 관습을 통해 개발된다. 그렇기 때문에 시민의식의 고취를 현실화하기 위해서는 단순히 정보전파 이상의 행동이 필요하다. 2004년 '어린이 행동'에서 볼 수 있었듯이, 젊은층을 좀더 자발적으로 끌어들이려는 의지는 우리가 앞으로 어떻게 나아가야 할지에 대한 방향성을 제시해준다.

> 신들에게 개인적으로 어떤 의미를 갖는지 고찰하는 과정이 포함됐다. 한 교사는 이렇게 말했다.
>
> 우리는 헌장을 살펴보고 대화를 나누었고, 집단 내에서 워크숍을 가졌으며, 젊은이들에게 그것이 그들에게 무슨 의미를 갖는지 물었다. … 우리는 그들에게 블랙번과의 일체감이 그들에게 무슨 의미를 갖는가에 대하여 자신만의 정의와 설명 및 생각들을 정리하라고 요청했다. 궁극적으로 그들은 캠페인에 참가할테지만, 아직은 그들에게 일부러 참가를 요청하지 않았다. … 그래서 그것은 단순히 형식적인 겉치레가 아니다. … 여러분은 그것이 그들에게 갖는 의미에 대한 진정한 느낌을 갖게 될 것이다.
>
> 일체감 캠페인은 다른 사업, 특히 교육과 자녀사업에 대하여 귀감과 발판이 됨으로써 효과의 깊이와 더불어 폭을 넓히는 것에도 목표를 두었다. '내 고장' 사업은 배경이 서로 다른 젊은이들이 교류를 나누면서 헌장에서 제기된 아이디어들을 논의할 수 있는 기회를 마련했다. 한 블랙번 교사는 이렇게 평했다.
>
> 나는 어린이와 젊은이들의 성취가 최대 업적이 되어야 한다고 생각한다. 여러분이 그들에게 직접 물어보면 그들은 여러분에게 예전이라면 만나지 못했을 사람들을 만났다고 분명하게 말할 것이다. … 나는 어떤 것이 공감의 삶을 나타내는 것인가를 생각한다. … 아마도 그들은 배경이 다른 누군가와 함께 있는 이웃이겠지만, 보다 강한 연대감으로 개인을 알고자 하지는 않을 것이다.
>
> 최근에는 일련의 '100가지 목소리' 토론과 자문행사들을 통해 일체감 캠페인의 발전된 양상이 나타났고, 이 중 3가지는 지금까지 이어지고 있다. 이 프로그램은 현재 지역 차원으로 확대되고 있으며, 이와 함께 '5지역 주민 100가지 목소리'가 구축되었다. 이러한 행사들은 결속력 문제를 둘러싼 솔직한 토론의 장을 제공할 뿐만 아니라 지역주민들 스스로 캠페인의 방향을 제고할 수 있는 기회도 제공한다.(Ipsos MORI, 2007)

참고문헌

1. 이 섹션은 Brecknock(2006)을 참고했다.
2. www.comicdemocracy.org.uk/
3. Tower Hamlets의 London Borough는 정부로부터 2005/2006년에 'Getting Closer to Communities'에 대해 Beacon의 직위를 위임받았다.
4. 더 자세한 사항은 Comedia(2006)을 참고하라.
5. 이 섹션은 2005년 Richard Brecknock과 Andy Howell에 의해 진행된 Intercultural City에 대한 본래의 연구를 기반으로 했다.
6. 이 섹션은 Coles & Vincent(2006)을 기반으로 한다.
7. CD/LEI Centro Documentazione/Laboratorio per un'educazione interculturale (2006) www.comune.bologna.it/istruzione/cd-lei/index.php.
8. www.bwdbelonging.org.uk/

08 새로운 문화공존 시민성

1990년대 전반에 걸친 세기의 전환기 이래로, 정치가들과 정책 결정자들은 도시 커뮤니티들의 연대관계가 점점 느슨해지고 있는 것에 대한 높은 관심을 가지게 되었다. 시민사회 수준 감소의 증거(투표율의 하락이 보여주듯이), 공간분리, 인구조사를 마치지 않았거나 합법적 경제 아래 일하는 '잃어버린 수백만들', 다른 세대의 사람들과 사회계급 간 존중 감소에 대한 우려, 봉사활동단체 회원수의 감소, 특히 소외된 단체가 일으킨 폭동 등은 사회통합을 위해 우리가 무엇을 해야 하고, 할 수 있는지에 대한 새로운 관심을 환기시키는 역할을 하였다.

비쿠 파레크(Bhikhu Parekh, 2006)가 논의했듯이, 복잡한 현대사회는 상충되는 수요에 직면했고, 그것들을 어느 정도 조정할 수 있도록 반드시 정치적 구조를 수정해야 한다.

시민들 간의 소속감과 끈끈한 단결성의 분위기를 조성해야 한다. 그렇지 않으면, 집단적 결정을 하거나 분쟁을 조정·해결할 수 있는 통합된 사회로써의 역할을 할 수 없다. 역설적이게도 사회가 다양하고 뿌리가 깊을수록, 그 자체를 수용하고 다양성을 지원하기 위해서는 더 많은 결합력과 통일성이 요구된다. 단결력이 약한 사회는 함께 생활하고 환영하고자 하는 의지와 자신감의 결여, 차이로 인해 위협을 느끼게 된다.

지금까지는 이러한 요구를 해결하기 위해 다른 방법으로 접근해왔다. 일부 국가들은 단일한 시민권과 문화로의 일치와 동화를 요구해 온 반면에, 다른 국가들은 그들의 차이를 유지하기 위해 소수 권리 인지와 제도화, 그리고 다원적인 접근을 해왔다. 그러나 9/11 사건 이후로, 자유주의 국가인 네덜란드나 영국과 같은 나라들을 포함한 서구 국가의 대다수는 최소한 자신들의 위치를 재검토하기 시작했고, 더 강하고 더 넓은 통합과 시민권의 모델 규정을 구상하기 시작했다.

이번 장의 목적이 다문화 국가를 둘러 싸고 있는 권리와 의무에 대한 토론을 예행연습하는 데 있지는 않다. 파레크를 비롯한 많은 사람들은 이미 이 과정을 완전히 끝마쳤다. 여기서 우리의 관심은 만약 우리의 목적이 자유롭고 평등하고 조화로운 사회뿐만 아니라 인종 사이에서 생산적인 상호작용과 협동하는 사회를 건설하려는 것이라면, 더 많거나 다르기 위해서 우리가 무엇을 해야 하는가에 관한 질문과 특히 어떤 부류의 지도자와 시민이 요구되는가에 관한 질문에 있다.

위기의 체제

영국에서의 이 새로운 관심은 2001년 북부 영국인 마을에서 폭동이 발생한 이후 생긴 '단결 커뮤니티 의제(community cohesion agenda)'로 요약할 수 있다. 테드 캔틀(Ted Cantle)이 2001년 영국 이민국에 제출한 보고서에서, 캔틀은 커뮤니티가 더 강력한 결속을 이루기 위해서는 어떠한 정책이 필요한지에 대해 다섯 가지 요인을 언급했다.

 □ 공통된 가치와 시민문화
 □ 사회 네트워크와 사회자본

□ 장소 귀속감
□ 사회질서와 사회통제
□ 사회결속과 임금격차의 감소

캔틀은 폭동이 발생한 일부 지역들의 구조와 가치체계에 심각한 문제들이 있다고 주장하고 있었다. 그러나 캔틀은 혼란스런 사회의 중심에서 단순히 질문을 던지기보다는, 이러한 도시들의 지방정부체제와 문화, 그리고 더 나아가 국가 전체를 대상으로 하였다.

다문화주의에 관한 이러한 정치적 관점의 연구들은 광범위한 정밀조사를 수반했으며, 이는 산업시대의 오래된 가치체계에서 어떤 것이 성공한 것인가와 같은 질문이 많은 부분을 차지하였다. 우리는 사회 전역에 걸친 리더십의 위기를 보았다. 새로운 지도자들에게는 충성과 보상의 구조가 세워졌지만, 노동자계급은 수공 작업장, 노동조합, 사교클럽들과 같은 많은 기관들을 잃었다. 이는 구세대가 젊은 세대들에게 점차 존경받거나 존중하기 어렵게 하였으며, 세대 간의 결속력 약화로 이어졌다.

역설적이게도, 이러한 리더십과 결속력의 구조는 많은 소수 커뮤니티들에서 더 오래 지속되었다. 또한 이것이 단순히 변화의 과정을 감출 수 있는지에 대한 의심도 커졌다. 2001년 폭동 이후의 많은 변화는 많은 커뮤니티 리더십을 경직되게 하였으며, 변화에 대한 위험한 장벽도 높아졌다. 결국 긴장을 더욱 강화시킨 결과로 나타났다.

요약하자면, 전통적인 지방정부의 정치정당들과 지도자들은 권위에 대한 준수와 재원, 선거에서의 표 교환을 위해 인종적 커뮤니티 지도자들과 동맹을 맺었다. 다문화주의에 대한 비판에서 지적하듯, 인종적 차이와 이의 유지는 그러한 체제 아래 영향력을 유지하는 가장 효과적인 방법이라는 점이 증명되었고, 따라서 새롭고 더 비교문화적인 정치형태의 개발에 대한 인센티브는 거의 없었다. 이는 소속감을 느끼지 못하는 이들에게 좌절감을 주었다. 전통적 지도자들로 인해 소원함과 상실감을 느끼는 노동자계급, 부모들의 모국에 소속되어 있지도 않고 그렇다고 완전히 영국에 소속되어 있다고도 느끼지 않는 이민자들의 2~3세대 어린이들은 이를 반영할 수 있는 새로운 정체성과 정치적 목소리를 찾기 위해 몸부림치고 있다.

수 년 간, 도시의 장소들은 공식적 또는 자치정부의 구조와 언어 사이에서 무능력하게 남아 있었다. 심지어 건물 아래서 일어나는 변화와 갈등조차 파악하지 못했다. 새로운 질문 혹은 잠재적 논쟁과 맞닥뜨렸을 때 당시 지방정부와 전통적 지도자들의 방식은 호의와 완화책의 제공과 함께, 그 문제에 대해 눈감아 버리거나 간단히 회피해 버리는 것이었다. 인종주의자들 간의 토론과 논쟁은 외면당했고, 커뮤니티 내의 논쟁은 커뮤니티 지도자들이 내부적으로 선별한 것에 한정되었다. 이는 공간적 분리가 왜 아무 문제가 없었는가를 설명해 준다.

대부분이 그렇지 않았지만, 일부 도시들에서 발생한 폭동의 책임은 명백히 지역적 요인에 있었으며, 특히 그 도시들의 빈곤은 국가적 평균수준보다 높았다. 의심스러운 공동체의 혼재 속에서 갑작스러운 다량의 정부 갱생자금의 지원은 분노를 야기시켰고, 승자와 패자의 이분법을 만들어냈다. 이와 유사한 수준의 차별과 공동체의 몰이해를 겪은 다른 나라의 일부 도시들은 경제의 부활 속에 문제가 완화되었다. 하지만 비슷한 수준의 가난과 소외를 경험했던 많은 지역에서도 보다 민감한 형태의 리더십, 정부, 대화형식을 통해 공동체의 투쟁을 피한 사례는 많이 있다.

위협 아래서 개방된 사회

그러나 명확하게 이러한 이슈는 지역적 요인만으로 완전히 설명될 수 없다. 세계화의 시대에 증가하는 국가·국제적 요인들이 부분적으로 중요한 역할을 하고 있다. 영국에서의 혼란이 9.11 테러 몇 달 전에 발생했다고 할지라도, 영국과 미국의 테러 이후의 군사적 반응은 테러에 대한 이슬람의 급진성이 요인이 되었다. 사실 이전에는 그렇지 않았지만, 이제는 한 스트리트 안에서 해외, 국가안보, 사회적 정치문제의 복합성이 동시에 존재한다. 한 가지 새로운 현상은 지역적 리더십과 동맹이 줄어든 것이다. 이는 다른 종교·정치·문화적인 지역의 힘으로 대체되었다.

이러한 문맥이 전하고자 하는 경고를 우리는 인식하여야 한다. 지역정부와 국제적 이슬람 테러리즘 간의 관계로 인해, 무슬림 세계와 서구사회 간 문명충돌의 증후로서 우리가 직면한 위기를 쉽게 설명할 수 있게 되었다. 우리는 이를 필사적으로 거부했다. 또한 우리는 왜 2007년에 지역시민들의 능력과 리더십 문제가 극단적으로 작용하여 소수자 거주지역의 발전을 막으려 했던 것에 대해서도 점점 우려가 커졌다. 현재, 이미 많은 서구 국가들의 보안 서비스는 지역정부 정책에 점점 큰 영향을 미치고 있다. 우리의 논점은 시민사회의 능력, 지역 리더십, 공공의 사회성이 권력의 견제 아래에 있다는 것과 그것이 인종과 상관 없이 우리 모두의 책임이라는 것이다. 일부 사람들이 분노를 느꼈다고 사회 전체를 비난하는 것은 불공평하고 잘못된 것일 뿐만 아니라, 나머지 사회의 유대관계를 방해하는 것이다. 그것이 비록 더 긍정적인 방법일 수도 있지만, 사회자본과 내부적 계약의 쇠퇴를 가져온다는 점은 마찬가지다.

이렇게 영국에 가해지고 있는 사회적 변화의 압박 중 많은 것은 다른 국가들에게도 친숙해질 것이다. 그럼에도 지역정치의 새로운 형태로 나아갈 수 있는가와 같은 문제는 여전히 남아 있다. 국경문제가 여전히 있음에도 국내 정부는 귀화를 승인하였고, 다인종적 정체성과 관계가 있는 도시 및 지역들의 지위는 격상되었다. 우리는 남은 부문에서 문화적 시각을 통해 지역 리더십, 정부, 시민권에 대해 살펴보고, 새로운 실용적 모델의 설립을 위해 무엇을 할 것인지 알아볼 것이다.

지역에서의 문화공생적 시민성 구축

시민권과 정체성의 규정에 있어 지역적 요인에 관한 생각은 여전히 새롭고 다소 급진적인 문제다. 그러나 문화적 다양성을 인정하는 것을 주저했던 이탈리아와 그리스와 같은 국가들에서조차 도시 정부의 요구대로 즉각적으로 반응했다. 우리는 진보적인 로마와 투린 사이에서 그리고 밀라노와 파두오 사이에서 놀라운 정치적 차이의 예를 볼 수 있다. 그럼에도 진입과 반차별법에서부터 피난민의 분산에 이르는 일련의 문제들을 오랫동안 끌어온 영국과 같은 국가에서는 지방의 정책이행을 위해 수도가 어떤 역할을 한다는 것은 생각하기 어렵다.

이러한 상태 속에서도 도전은 있다. 그 중에서도 가장 급진적인 문제는 도시가 책임감을 가지고 이주인구들을 관리하는 것이다. 이주자들은 국가 이주정책의 모호함과 유동성으로 인해 고통받기 때문에, 그들에게 더 많은 자치권이 주어져야 한다고 레이너 바우복(Rainer Bauböck, 2003)은 주장한다. 바우복은 이주자들이 정부로부터 국적을 허가받기만을 기다리기보다 일정한 도시기준을 충족하는 이들에게 시민권을 허가해주도록 권력을 지녀야 한다고 주장한다.

> 도시들은 더 큰 국가에 적용해야 하는 역할에서 완전히 해방되어야 한다. 도시들은 다른 형태의 정치적 커뮤니티이며, 도시의 사법권 내의 모든 거주자들에게 시민권을 승인해 줄 수 있다. 다른 나라에서 온 이주민들은 이제 한 사회의 완전한 구성원이며, 참여에 있어 그들도 권리를 가지고 있다는 것을 알아야 한다. 현지인들은 이주민들과 함께 구성원으로서의 자격을 공유해야 한다. 그리고 도시는 지역정부와는 구별되는 특징을 공식적으로 주장해야 한다.

어떤 이는 국가의 내부관리에 대해 바우복의 주장을 수용할 수 있는 도시가 이 지구상에 과연 있을까 라며 의문을 제기한다. 그러나 도시가 자신들의 최대 관심사와 일치하지 않는 국가들에 대해서도 계획을 시작할 수 있다면, 그것은 일부 도시가 나아갈 길을 선택할 수 있는 하나의 방향에 대한 도전적 통찰이라고 할 수 있다. 이는 전혀 설득력 없는 일이 아니며, 다국적 자치도시 네트워크에서도 현재 논의되고 있다. 예를 들어 유럽 지역·지방자치단체협의회와 유럽평의회(COE/CLRAE, 2006)에서 제기한 유럽 정부에 대한 도전에서는 '국제적 시민권'과 연관된 권리와 책임감의 재정립을 요구했다. 두 단체는 다음과 같이 설명하고 있다.

> 국제적 시민권은 참여를 허용하는 문화공생적 시민권리를 강조하여, 이를 통해 정부 및 커뮤니티의 참여와 사회적 소속감, 국가개념의 재정의, 타당성 기간의 재정의, 지리적 범위의 재정의를 기초로 한 모두를 위한 기본적 권리를 보장한다.

윌 킴리카는 위의 내용 못지 않게 지역의 중요성을 호소하는 또 다른 도전을 했다. 킴리카는 '다문화적 국가'의 모델이 최근 몇 년 간 서구 세계에서 출현해 왔다고 주장하며, 이를 다음과 같은 세 가지 기준으로 정의했다.(Kymlicka, 2003)

- 국가는 지배적인 국내 단체의 소유가 아니며 모든 시민들은 동등하게 소속된다.
- 동화주의자와 배제적 국가건립 정책은 인지와 수용의 정책에 의해 대체된다.
- 역사적 부당함은 인지된다.

킴리카는 이들 국가 중 영어와 프랑스어 사용자로 이루어진 캐나다, 플라망어와 발론어 사용자로 이루어진 벨기에, 프랑스어와 독일어와 이탈리아어 사용자로 이루어진 스위스와 같은 일부 국가는 다문화적 연합으로써 성공적으로 발전되어 왔다고 주장한다(2003). 킴리카는 이들 국가들이 상대적 규모에 상관 없이, 모든 단체들의 권리와 문화를 보호하고 있는가로 이들 국가의 노력을 판단해야 한다고 주장한다.(Kymlicka, 2003)

어떤 시각에서 보면, 그들은 명백히 큰 성공을 이루었다. 그들은 세계에서 가장 평화적이고 민주적이며, 번창하는 나라들이다. 그들은 다른 언어, 인종적 단체 간의 분쟁을 충분히 평화적이고 민주적인 방법으로 해결할 수 있는 방법을 터득해 왔다. 정치적 폭력이 없는 것이 평범한 것은 아니다…. 그러나 다른 관점에서 보면, 이들 국

이문화 보듬기

조화롭게 살아가기 프로그램, 호주

호주 정부는 인구변화에 따른 문제관리를 위해 정신적 자부심, 호주의 가치, 커뮤니티 참여와 모두를 위한 소속감을 목적으로 한 조화롭게 살아가기 프로그램을 소개하고 있다.

- 지역 내의 커뮤니티 계획을 위한 자금조달
- 전략적 쟁점을 제기할 수 있는 협동적 파트너십
- 주요 쟁점들을 위한 자유재량의 승인 홍보
- 하모니 데이를 포함한 공공홍보 전략

매년 3월 21일 열리는 하모니 데이에서는 호주가 지닌 가치를 증진시키고, 호주만의 삶의 방식을 기리기 위해 사람들을 모은다. 자금조달을 받는 커뮤니티들은 긍정적 커뮤니티 관계를 조성하기 위한 조화와 상호작용의 파트너십에 참여해야 한다. 일부 자금은 다문화적 활동의 지원에 사용되며, 거의 350개 커뮤니티들의 프로젝트가 이 자금의 도움을 받았다.

커뮤니티들은 협동을 통해 국가적으로 공유할 수 있는 가치들이 지역에서 어떤 의미를 가지는가를 파악한다. 이러한 가치에는 개인에 대한 존경, 법의 지배에 대한 의무, 평등성, 참을성, 공정한 행위, 필요한 이들에 대한 연민 등이 포함되어 있다.

가들이 실패로 보여질 수 있고 혹은 최소한 실망스럽게 보여질 수 있다고 인정한다. 특히, 단체 내부 관계의 능력은 강건함 혹은 구조·문화적 교류의 모델이 아니다.

집단의 내부적인 관계는 실리와 모욕의 인지에 지나치게 민감하게 반응하여 전체가 종종 정치화된다. 그 결과, 많은 사람들이 가능하다면 집단 내부의 교류를 피하거나, 다른 집단 구성원들과의 교류확대를 위한 효과적인 방법을 찾지 않는다. 교류가 생기지 않으면 깊은 수준의 문화적 공유나 공통적 담론보다는 단체교섭과 협상의 형식을 우선 축소시키고 집단 간의 근본적 '단절감'을 강화하려는 경향이 생겨난다.

이는 매우 흥미로운 사실이다. 킴리카는 소수의 권리를 인식하고 보호하는 것에 대한 발전된 형태를 지닌 국가도 거리에 있는 이들까지는 보장하지 못하며, 사실상 국가적 차원의 다문화적 접근은 지역적 수준에서의 문화공생적 행동을 저해한다는 것이 증명되었다고 주장한다. 이에 대한 킴리카의 해결책은 도시의 다문화 정치와 시민권의 새로운 형태가 설립되는 지역에 좀 더 강한 역점을 두는 것이다. 또한 이는 지역적 시민권의 독특한 형태에 무게를 두어야 함을 의미한다. 또한 킴리카는 중요한 경고를 던지는데, 그들 자신을 '다른 문화적 시민'이라고 지칭하는 사람들의 경우가 더 많은 문제를 가지고 있다고 주장한다.

이 문화적 능력의 향상과 개인의 지식에 관한 논쟁이 우리가 어느 집단을 더 많이 배워야 하는가를 말하는 것은 아니다. 특히, 그들은 다른 국가나 심지어 다른 대륙에 살고 있는 집단보다, 우리 주변에 살고 있는 집단에 대해서도 배워야 할 필요성을 느끼지 않는다. 이는 우리가 많은 다문화적 국가들에서 명확히 볼 수 있는 현상

중 하나다. … 프랑스어를 하는 벨기에인들은 국제적이고 다문화
적으로 되었지만, 그들 중 소수의 사람들만이 벨기에의 플랑드르
사회의 내부 생활을 안다. 많은 사람들은 세계적 문화공생주의의
형태를 선호하고 있는 것으로 보이며, 지역 문화공생주의에 초점
을 두고 다른 세계의 문학을 통해 근린화된 집단을 배우고자 한
다.(Kymlicka, 2003)

킴리카는 이를 다국적 국가들에 적용하는 것이 옳다고 했지만, 이 같은 실험이 영국에 적용되었다면 과연 같은 결과가 나타났을까? 그렇다면 지역적 리더십과 시민권의 새로운 형태에 대하여 우리가 말할 수 있는 것은 무엇일까? 회의적 관점에서 본다면, 우리는 영국의 다양한 마을들과 도시들이 문화적으로 개방된다면, 자유적 경향의 사람들과 그들을 지도자나 활동적 시민으로 이끌 자질과 에너지를 가진 이들은 킴리가 연구에서의 스위스인과 벨기에인들과 같이 행동할 것으로 결론지을 수 있을 것이다. 그들은 호주의 원주민 땅에 대한 손해배상 혹은 나미비아의 전통 생활방식의 보호를 위해 활동하지만, 나이지리아 사람들이나 모퉁이 가게의 방글라데시인들에게는 거리를 지나가라고 말할 수 없다. 심지어 우리는 지나치게 안전의 테두리 안에 있어 이방인이 우리를 발견할 수 없게 하고 이것이 안전과 거리가 먼 이방인을 이국적이게 만든다.

새로운 지역의 시민성을 만들기 위해 범세계적 외형을 갖추는 것도 중요하나 그것만이 성격을 정의하는 요소는 아니다. 진실된 시민이 되는 것은 올바른 책임을 져야 할 뿐만 아니라 주어진 권리를 가지는 것도 포함한다. 기본적으로 전문가의 도움과 선행학습이 따라야 하며, 시민이 되기 위해 시민으로서 해야 할 임무를 다해야 한다. 한 사람의 시민을 만드는 데에는 시민적 능력, 사회성, 신뢰, 내적 의지, 상호작용과 같은 역량이 필요하고, 이를 통해 한 사회가 창조될 수 있다.

갈등을 통한 조화

앞 부분에서는 영국에서 폭동이 일어난 지역들이 가진 한 가지 문제점에 대해 살펴보았다. 지역의 기득권층이 지배패턴을 정해놓았다는 점인데, 이는 토론과 갈등을 피하고 억누르며 반대의 목소리를 들을 수 있는 물리적 공간과 포럼 등도 거부했다는 점이다. 2006년 아쉬 아민(Ash Amin, 2006)은 이러한 소요사태가 왜 일어났는가에 대한 이해가 왜곡될 수 있으며, 이에 따라 그에 대한 우리의 반응 또한 왜곡될 수 있음을 지적했다. 아민에 따르면 이 소요사태들은 단순한 '인종폭동'으로 묘사되어서는 안 된다고 주장한다. 잘 인식되지 않고 권리가 박탈되었으며, 오히려 잘 인식되지 못하고 박탈된 그들의 존재감 표출과 사회에 대한 수용요구의 일환으로 폭력이라는 수단을 사용하고 있으므로 '시민폭동'으로 불려져야 한다고 주장한다. 비록 소요사태를 일으키는 것이 적극적이고 정당한 시민권의 표현이라고 지지하진 않았지만, 2006년 그의 저서에서 다음과 같이 논하였다.

> 좋은 도시에 대한 궁극적인 시험은 대중문화가 다양성과 반대의견을 수용할 수 있느냐 하는 것이다. 이는 불필요한 저항이나 해가 되는 폭력에 대한 면죄부를 주자는 것이 아니다. 대신에 이는 새로운 의견이 등장할 수 있고, 힘없는 사람들이 주장할 수 있고, 힘을 가진 자가 스스로 통제권을 남용하지 못하고, 미래가 계획의 정치보다 참여의 정치를 통해 만들어질 수 있는 '참여에의 동등함'을 의미한다. 이를 구현해내기 위해 시민지도자들은 반대의견에서 나오는 창조적인 힘과 대중참여로 인한 적법성, 그리고 모두에게 유용한 도시를 만들기 위한 활력 등과 같은 사항들에 대한 확신을 가져야 한다.

이 문화 보듬기

갈등다루기, 시드니의 블록 지역

블록은 호주 시드니 부근 레드펀 지역의 폐공장지대다. 익숙한 도시문제 중에서도 특히 마약문제로 인해 황폐해진 이 지역은 2000년 올림픽 유치를 계기로 '완전 재정비'될 예정이었다. 잠재적인 논쟁거리는 크게 상이한 관점을 지닌 두 거주민 커뮤니티로부터 야기되었다. 부지이용에 관해 백인 보수주의자 집단은 한가운데 경찰서가 자리잡은 공원이 있어야 한다고 하는 반면, 레드펀 지역 원주민 단체들은 자신들의 경제·공동체적 목적을 지닌 공간이 생겨야 한다고 주장했다.

계획단계에서 발생한 항의에 당황한 시의회는 컨설턴트인 웬디 사르키샨 박사에게 도움을 청했다. 사르키샨 박사는 될 수 있는 한 많은 의견을 경청한 후에, 독이 되고 상처가 되더라도 공청회를 열어 열린 공간으로 문제를 끌고 나와야 한다고 했다. 백인들 중 일부 의심세력은 일부 원주민 집단이 오로지 마약거래 활동과 백인들이 200여 년 간 원주민 문화와 땅에서 행했던 지배권 행사 등에 분개하는 활동의 주무대가 될 것이라 여겼다. 사르키샨 박사의 결정은 누구든 자신들이 가지고 있는 걱정과 관심거리들을 '공개적으로 밝히는' 자리를 만드는 것이었다. 이 자리는 상대방 의견에 대한 반론과 비판이 나올 때마다 참가한 양측 모두 심기가 불편해질 수도 있고 공청회를 마련한 사르키샨 박사도 위험할 수 있는 자리였다. 하지만 궁극적으로 양측이 모두 지켜나가야 할 10가지 안내지침을 포함한 새로운 계획을 도출해 내었다.

여기에서 얻을 수 있는 교훈은 논란을 피하는 것이 짧은 기간에는 편리한 방편일 수 있지만, 장기적으로는 손해를 입힐 수 있다는 것이다. 또한 결코 유쾌하지 않은 갈등이 오히려 필요하고, 계획과 개발의 과정에 있어서 잠재적으로 긍정적인 작용을 하게 될 수 있다는 점이다. 궁극적으로 해체나 분열을 초래하지는 않는다는 점에서 갈등을 다루는 기술은 전문가의 중요한 도구 중 하나다.

사르키샨 박사는 의심할 여지 없이 뛰어난 컨설턴트이지만, 협상과정에서 보여준 점은 비단 전문가만이 할 수 있는 것이 아닌 다른 사람들도 일상생활에서 행할 수 있고 당연히 지녀야 하는 기술들을 보여주었다.

가장 첫 단계는 준비다. 모든 참가자에게 설명하는 작업에 가장 공들였고, 듣는 내용에 대한 판단을 유보하려 노력하므로써, 결과적으로 참가자들에게 신뢰를 얻고 공청회에서 나오는 의견들을 조율할 수 있게 되었다. 두번째로는 '안전한 공간'을 만드는 데에 성공했다는 점인데, 만약 이것이 확보되지 않았더라면 불쾌한 일이 발생하고 심각한 문제가 일어났을 수도 있었을 것이다. 이보다 더 중요했던 것은 합의가 불가능한 논쟁에 대한 공식화 혹은 '의식화'에 성공했다는 점과 몇몇 사람들에게 오랫동안 있어온 갈등을 표면화시켜 해결해야 할 필요성을 제기했다는 점이다. 이는 모두를 보다 높은 단계로 나아가게 했다. 여기에는 남아공과 북아일랜드의 성공적인 갈등해결의 사례가 있다. 세번째로, 사르키샨 박사는 서로 다른 배경을 가진 사람들이 그들이 보는 그대로의 세상을 묘사해낼 수 있는 이야기, 드라마, 음악과 시각화 등의 일련의 기술을 이용한 '언어와 감정적 관여 혹은 전형화의 과정'이 필요함을 인식했다.(Sandercock, 2003a)

따라서, '문화공생의 도시'는 참여와 논쟁이 보장될 뿐만 아니라 정치적인 곳이어야 한다. 2000년 샹탈 무페(Chantal Mouffe, 2000)가 이 주제를 정면으로 들고 나왔다. 1990년대 초, 구 소련의 몰락, 소위 말하는 '역사의 종말' 이래로 공동의 움직임에 대한 개인소비주의의 승리, 많은 민주주의 국가에서 보여지는 정당들의 중간 스펙트럼으로의 점진적인 이동, 그 외의 전시효과용으로 대체되는 정책 등을 바라보며, 이미 정치토론과 참여측면은 과거의 유물로 여겨지게 되었다. 이는 모든 결정이 이성적이고 도덕적인 판단이나, 논쟁에 의한 토론이 아닌 법에 의지하고 세부절차를 통한 합의로 해결되고 있다는 것이다. 무페는 이러한 추세가 대중의 삶에서 열정과 감정을 없애는 데에 일조했고, 정당한 정치적 방안을 찾지 못한 열정이 극단주의나 종교근본주의를 통해 표출될 수밖에 없었다고 지적한다. 우리는 열정뿐 아니라 참여도 잃어버렸다. 이는 서로가 서로에게서 점점 더 멀어지게 하고, 법의 준수와 복지국가로의 방향설정에 따라 상호 간의 관계가 규정되는 시민권을 만들었다.

무페는 더 급진적이고 참여도가 높은 민주주의를 논하며 이를 경합적 다원주의라 일컬었다. 이에 대한 설명은 다음과 같다.

> 적개심이란 적들과의 갈등에서 오는 산물이고, 반면에 갈등이란 상대방과의 갈등에서 오는 산물이다. … '경합적 다원주의'의 관점에서 민주정치의 목적은 적대감(antagonism)을 분투주의(agonism)로 변화시키는 것이다. 이는 집적적인 열망이 동시에 일어날 수 있는 충분한 가능성을 염두에 두며 상대방을 적이 아닌 맞수로 인식하게 하고, 이슈들에 대한 그들의 의견을 표출할 수 있는 방안들을 제공해 줄 것을 요구한다. '깊이 생각하는 민주주의' 모델과 다른점은 '경합적 다원주의'에서는 민주정치의 가장 중요한 일을 대중의 집단에서 열망을 제거하거나 가능한 한 이성적 합의에 도달하기 위

이문화 보듬기

갈등의 창조적 관리, 이탈리아의 토리노

토리노 시는 이문화 간 갈등을 인식하고 직면하고 있는 현실로 바라보았을 뿐 아니라, '갈등의 창조적 관리'를 통해 역동적이고 통합적인 시민권리의 형성에 일조했다.

도시 각지에서의 독립적이면서도 연계된 다양한 직업 프로그램을 통해 시의회와 협력 단체들은 다른 도시에서는 한걸음 내딛는 것조차도 두려워할 균열과 발화점을 직접 해결하기 위하여 놀라울 정도로 자원과 기술에 투자했다.

그 시작을 유려한 표현을 빌려 묘사해보자면, 마치 '적자생존' 법칙이 정신적으로 존재하는 아프리카 사바나 지역의 거리와 유사했다. 하지만 이 원초적 상태에 수반되었던 것은 세심하고 지능적인 접근과 긍정적인 방안으로 나아갈 수 있는 다양한 언어, 문화, 기술과 태도의 환경이었다.

도시는 이문화 간 '거리의 중재자'들이란 팀을 고용하여 훈련시켰다. 이들의 역할은 젊은이들, 거리의 상인들, 새롭게 전입해 온 사람들과의 교류에 있었으며, 도시는 거주민들이 부상하는 트렌드를 이해할 수 있도록 교육시키고, 논쟁거리를 예상하고 다양한 배경의 사람들 간의 공통분모를 발견하였으며, 합작회사를 설립하는 등의 노력을 기울였다.

첫번째 집단은 알제리, 콩고, 모로코, 세르비아, 페루, 브라질, 이탈리아에서 온 8명의 젊은이들로 구성되었고 세 지역에서 활동을 시작했다. 거대한 시장이면서 만남의 장소이자 불법이나 모조품 판매로 악명 높고 경범죄가 발생하는 포르타 팔라쪼, 역 부근의 지역으로 토착민과 신규 거주민들 간 소규모 접전이 벌어지던 산 살바리오, 주로 신규 거주자들이 사는 거대한 아파트 촌이 있는 밀라노 경계부근 이 세 지역이었다.

중재자들에게 기대했던 활동의 한 가지 실례는 포르타 팔라쪼에서 나타났다. 경찰이 피상적으로 거리범죄 소탕을 시작했고, 이는 해당 지역을 좀더 안전하게 느끼게 하는 의도된 효과를 가져왔지만 실제로는 범죄자들을 거리가 아닌 부모들과 어린 아이들이 주로 이용하는 공원의 인접한 지역으로 분산한 것에 불과했다. 중재자들은 가급적 충돌을 막기 위해 재빠르게 개입할 수 있었고 몇몇 반감을 품은 청소년들과 커뮤니티 활동에서 만나 교류했다.

거리에서 한 걸음 더 나아가, 도시에서는 '투보 아벨레 난체'와의 협력 속에 이문화 간 갈등을 다룰 수 있는 공간마련 프로그램을 진행했다. 그들은 각 10명의 중재자들과 자원봉사자로 구성된 갈등의 집을 개설했다. '갈등의 집'의 목적은 특정한 문제를 우선적으로 해결하는 것이 아닌, 다툼이 있는 단체를 '수용'하고 이웃문화에 대한 이해를 불어넣어줌으로써 갈등을 해결할 수 있게 하는 데에 있다. 물론 필요하다면 문제해결 전문가들에게 의뢰를 하겠지만 '갈등의 집'에서의 빠른 소통과 해당 지역에서 이행한다는 점에 있어 상호의존적인 커뮤니티로 나아가는 최우선적인 방안이라 할 수 있다.

마지막 협상의 단계는 '이웃과의 계약'이다. 사례로는 24개의 자원단체들과 정부 당국자들이 '테이블 사회'를 구성해 이문화 간 갈등을 예상하고 다루고 있는 아르쿼타 시가 있다.

한 것이 아니라, 민주적인 의도로 이러한 열망들을 움직이는 데 둔 다는 것이다.
경합적 다원주의의 중요한 논제 중 하나는, 민주주의를 위기에 빠 뜨리는 것과는 거리가 먼, 논쟁적 대립이 존재의 기저에 있다는 사 실이다. 현대 민주주의의 특별함은 갈등을 인식하고 정당화하는 데 에 있다.(Mouffe, 2000, original emphasis)

이 견해는 우리에게 '지역의 문화공생의 리더십과 시민권'에 대한 새로운 형태의 틀을 만드는 중요한 초석을 제공했다. 지도자들은 창조적인 위험감수자의 방어벽이 사라지고 개방성이 장려될 때 밀려드는 불확실성에 대해서도 준비해야 할 필요가 있다. 이를 통해 새로운 생각들, 에너지와 공감하는 관계가 생겨나게 되고, 이는 부정적인 힘보다 더 크게 다가올 것이다. 또 지도자들은 기존의 정치, 거리 정치, 경영, 신앙과 문화 부문에서 다양한 모습을 보일 수 있어야 한다. 그들은 미신, 편견 그리고 거짓된 행위에 대한 도전에도 용감해져야 하며, 바람직한 이미지와 방향을 구상하고 이를 이끌어갈 수 있어야 한다.

문화공생적 시민의 개념은 이웃에 사는 사람이 아니라, 자신들의 입장을 설명하고 다른 사람의 입장을 이해할 준비가 된 사람이다. 우리에게 시민권은 법령이나 종교적 판결처럼 모든 것에 대한 결정을 위에서부터 내려오길 기다리는 것이 아니라, 상호 간의 논의, 중재, 창조성을 통해 해결책을 찾아가는 데에 의미가 있다. 이문화 간 시민은 스스로 '타인'을 인식하고 해결책을 찾기 위한 상대방이 되어 '타인'과의 관계를 맺기 위한 준비가 되어 있는 사람이다.

문화공생적 도시가 항상 쉽거나 안정된 곳은 아니기에, 오히려 몇몇의 선의가 악으로 변하는 것을 막기 위해 고도의 노력이 필요하다. 일부의 문제에도 불구하고 이러한 활동이 필요한 그 이유는 다음과 같다.

열린 권리를 가진 도시는 스스로를 최소한으로 보호할 수 있는 이들에게 폭력의 장소가 될 수 있고, 이기적인 발전이 이루어지는 곳이 될 수도 있다. … 또한, 활동적인 문맥과 도시 공공문화의 자신감을 가진 장소이기도 하다. 열린 도시는 적대감에 대해 깊이 사고하고 논의의 장으로 이끌고 나갈 수 있는 장치가 잘 갖추어져 있고, 어느 정도까지의 조화나 상호인식이 가능한 곳이다.(Amin, 2006)

시민의 생활 속에서 공식·비공식적으로 정치에 대한 관심을 환기시키는 것이 가장 중요하다. 상대방과의 상호작용이 없는 문화공생주의는 문화공생주의에 악명을 안겨줬던 편파적인 '세번째 길' 버전에 해당하는 형태로 변해갈 위험을 안고 있다. 흥미로운 실험을 진행했던 문화공생의 도시정책의 선도역할을 한 곳인 암스테르담의 사례에서, 관찰집단 중 하나는 다음과 같이 밝혔다. 상당히 많은 성취가 있었음에도 불구하고, 빠르고 효율적인 변화에 대한 그들의 열의에 대한 비판이 생겨났으며, 지역 지도층은 '공공장소에서의 상호논쟁'을 금지하는 조치를 취했다.

당장의 결과만을 중시하는 경우, 인종단체들이 정치적 사회화를 위한 견인차로서의 역할을 포기하게 된다. 이러한 단체들은 단기적인 측면에서의 서비스 제공자로 보여지길 강요받게 되며, 이로써 사회문제에서 정치색이 없어지게 된다. 이제 정치적 투쟁을 통해 소수인종의 지위개선을 목적으로 하는 단체들은 할 수 있는 일이 없어졌다.(Uitermark et al, 2005)

물론 이론적으로는 완벽했다. 코메디아는 다수의 국제적 지역에서 이 이론들이 다양한 도시와 이웃 간에 문화공생적 정치단체, 커뮤니티 설립을 갈구하는 사람들의 생생한 의견을 반영하는지에 대한 조사를 의뢰했다.

연결과 조화: 문화공생적 도시의 리더십

코메디아는 새로운 형태의 문화공생의 리더십과 시민권을 파악하기 위해 제안된 두 가지 조사를 의뢰했다. 첫번째 연구(Zachary, 2005)는 미국의 여러 도시들이 해외 이주자들의 이주와 정착에 취한 접근방식, 특히 시민 리더십의 역할 비교에 중점을 두고 있다. 이것은 미국의 도시정책에 있어서 도시들은 반드시 성장해야 하고 그러기 위해서 우선적으로 국내외의 이주자들을 끌어오는 것이 필수요소라는 인식으로부터 시작되었으며, 이를 달성하기 위한 각 도시의 다양한 성공사례를 분석하고 있다.

조사를 통해 샌프란시스코 만 지역의 오클랜드에서 주목할만한 결과가 나타났다. 전통적으로 공업도시인 이곳은 1970년대 산업 재구성의 양상을 따랐으며, 우범화를 우려한 백인 중산층의 교외 이주로 도심지는 아프리카계 미국인들로 넘쳐났고 양극화에 대한 위협은 악화되어만 갔다. 샌프란시스코와의 근접성에도 불구하고, 오클랜드는 해외이주자들이 거주할 만한 곳이 아니었고, 미 전역에 걸친 조사결과, 흑인인구가 다수를 이루고 있는 도시들은 이주자들에 대해 주도적으로 무엇인가 하고 있는 곳은 아니라는 결과를 얻었다(아틀란타는 예외로 칠 수도 있음). 하지만 오클랜드는 인구의 40% 이상이 멕시코, 중국, 필리핀, 예민 그리고 나이지리아 태생이라는 도시의 이점을 살렸다. 1980년부터 2000년까지, 오클랜드 도심의 외국태생 인구는 약 206% 증가했으며, 그 결과 다양한 경제활동과 GDP성장이 공존하는 활기차고 역동적인 도시로 거듭나게 되었다. 이러한 성공은 도시에 영향력을 가진 흑인 중산층을 대상으로 한 전략 덕분인 것으로 여겨진다. 특히 주목할 만한 정책은 새롭게 정착한 이주자들에게 기술과 직업을 갖게 해주는 공공교육 시스템에의 투자였다. 소위 커뮤니티 컬리지라고 일컬어지는 이곳들은 대학진학이나 미 중산층사회로 진입하기 위한 초석을 제공해준다.

1990년대 아프리카계 미국인인 엘리후 해리스 시장은 흑인들과의 긍정적인 동맹관계보다 새로 편입해 온 미국인들과의 효과적인 연결고리 구축에 힘썼다.

그는 중국 출신의 쟈넷 동을 시의회 의장으로 인선하고, 모든 인종단체에게 투표권 행사를 장려하였다. 다양한 인종 출신의 시의원을 선출하는

•이문화보듣기

보스니아의 이문화 간 리더십

이것은 역사적인 이문화 도시를 가장 어려운 시기에 지켜내고 재건해 낸 두 명의 뛰어난 지도자에 관한 이야기다. 도시 투즐라는 세계에서 마지막으로 가장 피비린내 진동하는 잔혹행위가 일어난 곳으로 알려져 있다. 유고 내전 당시 세르비아 병사들이 십대 청소년들로 가득한 시장에 총기를 난사해 71명이 사살되었고, 1995년 5월에 가서야 휴전이 이루어졌다.

대부분의 전쟁기간 동안, 투즐라는 어려움에 처해 있었는데 이보다 중요한 것은 크로아티아계 가톨릭교도, 세르비아계 정교회교도, 보스니아계 무슬림들이 한데 어우러진 다신앙 공동체였다는 데에 있다. 역사를 돌아보았을 때, 투즐라의 위대함은 결속력이 강하기로 유명한 보스니아의 다른 어느 도시들보다도 더 외부 침입자에 대한 강한 내부결속력을 가지고 인종에 따른 경제와 사회구조의 분리에 저항했다는 데에 있었다. 대량학살은 이러한 균형에 엄청난 부담으로 다가왔고, 전쟁 이후 비난으로 인해 도시는 와해될 위기에 봉착했다. 이러한 위기 상황에 통합보스니아헤르체고비나 사회민주당 당수이자 1990년부터 2000년에 걸쳐 투즐라 시장을 역임한 슬림 베슬라직(Selim Beslagic)이 나섰다. 전쟁을 치르며, 베슬라직 시장은 투즐라가 앞으로의 갈등에 있어서 보다 회복력 있는 도시가 되어야 한다고 결정했고, 이에 따라 조화를 이뤄낼 수 있는 능력배양에 들어갔다. 그가 한 최초의 활동 중 하나는 발칸반도에서 최초의 다민족 비정부기구이자 시민권 향상에 중점을 둔 시민포럼을 형성하는 일이었다. 베슬라직 시장은 또한 '평화와 비폭력 센터' 설립에도 지원을 아끼지 않았다. 여기서 그치지 않고 시민들에게 평화와 협력의 모습을 바깥 세상에 보임으로써 도시재건을 위한 외부의 투자가 유치될 것임을 설득하고, 외부 투자자에게는 투즐라를 지원한다면 도시의 강점이었던 이문화 간 협력이 강화될 것이라는 설득을 통해 공생모델을 발전시켰다. 베슬라직의 이러한 노력은 노벨 평화상 수상과 더불어 널리 알려졌다.

2000년 베슬라직의 후임으로 카리스마 넘치는 법조인이자 베스트셀러 시인 겸 소설 작가인 자스민 이마모빅(Jasmin Imamovic)이 투즐라 시장이 되었다. 베슬라직이 지역 내 커뮤니티 간 결집력을 위한 견고한 바탕을 다져놓았다면, 이마모빅은 파벌주의의 부상을 막기 위한 지혜롭고 포괄적인 정

등 시의 주요 인사에 다양성을 반영했고 이는 필연적으로 정치적 긴장을 야기했지만, 도시가 '이문화 차이'를 분리하거나 상호 무관심한 장소가 아닌 상호작용을 통해 활기찬 미래를 구축하는 곳이라는 동 의장의 관점에서는 부정적이기보다는 긍정적인 것이었다.

　오클랜드의 경우는 피츠버그의 경우와 매우 상이하다. 피츠버그는 인구

> 치를 구사했다.
> 이마모빅 시장은 이전 유고슬라비아에서는 잘 알려지지 않은 범주인 공공협의 2년 프로젝트를 시행하였다. 이 프로젝트에서는 폭넓은 이슈의 40개 지역 간담회가 진행되었고, 자생적으로 만들어진 관련 기관은 진행 중인 서약에 참여하게 되었다. 또한 도시의 인종, 종교, 문화, 나이, 성별, 직업 다양성을 대표하는 25명에 선택받지 못한 조언자를 모아 마요랄 자문의회를 구성했다. 이마모빅 시장은 국민투표와 동등한 힘을 갖고 있는 대중의 의견을 6개월 동안 도시에서 모으기 위한 조사를 시작했다. 이마모빅 시장은 도시의 커피숍이나 젊은이들이 모이는 장소에서 비공식적인 미팅과 토론에 참여했다.
> 이마모빅 시장은 상징적인 제스처와 주목할 만한 시민 기업가 정신을 발휘했다. 투즐라는 이것을 '소금'이라 번역하였고 도시가 지어지는 삶의 원천은 광산업이라고 했다. 하지만 이러는 동안, 도시의 기초토대는 무너지기 직전이 되었고, 이마모빅 시장이 성공할 즈음에 도시 중심가의 넓은 장소는 서서히 가라앉고 있었다. 한편, 시장은 토지가 넓은 소금 호수로 변하는 도시의 가장 큰 약점을 가장 큰 장점으로 바꿀 수 있을 것으로 여겼다. 아름다운 바다와 공원으로 둘러싸인 전쟁 피해자를 기념하는 이곳은 보스니아의 가장 유명한 장소가 되었으며, 여러 문화를 가진 사람들이 쉬면서 기념하는 곳이 되었다.
> 이마모빅 시장은 경쟁이 심한 도시가 스스로 브랜드를 창조하고 자리잡아 갈 수 있는가에 대한 대안과 이해를 제시했다. 그는 바르셀로나, 세인트데니스, 라빈나, 안탈랴, 볼로냐, 고텐버그, 오세이젝, 펙스와 같이 서로의 관심사를 공유하는 도시들과 국제적 연결고리를 조심스럽게 파악했다. 그는 또한 투르자를 위한 국제적 네트워크와 범유럽주의의 회원자격을 얻었다. 도시 중심부의 가로풍경을 발전시키고 도시의 메시지를 정확히 전달하여 국제적 연결고리를 생성하는 현명한 방법은 그만의 대중적 아트 프로그램이었다. 그는 훌륭한 인류의 상징(예를 들면, 셰익스피어, 비틀즈, 만델라, 모짜르트)을 인정하고 여러 나라 대표를 초대하여 도시의 길거리 전시를 위한 각국의 반신상이나 조각상을 기부하도록 하였다. 그는 대중 미술작품들의 중요성을 살피고 작품의 복사품을 기증하거나 작품을 감상할 수 있도록 하였다. 이러한 문화적 고리를 통하여, 비지니스와 투자관계는 함께 한다고 여겼다. '투르자는 도시의 개방성과 이종(異種)문화를 손에서 손으로 전달시켜 도시의 발전을 돕는 보스니아 도시들 중 가장 훌륭한 도시가 되었다.

분포의 문제를 등한시하지 않았으나, 전통적으로 흑백 양극화가 진행된 도시였고, 인구 보강을 위해 미국 내 흑인과 백인 이주민들의 이주를 선호하는 것으로 나타났다. 첫번째 경우와는 다르게, 다른 나라 출신의 이민자를 들여오기 위한 캠페인이나 외부인에 대한 수용을 원활히 하기 위한 인식 증진 활동도 진행하지 않았다. 언어 서비스나 공공교육에 대한 투자도 이루어지지 않았다. 피츠버그가 고도로 숙련되거나 우수한 해외출신 인력을 끌어오려는 전략을 구사했다는 점에서 앞선 경우와 같으면서도 다른 양상을 보이는데, 이러한 정책의 추구로 극히 제한된 성공을 거두었지만 대다수의 저임금인 중산층 노동자들과 다른 곳으로 이주해 간 사람들과의 간극을 맞추는 데에는 실패했다.

미국에서의 조사결과에서는 대다수 미국 도시들이 새로운 해외출신 이주자들을 그들의 경제 및 사회 성장동력으로 고려하고 있다고 나타났다. 또한 대다수의 도시는 증대된 다양성을 인종차별과 지난날 양극화로 상징되는 미국 도시들의 갈등을 탈피해야 할 것으로 인식하고 있었다. 인종 간 결합으로 인한 미국민은 벌써 700만 명을 넘어섰고 빠르게 증가하고 있다. 증가한 인종 간 결합은 다인종 간 출산으로 인해 야기되었던 사회에 새로운 안정을 가져다주는 것으로 판단된다.

코메디아는 일상적으로 이종문화의 관념을 구체화하는 사람들을 모아 영국에 특별한 연구원을 만들었다. 우리는 여러 인종 사이에서 여러 번 혼합된 영국 도시의 사람들이 더 나은 커뮤니케이션과 이해심을 갖고 있다는 것을 깨달았다. 이러한 사람들은 아무도 탐험하지 않은 새로운 길을 개척하거나 2개 이상의 문화를 혼합하였기 때문에 우리는 이러한 사람들을 이종문화의 개척자로 여겼다. 그럼에도 많은 사람들은 이러한 개척자들이 리더가 되거나 활발한 시민이 되는 것을 고려하지 않으며, 가장 자연스럽게 자신의 삶을 이끄는 것뿐이라고 신중하게 지적하였다.

자의식이든 아니든, 우리는 이런 사람들 중 많은 사람이 리더십과 시민의식의 이종문화 형태의, 더 나아가 이종문화 정치형태의 벽돌을 쌓고 있다는 것을 발견했다. 한 예로, 커뮤니티 재생을 위해 도시를 이끄는 파트너십의 틀을 세운 브랜드포드 비전의 뛰어난 지도자 엘라인 애플비(Elaine Appelbee)가 있다. 애플비는 브랜드포드의 도시 청문회에서 도시의 모든 인종단체들은 가난, 범죄, 젊은 사람들, 민족, 종교, 문화를 나누는 것에 대해서 더 신경쓴다고 언급하고 있다.

브랜드포드에서는 우리가 서로 얼마나 다른가를 말할 수 있다. 이 주제에서 보여주고 싶은 것을 더 정확히 말하자면, 우리는 많은 공통점을 가지고 있다는 것이다.

도시에서 그녀의 역할은 '자신이 누구인지 정의내리고, 그들을 한곳으로 모으는 것'과 서로 연결되어 있는 커뮤니티들의 요구에 응답하기 위해 '사람들에게 적합한 기관을 찾아보도록 하는 것'이 세 번째 단계라고 했다. 그녀는 브랜드포드에 문화공생적 커뮤니케이션과 리더십 학교를 설립하기 위해 자신의 힘을 다 쏟아부었다.

데이비드 폴크너(David Faulkner)는 뉴캐슬의 상류 정치가다. 뉴캐슬은 그동안 이주민을 받아들이는 전통적인 도시는 아니었다. 즉, 이 주제에 있어 뉴캐슬의 정치적 인식은 매우 낮았고, 정책수준도 마찬가지였다. 1990년대 이주자들이 점점 늘어나기 시작할 때, 지역정책 커뮤니티에서 나온 반응이나 의식도 미미하였고, 영국의 북동쪽 지역은 문화 다양성과는 거리가 먼 지역이라는 것을 당연시 하는 분위기였다. 정치적으로 뉴캐슬에서 얻을 만한 것은 극히 적었고, 인종과 이주민에 관한 수준 높은 정책을 주장하는 정치가들에게는 많은 위험이 따랐지만, 폴크너는 이 정책을 해야 한다고 생각했다.

얼마 동안, 그는 도시의 인종 간 관계형성의 발전이 더디고 지역 거주자들에게 새로운 커뮤니티뿐만 아니라 새로 발생하고 있는 문화교류에 대한 인식도 없다는 사실을 발견했다. 그는 지역의 많은 다른 커뮤니티의 허브와 중재역할을 제공하는 기관인 쉐이커앤무버(Shakers and Movers)를 방문했다. 그는 전문가의 의견을 토대로 놀이터나 학교에서 발생하는 인종 간 희롱과 괴롭힘이 일어나는 이유를 발견하고 향상방안을 제시하였다.

하와런 후세인(Hawarun Hussain)은 투표방식의 정책 접근에 있어 리더십에 주목하였다. 서두에서 언급하였다시피, 동양의 여러 단체 여성들은 브랜드포드에서 요크셔로 집결하여 슬링백, 히잡, 부르카로 정착하였고, 이제는 '마음을 여는 문'이라고 부를 만큼 닫힌 마음을 열고 훌륭한 이종문화의 리더십을 보여주었다. 그녀는 심장병과 싸우는 방글라데시 사람들의 건강을 위해 농장(Gardening for Health Care)을 설립하였고, 시장에서 구매한 수입야채의 씨를 저장하고 지역상식을 이용하여 채소를 재배하였다. 그녀는 영국의 녹색당에서 일한 최초의 방글라데시 여성이며 커뮤니티 정책에 있어 새로운 스타일을 구체화시켰다.

파빈 알리(Parvin Ali)은 예전에는 환영받지 못한 방법으로 지역으로 새로운

이문화보듬기

이종문화성 커뮤니케이션과 리더십 학교

다문화 커뮤니케이션과 리더십 학교(ICLS)는 커뮤니티의 융합을 촉진시키고 지역과 글로벌 간의 대립을 방지하는 기관이다. 이 기관은 다른 문화, 종교, 인종적 배경에서 온 젊은이들에게 자신에게 중요한 이슈들을 토론할 수 있도록 안전하고 중립적인 장소를 제공한다. 게다가, 이곳은 젊은이들이 살고 있는 곳에 영향력을 행사할 수 있도록 리더십과 미디어 기술을 가르치고 다른 사람들과 충돌하는 사람들에게 교육을 제공한다. 이러한 방법을 통하여, 프로그램은 다른 문화와 인종적 커뮤니티 안에서 평화롭고 장기적인 협조와 상호존중의 발전을 이끌어 낸다.
ICLS에서 주최된 세미나는 5일 동안 진행되며, 끝난 후에는 참가자들이 자기가 사는 곳에 세미나에서 배운 것을 적용하도록 장려한다. ICLS는 2002년부터 유럽과 아시아를 거쳐 세미나를 개최해왔다. 지금까지 개최된 10차례의 세미나는 브랜드포드, 레이체스터, 와셀과 같은 영국의 도시에서 100명이 넘는 젊은 참가자로 이루어졌다.

사람을 이끌었다. 파빈은 레이체스터에서 파티마 여성을 위한 네트워크를 설립하고 운영하며, 아시아계 여성도 동등하게 세계의 비지니스 시장에서 일할 수 있다는 것을 증명하였다. 기관이 지원하는 비지니스가 제 역할을 하기를 바라는 동안, 파티마는 '여러 문화를 뛰어 넘는 커뮤니티 네트워킹을 촉진시키고, 배우고 일하는 환경에서 다인종 간의 신뢰와 조화'의 중요성을 명확히 강조하였다. 터키인과 파키스타인 부모를 둔 남자와 결혼을 하고, 선대가 이란 사람과 인도 사람인 엄마를 둔 말레이시안의 3세대라는 엄청나게 다양한 문화성을 지닌 알리는 이슬람이 본질적으로 이종문화성을 가진 종교가 절대 아니라고 주장하였다. 알리를 다른 사람의 인종성을 무시하는 냉담한 엘리트주의자라고 생각하는 무슬림 사람들의 생각과 반대로, 중국과 남아시아에서 자란 알리에 대해 토종 말레이시아 사람들은 '오히려 이슬람으로 남으려 한다'고 했다.

마쟈 대드는 버밍햄에서 인종 간의 이해와 상호작용을 이끌어내기 위해선 손을 더럽혀야 한다고 믿었다. 대드는 범죄를 저지를 가능성이 큰 젊은 이들을 모아 미식축구를 하며 범죄발생을 막았다. 대드는 가장 처음 만난 15명 젊은이들을 기억하며 다음과 같이 말했다.

> 당신이 … 흑인, 백인, 동양인이라면… 잘 맞지 않는다. 우리의 참된 아름다움은 아이들이 속해 있는 팀이 자신이 가진 전부라는 것을 이해한다는 것이다. … 항상 팀이 늘 그 자리에 있을 것을 알며 … 나는 당당히 말할 수 있다. … 이 젊은이들은 원섬 그린 감옥에 가지 않았고, 대학도 가고 멋진 직장도 구했다.

이러한 다양한 이종문화성이 결합된 시민 커뮤니티의 통합과 조화를 통해서 수많은 작은 기적들이 일어난다.

참고문헌

1. 그것은 Huntington(1996)에 의해 설립된 전통이다.
2. 그 예는 다음을 보라. HM Government, 2006.
3. 보다 많은 정보를 원한다면 www.sarkissian.com.au. 참조.
4. URBACT at http://urbact.eu/themes/citizen-participation/tools-and-methods.html.
5. 작가와의 인터뷰(PW), Tuzla, November and December 2003.
6. 2005년부터 이른 2006년까지, Bloomfield에 의해 진행된 문화공생적 혁신자들에 대한 코메디아의 연구다. 연구결과는 다음을 검색하라. www.interculturalcity.com/inter_innovators.htm. 전체 연구결과는 코메디아에 의해 출간되었다.
7. www.interculturalcity.com/inter_innovators.htm.
8. www.intercivilization.net/.
9. www.interculturalcity.com/inter_innovators.htm.
10. www.interculturalcity.com/inter_innovators.htm.
11. www.interculturalcity.com/inter_innovators.htm.

09
개방성과 이종문화성의 지시

우리의 목표는 인종 다양성과 문화 간의 교류가 도시들의 활력의 근원인지 아닌지를 알아내는 것이다. 이를 위해 평가하고 측정하기에는 까다로워서 많이 묻지 않았던 질문을 확실히 하고 넘어가야 한다.

도시가 인종의 다양성을 중요시하는가는 앞서 본 것과 같은 인구조사와 다른 자료에서 나온 통계자료를 통하여 알 수 있다. 그러나 다음과 같은 질문들은 반드시 확인해야 한다.

- 얼마나 쉽고 빈번하게 다른 인종들이 도시에 모이는가?
- 얼마나 도시가 개방되어 있으며, 단체나 네트워크에서 나와 다른 곳으로 옮겨가 사는 것이 얼마나 용이한가?
- 다른 인종과 다른 문화배경을 가진 사람들은 얼마나 상부상조하는가?

사실 대답하기 어려운 만큼 이런 질문들이 던져질 가능성도 희박하지만, 다른 시대와 장소의 비교분석을 통해 어느 정도 그 답을 얻어낼 수 있다. 9장에서는 이런 질문들을 새롭게 생각해 보고, 정책 입안자와 변호사들이 이런 질문들에 대한 현실적인 대안을 체계적으로 제시할 것이다. 이를 통해 '개방성과 문화공생주의의 지표'에 대한 계획과 더 나은 이해를 위한 새로운 방법들이 제시될 것이다.

사과와 배를 함께? 다양성을 향한 국제도시들의 접근 비교

첫 단계에서는 시대에 따라 변하는 인구통계학과 문화다양성에 영향을 준 가치체계, 여러 국가와 함께 일을 진행한 서양 도시들 및 그 도시들의 유익한 지역 관할법에 대해 파악하고자 한다. 앞서 말한 것과 같이, 미국, 영국, 프랑스, 독일, 이탈리아에는 중요한 국가정책의 수립에 있어 대립적인 접근방식이 있다. 우리는 국가 간의 긴장과 국경을 규정할 수 있는 특권과 함께 안전과 시민권, 이종의 도시 설립에 공헌한 사람들의 흔적을 검토하고자 한다.

다음은 마이클 알렉산더(Michael Alexander)의 자료(2001, 2003, 2006)에서 검토한 내용이다. 알렉산더는 유럽 12개 나라에 걸친 25개 도시를 대상으로 채용, 주택, 교육, 보안을 중심으로 한 30년 간의 문화다양성의 증가에 따른 지역권력과 주어진 미션을 평가했다. 알렉산더는 광범위한 비교분석을 통하여 정책에 대한 다섯 가지의 카테고리를 만들었다.

- **무정책** – 이주자는 도시에 영향을 주지 않는 일시적인 현상으로 간주된다.
- **이주노동자 정책** – 이주자는 언젠가는 자국으로 돌아갈 일시적인 노동력으로 간주된다.
- **융합정책** – 이주자는 영구적으로 융화되어 다름이 없어지게 한다.
- **문화다양성 정책** – 이주자는 영구적이고 다름은 인정되어야 한다.
- **문화공생적 정책** – 이주자들의 다름이 드러나지 않음에 따라 그들은 영구적인 존재가 된다.

도시들의 실제사례를 바탕으로, 알렉산더는 지역별 권력가들이 받아들인 정책 접근방법의 유형학(Typology)을 작성했다. 표 9-1에 그 중요한 내용을 정리하였다.

이 표는 많은 흥미로운 질문을 자아낸다. 예를 들면, 알렉산더는 도시의 정책은 통계적이지 못하고 시간의 흐름에 따라 여러 요소로 바뀔 수 있다고 지적하고 있다. 1970년대의 암스테르담이나 베를린에서도 이주노동자 영역에 관한 정책이 있었으나, 이제는 문화다양성 정책이나 문화공생적 정책이 있다. 그동안 아테네는 릴(Lille)이 융합자(Assimilationist)로 활동하며 오랜 시간 동안 무정책 영역에서 머물러 있었다. 표가 왼쪽에서 오른쪽으로 옮겨 감에 따라 도시들이 보다 체계적으로 자연스럽게 나아간다는 규범적인 결론을 쉽게 내릴 수 있으나 이는 사실이 아니다. 확실히 시간이 지날수록 국가는 이민자들을 무시하고 있으며, 강한 융합과 공약을 남기지만 이민자들이 영구적일 것으로 추측하는 것은 쉽지가 않다. 문화공생적 단계가 마지막 달성단계라 여기거나 도시의 마지막 단계라고 여겨서는 안 된다. 예를 들면, 암스테르담의 한 연구에 의하면, 융합정책이 다시 제정되도록 하기 위해 다양한 문화성을 가진 도시에서 문화공생의 도시로 정책을 변화하고 싶다는 강한 의사를 밝히는 도시에는 그에 반대하는 광범위한 저항과 심한 논쟁이 있었던 것으로 나타났다. 일부 정부기관이나 부서들이 앞서 나가거나 다른 것에 비해 뒤떨어져 이상한 부조화를 이루는 것에서 알 수 있듯이, 많은 도시들이 추진하고 있는 행위와 정책을 반듯이 동일시할 필요는 없다.

그럼에도 불구하고, 알렉산더의 연구는 도시들이 정확하고 비교분석 가능한 범주로 남을 수 있는가와 도시가 어느 곡선을 따라 갈 것인가에 대한 이해를 제공한다. 특히, 도시들이 앞서 나가기 위해 어떠한 전략을 세워야 하는지, 전체적으로 영향을 주는 요인을 파악하기 위해서 어떻게 시작해야 하는지, 어떻게 과정을 지켜보고 결론을 내려야하는지를 판단하는 근거를 제시해준다.

표 9-1 정책 접근방안

	무정책	이주노동자 정책	융합자 정책	문화다양성 정책	문화공생 정책
소규모 기관	·국가가 무시함	·제한된 부문에 대해서만 비공식적 협조	·국가가 인정해 주지 않음(일)	·국가가 관련 부서를 함(로마)	·국가가 통합을 위해 힘씀(헬드, 취리히)
노동시장	·무시함 ·불법시장 활동으로 관심을 돌림	·최소한으로 제한된 규정 내에서 직업 훈련	·비민족적 기본으로 일반적인 직업 지원	·인종차별 반대 정책 ·채용과 노동자 훈련에 대한 긍정적 액션(암스테르담 1980년대)	·인종차별 반대 정책 ·문화다양성의 능력과 언어능력을 강조함
주택	·이주자 주택문제를 무시함 ·임시적으로 주택을 마련해줌(로마 1960년대)	·단기간 주택 해결방안 개인주택에 대해 구역에 대한 최소한의 규정(암스테르담 1970년대)	·사회주택에 대해 동등한 권리부여 ·주택시장에서의 인종차별 문제에는 무시함	·인종차별 반대 정책 ·주택문제에 관련된 긍정적 정책 마련	·국가와 모두의 언어/문화를 가르침 ·문화다양성 능력을 중시함
교육	·이주자의 아이들 인정	·이주자의 아이들을 학교에 등록시킴(베를린 1970년대)	·국가의 언어, 역사, 문화를 중요시 여김 하나, 국가가 주거교육에 대해서는 모르는 척함	·다양한 학교 모두에 교육, 종교, 문화적 교육을 적극적 지지(버밍햄)	·국가와 모두의 언어/문화를 중요시 여김 ·인종차별 폐지
보안	·이주자를 안전 문제로 삼음(로마 1960년대)	·이주자 규정, 감시, 주방에 대한 보안 강화	·이주자 거주지역에 보안을 강화함	·일반 노동자와 같은 보안, 혁신적인 인종차별 퇴치 실행(레이체스터)	·인종차별 문제에 대한 충돌보안 강화

09 개방성과 이종문화성의 지시

	무정책	이주노동자 정책	융합자 정책	문화다양성 정책	문화공생 정책
사회적 인식	· 잠재적 위협으로서의 이주자	· 이주자들은 경제적으로는 도움이 되나 정상, 문화중요성에 도움되지 않음.	· 소수 집단에 대한 관대를 주장하는 캠페인들이 있으나 불찬용 부분도 많음	· 다양성을 축하하자'는 페스티벌과 도시를 브랜드화하는 캠페인(베를린, 프랑크푸르트)	· 문화다양성의 중요성을 강조하는 캠페인
도시 발전	· 소수 민족 거주지에서 발생하는 문제 무시	· 소수 민족 거주지에 대해 관대히 바라보나 일시적임	· 소수 민족 거주지는 도시의 문제라고 여김 · 분산 정책과 고급주택화 · 상징적인 공간 사용에 반대함(브뤼셀, 프랑스)	· 소수 민족 거주지와 다인종 커뮤니티를 인정함(암스테르담, 프랑크푸르트)	· 여러 인종이 사는 이웃들과 공공장소를 추구함
정부와 시민권	· 무권리 혹은 불인정	· 무권리 혹은 불인정	· 어느 인종이나 시설 이용 가능하게 함 인종차별 구조를 없앰(릴)	· 커뮤니티 리더십, 공정한 구조와 인종을 토대로 읍조 배분	· 문화를 나누는 리더십과 단체를 높이 평가함 · 상징적 공간 사용이 아닌 가능적 면을 강조함(슈투트가르트)

출처: Based on Alexander(2001, 2003)

새로운 지표를 위해 필요한 것

다양한 문화공생의 도시가 어떻게 측정되는지 알고 싶다면, 인구통계의 양을 정하는 간단한 이해와 다른 사람과의 상호작용의 질적 관계를 측정해야 한다. 이미 가지고 있는 자료에 대해 다른 질문을 하고 새로운 자료를 수집해야 한다. 그리고 다른 권력과 시간대에 모은 자료의 비교를 통해 새로운 지표를 설립해야 한다.

지표들은 변수들로 구성되어 있고, 순간 순간의 짤막한 정보들을 준다. 시간대 비교분석은 변화의 범위와 앞으로 나아가야 하는 방향에 대한 아이디어를 볼 수 있게 한다. 수집한 자료의 실용성과 한계, 정해진 기준, 질 측정의 인식과 사회적 한계로 인해, 그들은 불가피하게 불완전한 정보를 제공한다. 지표들은 단순하게 문서적일 수 있으며(예를 들면, 정책이나 법은 존재하는가?), 계량할 수 있으며(계속될 수 있는가?), 아니면 정량적인 정보(의견과 지각들이 관계되어 있는가?)가 될 수도 있다. 어떤 지표들은 실체가 있고 측정 가능한 반면, 다른 지표들은 실체가 없고 "도시가 개방적이고 사람들을 환영한다고 생각하는가?"나 "일하는 곳이나 공공장소에서 비우호성을 느낀 적이 있는가?"와 같은 질문을 하여 사람들의 인식을 기록할 수 있다. 어느 자료는 인구조사와 같이 실제 존재하는 자료를 통해 발표될 수 있는 한편 다른 자료들은 리서치나 인터뷰를 통해 보완되야 할 필요가 있다.

아래의 방법론을 위한 기초 원리들도 나와 있다. 도시가 더 많은 문화다양성을 이해하기 위해 받아들여야 하는 지표는 크게 두 가지로 나뉘어져 있다. 도시가 도시 스스로를 다르게 생각하기 위해서 자료수집과 계속되는 발견을 통해 개방성을 위한 지표를 측정하기 시작해야 한다.

개방성을 위한 지표

"도시는 얼마나 개방되어 있는가?"에 대한 해답에는 4가지 요소가 영향을 끼친다.

- 기관의 구조
- 비지니스 환경
- 시민사회
- 공공장소

또한 이것에 대한 질문과 도시들의 개방성을 파악하기 위한 요점은 다음과 같다.

기관구성의 개방성

지역이나 정부의 법률제정과 규정에 의해 기관구성의 개방성이 정해진다.

국가나 연맹 차원의 첫번째 지표는 시민권(citizenship)에 쉽게 접근하는 것이고, 이를 측정하는 것은 중립화의 비율, 새로운 언어를 가르치는 수업의 규정/조항, 피난자의 건강과 사회복지 시설이다. 나머지 지표는 국제법과 인권존중이며, 이것을 측정하는 항목은 가족 재결합의 인정, 피난자들을 위한 제네바 조약 인정, 인종차별을 반대하는 법의 존재 여부다.

교육정책 분야로 넘어가면, 1년 간 영국에서 이루어지는 교환학생 수나 건강/사회 관련 관공서에서 통역자로 일하는 것과 같은, 문화공생성/다양문화성 시민권 커리큘럼 그 자체가 하나의 지표다.

도시수준에서의 지표는 문화공생성 전략, 문화공생성 계획 규정과 안내, 공공장소에서의 문화인식 트레이닝이다. 사람들이 실제 도시 안에서 받은 영향과 인종다양성의 접근으로 파워 맵을 그리는 것은 다소 복잡하지만 가능한 일이다.

커뮤니티의 인구통계학 구성과 관련해서 지역 정부기관에서 선택된 회원들이나 중앙정부의 구성에 나타난 문화다양성의 레벨은 기관 개방성의 지표가 될 수 있다.

비지니스 환경의 개방성

이는 무역이나 산업, 일자리 시장과 훈련을 뜻한다. 채용과 훈련, 인종차별에 대한 반대인식, 과정과 최종결과 평가에 따른 비지니스의 내부 정책 약속을 통해 지표를 정할 수 있다. 국가나 연맹 단계에서, 영국 산업동맹(Confederation of British Industry)과 같은 주요한 비지니스 협회가 노동인력의 문화다양성을 바르게 대처하고 있는지의 여부를 물을 수도 있다. 흥미로운 측정방법으로는 전문직 채용의 다양성 정도와 제3구역에서의 여러 문화배경을 가진 학생들의 수의 비교가 있다.

도시 단계에서는 채용관습에서 인종의 다양성 이슈를 대처하는 무역 집행실을 살펴봐야 한다. 이를 측정하는 수단은 20개의 대기업과 임의로 고른 30개의 중소기업들의 문화인식 훈련, 리더십 위치, 직원의 인종적 구성이다. 다른 지표로서 다음의 사항을 포함한다.

□ 지역 회사의 외국무역
□ 다양한 규모의 지역 비지니스 소유권
□ 다른 곳으로부터 직원채용, 소매 제공의 다양성
□ 공항과 철로의 목적지

고용 부분에서는 전화 센터, 은행과 금융기관, 수입 – 수출 무역, 병원 통역자, 커뮤니티에서 일하는 사람, 치료사, 젊은이들과 커뮤니티를 위해 일하는 사람, 문화공생의 중재자와 같은 여러 문화를 자유자재로 아우를 수 있는 사람의 일자리가 얼마나 되는가를 연구할 수 있다. 또한 도시에서 얼마나 많은 소수 인종 회사가 승승장구하는가? 출신국에 기원을 둔 소수 인종 사업의 무역과 국가 간의 긴밀도는 어떠한가? 정부가 지원하는 계획에 실패한 인종적 훈련의 비율은 어떠한가와 같은 질문을 할 수 있다.

보충질문은 질의응답이나 인터뷰를 통해 나올 수 있다. 예를 들어, 2000년도 제정된 인종 관련 법령이나 국가가 관여한 법률제정들은 개인회사에서 우선권을 옮겨왔는가와 같은 질문이다. 외국과의 무역을 위해 장소를 변경하는 회사들을 위해서는 다음과 같은 질문들이 나올 수 있다.

- 왜 여기로 왔는가?
- 무엇 때문에 여기에 머무는가?
- 당신의 선택을 어떻게 평가하겠는가?
- 만약 있다면, 무엇이 다양한 인종을 선택하게 했는가?
- 도시를 위해 힘쓰도록 당신에게 영향을 끼친 3가지 요소는?

그러나 이 조사에서는 왜 회사들이 다른 곳으로 옮겨가는가에 대해서는 해답을 주지 않았다.

시민사회의 개방성
한 장소에 위치한 어느 사회조직이 접근하고 침투하기 쉬운지에 관한 범위도 측정할 수 있다. 도시 단계에서 볼 때 지표는 건강, 복지, 교육, 커뮤니티 토론회, 관리의 다양성을 포함한다. 가장 높은 20개 공립 및 사립 기구들에서 중점적으로 관리하는 인종구성 또한 독립적인 특징을 가진다.

인종·문화적으로 조화를 잘 이루는 비지니스 협회, 사회 클럽, 종교집단, 정치조직의 활동성을 나타내는 다국적의 경제·사회·문화·시민적 네트워크는 관찰과 인터뷰로도 측정할 수 있다. 미디어의 '상이성'을 나타내는 긍정적인 문화와 주류인 대중방송의 소규모 방송채널과 소규모 프로그램들의 수는 개방성을 나타낸다. 게다가, 다른 인종단체와 연관된 프로젝트들도 유심히 지켜볼 필요가 있다.

개방성에 대한 대중의 태도는 학교 전체의 커리큘럼 평가와 연관된 지표(외국어를 공부하고 교환학생으로 다른 나라에 가는 학교 학생의 수, 영국에서 태어난 소수 인종의 대학생들의 비율)로 파악할 수 있다.

사회적 영역에 관한 질문에는 인종모함이나 망명요청자를 향한 범죄, 피난자를 위한 공공대우와 국제입양 등의 문제가 있는데 이는 인터뷰로 파악된다.

도시 내외부의 장소 마케팅을 보면서, 어떻게 세계적인 마인드로 그것이 실행되었는가를 평가할 수 있다. 연구에서는 도시가 네트워크와 다른 국제적 협약을 적극적이고 균형있게 잡아주고 있는지, 도시가 세계에서부터 가장 올바른 예를 활발히 찾고 있는지, 아니면 외부의 '비평가 친구들'이 있는지를 물어볼 수 있다.

오클랜드에 대한 연구는 개방성의 개념이 개인의 것이 될 수도 있다고 밝혔다(Brecknock Consulting, 2006). 예를 들어, 도시에는 그 나라에서 태어난 원주민들이 불안을 느낄 수 있는 장소가 많이 있다. 도시의 디자인과 계획에서의 개방성의 느낌은 사람과 사람사이의 관계, 집단과 기관의 상호작용, 사회·종교·비지니스·정치적 기관에서 나타나는 태도로 연상할 수 있다. 소외와 고립은 '아니오'라고 말할 수 있는 환경적 장소의 실제 디자인과 거리, 높은 권리위치에서 사람들을 대하는 태도로부터의 경험에서 찾아볼 수 있다. 사람들과 공존하기 위해서는 그 커뮤니티 안에서 안전함을 느끼고 다른 사람들과 동등한 기회를 가질 수 있어야 한다. 이것은 사람이 참여하고 싶어하는 동기부여를 강화하는 요인이 된다. 문화공생의 교류, 창조와 혁신이 넘쳐나는 곳에 참여하기 위해서는 자기 가치를 알아야 한다. 오클랜드의 응답자는 '사람은 먼저 자기의 자아를 찾아야 한다. 그리고 새로운 환경에서 자신의 특별함을 중시하며 자기 문화의 참된 의미를 재협상해야 한다'고 대답했다. 결론적으로, 연구에서는 문화공생이 사회적 결속력을 높이는 데 도움을 주며, 타인에 대한 이해와 높은 문화인식을 가진 커뮤니티의 형성을 가능하게 하므로 정책과 계획에 반영할 것을 제안하고 있다.

공공장소의 개방성

공공장소의 개방성은 사람들이 '도시의 자유'를 느낄 수 있는 장소나 동네, 나아가 사람들과 단체가 가깝게 느껴지는 도시의 범위에 중점을 두고 있다. 그것은 여러 인종이 함께 사는 주택가나 범죄통계에 따른 소수 인종들이 사는 도시의 안정성, 도서관이나 도시 중심의 문화공간, 공공장소의 이용, 어느 도시의 시설이 사람들을 환영하거나 혐오하는지와 같은 사항에 대한 관찰을 통해 측정할 수 있다. 측정하는 기준으로 다음과 같다.

- 여러 인종들이 섞여 있는 공공장소와 주택가에 대한 융합정책의 평가
- 도서관, 문화적 공간, 체육시설 같은 공공장소에 대한 다른 인종의 사용자 평가
- 도시에서 열리는 여러 문화 이벤트나 축제범위의 평가
- 종교 간의 접촉밀도와 정도를 평가하기 위한 기관/포럼 또는 만남의 횟수

이러한 조사는 대학, 수영장, 공원, 도서관, 커뮤니티 센터, 공연장, 영화관 같은 데서 쉽게 이뤄질 수 있지만, 인터넷 같은 사이버공간이나 전체적 도시 분위기에 대해서도 조사되어야 한다. 도시의 전체적 표면에 영향을 끼치는 특별한 장소에서는 책 앞부분에서 설명된 개인이나 집단의 행동을

관찰한 연구들도 자세히 살펴볼 필요가 있다.(예로써, Dixon et al, 2005b.)

문화공생주의의 지표

어느 지역의 구성원들이 사회·경제·직접적으로 조직 구성요소들 사이의 중요한 관계를 이해하기 시작하면, 문화공생성을 논의할 만한 지표들을 모으고 해석할 준비가 되었다는 뜻이다. 문화공생성의 지표는 개방성의 결과, 체계적인 중재와 자발적인 노력, 그리고 문화공생의 세계에 살면서 겪은 경험을 측정한다. 이러한 지표에는 아래와 같은 사항들이 포함된다.

- 다른 인종과의 혼인, 사회·문화적 혼합의 다른 형상
- 여러 지역 네트워크, 문화공생 비지니스와 직업, 새로운 전문직
- 문화다양성과 융합이 구체화된 제품
- 대중적으로 문화공생성을 이해하는 프로그램의 존재
- 비지니스 환경 속에서 두 가지 언어나 여러 언어를 사용하는 트레이닝
- 문화다양성의 역사와 전통을 갖고 있는 도시의 건물이나 대중예술의 존재

질문과 답변

우리는 도시 차원의 개방성과 문화공생성을 논의하고 우리의 개방성 지표의 예상을 실험하기 위해 브리스톨의 사례를 다루었다. 위에 나와 있는 지표들에 관해 다양한 질문들을 했으며, 보다 유용한 것들과 그렇지 않은 것

에 대해 상세히 논했다.

각 분야에서 저명한 40세 이하 20명과 40세 이상 20명을 인터뷰했다. 인터뷰 참가자의 종사분야는 사업, 공공서비스, 학계, 정치 지도계층, 주요

이문화보들기

이종문화성 도시 전망대, 마드리드

2005년 3월, 마드리드 시의회는 '사회적 문화공생을 위한 마드리드 계획'이라는 이름으로 이주민과 원주민들이 '모두를 위한', '이웃을 위한' 상호 책임을 지는 도시 전략계획을 세웠다. 2003년 10월에 열린 'Foro Social'이라는 사회 포럼에서는 이주민들이 도시에 미치는 영향에 대해 정부와 비정부 사람들이 모여서 토론을 벌였다. 이는 스페인 사람들과 외국과의 공존, 다이내믹하고 조화로운 이웃환경을 조성하고, 이민자들에게 더 나은 권리를 제공하는 등 이주민을 받아들이는 지자체 차원의 준비를 발전시키는 계기가 되었다. 이 계획은 도시의 이민국에서 계획하여 개발 및 커뮤니티 서비스를 진행하였고, 2007년까지 4억 1600만 유로를 가지고 시민고용 서비스 에이전시에 가입했다.

이 계획은 위에서 설명한 것과 같은 목표를 달성하기 위해 훌륭한 공간과 작업시설을 갖추었다. 지자체는 채용분야(특히 남녀 동등채용), 사회 관공서, 이주와 사회 참가 등에 영향을 끼치는 활동들을 발전시키고 계획하는 업무를 맡았다. 이 계획이 도입되면서 도시는 3가지 중심정보 중 가장 첫번째는 이주의 통합이라 발표했으며, 나머지 2가지 중심정보는 2006년 10월에서 2007년 4월 사이에 발표되었다. 도시주택 및 기반시설을 위한 지방자치 조정국이라 불리는 단체 또한 세워졌다. 이는 지역 단계에서의 통합정책으로 지역 주택시장에 이주자들의 접근을 용이하게 하기 위한 단체다. 주택기관은 도시의 이종문화 중재 관공서와 함께 공동으로 참여했다.

사회의 참가활동을 통해 다양한 기관들은 평화로운 공존을 위한 마드리드 플랜의 토대를 홍보했다. 여러 기관들은 이종문화의 의견교환을 목표로 삼았다. 2005년 4월에 열린 지역에 관한 다문화적 대화를 위한 논의에서는 매일 문화공생의 이해를 토론할 것을 제시했다. 논의의 대표들은 관련된 이슈들에 관해 충고하고 대화할 수 있도록 'Foro de Madrid de Dialogo y Convivencia'를 개최했다. 게다가, 비정부기관에서 400명을 모아 지역의 정책에 참가시킨 2004년의 첫번째 회의와 같은 소셜 포럼은 일 년에 한 번씩 열리고 있다. 다른 24개의 기관은 이주민의 조직 설립을 위해 2006년 4월에 시작된 도시의 Apoyo Asociacionismo 프로그램과 같이 이주민 이슈를 목표로 마드리드의 행정을 돕고 있다.

이 계획은 마드리드의 이주자와 문화공생을 과학적으로 연구하기 위한 센터를 설립했다. 2004년 10월부터 이곳은 이민현상의 상황조사뿐만 아니라, 바람직한 도시구조에 관련된 정보교환 및 조정과 같은 실질적인 기능을 분석하기 위한 중심부 역할을 해왔다.

표 9-2 개방성과 문화공생의 지표: 국가 간의 연방 단계

구 분	개방성 지표	문화공생 지표	수입의 의미
기관적 구조	· 시민권에게 접근 용이 · 국제 인권에 대한 존중 · 망명 희망자 통합 정책의 피난자 대우에 관련된 제네바 조약의 인식 · 피난자를 환영하고 통합하기 위한 국가적 계획 · 인종관계와 인종차별 반대 법률 · 문화적 다양성을 구체화하는 학교 커리큘럼 내의 시민성 의무 교육 · 외국어 공부와 프로그램 강화		· 귀화한 외국인 비율 · 가족 재결합 권리의 인정 · 언어교육, 주택 지지, 일자리, 트레이닝, 건강권리, 법률사항 자문 등을 위한 정부의 보조금 · 합리적 인식, 인신보호 영장, 임의의 권력이나 구치소 없음, 건강 권리 · 피난자들의 건강/사회복지 이용 · 특수한 필요, 건강보호, 언어 필요성, 재출현, 안전한 주택, 사례별 사회복지사의 인식 · 정책공약과 안내 · 에라스무스 사상 아래 아래 유학가는 프로그램 비율

	개방성 지표	문화공생 지표	수집의 의미
	·소수 인종 트레이닝의 국가적 촉진		·정부가 지지한 계획 아래 훈련에서 차지하는 인종적 실패의 비율
		·다양성 전략을 통한 국가적 창조성과 혁신	
		·이주자 통합에 반하는 문화공생 노력을 통한 문화적 재생산의 증진사업	
사업환경	·노동력과 인적 자원의 문화적 다양성에 역점을 둔 사업연합 정책 ·소수 인종 자영업자의 성장		
		·이종 혹은 다언어주의, 다문화주의, 혁신에 대한 기술의 인식, 훈련, 보수 ·사업, 경쟁 멘토링, 다문화 혁신 펀딩 ·다문화 혁신의 측정 및 모니터링	·다문화 사업의 새 상품, 서비스, 절차 시작
시민사회와 서비스		·다인종 간 결혼의 비율	·인구조사 이용
공공공간		·다문화 계획 모델의 국가적 증진	·인구조사 이용

표 9-3 개방성과 문화공생의 지표 : 도시 단계

	개방성 지표	문화공생 지표	수집의 의미
구조문화적 다양성	문화적 다양성/다문화 전략의 존재		귀화한 외국인 비율
	공공기관에서의 문화적 지식 훈련		훈련의 질적 평가에 대한 인터뷰
	망명 신청자와 난민을 위한 안전한 피난처를 진입하기 위한 공공 위원회		예, '난민도시' 프로그램, 유럽 공동 도시의회, 난민환영 교육 혹은 종합 프로젝트에 관한 이중문화적 도시 프로그램에 참가
	인종차별 반대와 동등한 기회의 구상과 공공기관의 시행 모니터링		
	문화·사회적 통합 주택		문화·사회적 통합 주택관리 정책 감시와 주택관리인 인터뷰
	다문화 계획 안내		
	문화교류 및 외국어 프로그램 강화		교환제도로 외국에 나가는 학생들이 수와 언어교육을 위해 자국으로 들어오는 학생 수
		공공 자치기관에서 문화지식 훈련	
사업환경	지역 일자리에서 경영 및 전문가 부문의 민족적 다양성		
		공공서비스와 문화기관에서 다문화적 중계, 영능, 프로그래밍과 같은 새로운 전문직	일과 업무 지침서 감시
시민사회와 서비스	경제·사회적 시민 네트워크 간 공통부문 증가		우선, 협동조합, 포럼, 향자기업 조사

개방성의 지시	문화공생 지표	수집의 의미
공동, 개인, 봉사 부문 리더십 부문의 민족적 혼재 증가. 소수와 주류		상위 공사기관에서 교위직 인사
	다문화적 경제·사회·문화·시민 네트워크	문화·민족적으로 혼합된 움직임, 정치당, 종교집단, 사회클럽, 사업조합에게 인터뷰 또는 관측
	공공 서비스 형성에 있어 다인종과 다양한 신념 포범이 활발한 역할	
공공공간		
열린 접근, 도시 중앙기관의 혼재된 사용		관찰, 선호하는 장소에 대한 청중조사
도시 중앙 문화기관에 소수 인종들의 유입		청중조사
소수 인종 지역 내 문화기관에 혼재된 유인 요소 증가		인터뷰 및 관찰
혼재된 이웃과 자산의 증가		
대중과 젊은 세대를 유인하기 위한 문화적 프로그램 및 개방된 공공공간	다양한 인구의 도시 중앙기관 사용	도시 중앙도서관, 박물관, 수영장, 비적센터에서 인터뷰 및 관찰
	상징적 문화 공공기관	
	다른 전통문화를 참고한 환경조성이 문화적 다양성	
	문화적으로 포괄적인 공공 행사/프로그램/방송	

이문화 보듬기

다문화 도시 전략, 슈투트가르트

슈투트가르트 시 통합부서는 성공적인 통합이 사회단결을 위한 수단이며, 그것이 성공하기 위해서는 통합하려는 노력이 공공 분야, 민간기업 분야, 시민사회 간의 강한 파트너십 지원이 필요하다고 밝혔다. 2001년 '통합을 위한 조약'을 체결한 슈투트가르트 시와 같은 목표에 도달하기 위해서는 이주자의 사회·경쟁적 포용을 증진시키기 위한 협력의 제도화가 요구된다.

슈투트가르트 시의 통합철학은 8가지의 소위 '획기적인 사건'으로 정의할 수 있다. 이 8가지는 교육, 경제 성장, 권리와 기회의 평등, 정치·사회적 참여, 다원주의와 문화적 다양성, 상호 존중과 연대, 참여 의사소통, 국제적 협력과 같은 분야를 말한다. 교육분야에서는 슈투트가르트 시는 독일 문학을 중시하면서도 2개 언어 혹은 다언어 교육을 장려해 나갔다. 독일어 교육은 훗날 사회·교육적 낙오를 방지하기 위해 매우 어린 나이부터 시작한다. 게다가 이주자 출신의 부모들은 아이들의 교육을 지원하는 데 도움이 되는 사항을 배운다. 경제성장이 행복의 기반이라고 가정할 때, 슈투트가르트 시에서는 자도시의 경쟁력을 조성하고 자도시에서 살면서 수십 년 간 사업을 성공적으로 일구어낸 IT업계 이주 근로자들이 경제적 이익의 창출에 중요한 역할을 했다.

또한 문화 주류의 정책기반에 대해서는 특히 교육과 전문기술 분야에서 소녀들과 여성들의 승진을 목표로 한 다양한 교육방식을 적용해왔다. 특별 언어과정은 체계화되었고 때로 쓸모 없게 여겨졌던 단체인 'getting around'는 독일의 사회, 교육체계에 익숙해졌다. 통합의 전략을 따르면서 소녀들을 위한 방과 후 모임이 무슬림 부모들의 허가 아래 증가하였다.

정치·사회적 참여를 도모하기 위해 선발된 이주자 대표, 전문가, 시의원으로 구성된 지역 논의적 성격을 지닌 '국제적 위원회'를 설립하였다. 시는 시의회에서 진행되는 정책의 공식화와 의사결정 과정을 지지하고 영향력을 행사하고자 했다. 그렇기에 '국제적 위원회'는 슈투트가르트 시에서의 지역적 삶의 다른 면과 통합 문제를 논의하기 위한 정기적인 모임을 요구하였다.

문화적 다양성과 다원주의를 증진시키기 위해 지방자치단체 도서관에서는 다양한 언어로 전자매체와 책을 제공하고, 공공기관과 사설기관은 지역 수준, 다문화적 이해, 운영에서의 통합정책과 방안에 관한 세미나를 개최한다. 연극, 박물관과 같은 다른 문화 기관과 외교관계를 위한 기관은 다문화 교육과 연관되어 있다. 슈투트가르트 시는 더 나아가 언어나 교육과 같은 개별분야에서의 활동, 커뮤니티의 통합, 사회의 모든 구역에서의 다원주의와 다양성 지지, 자도시의 다문화적 도시개념 강화를 증진시킨다.

1998년 슈투트가르트 시의 문화적 이질성을 반영하고 다문화도시로서 개념인식을 조성하는 문화를 위한 포럼이 개최되었다. 통합기구로써 이 NGO단체는 문화협회로 시작하여 현재 50여 개 다른 국가적 배경을 띤 62개 회원단체가 참여하는 등 빠르게 확장하고 있다. 게다가 슈투트가르트 시는 직접적인 자금제공 시스템을 갖추고 있어 모든 회원기구는 슈투트가르트 시의 재정적 지원을 통해 문화 프로젝트를 수행할 자격을 부여받는다. 문화적 다양성을 반영하기 위한 자체 노력이 더해져 시민사회에 속한 사설 기구와 협회들을 개방하고 이주자들이 진행 중인 공공사업에 참여하도록 권장한다. 고용단체는 세계 경제에서 필수요소인 다문화 능력과 다언어주의의 강점을 지닌 이주민 출신의 젊은이들을 위한 새로운 실습과 취업기회를 찾기 위해 지역 사업가와 긴밀하게 협력한다. 게다가 다양한 기관과 2개 국어가 가능한 심리학자와의 상담 서비스, 이주민 기구의 사회 서비스, 성인 야간 강좌와 같은 프로젝트는 시로부터 재정적 지원을 받는다.

다른 문화적 배경에 속하거나 동일시 여기는 사람들 간의 사회적 단결을 요구가 확산됨에 따라, 다양한 도시의 다문화적 삶의 질을 향상시키고 차별에 대항하기 위해 사회 노동자, 정책가, 교사, 경찰 등 관계된 모두가 함께 모여 조직을 설립하였다. 문화적 또는 소수 인종을 배경으로 발생한 사적인 충돌을 대비하기 위해 법정 밖에서 문제를 해결할 수 있는 훈련된 중재기관도 생겨났다. 커뮤니티에서 통합을 증진시키기 위해 여러 지역기관들이 도시 내에서 설립되었다. 1980년 대에 설립된 가장 오래된 지역기관 중 하나인 하우스 49는 로버스 보쉬 재단의 재정지원으로 설립되었다. 이러한 다문화적 접근과 철학은 슈투트가르트 시에 새로운 중심 활력의 기반이 되었다.

슈투트가르트 이민자들이 참여하는 다양한 언어의 신문이 시의 여러 가게에서 팔리고 있고, 일부 이민자 단체가 그들의 모국어로 작성된 지역신문을 편집하고 있다는 사실도 중요하다. 더불어 문화협회는 슈투트가르트 시에 현존하는 모든 다문화 기구와 소수 인종 단체를 아우르는 잡지를 출간했다. 프로그램에서는 이주 학생들과 독일 교육체계에서 성장하지 않은 새로운 성인 이주자들에게 초점을 맞추며 학교부터 직장생활까지의 적응이 특히 강조되고 있다. 또한 이미 자리잡은 독일어 교육 프로그램에 추가적으로 정기 견습생을 위한 1년 준비과정이 생겼다. 이는 이주민 출신의 젊은이들을 위한 이론과 실제 훈련과정으로 이루어져 있다.

언론기관, 기업, 계획 레저 추진단체, 예술계 등으로 다양했다. 인터뷰 대상자들은 대부분 도시 외곽 출신이었다. 우리는 또한 20명의 역사적 인물들이 도시의 개방성을 어떻게 생각하는지 평가했다. 항목에는 다음과 같은 사항에 주목했다.

▫ 어떠한 방식으로 도시에 환영받았는가?

▫ 도시에서 원하는 것을 얻기 위한 유인책과 장애물은 무엇이었는가?

▫ 나이, 문화·사회·경제적 배경, 지역적 조건, 이웃에 따라 어떠한 부류의 사람들과 어울리게 되었는가?

▢ 브리스톨이 다문화지역인가 아니면 폐쇄적인 지역인가?
▢ 브리스톨의 인식이 개방적인 지역인가 그리고 브리스톨에서 어떤 장소와 공간이 다문화적 통합을 장려하는가?

세부적인 발견은 어느 곳에서도 가능하다(Comedia. 2006). 브리스톨 인터뷰 결과에서는 다른 도시에서 관측된 사례입증에 힘을 실어주었고, 우리는 다음과 같은 일반적인 결론에 도달할 수 있었다.

▢ '하나로서의 세계'라는 도시 프로젝트와 외부인에 대한 호의를 보이는 리더십을 명확하게 재고하고 도시 비전을 수립해야 한다.
▢ 대부분의 대도시들은 외부인에게 관대해지는 데 소극적이며 비슷한 사람들끼리 살아간다. 대도시 사람들은 '다른 사람들'과 그리고 자신의 경계를 넘어선 것들과는 섞이려 하지 않는다.
▢ 통행기준, 도시계획, 교통시설과 같은 물질적인 산업기반 분야는 차별을 증대시키고 통합의 가능성을 감소시킬 수 있는 분야다.
▢ 백인계 노동 빈민층에게 있어 재산문제는 빈민 소수 인종의 영토문제만큼이나 심각하다.
▢ 다문화 통합장소는 쇼핑센터, 병원, 수영장과 같이 일상적이고 평범한 공간이 될 가능성이 크다.
▢ 창조적인 산업과 예술 분야는 통합이 발생할 수 있는 중요한 분야다. 분야의 특성상 최첨단 유행 분야에서 활동하면서 종사자들은 '다른 사람, 다름'의 관계를 탐구하며 형성해 나간다.
▢ 특히 젊은이들 중에서도 이주민 제2, 3세대의 젊은이들에게 차별은 존재하지 않는다. 일터에서부터 여가시간까지 일상적인 관계를 지속하는 것은 차별을 완화시킨다. 이러한 이유로 젊은이들은 다문화의 앞날에 장밋빛 미래를 보여준다.

▫ 많은 경우에 누가 누구와 통합될지에 관해 사회계층 또는 소득계층은 인종보다 더 지대한 영향을 미칠 것이다.

우리의 결론은 도시가 표면상으로 인종적 긴장 또는 반감에 관한 어떠한 징후도 보이지 않을지라도 '평범한 무관심'과 같은 수동적인 상태는 충분하지 않고 가치도 없다는 것이다. 이는 예기치 못한 비난에 따른 적대감과 불신이 쉽게 생겨날 수 있는 쌍방 간의 무관심 상태를 영속화하는 것인 동시에, 비생산적이며 낭비적인 상황이다. 이러한 상황은 도시가 활발한 상호작용에서 얻을 다양성의 이점 달성이라는 막대한 기회를 놓치게 한다. 이제 지표전문가들의 고용으로 도시가 문화공생적이고 생산적인 다양성에 얼마나 가까워져 가고 있는지도 측정 가능하게 될 것이다.

참고문헌

1. 보다 자세한 정보는 www.munimadrid.es/Principal/monograficos/ObservatorioMigra/default.htm 참조.
2. 보다 자세한 정보는 *Stabsabteilung für Integrationspolitik*, 'A pact for integration: The Stuttgart experience', 2003 available at www.stuttgart.de/sde/global/images/sde_publikationen/s-ip/a_pact_for_integration.pdf. See also *Statistisches Amt der Stadt Stuttgart*, 'Einwohnerstruktur', 2006, www.stuttgart.de/sde/menu/frame/top.php?seite=http%3A//www.stuttgart.de/sde/publ/gen/7086.htm 참조.

문화공생의 도시디자인

10
결론: 신도시의 생태환경

문화공생 도시로의 여행

동일화, 분류화, 서열화, 물가안정 등과 같은 '특징'은 개인 또는 공동체로서 우리가 세계를 이해하기 위한 필수적인 방법이다. 이러한 '특징'들은 우리의 삶을 잘 이루게 하고 우리의 정체성을 발견하도록 한다. 특징이 없으면 우리는 존재하지 않고 무의미해진다. 그러나 사람, 문화, 인종을 구분할 때 우리의 '특징'은 집단·부정적 성향과 고정관념, 그 중에서도 경제적 차이에 비판의 초점을 맞추게 된다. 그렇게 되면 차이가 명확한 집단의 양극화가 생겨난다.

사람들의 움직임을 세계적인 차원에서 보면 더 많은 사람들이 더 다양한 곳으로 이동하고 있다. 다양성은 필연적으로 발생하며 이는 충돌의 가능성을 내재하고 있다. 오늘날 극우파 정치가들과 다른 원리주의자 집단 중 일부는 인종적 차이가 자연스럽게 존재한다고 우리를 설득하지만, 개별 정체성 모두는 다양하고 유동적이며 동시에 많은 공동체 속에 속해 있다. 이와 같이 '특징'은 어느 한 부분도 같지 않을 것이다. 또한 그렇기에 차이가 공존하고 서로 다른 방면에서 발전할 수 있도록 사회·정치적 환경이 갖춰져 있어야 한다.

하지만 이 책의 '존재 이유'는 불관용과 극단주의에 대해 주의해야 할 점을 쉽게 알려주지 않는다. 우리는 기회, 자원, 이점들이 있기 때문에 다양성이 인정되어야 한다는 것을 증명하고자 했다. 다양성이란 단지 '옳은 것이기에' 혹은 '우리 삶에서 문제발생을 감소시킬 것이기에'라는 이유로 그리 쉽게 허용될 수 있는 것이 아니다. 다양성은 경제·사회·문화적 감각을 만든다.

어떻게 차별을 지양하고 다양한 환경을 지향하는지에 대해 우리를 이끌어줄 충분한 혜안이 있다. 우리는 앞서 다양성에 있어서 문헌의 가치를 살펴보았다. 이를 요약하여 우리는 문헌의 5가지 흐름을 파악하였다.

첫째, 문헌은 국제 도시와 도시들이 취해온 방식에 영향을 미쳤으며, 다양성과 성공은 주로 직접적인 연관을 갖는다. 예를 들어, 리처드 플로리다(Richard Florida, 2002a, 2002b, 2003)는 다양한 환경이 도시의 경제적 성장을 일궈낼 잠재력을 지닌 '창조적인 집단'을 모이게 만든다고 주장했다. 다른 이들은 그들 중 소수 집단에서 이룬 성공적이고 창조적인 사업들을 주의 깊게 보았다. 그러한 기업들 또한 넓은 범위의 지역공급자들을 보증한다.

둘째, 다양성이 조직의 기능에 어떠한 영향을 미칠지에 관한 연구도 있다. 생산성은 다양한 노동자 집단과 긍정적인 협력관계에 있어 왔기에 일부 학자들은 '다양성을 위한 사업 사례'를 발표해왔다. 간단히 말해서 다양한 노동자집단에 관한 변화를 수용해 온 기업들이 더 많은 것을 배우는 경향과 유연성을 지닐 가능성이 더 높다는 것이다. 또한 그러한 기업들은 세계 시장에 관해 더 잘 이해할 것이다. 결정적으로 다양한 배경을 지닌 노동자집단은 다양한 전망을 가지게 된다.

셋째, 조사는 혁신에 맞춰 이루어졌다. 지셀라 웰츠(Gisela Welz, 2003)는 다문화 간 맥락을 창조력이라고 주장한 학자다. 지셀라 웰츠는 혁신의 집단적 성질에 주목한다. 창조력은 교환, 협력, 차이의 구성을 풍부하게 만들어 준다.

네번째, 사회심리학자들은 우리가 다른 개체와 마주하였을 때 개인과 집단이 어떻게 행동하는지, 문화적 충격에서 오는 결과를 극복하기 위해 어떻게 해나가야 하는지에 관한 우리의 이해를 도모해왔다.

 마지막으로 국가·지역적 단계에서 다양성을 추구하는 공공정책의 좋은 사례들이 있다. 문화적 다양성에 대해서는 강제적인 동화방식부터 어떠한 정책도 가지고 있지 않는 등 근본적으로 국가별로 다른 접근방식을 추구해왔다. 영국의 다문화주의를 보여주는 좋은 사례에서는 통합과 단결이 강조된 방대한 내용과 어떠한 장소가 다문화주의이고 어떠한 방식으로 근접해 가고 있는가를 보여주고 있다.

 우리는 연구보고서를 검토한 후 차별을 보았고, 공간적으로 인종적 분열과 통합을 이뤄내는 방법이 있음을 알게 되었다. 사회·경제적 주류에 포함되지 않았던 집단 중 하나인 유대인 거주지는 이를 명백히 보여준다. 그러나 이는 문화 차이를 도모해오고 경제적 이익 취득의 대명사로 자리잡은 차이나타운과 리틀 이탈리아에도 동등하게 적용된다. 각자 평등한 삶을 원하지만 불리한 입장에 처한 백인과 아시아 인구 사이에서도 유사한 현상을 볼 수 있으며, 차별을 겪고 있는 영국 북부의 일부 지역도 이에 포함된다. 이러한 맥락에서 차별은 언제나 부정적 작용만 하는 것은 아니라고 할 수 있다. 또한 통합과 동시에 분리된 집단은 새로운 출발을 위한 지원을 통해 푸드 아울렛과 같이 집단에 기반한 친숙한 문화적 동질체가 생길 수도 있다. 그럼에도 이전과 다르게 사람들은 차별을 받게 되면 오히려 인종, 문화, 사회적 결속에서 바람직하지 못하고 도움이 되지 않는 방향으로 나아가게 된다. 더 나아가 딕콘은 사람들이 거주 또는 여가에 있어서 물질적 공간의 부재가 드러나면 진부한 회피방식을 답습할 것이라고 주장했다. 게다가 차별이 존재하는 가상공간 속에서는 아무것도 선택하지 않는 '무채색의 흐름'을 발견할 수 있을 것이다.

 고대 로마부터 무슬림 코르도바에 걸쳐 역사적으로 성공한 도시는 다양성을 보여왔다. 4장에서 보았듯이, 제국의 힘을 공고히 하기 위해서 또는 다른 나라와의 성공적인 무역관계를 이끌어내기 위해서는 소수에 대해 관용을 베풀고 더불어 특색을 적극적으로 인정했다. 다양성은 강대국의 부수적인 요소가 아닌 강대국으로 가기 위한 필수적인 요소였다. 개개인의 심리 유추를 통해서 자신감과 외부의 제안에 대한 개방성은 협력으로 나아갔다고 볼 수 있다. 이러한 도시들은 세속적일 필요가 없었으며 대개 지배적인 종교가 있었다. 마찬가지로 세계시민주의, 포용력과 상호작용은 서구의 계몽 전통에서만 있었던 것이 아니며, 미래의 다문화 도시들이 단지 서양국가들로 이루어질 것이라는 가정도 바람직하지 못한 전개라고 결론내릴 수 있다.

  5장에서는 사회적으로 섞여 함께 살아가는 예를 보았다. 통합사회는 우리에게 긍정적으로 작용한다. 문화적 이점은 집단을 두루 풍요롭게 만들고, 어느 정도의 사회적 부조화는 사회를 성숙하게 만든다. 1954년 이후 고든 올포트가 올바른 조건이 주어졌을 때의 접촉가설을 제안했다. 이는 다른 집단 간의 접촉은 고정관념에 대항하고 더욱 알맞은 소수의 관점을 가질 수 있게 해준다. 여기에서 소수의 관점에는 반감을 극복하는 가치통합을 위한 이론적 요소가 존재한다.

  사회통합과 집단 간의 접촉에 관한 이론을 보면서 우리는 가정, 교육, 노동, 시장, 쇼핑, 우정, 협력, 결혼, 공공장소, 가상공간과 같이 사회통합과 집단 간의 접촉이 발생할 수 있는 다른 분야를 살펴보았다. 대부분의 사람들은 다른 사람과 친숙해지지 않으려 하며 혐오경향을 완화시키거나 악화시키는 환경·사회적 예시가 있었다. 그러나 어떤 환경은 다른 것들보다 상호작용에 더 도움이 되며, 전략적인 조정이 회피와 무시에서 계약과 협력으로 변화시킨다는 점을 사례들은 보여주고 있다. 우리의 결론은 만약 문화공생의 도시로 나아가길 원한다면 이를 단지 기회로만 남겨두어서는 안 된다는 것이다.

  우리는 이론과 사례 모두에 있어 전반적인 기반을 독자들에게 제공할 수 있는 것을 다행으로 여긴다. 하지만 이 책의 진정한 목적은 정책가에게 영향을 미치고 창업자에게 도움이 되는 정보의 제공에 있다. 그렇기에 우리는 책의 실천계획 마지막 부분에서 도시들이 문화공생적 환경을 지향하기 위해 전략적으로 어떻게 이행해야 할지에 대해 이야기하였다. 우선, 문화공생적 혁신을 통한 '다양성의 이점'의 공개와 같이 더 진보적인 도시들이 주장하는 목표를 살펴보았다. 계획과 논의과정에서는 개발사업자 간에 보다 증대된 문화적 지식이 요구된다. 즉, 읽고 이해하고 다문화의 의의를 찾는 능력, 즉 한 곳에 뒤섞여 있는 다양한 문화를 측정하고 비교하고 해독하는 능력을 말한다. 논의가 보다 더 넓은 문화적 문학의 맥락에서 행해질 때, 논의의 과정은 결과를 향한 수단이 아닌 그 자체로서 결과를 이끌어낸다. 또한 우리는 도시 기관, 공공정책가, 계획가, 전문 개발사업자들에게 문화공생적 렌즈로 그들의 역할에 대해 재고해보길 권장한다.

우리는 또한 새로운 문화공생의 시민권은 무엇인가에 대해 고찰해보았다. 이러한 과정에서 우리는 소수 인종 집단 지도자들과 지역정부 연맹을 이뤄온 영국의 다문화 사례를 비판했다. 이러한 동맹은 명확한 소수 인종 집단의 개념을 구체화시키면서 구별을 강화시켜 왔으며, 비교문화의 정책을 위한 유인책으로 발전되었다. 점점 증가하는 국제적 유대관계와 시민자치권의 중요성을 인지함과 동시에, 문화공생적 시민권은 지역적이면서 국제적이어야 한다. 이는 아마도 시민권과 관련하여 개별적인 행동을 취할 도시들이 해당될 것이다.

문화공생의 도시에 있어서 충돌은 피해야만 하는 것이 아니며, 얼버무리며 넘어가야 할 것이 아니다. 충돌은 흥미로운 것이 될 수 있으며 창조성의 한 면이 될 수 있다. 이에 대해서는 반대자 사이에서의 긍정적인 아고니즘(충돌을 통해 긍정적으로 자리잡을 수 있는 가능성을 바라보는 시각)이 적대감을 대체할 수 있다고 믿는 칸탈 모우페의 주장에 동의한다. 8장은 일상에서 일어나는 문화공생 지도자와 시민들 간의 사례를 일부 살펴보면서 마쳤다. 9장에서는 문화공생주의가 다양한 범주에서 측정될 수 있는 개념이라는 것을 보여줬다. 도시가 인종적으로 얼마나 다양한 곳인가를 알아본 뒤(인구조사 다른 시장자료로 답을 찾을 수 있다), 우리는 집단 간의 통합, 다른 집단과 기관 네트워크망 내 활동의 용이성, 그리고 실질적 협력에 대해서도 조사를 해야 한다. 더 나아가 구체적으로 국제결혼, 다분야에 걸친 네트워크와 생산성과 같은 지표들과 다언어 사용의 가치성 등이 포함될 것이다.

문화공생 도시의 5가지 원칙

이 책을 마무리하기 전에 리더십, 도시설계가, 도시운영, 시민, 연계와 통합의 5가지 분야에 대해 고려해봐야 한다. 우선, 문화공생적 시각을 지닌 지도자는 몇 가지 특징을 가지고 있다. 우선, 그들은 다양성을 부정적인 측면에서 긍정적인 측면으로 초점을 바꿀 용기를 가져야 할 것이다. 이러한 행동은 위험을 자초하게 할지도 모른다. 이는 성과가 없어 보일지라도 그 자체로도 용기 있는 행동이다. 하지만 그러한 도시의 불안과 염려에 대한 논의가 통하지 않을 수도 있다. 그래도 그들은 대화를 위한 더 큰 그림을 그리기 시작할 것이다. 언제나 '논의하고, 이해하고, 협상하는' 영역보다 편견의 확실성을 지니고 사는 것이 더 쉽다. 그럼에도 그들은 동일한 정치적 구호 이상의 자아일체의 의식변화를 위해 일정한 훈련장치와 결단력 있는 활동계획을 요구할 것이다. 또한 그들은 사람들을 발전하는 도시의 계획가, 개발자, 창조적 협력자로서 권장하고 모든 이들이 환영받는 분위기를 만들기 위한 방안을 모색할 것이다.

리더가 추진해야 할 전형적인 프로젝트에는 그들의 도시에 문화공생적 월등함이 정착되기 위한 기관의 설립이나 국가차원의 설립을 보조, 전문적인 지원의 제공, 훌륭한 사례의 고찰, 이문화적 기술의 검사, 문화지식을 배우기 위한 로얄 타운 플래닝 기관과 같은 전문기관을 도와 문화적 문맹

률을 낮추는 것이 있다. 또한 리더는 서로 다른 문화가 섞여 있는 학교들이 같이 일할 수 있도록 창의적인 프로그램을 개발하거나, 아니면 직접 '반극단주의 예산'을 세우는 역할도 수행해야 한다.

문화공생의 시각을 지닌 도시설계가는 문화공생적 입장에서의 도시관측을 실천하기 위한 리더십 단체를 이끌어가야 한다. 종합기본계획, 혹은 논의의 새로운 형상의 결정권에 관해 밀접한 관계는 그 후에 성립된다. 새로운 안건들이 개화된 지도자들로 구성된 위원회에 빈번히 회부되지만, 하위조직에서부터 전달되는 과정에서 안건들의 의미가 바뀌어버리거나 대체됨으로써 결과가 연계되지 못하는 경우도 많다. '다양한 여건' 분석은 주거유형과 연계된 학교 커리큘럼의 조정에서부터, 경제적 유인책 또는 문화 프로그래밍의 재구성까지 잠재적으로 방대한 양의 일거리를 제공한다.

도시관리는 제안이 현실화되는 부분이다. 우리가 즉각적으로 직면한 문제점은 원칙이 창조적이지 못하거나 문화공생적 결과와 연관이 없다는 것이다. 대신에 원칙은 사회 현안, 건강, 안보, 사생활, 도로 지침서, 교통 흐름, 환경과 같은 분야와 연관이 있다. 원칙은 문화공생주의와 같은 복잡한 내용보다 더 단순한 하나의 화제를 위해 제안이 이루어져야 한다. 완전히 '인간 간의 관계'와 연관된 분야는 없다. 가장 중요한 것은 하나의 주제를 다루기 위한 특별한 부분을 만들든가, 전반적 사고를 통해 찾아내든가, 아니면 둘 다 하는가다. 처음에는 적어도 전반적인 접근이 주제를 안건에 맞추고 전문적인 도움을 얻기에 적합할 것이다.

이때 고려해야 할 점은 다학제, 이학제 간 작업에서의 차이점이다. 문화공생의 계획은 사고의 전환가능성이 희박한 이학제 또는 범학문적 방식보다는 협업을 통한 공동해결이 가능하고 기술적으로 변화가 예측 가능한 이학제 또는 범학문적 방식으로 이루어져야 한다. 또한 전문가로부터의 정보와 지식을 공유할 수 있는 방식으로 운영되어야 한다. 이학제 세계에서는 당신의 도시가 더욱 문화공생화될 것이라는 목표와 의도가 중심이 되어야 하고 지속적으로 주시되어야 한다. 여기서 드는 의문은 어떤 전문가적 방식으로 목표를 달성할 것인가라는 점이다. 여기에는 다른 기술적 장치와 사고방식을 가지고 함께 어울리는 집단의 자의식과 더 깊은 연관이 있을 것이다.

국가는 원칙을 만들지만 도시는 다인종이 모인 현실적인 삶이기 때문에 보다 다각적인 대책이 필요하다. 모든 도시들이 총체적으로 국가경제를 이끌어 나가듯이, 도시는 그 자체로써 생각되어야 하고 한 국가 시스템처럼 운영되어야 한다. 그래야만 도시는 시민을 위한 기회를 최대화할 수 있고, 다른 도시로의 파급효과를 일으킬 수 있다. 그렇지 않으면 국가는 구직, 훌륭한 경관, 원할한 서비스, 전략 거점과 같이 도시가 필요로 하는 것을 점점 더 제공하지 못하게 될 것이다. 또한 도시들은 외교정책, 문화외교 무역전략을 요구하며 세계에 대한 자신들만의 관점을 세워야 한다.

이는 결국 새로운 형태에 의한 시민권의 필요성을 암시한다. 이주자의 여하를 떠나, 또한 그들을 의식하지 않고 공격적이고 불확실한 외교정책을 추구하는 국가에 대한 충성의 유무를 떠나 많은 사람들은 공감대의 형성에 갈수록 어려움을 느끼고 있다. 하지만 그들은 그들이 살고, 일하고, 교류하는 도시 속에서 정체성을 파악한다. 따라서 점점 더 많은 사람들이 커뮤니티의 참여를 통해 사회적 연대감을 높이고 있으며, 또한 모두에게 해당하는 기본권리를 보장하는 '세계 시민권'을 요구하고 의무와 책임을 다하고자 하고 있다.

마지막으로 거대한 정치·문화·경제적 압박으로 인해 도시의 소수 인종 집단 간의 적대감과 도피, 혹은 협력을 위한 전망과 권력관계가 압도적으로 지배한다는 것을 깨달았더라도, 우리는 차이를 극복하기 위한 개개인의 힘을 간과해서는 안 된다. 즉, 우리가 살펴본 모든 곳에서 있어 왔으며 다른 사람들이 당연시 여기는 경계와 구별을 극복하기 위한 '네트워크와 통합'이 그것이다. 일부 눈에 띄는 사람들이 있지만, 그로 인해 그들이 다른 사람들과 다르다는 생각에 빠지도록 만들어서는 안 된다. 눈에 띄는 이들은 문화공생의 도시에서 항상 생겨날 수 있다. 보다 많은 사람들은 자신들의 지역적 범위 내에서 개방적인 자세와 따뜻한 미소를 보이고, 다른 사람의 입장으로 삶을 바라보고 공통관심사를 공유하며, 단순히 이에 기대되는 태도를 취하는 등과 같이 행동할 것이다. 이제 백만 여의 작은 주거집단은 다양성의 이점이 그들에게 돌아온다는 것을 알고 있기 때문에 도시의 변화를 추구하는 수준에 이르게 되었다. 문화공생의 도시는 사람들이 스스로 탈바꿈하려는 도시이고, 바로 이곳이 오늘날 우리가 살고 싶어하는 곳이다.

문화공생의 도시정책을 위한 10가지 단계

그렇다면 21세기 초의 문화공생의 도시는 어떤 곳인가? 암스테르담과 로테르담, 토론토와 밴쿠버, 슈투트가르트와 오르후스, 레이체스터와 런던, 싱가폴과 오클랜드 그리고 다른 몇 가지 공통주제를 떠올려 봐도 정해진 사례나 방식에 관한 일정한 규칙은 없다.

그러나 다음과 같은 항목은 정책의 기본으로 고려할 수 있다.

1. 도시를 명확하게 이해하고 문화공생적 접근을 고양하기 위한 공동성명을 만든다. 과거의 부적절한 행동을 극복하고 상기하기 위한 날을 지정하는 것 등, 문화공생의 이해에 기여하도록 하고 새로운 시대로의 과도기를 기념하기 위한 상징적 행위가 필요하다.
2. '문화공생적 시각'을 통한 도시의 주요 기능을 검토하는 작업을 착수하고 다음과 같은 선두 시범 프로젝트를 착수한다.
    - 교육 분야에서는 허덜스필드에서 시행했던 것과 같이, 교직원 개발,

이문화 강좌, 협력적 학습사례, 부모와 커뮤니티와의 유대감, 단일 학교와의 자매교류, 시민권 교육에 투자를 많이 하는 문화공생의 선두가 될 학교를 설립한다.
- 공공범위에서는 주요한 공공공간의 수(공식과 비공식)를 파악하고 모든 인종 집단의 사용과 상호작용의 수준을 높이기 위한 별개의 재설계, 영상, 유지에 투자한다. 이는 다양한 집단들의 계획과 설계지침을 통한 공간이용과 설립에 더 나은 이해를 도모할 것이다.
- 주거측면에서는 브래드포드에서 시행했던 것과 같이 소수 인종 집단에게 자신감과 정보를 제공하였던 홍보와 분배를 위한 시범 프로그램을 실시한다. 이는 소수 인종 집단이 자신들의 전통 거주지를 벗어나 새로운 주거환경을 고려해 볼 수 있도록 한다.
- 지역에 있어서는 오르후스와 밴쿠버에서 시행했던 것과 같이 문화공생 커뮤니티센터 역할을 할 핵심기관을 지정한다. 각 기관은 건강, 임산부, 어린이 복지, 도서환경과 같은 주요 서비스를 제공해야 한다.
- 문화공생 통합의 대리인으로 활동할 주요 분야에서의 우수한 공공 행정가의 역할을 강화한다.
- 사업과 경제에서는 이주자 인정에 대한 승인을 확실히 해주며, 그들이 기술에 적합한 일을 찾을 수 있도록 노력해야 한다. 지역 이주자들의 네트워크를 통한 기회의 교환과 탐색, 다인종 시장에 이주자 사업을 돕는 등의 방법들이 있다.
- 체육과 예술에서는 올덤에서 시행됐듯이 도시 각계각층의 젊은이들이 한 곳에 모일 경기나 축제를 열고, 스포츠·예술분야의 선두 역할을 할 다인종 청소년으로 교육시킨다.

3. 다른 지역의 정치가와 공공정책가들이 취한 사례를 통해 훌륭한 예시를 연구하고 배워야 한다. 또한 벨패스트와 데리에서 그랬듯이 다

인종 청년 커뮤니티 집단의 지도자들을 양성해야 한다.
4. 모든 이주자들이 그 지역의 제1언어로 대화할 수 있도록 언어교육에 많은 투자를 해야 한다. 또한 델프트에서처럼 토착 주민들 또한 이주자들의 언어를 배우도록 한다.
5. 수상, 실천에 대한 보상과 인정을 위한 대책, 이문화적 진정성을 확립하고 이해하기 위한 헌신적 삶에 대한 보상체계가 수립되어야 한다.
6. 도시 국제 관계기관을 설립해야 한다.(시카고의 사례)
   - 도시를 위한 독자적 국제차원의 위상 설계
   - 협력 도시와의 독자적 무역·정치관계 성립
   - 이주자 인구의 주요 출신국가와의 독자적 유대관계 성립
   - 지역·국제적 시민권의 새로운 양상 관찰 및 개발
7. 문화공생 관측소를 설립해야 한다.(마드리드의 사례)
   - 성공사례 검토
   - 지역정보와 자료 수집 및 단계화
   - 상호작용의 결과와 양·질을 통한 자료조사
   - 문화공생 지도자 검증 및 선발
   - 전문가의 조언과 지역 학습 관계망 시설화
8. 공공 분야 기관의 정치가와 주요 정책, 관련 담당 직원을 위한 다문화 지식 교육 프로그램을 개최한다. 슈투트가르트에서 이루어진 것과 같이 민간 분야의 참여를 장려한다.
9. 레이체스터의 사례와 같이 도시통합 종교 자문회 설립과 커뮤니티 내 비교문화 논의 시행을 착수한다.
10. 계획과 단·장기적 새로운 시작을 위한 도시 탐험 프로젝트 발의를 한다. 로테르담의 사례에서처럼 동등하면서도 중요하게 지역 시민들은 도시에서 이전에 가보지 못한 지역을 방문할 수 있고, 다른 문화를 지닌 사람들에게 초대받을 수 있다.

우리는 도시들에게 한 번에 혹은 순서대로 이 모든 제안을 수렴하라고 제안하지 않는다. 유럽에서 문화공생 대화의 해로 지정된 2008년도 크리스마스 이브에 이 책에 관해 결론을 내리자면, 가장 중요한 것은 결국 행동의 실천을 시작해야 한다는 것이다.

● 문화 보듬기

모스타르 : 청소년 문화센터 아브라세빅

보스니아 헤르체고비아에 있는 고대의 아름다운 모스타르 다리의 파괴는 1990년대 인종 청소가 다시 고개를 든 발칸 지역에서 발생한 모든 끔찍하고 잔인한 참상을 상징적으로 의미한다. 보스니아, 크로아티아, 세르비아, 이 3인종은 모스타르에서 네레트바 강을 두고 대치했다. 불신과 불안함의 공포 속에서 어떠한 교류도 없었다. 2003년 젊은이들로 구성된 연합과 11개의 개인 NGO단체가 변화를 호소했다. NGO단체들은 모든 단체가 만나서 음악을 들으며 대화를 나누고 즐거운 시간을 보낼 수 있는 공공장소를 지역 당국에게 요구하기 위해 힘을 합쳤다. 그 중 한 단체는 다문화 축제 관련 단체였으며, 다른 단체들은 음악, 공동체 예술, 문화교류 관련 활동단체였다. 그리하여 그들은 모스타르 단편 영화제를 시작했다. NGO단체들은 단지 물리적 싸움만이 아닌 정신적 경계도 허물어지길 바랐다.

이 활동은 아브라세빅 청소년 문화센터에서도 진행되었다. 처음에 아브라세빅은 전쟁 시 맞은 총탄자국이 그대로 있는, 노후하고 작은 운동장 안의 텐트로 쌓여진 몇 개의 낡은 컨테이너에서 개관했다.

총탄자국과 그래피티가 여전히 벽에 남아 있는 컨테이너는 후에 최전선에 있는 건물들로서 역사적 의미가 더욱 중요한 곳으로 인식되게 되었다. 아브라세빅은 스위스 문화 의회와 프로 헬베티아, 현재 아브라세빅을 위해 자금을 대고 있는 개발과 협력을 위한 스위스 에이전시의 공동 주도로 진행된 '남동유럽과 우크라이나'에 관한 스위스 문화 프로그램의 지원을 받았다. 이 프로그램의 목표는 아브라세빅과 같은 독립기관이 기반 역량을 다져 자립할 수 있도록 돕는 것에 있다.

참고문헌

Abrams, D. and Hogg, M. A.(eds)(1990) *Social Identiiy Theory: Constructive and Critical Advances*. London: Harvester Wheatsheaf

Adler, N.(1997) *International Dimensions of Organizational Behavior*. Cincinnati: South-Western College Publishing .

Alesina, A. and La Ferrara, E.(2004) 'Ethnic diversity and economic performance'. NBER Working Paper. Cambridge, MA: National Bureau of Economic Research

Alesina, A. and La Ferrara, E.(2005) 'Ethnic diversity and economic performance'. *Journal of Economic Literature*, 43(3), 762-800

Alexander, M.(2001) 'Comparing local policies towards migrants: A proposed analytical framework and preliminary survey results'. Paper presented to the Metropolis 2001 Conference, Rotterdam, 26-30 November

Alexander, M.(2003) 'Local policies towards migrants as an expression of hoststranger relations: A proposed typology'. *Journal of Ethnic and Migration Studies*, 29(3),411-430

Alexander, M.(2006) *Cities and Labour Migration: Comparing Policy Responses in Amsterdam, Paris, Rome and Tel Aviv*. Aldershot: Ashgate

Alibhai-Brown, Y.(1999) *True Colours*. London: Institute for Public Policy Research

Alibhai-Brown, Y.(2000) *Beyond Multiculturalism*. London: Foreign Policy Centre

Alibhai-Brown, Y.(2001) *Who Do We Think We Are? Imagining the New Britain*. London: Penguin.

Allen, J. and Cars, G.(2001) 'Multiculturalism and governing neighbourhoods'. *Urban Studies*, 38(12), 2195-2209

Allen, T. and Eade, J.(eds) *Divided Europeans: Understanding Ethnicities in Conflict*. Amsterdam: Kluwer

Allison, P.(ed)(2006) *David Adjaye: Making Public Buildings*. London: Whitechapel Gallery

Allport, G. W.(1954) *The Nature of Prejudice*. Reading, MA: Addison-Wesley

Amin, A.(2002) 'Ethnicity and the Multicultural City: Living with Diversity'. *Environment and Planning A*, 34(6), 959-980

Amin, A.(2006) 'The Good City'. *Urban Studies*, 43(5-6), 1009-1023

Amin, A. and Thrift, N.(2002) *Cities: Reimagining the Urban*. Cambridge: Polity Press

Andersen, T. and Van Kempen, R.(eds)(2001) *Governing European Cities: Social Fragmentation, Social Exclusion and Urban Governance*. Aldershot: Ashgate

Anderson, E. and Massey, D. S.(eds)(2001) *Problem of the Century: Racial Stratification in the United States*. New York: Russell Sage Foundation

Ang, I., Brand, J., Noble, G. and Wilding, D.(2002) *Living Diversiiy: Australia's Multicultural Future*. Arramon, NSW: Special Broadcasting Services Corporation

Antal, A. B. and Friedman, V.(2003) 'Negotiating Reality as An Approach to Intercultural Competence'. Discussion Paper SP III 2003–101 . Berlin: Wissenschaftszentrum Berlin fur Sozialforschung

Appold, S. and Chua, K. H.(2006) 'Crossing Life Domains: Can Workplace Affirmative Action Achieve Social Peace in Urban Neighborhoods?'. Paper presented at the annual meeting of the American Sociological Association, Montreal Convention Center, Montreal, Quebec, Canada, 10 August, www.unc.edu/ ~appolds/ research/ progress/ AANeignborhoodsASA. pdf

Arbabzadeh, N.(2004) 'Multiculturalism in Mediaeval Islam', www.opendemocracy.net/ arrs-multiculturalism/article_2263.jsp

Atkinson, R.(2006) 'Padding the bunker: Strategies of middle-class disaffiliation and colonisation in the city'. *Urban Studies*, 43(4), 819–832

Audunson, R.(2005) 'The public library as a meeting-place in a multicultural and digital context'. *Journal of Documentation*, 61(3),429–441

Axelrod, R.(1997) *The Complexiiy of Cooperation: Agent-Based Models of Competition and Collaboration*. Princeton: Princeton University Press

Aycan, Z.(1997) 'Expatriate adjustment as a multifaceted phenomenon: Individual and organisational level predictors'. *The InternationalJournal of Human Resource Management*, 8, 434–456

Babiker, I. E., Cox, J. L. and Miller, P.(1980) 'The measurement of cultural distance and its relationship to medical consultations, symptomatology, and examination performancr of overseas students at Edinburgh University'. *Social Psychiatry*, 15, 109–116

Ba'ck, L.(1996) *New Ethnicities and Urban Culture*. London: UCL Press

Baiiey, B.(2000) 'Communicative behavior and conflict between African-American customers nd Korean immigrant retailers in Los Angeles'. *Discourse & Socieiy*, 11(1), 86–108

Bairoch, P.(1988) *Cities and Economic Development: From the Dawn of History to the Present*. Oxford: Oxford University Press

Barham, K. and Wills, S.(1992) *ManagementAcross Frontiers*. Berkhamsted: Ashridge Management Research Group and Foundation for Management Education

Baubock, R.(2003) 'Reinventing urban citizenship'. *Citizenship Studies*, 7(2), 139–160

Beckman, N.(2006) 'Creativity, ethnic communities and the curious case of museums'. *Aotearoa Ethnic Network Journal*, 1(2), 41–44

Bennett, M. J.(ed)(1998) *Basic Concepts of Intercultural Communication: Selected Readings*. Yarmouth, ME: Intercultural Press

Berger, A.(2002) 'Recent trends in library serviCes for ethnic minorities: The Danish experience'. *Library Management*, 23(1-2), 79-87

Berry, J. W(1990) 'Psychology of acculturation: Understanding individuals moving between cultures'. In R. Brislin(ed) *Applied Cross-cultural Psychology*. Newbury Park, CA: Sage

Binnie, J., Holloway, J., Millington, S. and Young, C.(eds)(2006) *Cosmopolitan Urbanism*. London: Routledge.

Bloomfield, J.(2003) '"Made in Berlin"-multicultural conceptual confusion and intercultural reality'. *Journal of International Cultural Policy*, 9(2), 167-184

Bloomfield, J. and Bianchini, F.(2004) *Planningforthe Intercultural City*. Stroud: Comedia

Bochner, S.(1979) 'Cultural diversity: Implications for modernisation and international education'. In K. Kumar(ed) *Bonds Without Bondage: Explorations in Transcultural Interactions*. Honolulu; University of Hawaii Press

Bochner, S., Hutnik, N. and Furnham, A.(1985) 'The friendship patterns of overseas and host students in an Oxford student residence'. *Journal of Social Prychowgy*, 125,689-694

Bond, M. H.(1986) 'Mutual stereotypes and the facilitation of interaction across cultural lines'. *International Journal of Intercultural Relations*, 10, 259-276

Bore, A.(2001) 'Urban social transformations and the impact of migration on metropolitan areas'. Paper presented at the Urban Futures seminar, Södertälje, Sweden, 9-12 May, www.storstad.gov.se/urbanfutures/

Borjas, G.(1995) 'The economic benefits of immigration'. *Journal of Economic Perspectives*, 9, 3-22

Borjas, G.(1999) *Heaven's Doors*. Princeton: Princeton University Press

Bozon, M. and Heran, F.(1989) 'Finding a spouse: A survey of how French couples meet'. *Population*, 44, 91-212

Braker, S. and Haertel, C.(2004) 'Intercultural service encounters: An exploratory study of customer experiences'. *Cross Cultural Management*, 11(1), 3-14

Brecknock Consulting(2006a) 'A Meeting ofpeople, a Well-Spring ofIdeas', www.interculturalcity.com/city_case.htm#auckland

Brecknock Consulting(2006b) 'Intercultural City: Logan Case Study', www.interculturalcity. com/city_case.htm#logan

Brecknock, R.(2006) *More Than Just a Bridge: Planning and Designing Culturally*. Stroud: Comedia

Brecknock, R. and Howell, A.(2005) *Knowing Lewisham*. Stroud: Comedia Briggs, X. de S.(2004) 'Civilization in color: The multicultural city in three millennia'. *City and Community*, 3(4), 311-342

Brislin, R. and Yoshida, Y(1994) *Intercultural Communication Training: An Introduc-*

tion. Thousand Oaks: Sage

Brown, K. T., Brown, T. N., Jackson, J. S., Sellers, R. M. and Manuel, W. J. (2003) 'Teammates on and off the field? Contact with Black teammates and the racial attitudes of White student athletes'. *Journal of Applied Social Prychology*, 33(7), 1379-1403

Browne, A.(2003) 'Some truths about immigration'. *The Spectator*, 2 August

Brubaker, R. W.(1992) *Citizenship and Nationhood in France and Germany*. Cambridge, MA: Harvard University Press

Bruegel, I.(2006) *Social Capital, Diversity and Education Policy*. Families & Social Capital ESRC Research Group. London: South Bank University

Buonfino, A. with Geissendorfer, L.(2007) *Mapping Rural Needs*. London: Young Foundation; www.youngfoundation.org.uk/files/images/final_ruraLneeds_ reporcppt. pdf

Burayidi, M.(ed)(2000) *Urban Planning in a Multicultural Society*. Westport, CT: Praeger

Burgess, S., Wilson, D. and Lupton, R.(2005) 'Parallel lives? Ethnic segregation in schools and neighbourhoods'. Urban Studies, 42(7), 1027-1056

Burrows, R., Ellison, N. and Woods, B.(2005) *Neighbourhoods on the Net: The Nature and Impact of Internet-based Neighbourhood Information Systems*. York: Joseph Rowntree Foundation

Byram, M.(1997) *Teaching and Assessing Intercultural Communicative Competence*. Clevedon, England: Multilingual Matters

Byrne, D.(1969) 'Attitudes and attraction'. In L. Berkowitz(ed) *Advances in Experimental Social Prychology, Volume 4*. New York: Academic Press

CABE(Commission for Architecture and the Built Environment)(2005) *Creating Successful Neighbourhoods: Lessons and Actions for Housing Market Renewal*. London: CABE

CABE(2006) *Decent Parks, Decent Behaviour: The Link Between the Quality of Parks and User Behaviour*. London: CABE

Canadian National Settlement Conference(2003) 'The Small Centre Strategy: The Regional Dispersal and Retention ofImmigrants', http://integration-net.ca/inet/english/vsi-isb/conference2/pdf/p02.pdf

Cantle, T.(2001) *Community Cohesion: A Report of the Independent Review Team*. London: Home Office

Cantle, T.(2005) *Community Cohesion: A New Framework for Race and Diversity*. Basingstoke: Palgrave

Cantle, T.(2006) *Challenging Local Communities to Change Oldham*. Coventry: Institute of Community Cohesion

Capra, F.(1982) *The Turning Point: Science, Society, and the Rising Culture*. New York: Simon and Schuster

참고문헌

Card, D. and Di Nardo, J.(2000) 'Do immigrant inflows lead to native outflows?' *American Economic Review*, 90, 360-367

Castells, M.(1994) 'European cities, the informational society and the global economy'. *New Left Review*, 1(204), 18-32

Castells, M.(1997) *The Power of Identity*. Oxford: Blackwell Publishing

Castro, R.(1994) *Civilisation Urbaine ou Barbarie*. Paris: Pion

CEEDR(2003) *Playing it Right: Asian Creative Industries in London*. London: Greater London Assembly

Chen Yinke(1996) *Chen Yinke's Scholarly and Cultural WOrks*. Beijing: Zhongguo Qingnian Chubanse

Cheung, G. C. K.(2004) 'Chinese diaspora as a virtual nation: Interactive roles between economic and social capital'. *Political Studies*, 52, 664-684

Chih Hoong Sin(2002) 'The quest for a balanced ethnic mix: Singapore's ethnic quota policy examined'. *Urban Studies*, 39(8), 1347-1374

Chirot, D.(1994) How Societies Change. Thousand Oaks: Pine Forge Press Clack, B., Dixon, J. and Tredoux, C.(2005) 'Eating together apart: Patterns of segregation in a multi-ethnic cafeteria'. *Journal of Community and Applied Psychology*, 15, 1-16

COE/CLRAE(2006) 'Effective access to social rights for immigrants: The role of local and regional authorities'. *Explanatory Memorandum from the 13th Plenary Session of the Congress*, 30 May-1 June

Cohen, W. M. and Levinthal, D. A.(1989) 'InnovatiOn and learning: The two faces of R&D'. *The EconomicJournal*, 99, 569-596

Cohn, N.(2005) 'Politics of the ghetto'. *The Observer*, 30 October

Coleman, T.(1995) 'Managing diversity'. *Local Government Management*, October, 30-34

Coles, M. and Vincent, R.(2006) *The Role of Schools in the Intercultural City*. Stroud: Comedia, www.interculturalcity.coml

Collier, P.(2001) 'Implications of ethnic diversity'. *Economic Policy*, 0, 127-55

Comerua(1995) *Park Life: Urban Parks and Social Renewal*. Stroud: Comedia

Comedia(2005) *The Attraction and Retention of Migrants to the Tyne and wear City Region*. Newcastle: One North East

Comerua(2006) *Planning and Engaging With Intercultural Communities*. Leeds: Academy for Sustainable Communities

Comedia(2006a) 'How open is Bristol?' www.interculturalcity.com/city_case. htm#bristol

Comedia(2007) 'Knowing Lewisham', www.interculturakity.com/city_case. htm# lewisham

Commission for Racial Equality(1993) *Housing ALLocations in Oldham: Report of a Formal Investigation*. London: CRE

Commission on Integration and Cohesion(2007a) *Our Shared Future*. Wetherby: Commission on Integration and Cohesion

Commission on Integration and Cohesion(2007b) *Integration and Cohesion Case Studies*. Wetherby: Commission on Integration and Cohesion

Commission for Racial Equality(2006) *Common Ground: Equality, Good Race Relations and Sites for Gypsies and Irish Travellers*. Report of a CRE enquiry in England and Wales. London: CRE

Cooper, C.(2004) 'Mix up the Indian with all the Patwa: Rajamuffin sounds in "Cool" Britannia'. *Language and Intercultural Communication*, 4(1-2), 81-99

Cova, B. and Cova, V.(2002) 'Tribal marketing: The tribalisation of society and its impact on the conduct of marketing'. *European Journal of Marketing*, 5(6), 595-620

Cox, T., Jr.(1994) *Cultural Diversity in Organizations: Theory, Research and Practice*. San Francisco; Berrett-Koelher

Cox, T. H. and Blake, S.(1991) 'Managing cultural diversity: Implications for organisational competitiveness'. *Academy of Management Executive*, 5(3), 45-56

CRC(Commission for Rural Communities)(2005) *State of the Countryside*, 2005. Cheltenham: Commission for Rural Communities

Cross, M. and Waldinger, R.(1992) 'Migrants, minorities and the ethnic divisions of labor'. In S. S. Fanstein, I. Gordon and M. Harloe(eds) *Divided Cities. New York and London in the Contemporary World*. Oxford: Blackwell

Cutler, D. and Glaeser, E.(1997) 'Are ghettos good or bad?' *Quarterly Journal of Economics*, 112, 827-872

Dansereau, F.(2003) 'Social mix as public policy and private experience'. Paper presented to the Challenging Urban Identities conference, International Sociological Association Research Committee 21, Milan, 25-27 September

Davis, K.(1997) *Exploring the Intelace Between Cultural Competency and Managed Behavioural Care Policy: Implications for State and County Health Agencies*. Alexandria, VD: National Technical Assistance Center for State Mental Health Planning

Davis, M., Seibert, R. and Breed, W.(1966) 'Interracial seating patterns on New Orleans public transit' *Social Problems*, 13(3),298-306

Dawkins, R.(1976) *The Selfish Gene*. Oxford: Oxford University Press

Department for Communities and Local Government(2007) *Preventing Violent Extremism: Winning Hearts and Minds*. London: HMSO

DeVoretz, D.(2003) *Canadian Regional Immigration Initiative in the 21st Century: A Candle in the Wind?* Vancouver: RIIM Commentary Series #03-01, Simon Fraser University

Dhaliwal, S.(1997) 'Silent contributors-Asian female entrepreneurs.' Paper presented at the 20th ISBA National Research and Policy Conference, Belfast, 19-21 November

Di Cicco, P. G.(2007) *Municipal Mind: Manifestos for the Creative City*. Toronto: Mansfield Press

DIMIA(Department of Immigration and Multiculturalism and Indigenous Affairs)(2002) *The Innovation and Learning Advantage from Diversity: A Business Model for Diversity Management.* Canberra: DIMIA

Dines, N., Cattell, v., Gesler, W. and Curtis, S.(2006) *Public Spaces, Social Relations and well-being in East London.* Bristol: The Policy Press

Dixon, J. and Durrheim, K.(2003) 'Contact and the ecology of racial division: some varieties of informal segregation'. *British Journal of Social Psychology,* 42(1), 1-23

Dixon, J., Durrheim, K. and Tredoux, C.(2005a) 'Beyond the optimal contact strategy: A reality check for the contact hypothesis'. *Amercian Psychologist,* 60(7), 697-711

Dixon, J., Tredoux, C. and Clack, B.(2005b) 'On the micro-ecology of racial division: A neglected dimension of segregation'. *South African Journal of Psychology,* 35(3), 395-411

Dompierre, S. and Lavallee, M.(1990) 'Degre de contact et stress acculturatif dans Ie processus d'adaption des refugies Mricains'. *International Journal of Psychology,* 25,417-437

Donà, G. and Berry, J. W.(1994) 'Acculturation attitudes and acculturational stress of Central American refugees'. *International Journal of Psychology,* 29, 57-70

DTZ Pieda Consulting(2004) *The Economic Impact of Inward Investment on the London Economy.* London: DTZ Pieda Consulting

Dumas, M. C.(2001) 'Immigration and Urban Management in the 21st Century: Balancing local issues and global trends'. Paper presented at the Urban Futures seminar, Södertalje, Sweden, 9-12 May, www.storstad.gov.se/urbanfutures/Dupont, E(1992) Daily Life in Ancient Rome. Oxford: Blackwell

Duranton, G. and Puga, D.(2001) 'Nursery cities: Urban diversity, process innovation, and the life cycle of products'. *American Economic Review,* 91(5), 1454-1477

Dustmann, c., Fabbri, E, Preston, I. and Wadsworth, J.(2003) *The Local Labour Market Effects of Immigration in the UK.* London: Home Office

Edgar, D.(2005a) 'Speech to the Graduation Class of ACS International School', London: ACS International School

Edgar, D.(2005b). *Playing with Fire.* London: Nick Hern Books

EFILWC(European Foundation for the Improvement of Living and Working Conditions) (2007) *Local Integration Policies for Migrants in Europe.* Dublin:. EFILWC

Eisenberger, R., Fasolo, P., and Davis-LaMastro, V.(1990) 'Perceived organizational support and employee diligence, commitment and innovation'. *Journal of Applied Psychology,* 75, 51-59

Eisenbruch, M.(1991) 'From posttraumatic stress disorder to cultural bereavement: Diagnosis of South East Asian refugees'. *Social Science and Medicine,* 33, 673-680

Ellis, M., Wright, R. and Parks, V.(2004) 'Work together, live apart? Geographies of racial and ethnic segregation at home and work'. *Annals of the Association of American Geographers*, 94(3), 620-637

Entzinger, H.(1994) 'A future for the Dutch "ethnic minorities" model?' In B. Lewis and D. Schnapper(eds) *Muslims in Europe*. London /New York: Pinter Eslund, C.(2005) 'Working together: Crossing color lines at work'. *Labor History*, 46(1), 79-98

Espin, O. M.(1987) 'Psychological impact of migration on Latinas'. *Psychology of Women Quarterly*, 11, 489-503

Eun Young Kim and Youn-Kyung Kim(2005) 'The effects of ethnicity and gender on teens'mall shopping motivations'. *Clothing and Textiles Research Journal*, 23(2), 65-77

Ezard, J.(2004) 'British libraries could shut by 2020'. *The Guardian*, 28 April

Fairlie, R. W.(2005) *Are We Really a Nation Online? Ethnic and Racial Disparities in Access to Technology and Their Consequences*. Santa Cruz and Michigan: University of California and National Poverty Center, University of Michigan

Farley, R.(1999) 'Racial issues: Recent trends in residential patterns and intermarriage'. In N. Smelser and J. Alexander(eds) *Diversity and its Discontents*. Princeton, NJ: Princeton University Press

Favell, A.(1998) *Philiosophies of Integration: Immigration and the Idea of Citizenship in France and Britain*. London: Macmillan

Favell, A.(2001) 'Multi-ethnic Britain: An exception in Europe?' *Patterns of Prejudice*, 35(1), 35-58

Feldman, M. P. and Audretsch, D. B.(1999) 'Innovation in cities: Science based diversity, specialization and localized competition'. *European Economic Review*, 43, 409-429

Fernandez, J. and Barr, M.(1993) *The Diversity Advantage: How American Business Can Out-Perform Japanese and European Companies in the Global Marketplace*. New York: Maxwell Macmillan International

Fine, R. and Cohen, R.(2002) 'Four cosmopolitan moments'. In S. Vertovec and R. Cohen(eds) *Conceiving Cosmopolitanism: Theory, Context and Practice*. Oxford: Oxford University Press

Fischer, G.(1998) *E-mail in Foreign Language Teaching. Towards the Creation of Virtual Classrooms*. Tübingen, Germany: Stauffenburg Medien

Fisher, G.(1997) *Mindsets: The Role of Culture and Perception in International Relations*. 2nd edition. Yarmouth, ME: Intercultural Press Inc

Fiske, J.(1983) 'Surfalism and sandiotics: The beach in Oz popular culture'. *Australian Journal of Cultural Studies*, 1(2), 120-149

Fleming, T.(2006) *London Borough of Tower Hamlets: Intercultural Consultation for a Global City District*. Stroud: Comedia

Florida, R.(2002a) 'Bohemia and economic geography'. *Journal of Economic Geography*, 2, 55-71

Florida, R.(200L.b) *The Rise of the Creative Class: And How It's Transforming Work, Leisure and Everyday life*, New York: Basic Books

Florida, R.(2003) *Boho Britain*, London: Demos

Florida, R.(2005) *The Flight of the Creative Class*, New York: Harper Business

Florida, R. and Tinagli, I.(2004) 'Europe in the Creative Age', London: Demos, http:// www.creativeclass.org/ acro bat/Europe_in_the_ Creative_Age_2004. pdf

Foot, J.(2001) *Milan Since the Miracle: City, Culture and Identity.* Oxford: Berg

Forbes, H.(1997) *Ethnic Conflict: Commerce, Culture and the Contact Hypothesis*. New Haven, CT: Tale University Press

Ford, R. G.(1950) 'Population succession in Chicago'. *American Journal of Sociology*, 56, 151–160

Friedmann, J.(2002) *The Prospect of Cities*. Minneapolis: University of Minnesota Press

Furnham, A(1986) *Culture Shock: Psychological Reactions to Unfamiliar Environments*. London: Routledge

Gaines, S., Jr. and Leaver, J.(2002) 'Interracial relationships'. In R. Goodwin and D. Cramer(eds) *Inappropriate Relationships: The Unconventional, the Disapproved and the Forbidden*. Mahwaj, NJ: Lawrence Erlbaum Associated

Gans, H. J.(1961) 'The balanced community: Homogeneity or heterogeneity in residential areas?' *American Institute of Planners Journal*, 27(3), 176–184

Ghilardi, L.(2006) *The Contribution of Outsiders to Entrepreneurship and Innovation in Cities: The UK Case*. Stroud: Comedia. www.interculturalcity.com/thematic_studies. htm#Case5

Gil, A, Vega, W. and Dimas, J.(1994) 'Acculturative stress and personal adjustment among Hispanic adolescent boys'. *Journal of Community Psychology*, 22, 42–54

Gilroy, P.(1987) *There Ain't no Black in the Union Jack: The Cultural Politics of Race and Nation*. London: Hutchinson

Gilroy, P.(2000) *Between Camps*. London: Penguin

Gladwell, M.(2000) *Tipping Point: How Little Things can Make a Big Difference*. London: Abacus

Glaeser, E. L., Kallal, H. D., Scheinkman J. A., and Shleifer, A.(1992) 'Growth in cities'. *Journal of Politi cal Economy*, 100(6), 1126–1152

Gobster, P.(1998) 'Urban parks as green walls or green magnets? Interracial relations in neighbourhood boundary parks'. *Landscape and Urban Planning*, 41, 43–55.

Golden, J.(1987) 'Acculturation, biculturalism and marginality: A study of KoreanAmerican high school students'. *Dissertation Abstracts International*, 48, 1135A University Microfilms No. DA8716257

Goodchild, B. and Cole, 1.(2001) 'Social balance and mixed neighbourhoods in Britain since 1979: A review of discourse and practice'. *Social Housing, Environment and*

Planning(D): Society and Space, 19(1), 103-121

Goodhart, D.(2004) 'Too diverse?'Prospect, February, 30-37

Graham, S.(2005) 'Sofrware-sorted geographies'. Progress in Human Geography, 29(5), 562-580

Grenier, P. and Wright, K.(2006) 'Social capital in Britain: Exploring the Hall paradox'. Policy Studies, 27(1), 27-53

Grossman, R.(2000) 'Is diversity working?' HR Magazine, 45(3), 47-50

Grove, A(2001) Swimming Across: A Memoir. New York: Warner Books

Gustafson, P.(2001) 'Retirement migration and transnational lifestyles'. Ageing and Society, 21, 371-394

Hajer, M. and Reijndorp, A.(2002) In Search of the New Public Domain. Rotterdam: Nai Publishers

Halfmann, J.(1998) 'Citizenship universalism, migration and the risks of exclusion'. British Journal of Sociology, 49(4), 513-533

Hall, E. T.(1990) The Hidden Dimension. New York: Anchor Books

Hall, E. T. and Hall, M. R.(1990) Understanding Cultural Differences. Yarmouth, ME: Intercultural Press Inc.

Hall, P.(1998) Cities in Civilisation. London: Weidenfield & Nicholson

Hall, P. and Landry, C.(1997) Innovative and Sustainable Cities. Dublin: European Foundation for the Improvement of Living and Working Conditions

Hallinan, M. and Smirh, S.(1985) 'The effects of classroom racial composition on students'interracial friendliness'. Social Psychology Quarterly, 48, 3-16

Hallinan, M. and Williams, R. A(1990) 'Students'characteristics and the peerinfluence process'. Sociology of Education, 63, 122-132

Hambrick, D. C.(1994) 'Top management groups: A conceptual integration and reconsideration of the team label'. In B. M. Staw(ed) Research in Organizational Behavior 16. Greenwich, CT: JAI Press

Hannerz, U.(1996) Transnational Connections: Culture, People, Places. London: Routledge

Hansson, R. and Skog, T.(2001) The LoveBomb: Encouraging the communication of emotions in public spaces'. Paper for the Conference on Human Factors in Computing Systems. New York: ACM Press, 333-343

Harris, P. R. and Moran, R. T.(1991) Managing Cultural Differences. 3rd edition. Houston: Gulf Publishing

Hart, W.(1998) 'Intercultural computer-mediated communication'. The Edge: E-Journal of Intercultural Relations, 1(4), www.interculturalrelations.com/Resources/TheEdge. htm

Hartley, J.(2005) 'Tower Hamlets'Idea Stores: Are They Working?' A study submitted in partial fulfilment of the requirements for the degree of Master of Arts in Librarianship. Sheffield: University of Sheffield

Hartley, J. and Green, J.(2006) 'The public sphere on the beach'. *European Journal of Cultural Studies*, 9(3), 341-362

Heaton, T. and Jacobson, C.(2000) 'Intergroup marriage: An examination of opportunity structures'. *Sociological Inquiry*, 70, 30-41

Hellerstein, J. and Neumark, D.(2003) 'Workplace Segregation in the United States'. Draft paper presented at the Harvard Color Lines Conference, Cambridge, MA, 1-2 September

Henry, I., Amara, M., Aquilina, D., Argent, E., Betzer-Tayar, M. and Co alter, F.(2005) *The Roles of Sport and Education in the Social Inclusion of Asylum Seekers and Refugees: An Evaluation of Policy and Practice in the UK*. Loughborough: Institute of Sport and Leisure Policy, Loughborough University and Stirling University

Henry, N., McEwan, C. and Pollard, J. S.(2002) 'Globalization from below: Birmingham-post-colonial workshop of the world?' *Area*, 34(2), 117-127

Herrick, C.(2006) *Celebrating Diversity: An Evaluation of a Twinning Project between Ethnically Different Schools from Kirklees and Wakefield*. Huddersfield: University of Huddersfield, Nationwide Children's Research Centre

Herschlag, M.(1996) 'Cultural Imperialism on the Net: Policymakers from Around the World Express Concern over US Role'. Paper from Harvard University Conference on the Internet and Society, May 28-31; Virtual Press Room, Harvard, MA, www3.uakron.edu/hfrance/archives/mm1301.htm

HM Government(2006) *Countering International Terrorism: The United Kingdom's Strategy*. London: HMSO

Hofstede, G.(1991) *Cultures and Organizatiom. Software of the Mind*. Maidenhead: McGraw-Hill

Hollander, S.(2002) 'Retailers as creatures and creators of the social order'. *International Journal of Retail and Distributive Management*, 30(11), 514

Holme, J. J., Wells, A. S. and Revilla, A. T.(2005) 'Learning through experience: What graduates gained by attending desegregated high schools'. *Equity & Excellence in Education*, 38(1), 14-24

Home Office(2001) *Building Cohesive Communities: A Report of the Ministerial Group on Public Order and Community Cohesion*. London: Home Office

Hopkins, S., Hopkins, W. and Hoffman, K.(2005) 'Domestic inter-cultural service encounters: An integrated model'. *Managing Service Quality*, 15(4), 329-343

Houston, S., Wright, R., Ellis, M., Holloway, S.and Hudson, M.(2005) 'Places of possibility: Where mixed-race partners meet'. *Progress in Human Geography*, 29(6), 700-717

Hunter, L. and Elias, M. J.(1999) 'Interracial friendships, multicultural sensitivity, and social competence: How are they related?' *Journal of Applied Developmental Psychol-*

ogy, 20, 551-573

Huntington, S. P.(1996) *The Clash of Civilizatiom and the Remaking of World Order.* New York: Simon and Schuster

Huskinson, J.(1999) *Experiencing Rome: Culture, Identity and Power in Ancient Rome.* London: Routledge

Hye-Kyung Ryoo(2005) 'Achieving friendly interactions: A study of service encounters between Korean shopkeepers and African-Amercian customers'. *Discourse & Society,* 16(1), 79-105

Hylarides, P. C.(2005) 'Multiculturalism in the Netherlands and the murder of Theo van Gogh'. *Contemporary Review,* February, 73-78

Iies, P. and Hayers, P. K.(1997) 'Managing diversity in transnational project teams: A tentative model and case study'. *Journal of Managerial Psychology,* 12(2), 95-117

Imber, C.(2002) *The Ottoman Empire, 1300-1650: The Structure of Power.* Basingstoke: Palgrave Macmillan

Independent Review Team(2001) *Community Cohesion: A Report of the Independent Review Team, chaired by Ted Cantle.* London: Home Office

Institute of Community Cohesion(2006) *The Power of Sport: Sport and Cohesion Best Practice.* Coventry: IcoCo

Ipsos MORI(2006) *Race Relatiom 2006: A Research Study.* London: Ipsos MORI

Ipsos MORI(2007) *'What Works' in Community Cohesion.* London: Department for Communities and Local Government

Isbister, J.(1996) *The Immigration Debate: Remaking America.* West Hartford, CT: Kumarian Press

Jackman, M. R. and Crane, M.(1986) "'Some of my best friends are Black...'": Interracial friendship and Whites' racial attitudes'. *Public Opinion Quarterly,* 50, 459-486

Jackson, S. E., May, K. E. and Whitney, K.(1995) 'Understanding the dynamics of diversity in decision-making teams'. In R. Guzzo, E. Salas and Associates(eds) *Team Effectiveness in Decision Making in Organizatiom.* San Francisco: JosseyBass

Jacobs, J.(1961) *The Death and Life of Great American Cities.* London: Pimlico

Jacobs, J.(1969) *The Economy of Cities.* New York: Random House

Jamal, A.(2003) 'Retailing in a multicultural world: The interplay of retailing, ethnic identity and consumption'. *Journal of Retailing and Consumer Services,* 10, 1-11

Jameson, D. and O'Mara, J.(1991) *Managing Workforce 2000: Gaining the Diversity Advantage.* Somerset, New Jersey: Wiley

Jayasuriya, L.(1997) *Immigration and Multiculturalism in Australia.* Perth: School of Social Work and Social Administration, University of Western Australia

Johansson, F.(2004) *The Medici Effect: Breakthrough Insights at the Intersection of Ideas, Concepts and Cultures.* Boston: Harvard Business School Press

Jones-Correa, M.(2001) *Governing American Cities: Inter-ethnic Coalitiom, Competi-*

tion, and Conflict. New York: Russell Sage Foundation

Joyner, K. and Kao, G.(2000) 'School racial composition and adolescent racial homophily'. Social Science Quarterly, 81, 810-825

Kagan, H. and .Cohen, J.(1990) 'Cultural adjustment of international students'. Psychological Science, 1, 133-137

Kang, J.(2000) 'Cyber race'. Harvard Law Review, 113(5), 1130-1209

Kant, I. 1963 [1784] 'Ideas towards a universal history from a cosmopolitan point of view'. In L. W. Beck(ed) On History. Indianapolis: Bobbs-Merrill, 11-27

Kaplan, P. and Fugate, D.(1972) 'Pilot study of racial interaction in a public place: Northern and Southern settings compared'. International Journal of Group Temions, 2, 63-79

Karnes,M. and Blade, T.(1998) Ethnic Barriers and Biases: How to Become an Agent for Change. New York: National Training Associates

Kaye, S.(1999) 'Some proven ways to promote the exchange of ideas'. Quality Progress, March, 29-33

Kearns, A. and Parkes, A.(2003) 'Living in and leaving poor neighbourhood conditions in England'. Housing Studies, 18(6), 827-851

Kee, P.(1994) 'Untavelling the global Chinese business networks'. BIPR Bulletin, 11, 9-12

Kelley, C. and Meyers, J.(1989) CCAI: Crosse Cultural Adaptability Inventory. Minneapolis: National Computer Systems

Kelley, N. and Trebilcock, M. J.(1998) The Making of the Mosaic: A History of Canadian Immigration Policy. Toronto: Universiry of Toronto Press

Khakee, A., Somma, P. and Thomas, H.(eds)(1999) Urban Renewal, Ethnicity and Social Exclusion in Europe. Aldershor: Ashgate

King, R. and Black, R.(eds)(1997) Southern Europe and the New Migration. Brighton: Sussex Academic Press

King, R., Warnes, A. and Williams, A.(2000) Sunset Lives: British Retirement Migration to the Mediterranean. Oxford: Berg

Kivisto, P.(2002) Multiculturalism in a Global Society. Oxford: Blackwell

Kloosterman, R. and Rath, J.(2003) Immigrant Entrepreneurs: Venturing Abroad in the Age of Globalization. Oxford: Berg

Kochan, T, Bezrukoval, K., Ely, R., Jackson, S., Joshi, A., Jehn, K., Leonard, J., Levine D., and Thomas, D.(2003) 'The effects of diversiry on business performance: Report of the Diversiry Network'. Human Resource Management, 42(1), 3-21

Kohls, L. R. and Knight, J. M.(1994) Developing Intercultural Awareness: A Crosscultural Training Handbook. Yarmouth, ME: Intercultural Press

Krishnarayan, V. and Thomas, H.(1993) Ethnic Minorities and The Planning System. London: Royal Town Planning Institute

Kumar, K.(2003) *The Making of English National Identity.* Cambridge: Cambridge Universiry Press

Kurthen, H., Fijalkowski, J. and Wagner G.(eds)(1998) *Immigration, Citizenship and the Welfate State in Germany and the United States: Welfare Policies and Immigrants' Citizenship.* Stamford, CT: JAI Press

Kyambi, S.(2005) *Beyond Black and White: Mapping New Immigrant Communities.* London: Institute for Public Policy Research

Kymlicka, W.(2003) 'Multicultural states and intercultutal citizens'. *Theory and Research in Education*, 1(2), 147–169

Kymlicka, W. and Norman, W.(eds)(2000) *Citizenship in Diverse Societies.* Oxford: Oxford Universiry Press

Lamont, M. and Aksartova, S.(2002) 'Ordinary cosmopolitans: Strategies for bridging racial boundaries among working class men'. *Theory, Culture & Society*, 19(4), 1–25

Landry, C.(2000) *The Creative City: A Toolkit for Urban Innovators.* London: Earthscan

Landry, C.(2004) *Riding the Rapids: Urban Life in an Age of Complexity.* London: CABE/RIBNComedia

Landry, C.(2006) *The Art of City Making.* London: Earthscan

Lamer, J.(1999) *Marco Polo and the Discovery of the World.* New Haven: Yale University Press

Larsen, J. I., Jacobs, D. L., and van Vlimmeren, T(2004) *Cultural Diversity: How Public Libraries Can Serve the Diversity of the Community.* Gutersloh: Bertelsmann Stiftung

Law, B.(1999) *Oldham Brave Oldham: An Illustrated History of Oldham.* Oldham: Oldham Metropolitan Borough Council

Lazear, E.(1995) 'Culture and language'. NBER Working Paper no. 5249. Cambridge, MA: National Bureau of Economic Research.

Lee, D.(1998) 'Mail fantasy: Global sexual exploitation in the mail-order bride industry and proposed legal solutions'. *Asian Law Journal*, 5, 139–179

Lee, J.(2002) *Civility in the City: Blacks, Jews, and Koreans in Urban America.* Cambridge, MA: Harvard Universiry Press

Leong, C.-H. and Ward, C.(2000) 'Identiry conflict in sojourners'. *International Journal of Intercultural Relations*, 24, 763–776

Li, P.(2003) 'Deconstructing Canada's Discourse of Immigrant Integration'. PCERII Working Paper WP04–03. Edmonton: PCERII

Lian, B. and Oneal, J.(1997) 'Cultural diversiry and economic development: A cross-national study of 98 Countries, 1960–1985'. *Economic Development and Cultural Change*, 46, 61–77

Lichfield, J.(2005) 'Sarkozy blames French "model" for riots'. *The Independent*, 16 November

Liddle, R.(2004) 'How Islam killed multiculturalism'. *The Spectator*, 1 May

Light, I: and Bhachu, P.(eds)(2004) *Immigration and Entrepreneurship: Culture, Capital and Ethnic Networks*. New Brunswick: Transaction Publishers

Light, I. and Gold, S.(2000) *Ethnic Economies*. Orlando: Academic Press

Lixl-Purcell, A.(1995) 'Foreign language acquisition and technology', www.uncg.edu/~lixlpurcl publications/MLAtech.html

Low, S., Taplin, D. and Scheld, S.(2005) *Rethinking Urban Parks: Public Space and Cultural Diversity*. Austin: Universiry of Texas Press

Lucas, R. E.(1988) 'On the mechanisms of economic development'. *Journal of Monetary Economics*, 22, 3-42

Lynch, F.(1997) *The Diversity Machine*. New York: The Free Press

McGuigan, J.(2005) 'The cultural public sphere'. *European Journal of Cultural Studies*, 8(4),427-443

Mackintosh-Smith, T(ed)(2003) *The Travels of Ibn Battutah*. London: Picador

McLeod,P. L., Lobel, S. A. and Cox, T. H., Jr.(1996) 'Ethnic diversiry and creativiry in small groups'. *Small Group Research*, 27, 246-264

Macpherson of Cluny, W.(1999) *The Stephen Lawrence Enquiry*. London: HMSO

Maffesoli, M.(1996) *The Time of the Tribes: The Decline of Individualism in Mass Society*. London: Sage

Maignan, c., Ottaviano, G., Pinelli, D. and Rullano, F.(2003) *Bio-Ecological Diversity vs Socio-Economic Diversity: A Comparison of Existing Measures*. Milan: ENGIME nota di lavoro

Malanga, S.(2004) 'The curse of the creative class'. *City Journal*, Winter, www.cityjournal.org/html/14_1_the_curse.html

Malik, K.(2202) 'Against multiculturalism'. *New Humanist*, 117(2), 14-16

Mann, V. and Glick, T.(eds) (1992) *Convivencia: Jews, Muslims and Christians in Mediaeval Spain*. New York: George Braziller

Marcuse, P.(2001) 'Enclaves Yes, Ghettoes, No: Segregation and the State'. Paper presented at the International Seminar on Segregation in the City. Lincoln Institute, 26-28 July

Marcuse, P.(2002) 'The partitioned city in history'. In P. Marcuse and R. van Kempen (eds) *Of States and Cities: The Partitioning of Urban Space*. Oxford: Oxford University Press

Marks, K.(2005) 'The end of innocence at Bondi beach'. *The Independent*, 26 December

Marx, E.(1999) *Breaking Through Culture Shock: What You Need to Succeed in International Business*. London: Nicholas Brealey

Maslow, Abraham.(1943) 'A theory of human motivation'. *Psychological Review*, 50, 370-396

Matarasso, F.(1998) *Beyond Book Issues: The Social Potential of Library Projects*. Stroud: Comedia

Meagher, M. and Castanos, F.(1996) 'Perceptions of American culture: The impact of an electronically-mediated cultural exhange program on Mexican high school students'. In S. Herring(ed) *Computer Mediated Communication. Linguistic, Social and Cross-cultural Perspectives*. Amsterdam: John Benjamins Publishing Company

Menocal, M. R.(2002) *The Ornament of the World: How Jews, Christians and Muslims Created a Culture of Tolerance in Mediaeval Spain*. New York: Little Brown and Company

Menzies, G.(2002) *1421, The Year China Discovered the World*. London: Bantam Press

Metcalf, H., Modood, T., and Virdee, S.(1996) *Asian Self-Employment: The Interaction of Culture and Economics in England*. London: Policy Studies Institute

Michon, R. and Chebat, J. C.(2004) 'Cross-cultural mall shopping values and habitats: A comparison between English-and French-speaking Canadians'. *Journal of Business Research*, 57, 883-892

Milgram, S.(1997) *The Individual in a Social World: Essays and Experiments*. Reading, MA: Addison

Modood, T.(2005) 'Remaking multiculturalism after 7/7'. *Open Democracy*, 29, 7

Modood, T. and Werbner, P.(1997) *The Politics of Multiculturalism in the New Europe: Racism, Identity and Community*. London: Zed Books

Mokyr, J.(1990) *The Lever of Riches. Technological Creativity and Economic Progress*. New York: Oxford University Press

Montes, T.(2000) 'The diversity challenge'. *Ashridge Journal, Summer*, 18-21

Moss, J.(2003) *The Color of Class: Poor Whites and the Paradox of Privilege*. Pennsylvania: University of Pennsylvania Press

Mouffe, C.(2000) *Deliberative Democracy or Agonistic Pluralism*. Vienna: Institutfür Höhere Studien (IHS)

Mumford, L.(1938) *The Culture of Cities*. New York: Harcourt, Brace, and World

Mumford, L.(1961) *The City in History*. New York: Harcourt, Brace, and World

Musterd, S.(2003) 'Segregation and integration: A contested relationship'. *Journal of Ethnic and Migration Studies*, 29(4), 623-641

Musterd, S.(2005) 'Social and ethnic segregation in Europe: Levels, causes and effects'. *Journal of Urban Affairs*, 27(3), 331-348

Musterd, S. and Andersson, R.(2005) 'Housing mix, social mix, and social opportunities'. *Urban Affairs Review*, 40(6), 761-790

Nagel, J.(2003) *Race, Ethnicity and Sexuality: Intimate Intersections, Forbidden Frontiers*. Oxford: Oxford University Press

Nairn, T.(2000) *After Britain*. London: Granta

Neal, S. and Agyeman, J.(eds)(2006) *The New Countryside: Ethnicity, Nation and Ex-*

clusion in Contemporary Britain. Bristol: The Policy Press
Neuliep, J. W. and Ryan, D. J.(1998) 'The influence of intercultural communication apprehension and socio-communicative orientation on uncertainty reduction during initial cross-cultural interaction'. *Communication Quarterly*, 46, 88-99
Newman, J. S.(1999) *No Shame in My Game: The Working Poor in the Inner City*. New York: Alfred A. Knopf and Russell Sage Foundation
Niman, M.(2005) 'Katrina's America: Failure, racim, and profiteering'. *Humanist*, 65(6), 11-15
Niner, P.(2002) *The Provision and Condition of Local Authority Gypsy and Traveller Sites in England*. Birmingham: University of Birmingham
Oberg, J.(1960) 'Cultural shock: Adjustment to new cultural environments'. *Practical Anthropology*, 7, 177-182
O'Dowd, R.(2001) 'In Search of a Truly Global Network: The Opportunities and Challenges of On-line Intercultural Communication', CALL-EJ Online, 3(1), www.clec.ritsumei.ac.jp/english/callejonline/6-1/o_dowd.html
O'Dowd, R.(2003) 'Understanding "The Other Side": Intercultural learning in a Spanish-English e-mail exchange'. *Language Learning & Technology*, 7(2), 118-144
Ogbu, J.(1995) 'Cultural problems in minority education: Their interpretations and consequences'. *Urban Review*, 27, 271-297
Oldenburg, R.(1989) *The Great Good Place: Cafes, Coffee Shops, Bookstores, Bars, Hair Salons, and other Hangouts at the Heart of a Community*. New York: Marlowe and Co.
ONS(Office of National Statistics)(2001) *2001 Census*. London: ONS
O'Reilly, K.(2007) 'Intra-European migration and mobility-enclosure dialectic'. *Sociology*, 41(2), 277-293
Ottaviano, G. and Peri, G.(2004) *The Economic Value of Cultural Diversity: Evidence from US cities*. Milan: FEEM
Ottaviano, G. and Peri, G.(2005) 'Rethinking the Gains from Immigration: Theory and Evidence from the US'. NBER Working Paper, 11672. Cambridge, MA: National Bureau of Economic Research
Ouseley, H.(2001) *Community Pride Not Prejudice*. Bradford: Bradford Vision
Owen, D., Green, A. E., McLeod, M., Law, 1., Challis, T. and Wilkinson, D.(2003) *The Use and Attitudes Towards Information and Communication Technologies (ICT) by People from Black and Minority Ethnic Groups Living in Deprived Areas*. Department for Education and Skills, Research Report 450. London: Department for Education and Skills
Pacino, J.(2007) 'Multicultural Discussions Inside Second Life', http://ext.sac.edu/faculty staff/ pacino_joe/ slmulticull slmulticuldiscussion.htm#overview
Page, S. E.(2007) *The Difference: How the Power of Diversity Creates Better Groups,*

Firms, Schools and Societies. Princeton: Princeton University Press

Pahl, R.(2006) 'On respect: The social strains of social change'. In A. Buonfina and G. Mulgan(eds) *Porcupines in Winter: The Pleasures and Pains of Living Together in Modern Britain*. London: Young Foundation

Parekh, B.(2000) *The Future of Multiethnic Britain*. London: Runnymede Trust

Parekh, B.(2006) *Rethinking Multiculturalism: Cultural Diversity and Political Theory*. 2nd edition. Basingstoke: Palgrave Macmillan

Park, R.(1926) 'The urban community as a special pattern and a moral order'. In E. E. Burgess(ed) *The Urban Community*. Chicago: University of Chicago

Park, R., Burgess, E. and McKenzie, R.(eds)(1925) *The City*. Chicago: University of Chicago Press

Patil, G. P. and Taillie, C.(1982) 'Diversity as a concept and its measurement'. *Journal of the American Statistical Association*, 77(379), 548-561

Paulos, E. and Goodman, E.(2004) 'The familiar stranger: Anxiety, comfort, and play in public places'. Proceedings of the SIGCHI conference on Human factors in computing systems, 24-29 April, Vienna, Austria, 223-230

Paulos, E., Anderson, K and Townsend, A.(2004) 'UbiComp in the urban frontier'. In Urban Computing Workshop Proceedings. September, Nottingham, UK

Peach, C.(1980) 'Ethnic segregation and intermarriage'. *Annals of the Association of American Geographers*, 70, 371-381

Peach, C.(1996) 'Good segregation, bad segregation'. *Planning Perspectives*, 11, 379-398

Peach, C.(2001) 'The ghetto and the ethnic enclave'. Paper presented at the International Seminar on Segregation in the City, Lincoln Institute, 26-28 July

Pearce, P. L.(1982) 'Tourists and their hosts: Some social and psychological effects of intercultural contact'. In S. Bochner(ed) *Cultures in Contact: Studies in Crosscultural Interaction*. Oxford: Pergamon

Pearman, H.(2001) 'Terence Conran: The Super-ego Who Changed a Nation's Taste', www.hughpearman.com/articles2/conran.html

Penaloza, L.(1994) 'Altravesando Fronteras/Border Crossings: A critical ethnographic exporation of the consumer acculturation of Mexican immigrants'. *Journal of Consumer Research*, 21, 289-294

Perez de 'Cuellar, J. et aI.(1995). *Our Creative Diversity. Report of the World Commission on Culture and Development*. Paris: UNESCO Publishing

Peters, P.(1996) *Invented in the USA: Immigrants, Patents and Jobs*. Arlington, VA: Alexis de Tocqueville Institute

Pettigrew, T. F.(1998) 'Intergroup contact theory'. *Annual Review of Psychology*, 49, 65-85

Pettigrew, T. F. and Tropp, L R.(2000) 'Does intergroup contact reduce prejudice? Recent meta-analytic findings'. In S. Oskamp(ed) *Reducing Prejudice and Discrimination, The Claremont Symposium on Applied Social Psychology.* Mahwah, NJ: Lawrence Erlbaum Associates

Philipp, S.(1999) 'Are we welcome? Mrican American racial acceptance in leisure activities and the importance given to children's leisure'. *Journal of Leisure Research*, 31, 385-403

Phillips, D., Butt, F. and David, C.(2002) 'The racialisation of space in Bradford', *Regional Review*, July, 9-10

Phillips, T.(2004) Speech at the Civil Service Race Equality Nerwork Annual Lecture, 26 April

Phillips, T.(2005) 'After 7/7: Sleepwalking to segregation'. Speech given at the Manchester Council for Community Relations, 22 September

Phizackiea, A. and Ram, M.(1995) 'Ethnic entrepreneurship in comparative perspective'. *International Journal of Entrepreneurial Behaviour and Research*, 1(1),48-58

Pickering, P.(2006) 'Generating social capital for bridging ethnic divisions in the Balkans: The case of Bosniak-dominated urban Bosnia'. *Ethnic and Racial Studies*, 19(1),79-103

Pinelli, D., Ottaviano, G. and Maignan, C.(2003) *Economic Growth, Innovation and Cultural Diversity: What Are We All Talking About? A Critical Survey of the State-of the-art.* Milan: FEEM

Po-Chia Hsia, R. and van Nierop, H.(2002) *Calvinism and Religious Toleration in the Dutch Golden Age.* Cambridge: Cambridge University Press

Popkin, S., Katz, B., Cunningham, M., Brown, K, Gustafson, J. and Turner, M.(2004) 'A decade of hope VI: Research findings and policy challenges'. Washington, DC: The Urban Institute and The Brookings Institution.

Porter, M. E.(1998) *The Competitive Advantage of Nations*. London: Macmillan

Portes, A. and Sensenbrenner J.(1993) 'Embeddedness and immigration: Notes on the social determinants of economic action'. *American Journal of Sociology*, 98, 1320-1350

Priem, R., Harrison, D. and Muir, N.(1995) 'Structured conflict and consensus outcomes in group decision malUng'. *Journal of Management*, 21, 691-710

Pugh, R.(2004) 'Responding to rural racism: Delivering local services'. In N. Chakraborti and J. Garland(eds) *Rural Racism.* Cullompton, Devon: Willan Publishing

Putnam, R.(1993) *Making Democracy Work.* New York: Basic Books

Putnam, R.(2000) *Bowling Alone: The Collapse and Revival of American Community.* New York: Simon and Schuster

Pyong Gap Min(1996) *Caught in the Middle: Korean Communities in New York and Los Angeles.* Berkeley: University of California Press

Qadeer, M.(1997) 'Pluralistic planning for multicultural cities'. *Journal of the American*

Planning Association, 63(4), 481-94

Quigley, J. M.(1998) 'Urban diversity and economic growth'. *Journal of Economic Perspectives*, 12(2), 127-138

Ram, M. and Smallbone, D.(2001) *Ethnic Minority Enterprise: Policy in Practice*. Final report. Sheffield: Small Business Service

Ram, M., Smallbone, D. and Linneker, B.(2002) *Assessing the Potential of Supplier Diversity Initiatives as a Means of Promoting Diversification Amongst Ethnic Minority Businesses in the UK Final Report*. Sheffield: Small Business Service

Rath, J. and Kloosterman, R.(2000) 'Outsiders'business: A critical review of research on immigrant entrepreneurship'. *International Migration Review*, 34(3), 657-681

Raw, A.(2006) *Schools Linking Project 2005-06: Full Final Evaluation Report*. Bradford: Education Bradford

Raybourn, E.(1997) 'Intercultural Communication, Simulation Games and Computer Game Technology.'Paper presented at the 1997 Association for Business Simulation and Experiential Learning(ABSEL) Conference, New Orleans, Louisiana, 19-21 March

Reitman, M.(2006) 'Uncovering the white place: Whitewashing at work'. *Social and Cultural Geography*, 7(2), 267-282

Remy, E. and Kopel, S.(2002) 'Social linking and human resources management in the service sector'. *The Services Industries Journal*, 22(1), 35-56

Rex, J. and Moore, R.(1967) *Race, Community and Conflict*. Oxford: Oxford University Press

Richard, o. c.(2000). 'Racial diversity, business strategy and firm performance A resource based view'. *Academy of Management Journal*, 43(2), 164-177

Robinson, D.(2005) 'The search for community cohesion: Key themes and dominant concepts for the public policy agenda'. *Urban Studies*, 42(8), 1411-1428

Robinson, D., Coward, S., Fordham, T., Green, S. and Reeve, K.(2004) *How Housing Management Can Contribute to Community Cohesion*. Coventry: Chartered Institute of Housing

Robinson, G. and Dechant, K.(1997). 'Building a business case for diversity'. *Academy of Management Executive*, 11(3),21-37

Rodriquez, V and Salva-Tomas, P.(2001) 'Northern Europeans and the Mediterranean: A New California or a New Florida?' In J. M. Beck(ed) *Geography, Environment and Development in the Mediterranean*. Brighton: Sussex Academic Press

Rogers, E. M.(2003) *Diffosion of Innovations*. 5th edition. New York: Free Press

Rogers, E. M. and Steinfatt, T. M.(1999) *Intercultural Communication*. Prospect Heights: Waveland Press

Rogers, R. and Power, A.(2000) *Cities for a Small Country*. London: Faber and Faber

Romer, P. M.(1990) 'Endogenous technological change'. *Journal of Political Economy*,

98,71-102
Rossell, C. H.(1990) *The Carrot or the Stick for School Desegregation Policy: Magnet Schools or Forced Bussing.* Philadelphia: Temple University Press
Rotheram-Borus, M.(1993) 'Biculturalism among adults'. In M. Bernal and G. Knight(eds) *Ethnic Identity.* Albany: State University of New York Press, 81-102
Sager, M.(2000) 'What I've learned: Andy Grove'. *Esquire Magazine,* 1 May.
Sandercock, L.(1998) *Towards Cosmopolis.* Chichester: John Wiley
Sandercock, L.(2003a) *Cosmopolis 2: Mongrel Cities of the 21st Century.* New York: Continuum
Sandercock, L.(2003b) 'Integrating Immigrants: The Challenge for Cities, City Governments and the City-building Professions'. Vancouver Centre of Excellence RIIM Working Paper 03-20. Vancouver: Simon Fraser University
Sandercock, L.(2004) 'Reconsidering multiculturalism: Towards an intercultural project'. In P. Wood(ed) *The Intercultural City Reader.* Stroud: Comedia
Sardar, Z.(2006) 'Three lives-one identity'. *The Observer Sport Monthly,* February
Sarkissian, W.(1976) 'The idea of social mix in town planning: An historical review'. *Urban Studits,* 13,231-246
Sassen, S.(1994) *Cities in a World Economy.* Thousand Oaks: Pine Forge Press Sassen, S.(200G) *Women in the Global City: Exploitation and Empowerment.* Lola Press @ www.lolapress.org/elec1/artenglish/sass_e.htm
Saxenian, A.(1999) *Silicon Valley's New Immigrant Entrepreneurs.* San Francisco: Public Policy Institute of California
Schaefer, L.(2006) 'Spades and Trowels Help Immigrants Feel At Home', www.stiftung-interkultur.de/eng/me_dw.pdf
Schill, M. H.(1994) 'Race, the underclass and public policy'. *Law and Social Enquiry,* 19(2),433-456
Schnell, 1. and Yoav, B.(2001) 'The sociospatial isolation of agents in everyday life spaces as an aspect of segregation'. *Annals of the Association of Amercian Geographers,* 91(4), 622-636
Scott, K. A.(2004) 'Arican-American and White girls'friendships'. *Feminism and Psychology,* 14,383-388
Sher, P.(2003) 'Ethnic innovation networks(EIN): A strategic linkage explanation for intellectual advantage in international business'. *Taiwan Academy of Management Journal,* 3(1), 41-58
SHM Ltd(forthcoming) 'Promoting Interaction Between People from Different Ethnic Backgrounds: London: Commission for Racial Equality.
Sigelman, L. and Welch, S.(1993) 'The contact hypothesis revisited: Black-White interaction and positive racial attitudes'. *Social Forces,* 71, 781-795
Sigelman, L., Bledsoe, T., Welch, S. and Combs, M.(1996) 'Making contact? Blackwhite

social interaction in an urban setting'. *American Journal of Sociology*, 101, 1306–1332

Simons, G.(1998) 'Meeting the intercultural challenges of virtual work'. *Language and Intercultural Learning*, 16(1), 13–15

Simpson, L.(2007) 'Ghettoes of the mind: The empirical behaviour of indices of segregation and diversity'. *Journal of the Royal Statistical Society: Series A*, 170(2), 405–424

Sisk, D.(1995) 'Simulation games as training tools'. In S. M. Flowers and M. M. Mumford(eds) *Intercultural Sourcebook: Cross-cultural training methods*, Volume 1. Yarmouth, Maine: Intercultural Press

Sizoo, S., Plank, R., Iskat, W. and Serrie, H.(2005) 'The effect of intercultural sensitivity on employee performance in cross-cultural service encounters'. *The Journal of Service Marketing*, 19(4),245–255

Skerry, P.(2002) 'Beyond Sushiology: Does diversity work?' *The Brookings Review*, 20(1), 20–23

Slavin, R. E. and Cooper, R.(1999) 'Improving intergroup relations: Lessons learned from cooperative learning programs'. *Journal of Social Issues*, 55, 647–633

Smallbone, D., Athayde, R. and Kitching, J.(2005) *Ethnic and Linguistic Diversity and Competitive Advantage*. Report for the London Development Agency. London: Small Business Research Centre, Kingston University

SOLACE(UK Society of Local Authority Chief Executives and Senior Managers) (2004) *Diversity and Innovation*. London: SOLACE. www.solace.org.uk/downloads/DiversityAndInnovation.pdf

Sole, C. and Parella, S.(2002) 'The labour market and racial discrimination in Spain'. *Journal of Ethnic and Migration Studies*, 29(1), 121–140

Soysal, Y.(1996) 'Boundaries and identity: Immigrants in Europe'. *EUI Working Papers*, 96(3), 1–15

Spackova, L. and Stefkova, J.(2006) *Libraries as Gateways to the Integration of Immigrants in the EU*. Prague: Multicultural Center Prague .

Spencer, C.(2003) *British Food: An Extraordinary Thousand Years of History*. New York: Columbia University Press

Spencer, R. G.(1997) *British Immigration Policy Since 1939*. London/New York: Routledge

Spitz, J. and Thorn, M.(2003) *Urban Network: Museums embracing communities*. Chicago: The Field Museum

Stam, D.(2005) 'A clog-dance with div~rsity: Past, present and future of the multicultural Netherlands'. *ZeitschriJt for Feministische Geschichtswissenschaft*, 16(2), 105–112

Stark, E. E.(2003) 'Undelivered promises from the HR profession: A plea to return to a more defensible motivation for embracing diversity'. *The Journal of Behavioral and Applied Management*, 4(3), 299-317

Strategy Unit(2003) Ethnic Minorities and the Labour Market. London: Cabinet Office Strategy Unit, HM Government, www.strategy.gov.ukloutput/page3672.asp

Sue, D. W, Ivey, A. and Pedersen, P. B.(1996) *A Theory of Multicultural Counselling and Therapy*. Pacific Grove, CA: Brooks/Cole

Tajfel, H.(ed)(1978) *Differentiation between Social Groups: Studies in the Psychology of Intergroup Relations*. London: Academic Press

Tatjer, L. C.(2003) 'Multiculturalism in the City: Managing Diversity'. Paper presented to the Congress of the European Regional Science Association, Jyväskylä, Finland, 27-30 August

Terrill, R.(2003) *The New Chinese Empire*. New York: Basic Books

Thornton, M.(2005) 'The Museum as Intercultural Site'. Paper presented at Museums Australia Conference Sydney, Australia 1-4 May, www.mia.id.au/text/mthornton_ma.pdf, 10/01/07

Tredoux, C., Dixon, J., Underwood, S., Nunez, D. and Finchilescu, G.(2005) 'Preserving spatial and temporal dimensions in observational data of segregation'. *South African Journal of Psychology*, 35(3), 412-432

Triandis, H.(1990) 'Theoretical concepts that are applicable to the analysis of ethnocentrism'. In R. W Brislin(ed) *Applied Cross-cultural Psychology*. Newbury Park, CA: Sage

Trompenaars, F. and Hampden-Turner, C.(1997) *Riding the Waves of Culture*. 2nd edition. London: Nicholas Brealey Publishing

Tropp, L. R. and Bianchi, R. A.(2006) 'Valuing diversity and interest in intergroup contact'. *Journal of Social Issues*, 62(3), 533-551

Turgeon, L. and Pastinelli, M.(2002) '"Eat the world": Postcolonial encounters in Quebec City's ethnic restaurants'. *Journal of American Folklore*, 115, 247-268

Turner, T.(2005) *Garden History: Philosophy and Design, 2000BC-2000AD*. London: Spon Press

Turok, I., Kearns, A., Fitch, D., Flint, J., McKenzie, C. and Abbotts, J.(2006) *The State of the English Cities: Social Cohesion*. London: Department for Communities and Local Government

Tyler, K.(2006) 'Village People: Race, Class, Nation and the Community Spirit'. In S. Neal and J. Agyeman(eds) *The New Countryside? Ethnicity, Nation, and Exclusion in Contemporary Rural Britain*. Bristol: Policy Press

Uitermark, J., Rossi, U. and van Houtum, H.(2005) 'Reinventing multiculturalism: Urban citizenship in the negotiation of ethnic diversity in Amsterdam'. *International Journal of Urban and Regional Research*, 29(3), 622-640

UNHCR(2005) *Statistical Yearbook*. Geneva: UNHCR

United Nations(2005) *Development Programme Report*. New York: UN

University of Auckland(1998) *The Integration of Highly Skilled Migrants into the Labour Market: Implications for New Zealand Business*. Report prepared for the New Zealand Immigration Service. Auckland: University of Auckland

Valente, T. W. and Barnett, G.(eds)(1995) *Network Models of the Diffusion of Innovations*. Cresskill, NJ: Hampton Press

Varshney, A.(2002) *Ethnic Conflict and Civic Life: Hindus and Muslims in India*. New Haven, CT: Yale University Press

Vellas, F. and Becherel, L.(1995) *International Tourism: An Economic Perspective*. London: Macmillan

Vermeulen, H. and Penninx, R.(eds)(2000) *Immigrant Integration: The Dutch Case*. Amsterdam: Het Spinhuis

Vertovec, S.(1995) 'Berlin Multikulti: Germany, "foreigners" and "world-openness"'. *New Community*, 22(3), 381–400

Vertovec, S. and Cohen, R.(2002) *Conceiving Cosmopolitanism*. Oxford: Oxford University Press

Wadhwa, v., Saxenian, A., Rissing, B. and Gereffi, G.(2007) *America's New Immigrant Entrepreneurs*. Master of Engirieering Management Program, Duke University. Berkeley, CA: School of Information, U C Berkeley

Waldinger, R.(1996) 'Ethnicity and opporturiity in the plural city'. In R. Waldinger and M. Bozorgmehr(eds) *Ethnic Los Angeles*. New York: Russell Sage Foundation

Ward, c., Bochner, S. and Furnham, A.(2001) *The Psychology of Culture Shock*. London: Routledge

Ward, D.(2003) 'Culture class: Contact theory could help children cross the racial divide'. *The Guardian*, 14 January

Ward, G. C. and Burns, K.(2000) *Jazz: A History of America's Music*. New York: Alfred A. Knopf

Warde, A., Martens, L. and Olsen, W.(1999) 'Consumption and the problem of variety: Cultural omnivorousness, social distinction and dining out'. *Sociology*, 33(1), 105–127

Warschauer, M.(2000) 'Language, identity, and the Internet'. In B. Kolko, L. Nakamura and G. Rodman(eds) *Race in Cyberspace*. New York: Routledge

Watson, P.(2005) *Ideas: A History of Thought and Invention from Fire to Freud*. London: HarperCollins

Watson, S. with Studdert, D.(2006) *Markets as Sites for Social Interaction: Spaces of Diversity*. Bristol: Policy Press

Watson, W. E., Kumar, K. and Michaelsen, L. K.(1993) 'Cultural diversity's impact on interaction process and performance: Comparing homogeneous and diverse task groups'. *Academy of Management Journal*, 36, 590–602

Weimann, G.(2004) *How Modern Terrorism Uses the Internet*. Special Report 116. Washington, DC: United States Institute of Peace.

Weisehofer, J.(2001) *Ancient Persia*. London: Tauris

Welz, G.(2003) 'The cultural swirl: Anthropological perspectives on innovation'. *Global Networks*, 3, 255-270

Williams, A. and Dourish, P.(2006) 'Imagining the city: The cultural dimensions of urban computing'. *Computer*, 39(9), 38-43

Williams, A. and Hall, C.(2002) 'Tourism, migration, circulation and mobility: The contingencies of time and place'. In A. Williams and C. Hall(eds) *Tourism and Migration: New Relationships Between Production and Consumption*. London: Kluwer Academic Publishers

Williams, K. and O'Reilly, C.(1998) 'The complexity of diversity: A review of forty years of research'. In D. Gruenfeld and M. Neale(eds) *Research in Managing in Groups and Teams*. Vol. 20. Greenwich, CT: JAI Press

Winder, R.(2004) *Bloody Foreigners: The Story of Immigration to Britain*. London: Abacus

Wirth, L.(ed)(1964) *On Cities and Social Life*. Chicago: University of Chicago Press

Wood, P.(ed)(2004) *The Intercultural City Reader*. Stroud: Co media

Wood, P., Landry, C. and Bloomfield, J.(2006) *Cultural Diversity in Britain: A Toolkit for Cross-cultural Co-operation*. Published for the Joseph Rowntree Foundation. Bristol: Policy Press

World Bank(2005) 2005 *World Development Indicators*. Washington DC: World Bank Group

Wrench, J. and,Modood, T.(2000) *The Effectiveness of Employment Equality Policies in Relation to Immigrants and Ethnic Minorities in the UK*. Geneva: International Labour Office

Wright, S. C.,Aron, A., McLaughlin-Volpe, T. and Ropp, S. A.(1997) 'The extended contact effect: Knowledge of cross-group friendships and prejudice'. *Journal of Personality and Social Psychology*, 73, 73-90 .

Zachary, G. P.(2003) *The Diversity Advantage: Multicultural Identity in the New World Economy*. Boulder, CO: Westview Press

Zachary, G. P.(2005) *When Immigrants Revive a City and When They Don't: Lessons from American Cities*. Stroud: Comedia, www.interculruralcity.comlthematic_studies. htm#Case2

Zheng, X. and Berry, J. w.(1991) 'Psychological adaptation of Chinese sojournersin Canada'. *International Journal of Psychology*, 26, 451-470

찾아보기

갈등 309
개방성 323, 329
결속형 자본 135
공공공간 198
공공기관 212
공공정책 74
공급자의 다양성 27
공동 다문화주의 79
공동체 협력 28
과운동증후군 20
교량형 자본 135
교차문화 69
구분된 삶 87
기회가설 134

노동계급 26

다문화 교육 293
다문화 도시 전략 340
다문화주의 83
다양성 40, 65, 255
다양성의 사업유형 63
다양성의 이점 26, 60, 249
다양성 이익 266
다양한 경관 53
단순성 38
도시 사파리 146
동화 정책주의자 93

리더십 학교 320

문화 공백 19
문화공생 도시 20, 345, 350, 353
문화공생의 시민 25
문화공생적 무역 173
문화공생적 서비스 180
문화공생적 정원운동 208
문화공생적 주거 149, 151
문화공생주의 85, 334
문화공존 275, 281, 299
문화교류 31
문화 쇼크 67
문화유입 262
문화의 소통 19
문화적 간격설 70
문화적 다양성 74
문화적 본질주의 49
문화적 신드롬 71
문화 지식 276

백인 탈출 142
범주화 33
복잡성 38
분류학 36
분류화 33
빈민가 91
빗장도시 19

사업부분에서의 다양성 27
사이버공간 230
사회적 혼합 131, 146
상호작용 131

상호작용의 4가지 유형 138
상호작용의 순환도 139
새로운 화합 21
생물다양성 21
생산적인 다양성 61
생태환경 345
세계주의 117
세속주의 23
소수 민족 거주지 92
소통 19
스포츠 220
시장 182, 184

아고니즘 349
예술 224
원리주의 23
유사흡입설 70
이문화 간 교류 26
이문화 간 리더십 316
이종교합 48
이종문화성 323
인종 33
인종구분의 미시생태학 114
인종적 민족주의 76

자유경제 원리주의 23
접촉가설 133
제3의 장소 210
조화 315

차별 99

차이 84
최하층계급 97

커뮤니티가 없는 커뮤니티 83
코스모폴리탄 54, 117
콘스탄티노플 125

통일된 규범깨기 39

페르세폴리스 119

학교 결합 158
현대 소매업 175
환원주의 38
흑인차별법 50

역자 소개

이석현 중앙대학교 디자인학부 실내환경디자인전공 교수
  현) 국토해양부 / 경기도 건축 및 도시경관디자인 자문위원
  현) 남양주시, 의왕시, 시흥시 등 도시디자인 정책자문관, 마을만들기 위원
  현) 공간환경디자인학회 부회장 등을 역임
  e-mail: seokhyun@cau.ac.kr

주대원 서울시립대학교 산업디자인학과 교수
  현) 한국도로공사 자문위원
  현) 한국발명진흥회 자문위원
  현) 한국디자인진흥원 평가위원
  e-mail: dehwon@uos.ac.kr

조차웅 삼육대학교 조경학과 교수
  현) 남양주시 발전협의회 의장
  현) 남양주시 마을가꾸기 추진위원장
  e-mail: chocw@syu.ac.kr

유완종 (주)준원도시경관연구센타 대표
  가천대학교 겸임교수
  도시계획학박사/도시계획기술사
  현) 행정중심복합도시/경기도시공사 설계자문위원
  현) 서울·용산구, 강서구 디자인위원회 위원
  e-mail: yuwj@hanmail.net

문화공생의 도시디자인

2013년 6월 25일 1판 1쇄 인쇄
2013년 6월 30일 1판 1쇄 발행

지은이 필 우드·찰스 랜드리
옮긴이 이석현·주대원·조차웅··유완종
펴낸이 강찬석
펴낸곳 도서출판 미세움
주 소 150-838 서울시 영등포구 신길동 194-70
전 화 02-703-7507 팩 스 02-703-7508
등 록 제313-2007-000133호
ISBN 978-89-85493-42-0 03330

정가 21,000원

저작권법에 의해 보호를 받는 저작물이므로 무단 전재와 복제를 금합니다.
잘못된 책은 교환해 드립니다.